本书系国家社会科学基金教育学青年课题"西部乡村教师激励机制优化与政策供给的实证研究"（课题批准号：CHA170262）的研究成果

感谢陕西师范大学优秀著作出版基金的资助

乡村教师激励问题研究

A STUDY ON THE MOTIVATION OF RURAL TEACHERS

周兆海◎著

中国社会科学出版社

图书在版编目（CIP）数据

乡村教师激励问题研究／周兆海著 . —北京：中国社会科学出版社，2024.3
ISBN 978－7－5227－3004－2

Ⅰ.①乡… Ⅱ.①周… Ⅲ.①农村学校—师资培养—研究—中国 Ⅳ.①G451.2

中国国家版本馆 CIP 数据核字（2024）第 033990 号

出 版 人	赵剑英
责任编辑	张　林
特约编辑	张　虎
责任校对	王　龙
责任印制	戴　宽

出　　版	中国社会科学出版社
社　　址	北京鼓楼西大街甲 158 号
邮　　编	100720
网　　址	http://www.csspw.cn
发 行 部	010－84083685
门 市 部	010－84029450
经　　销	新华书店及其他书店
印　　刷	北京明恒达印务有限公司
装　　订	廊坊市广阳区广增装订厂
版　　次	2024 年 3 月第 1 版
印　　次	2024 年 3 月第 1 次印刷

开　　本	710×1000　1/16
印　　张	21.75
插　　页	2
字　　数	349 千字
定　　价	119.00 元

凡购买中国社会科学出版社图书，如有质量问题请与本社营销中心联系调换
电话:010－84083683
版权所有　侵权必究

目　　录

第一章　导论 …………………………………………………… （1）
　　第一节　研究缘起 ………………………………………… （4）
　　第二节　研究问题 ………………………………………… （14）
　　第三节　研究意义 ………………………………………… （20）

第二章　文献回顾 ……………………………………………… （24）
　　第一节　文献的总体概述 ………………………………… （24）
　　第二节　乡村教师激励的问题表现 ……………………… （28）
　　第三节　乡村教师激励问题的归因研究 ………………… （47）
　　第四节　乡村教师激励问题的对策研究 ………………… （58）
　　第五节　教师激励的国外经验与研究 …………………… （70）
　　第六节　文献的简要评论 ………………………………… （81）

第三章　理论准备 ……………………………………………… （83）
　　第一节　核心概念 ………………………………………… （83）
　　第二节　理论基础 ………………………………………… （90）
　　第三节　指标设计 ………………………………………… （93）

第四章　研究设计 ……………………………………………… （105）
　　第一节　研究框架 ………………………………………… （105）
　　第二节　研究方法 ………………………………………… （106）
　　第三节　研究工具 ………………………………………… （108）

第四节　样本选择 …………………………………………（110）
　　第五节　数据处理与分析 …………………………………（120）

第五章　乡村教师工作满意度与问题表现 ……………………（122）
　　第一节　乡村教师总体性职业满意度 ……………………（122）
　　第二节　乡村教师职业提供满意度 ………………………（129）
　　第三节　乡村教师学校工作环境满意度 …………………（134）
　　第四节　乡村教师乡村社会环境满意度 …………………（140）
　　第五节　乡村教师工作满意度倾向及其问题 ……………（142）

第六章　乡村教师的成就感、荣誉感和归属感与问题表现 ………（149）
　　第一节　乡村教师教学成就感与问题表现 ………………（150）
　　第二节　乡村教师职业荣誉感与问题表现 ………………（153）
　　第三节　乡村教师的归属感与问题表现 …………………（161）

第七章　乡村教师工作活力感和积极性与问题表现 ……………（173）
　　第一节　乡村教师的工作活力感与问题表现 ……………（175）
　　第二节　乡村教师工作积极性与问题表现 ………………（186）

第八章　什么政策对乡村教师有激励作用 ………………………（210）
　　第一节　乡村教师课堂教学水平与工作状态的影响因素 ………（212）
　　第二节　乡村教师激励政策的实践作用 …………………（228）

第九章　乡村教师激励政策优化建议 ……………………………（260）
　　第一节　教师激励理念优化与应用 ………………………（261）
　　第二节　教师岗位职责的规范与落实 ……………………（271）
　　第三节　乡村教师薪酬待遇的提升与改进 ………………（275）
　　第四节　乡村教师激励管理机制的优化 …………………（287）
　　第五节　制定以关怀为核心的乡村教师激励政策 ………（298）

附　　录 …………………………………………… (304)

参考文献 …………………………………………… (321)

后　　记 …………………………………………… (341)

第 一 章

导　　论

教师是第一资源，是提升教育质量的关键与前提。教育实践也证明，教师队伍建设情况关涉教育发展的各个层面，且在国家发展与社会建设方面有着极为特殊的战略意义。2018年颁布的《中共中央、国务院关于全面深化新时代教师队伍建设改革的意见》明确指出："教师承担着传播知识、传播思想、传播真理的历史使命，肩负着塑造灵魂、塑造生命、塑造人的时代重任，是教育发展的第一资源。"这一方面从教育教学的角度框定了教师的职业功能与作用，另一方面从社会发展的角度明晰了教师的历史责任与战略性地位。我们期望教师充满激情、富有同情心、深思熟虑；以学习为中心，鼓励学生积极参与，敢于担当；有效回应有着不同需求、背景和语言的学生，促进宽容和社会凝聚力；为学生提供持续的评估和反馈。[①] 联合国教科文组织（UNESCO）也指出，教师是促进教育公平、教育机会和教育质量方面最具影响力和最强大的力量之一，也是全球可持续发展的关键。但是，他们在职业培训、求职招聘、教学留任、社会地位和工作条件等方面仍然存在诸多困扰。[②] 鉴于此，作为教育共识，长期以来社会各界亦是着力于推动中小学教师队伍建设，期以实现学校教育质量和学生学业成就的改善与提高。然而，中小学教师队伍建设问题一直以来是我国教育治理中的核心问题和政策难题，尤其体现在如何提高中小学教师队伍的建设质量与教学质量上。近年来，随着

[①] [德]安德烈亚斯·施莱歇尔：《超越PISA：如何建构21世纪学校体系》，徐瑾劼译，上海教育出版社2018年版，第249页。

[②] UNESCO：《Teachers》，https://en.unesco.org/themes/teachers.

国家教育政策和财政供给力量的加强、各层级教师管理理念与体系的优化改进，以及在国家宏观政策指导、地方中观政策支持和学校微观环境改善等多重因素的共同作用下，我国中小学教师队伍建设政策也积极因应社会与教育发展变化，及时调整施策重心和着力点，逐渐使得相关问题得到有效解决，相对应的发展状况得到大幅改善，尤其在数量结构、薪酬待遇和质量标准等方面。据统计，2019年，中小学教师队伍数量持续增加，义务教育阶段高于规定学历教师比例继续提升，高中阶段教育的教师数量充足程度有所提高，专任教师学历合格率（本科及以上学历）为98.6%。[①]

相比之下，乡村教师队伍建设和乡村教育发展一直以来是我国教育治理系统的薄弱环节和治理难题。与此对应，近段时间的教师政策的施政重点也在乡村教师，并努力促成"师资质量决定教育质量"这种规律性判断在乡村教育发展中的如实践行。总体上，相关政策也是围绕着乡村教师队伍建设中"招得进来、留得住和教得好"等方面来制定与实施。针对此，近些年向农倾斜的教师政策力度不断增强，系列促进乡村教师队伍建设的政策陆续颁布出台并落地实施，渐次把对策聚焦于工资待遇、津贴补助、周转房建设、教师编制、职后培训和职称晋升等乡村教师队伍实际且极为关注的领域，以增强乡村教师的政策获得感和职业幸福感。在此背景下，乡村教师队伍建设在学科专业、学历状况、职称评审、年龄分布和性别比例等方面得到了结构性优化，乡村学校在整体上也实现了标准化和信息化建设，乡村教育的办学条件和教学环境有了根本性改观。尽管如此，诸多例证表明，乡村教育质量提高幅度有限且城乡教育差距呈现持续扩大的趋势。其中原因，除却乡村教育既有的发展基础较为薄弱，关键还在于乡村教师队伍建设问题。一方面是依循"问题—对策"的政策制定逻辑，针对乡村教师队伍建设的相关问题而制定各级各类政策，并且陆续得到具体实施；另一方面是单项政策落地与问题整体性解决之间的关系不协调，乡村教师政策得到贯彻实行，但"义务教育教师的获得感不高，教师队伍出现人心涣散、工作消极的现象，制约着

---

① 教育部官网：《中国教育概况——2019年全国教育事业发展情况》，http://www.moe.gov.cn/jyb_sjzl/s5990/202008/t20200831_483697.html。

教育质量的提高"[①]。换言之，持续性的乡村教师政策供给有效地提高了乡村教师和乡村教育在统计层面的质量特征，但未能有效地转换为推动实际层面的乡村教师队伍质量和乡村教育质量的提升。乡村教师政策供给与乡村教师队伍建设问题之间依然存在着较大的政策落差，尤其是在改善乡村教师队伍"软性建设"方面凸显不足。

纵观近些年的相关政策，乡村教师队伍建设的症结所在是重"标"轻"本"，改善条件与待遇是"标"，形成乡村教师的职业认同感才是"本"，多年来的政策在治"标"方面已经起到了作用。[②] 在新时代下，随着客观性条件的改善，教师队伍建设的供需矛盾和问题重心已发生转移，因此，积极推动乡村教师政策由重"标"走向重"本"，乃至实现"标本兼治"显得极为必要。具体而言，一是继续夯实和强化对乡村教师的支持政策，二是支持政策应侧重于提升乡村教师的职业认同感和责任感，以此提升乡村教师的"精气神"和工作积极性。而在理论上，师资质量决定着教育质量，师资状况与教育质量之间是互为表里的关系，但是如何实现从师资改善到教育质量提升则是一个需要教育教学实践加以解决的问题。换言之，师资状况与教育质量之间绝不是等号关系，这种关系的定义既决定于教师的教学能动性与创造性，也决定于相关政策是否能够引导和促使教师把精力投入教育教学，即教师是否会把所学所知所思积极有效地转化为所教，进而成为学生的所学所知所思，最大可能地缩短教师与学生之间在所学所知所思方面的教学距离。在当前，此种情况与问题在乡村教育场域中不容乐观。因此，如何激发乡村教师的教学能动性与创造性，让其专注于提升乡村学生的学业水平，是当前乡村教师队伍建设的重中之重。比较而言，因工作所处的社会与学校场域的独特性，乡村教师在政策获得感、身份认同感、工作积极性和职业吸引力等方面的问题更为突出，由此衍生出的教师激励问题更为复杂。

---

① 薛二勇、李廷洲、朱月华：《新形势下我国义务教育教师队伍建设的政策分析》，《北京师范大学学报》（社会科学版）2016 年第 3 期。
② 王鉴、苏杭：《略论乡村教师队伍建设中的"标本兼治"政策》，《教师教育研究》2017 年第 1 期。

第一节 研究缘起

我国具有深厚的"尊师重教"的社会传统与教育文化，也赋予教师这个职业独特且崇高的道德符号与荣耀。据此，传统社会建构起教师职业地位的支持系统："天地君亲师"。教师是承接神权、君权和族权之后具有超越生物血缘意义的"规训与教化权"，俗语有道是"一日为师，终身为父"。因此，在传统意义上，我国师生关系既是一种教学关系，也是一种伦理责任关系。此二者关系的交织叠加，让教师在工作内外较为注重责任承担与精力投入。从这个角度来理解，教师激励问题本不是个问题，至少不是个广泛性问题。若仅从历史维度来看，改革开放至20世纪末，教师激励问题还未完全进入教育研究和政策制定的视域。笔者求学经历也表明，尽管当时无论乡村小学教师，还是乡镇初中教师，或者是县城的高中教师，其薪酬待遇并不具有社会竞争力，但教师均尽心尽力教学，在工作过程中表现出较高的职业素养和精神面貌。然而，在当前教师激励问题日益凸显。众所周知，随着师范教育层级提升、学校教学条件改善和教师薪酬待遇提高，目前多数中小学校的师资质量状况趋好，"为教师数量和质量而发愁"的传统格局在总体上得到较大改观。然而，诸多事例表明，尽管教师质量决定教育质量，但前者提升的绝对水平并不意味着后者就能达到对应水准。师资结构性质量、教师教学表现与学生学业成就之间存在某种脱节，亦是在师资质量和教育质量之间隐藏着某种程度的教学鸿沟。此类问题在乡村教育中亦有集中体现，虽然相关研究也基于问题而聚焦于乡村教师队伍建设分析，但是依然有很多值得进一步讨论的空间与必要。

一 积极回应乡村教师激励问题的理论纷扰

资本只是组织的一个重要资源，而且绝不是最稀缺的资源，任何组织中最稀缺的资源是执行任务的人。[①] 如果没有人，组织也仅是个空壳。

---

① [美]彼得·德鲁克：《巨变时代的管理》，朱雁斌译，机械工业出版社2006年版，第107页。

因此，如何把人力转化资源和人力资源，是组织建设的经典议题，而职员激励问题则是一个历久弥新的实践与理论问题。在经济史中，劳动分工与交易的出现带来了激励问题。[①] 因此，只要社会存在以生产分工为依据的劳动，职员激励问题就会伴随在生产组织的发展过程中。可以想见，随着生产分工的细化和生产组织的扩展，职员激励问题应会更为多元和复杂。而从概念的层面来理解，职员激励是一个职员与工作单位之间主客观因素多元双向互动的一种表现与结果，而非仅限于职员个体的单一的主观判断，这涉及职员的工作准备、工作期待与目标定位等，以及工作单位的薪酬待遇、管理方式和工作环境等多种要素。在实践中，我们也可观察到职员容易出现激励问题，即对所从事的工作缺乏积极性，体现在"出工不出力""出工不尽力"和"出工使不出力"等方面。深究其里，较为容易厘清职员个体与工作单位各自所呈现的问题特征，但较难把二者所包含的要素联系起来做精准的分析。因此，如何激发职员的工作与发展能力、如何维续职员积极的工作状态与精神面貌，以及如何帮助职员摆脱工作倦怠等诸如此类的职员激励问题一直是企事业单位与社会组织的核心问题与决策难题，也是公共管理学、组织社会学、劳动经济学和心理学等学科领域长期关注的理论与实践问题。为此，相关学科也从自身学科理论基础与学科角度出发，对职员激励问题做了丰富的研究与阐述。从既有研究中也不难看出，一是职员激励问题的复杂性，相关研究的问题焦点与路径选择的多元性，反映了此问题表征的不确定性与模糊性；二是职员激励问题的系统性，该问题的形成与发展受多种因素的综合性影响，并非某一单一层面的努力与对策能够加以解决；三是职员激励问题的理论丰富性，相关学科各自有针对职员激励问题的学术思考和理论基础，折射出问题解释和判定的多重视角。此种理论格局既为厘清职员激励问题提供了丰富的理论资源，也为后续相关研究准备了理论前提，同时也使得本问题研究在理论层面存在学科的差异与争论。

教师激励问题作为职员激励问题之一，前后者之间存在着普遍性与特殊性的学理关系。普遍性关系在于二者均属于个体、组织与制度之间

---

① ［法］让-雅克·拉丰、大卫·马赫蒂摩：《激励理论·第1卷·委托—代理模型》，陈志俊等译，中国人民大学出版社2002年版，第1页。

的博弈互动范畴，体现在作为教师的个体对自我职业、学校单位和教学工作的认知理解与情感态度，也有着相似的问题表征与研究难题；特殊性关系在于教师群体的职业区别，其激励问题的影响因素和作用机理的独特性，教师职业的相对稳定性与保守性，对薪酬待遇等的期待值比之其他职员有一定的差别。尽管如此，教师激励问题的研究领域还未形成针对性的原生理论，其还处于具体现象与问题研究阶段，研究中的理论基础需要借用其他学科的组织和职员激励理论。由此，这一方面使得教师激励问题研究具有较为充分的理论选择的自由度，能够广泛借用不同的学科理论，从不同的学科视角来审视教师激励问题，从而提出不同的研究假设，做出多样化的研究成果；另一方面使得教师激励问题被其他学科理论所定义，甚至研究问题的判断依据来自所运用的学科理论，而非所研究问题的具体实际，这种理论与问题之间的替代情况既可能无法辨识研究问题的实际前提，也可能会模糊教师激励问题的研究焦点和干扰着问题的深入研究。除此之外，如同其他行业的职员激励问题，教师激励问题的内涵与定位也常常陷入是教师的主观感受还是职业供给的客观现象，是个体激励问题还是群体激励问题，是心理学问题还是教师政策问题，以及能否通过外在政策加以调适等争论之中。正是源于所能采用的学科理论与定义问题的方式的多样性，既有的教师激励问题研究虽然能够从多个理论视角来很好地回应具体现象与实践问题，但是在理论层面有着继续探讨的空间与可能性。一是能否在借助其他学科视角与理论的基础上，通过对具体问题的研究寻找确定教师激励问题的特殊层面，从而更为准确地把握教师激励问题及其内涵要义；二是有必要开展相关学科激励理论与教师激励研究之间的学术对话，旨在探索二者之间关于教师激励的适切性与针对性，以便更好地从教育和教师的立场来理解教师激励问题的独特性；三是应努力搁置理论视角和问题界定等方面研究纷争，回归于教师激励问题的出发点和落脚点：激发和提高教师的工作积极性和教学表现。

乡村教师激励主要伴随国家政策的出台逐步进入研究视野，且不断在理论支持上进行探索。[①] 作为教师群体的重要组成部分，乡村教师的激

---

① 高慧斌：《乡村教师激励制度研究》，知识产权出版社2020年版，第7页。

励问题因其教育对象和工作场域的差异性而显得极为独特。一方面是乡村教师有着特定教育和社会意义的教学对象、工作内容及其职业认同，另一方面是其工作单位和场域既是处于我国教育与社会发展系统的末梢位置，也有一定的文化表征与意义。同时，又因当前无论国家层面，还是地方层面的支持乡村教师队伍建设的政策供给不断加强，故此凸显开展相关研究的必要性，探明政策供给与乡村教师激励之间的实践与效益关系。依此理解，乡村教师激励问题研究不仅应回应理论视角、研究方法和政策供给上的诉求，而且应更进一步注意到乡村社会、乡村学校和乡村学生等相关主体及其所设计内容要素对乡村教师工作积极性的影响。鉴于乡村教师群体在研究对象范畴和教师政策研究领域的特殊意义，乡村教师激励问题研究在理论上应在经济学、管理学和心理学等层面体现出更有特点，在乡村教师政策诉求上更为精细化和更有针对性。而在实际中，该问题领域的研究依然依循教师激励问题研究的一般性逻辑路径，以借用其他学科视角为主，来定义概念、设立研究假设、开展问题分析和提供对策建议。这一方面为既定研究提供了理论选择的便利性、研究方向的稳定性和学术成果之间的相互借鉴参照，另一方面在直观上让乡村教师激励问题研究中"教师"的属性多于"乡村"，相关讨论仍限定在现象与政策之间。因此，立足于乡村教师的激励问题研究不仅应遵循教师激励问题的一般性探讨，还应着眼于挖掘其"乡村"属性，充分理解乡村教师个体/群体—乡村学生/家长—乡村学校和乡村社会等方面的互动关系及其对乡村教师工作努力的影响，以此确保理论选择与问题焦点的一致性，尤其要深刻理解乡村社会与教育互动变迁、城镇化快速推进与农村人口向城流动以及技术革命下职业更替加速、雇佣关系不稳定与乡村教师职业发展等之于乡村教师激励问题的影响。打破"研究视角和理论基础多元，研究问题与对策建议单一"的格局。基于此，为推进乡村教师激励问题研究，在承继与借鉴既有研究的问题思考、理论选择和分析路径等之外，还应尝试着以研究问题为根据，达成理论的提炼与拓展，期以从"问题"到"理论"之后，实现从"问题"到"理论"，从而框定乡村教师激励问题研究的具体问题与理论选择的边界。

二 探寻分析乡村教师支持政策的实践难题

鉴于推动乡村教师队伍建设有着重要的教育发展战略价值和其实际状况不尽如人意的多重考虑，制定和实施乡村教师政策的层级主体在近些年逐步提升，央地各级政府也不断推出支持乡村教师队伍建设的各类政策，着力改善乡村教师的薪酬待遇、工作负担和工作环境等，大力拓展其补充渠道和优化其队伍结构，以落实让乡村教师安心、潜心从教的政策精神。2003年，国务院首次召开全国农村教育工作会议，会议精神充分认识到乡村教师队伍建设的重要性。此后，《关于进一步加强农村教育工作的决定》（2003年）、《国务院关于加强教师队伍建设的意见》（2010年）和《关于大力推进农村义务教育教师队伍建设的意见》（2012年）均明确指出："办好农村学校，关键在教师"，并且要"加快农村义务教育教师队伍建设"。基于此，党和国家陆续出台系列针对性政策，旨在着重解决几大乡村教师队伍建设的重点问题。首先是乡村教师的薪酬待遇问题，逐步明确和提升乡村教师工资发放主体，渐次建立、完善和巩固"在国务院领导下，由地方政府负责，分级管理，以县为主"的农村义务教育管理体制和乡村教师工资保障机制，从而保障乡村教师工资的足额发放，同时通过绩效工资倾斜支持，以及分级分类发放生活津贴的方式提高乡村教师的工资水平。其次是乡村教师的优化配置问题，通过组织实施志愿支教、农村硕师计划、选拔"特岗教师"、部属师范大学专项培养"公费师范生"、城乡教师轮岗交流等多种渠道与形式引导优秀大学生和优秀城镇教师投身乡村教育，力求为乡村教师队伍补充优质师资，另外，逐步推动教师编制标准由城乡倒挂到城乡统一，并对农村边远地区实行倾斜政策。再次是乡村教师的专业发展问题，其重点在于加强乡村教师职后的针对性培训，先后组织实施了"民族贫困地区中小学教师综合素质培训项目新课程师资培训计划"（2004—2008年）、"中西部农村义务教育学校教师远程培训计划"（2008年）和"国培计划—中西部农村骨干教师培训项目"（2010年）。通过系列制度性设计和政策实施，明确了乡村教师工资的发放主体，提升了其薪酬待遇水平，丰富了优质师资的来源途径，提高了其职后培训层级，这些极大地改善了促进乡村教师队伍建设的制度和政策环境。

许多政策很容易得到实施，但是一些只是引起微调的很容易执行的新规则，却可能形成新的问题（Murphy，1990）。[①]上述乡村教师政策实施之后，让乡村教师队伍建设进入了政策制定视域，也衍生出部分问题。一是乡村教师职业提供得到提高，但乡村教育质量以及城乡教育质量差距问题的改善空间有限；二是乡村教师政策在薪酬待遇、师资补充和专业发展方面还需进一步提供配套性政策，以保证政策的完整性与有效性；三是后续推动乡村教师队伍建设可能会更加依赖于政策供给，政策信号的强弱可能会直接影响到乡村教师的政策获得感。鉴于此，2015年至今，乡村教师支持政策继续增强供给力度。首先是在提高乡村教师薪酬待遇方面实施针对性政策，2015年制订的《乡村教师支持计划（2015—2020年）》（以下简称《支持计划》）提出的八大举措，特别对住房公积金、社会保险费、重大疾病救助、周转宿舍和职称评定等关涉乡村教师切身利益的问题做了进一步规定。2018年颁布的《中共中央、国务院关于全面深化新时代教师队伍建设改革的意见》（以下简称《深化意见》）也重点指出，要"大力提升乡村教师待遇"，关照乡村青年教师这一特殊教师群体，"帮助乡村青年教师解决困难"，充分体恤乡村教师的生活工作境遇，要求"为乡村教师配备相应设施，丰富精神文化生活"。2018年公布的《国务院办公厅关于全面加强乡村小规模学校和乡镇寄宿制学校建设的指导意见》指出，要从"完善编制岗位核定""提高乡村教师待遇"和"改革教师培养培训"三个方面强化乡村师资建设。其次是提升乡村教师的思想政治素质，加强师德师风建设。只有具有政治担当、职业道德素养过硬的乡村教师，才能真正扎根艰苦边远的乡村学校，主动开展有质量的教育教学和激活乡村学校的办学活力，给予乡村学生以积极正确的价值导向。在新时代下，师德师风建设以政策制度的形式确立为首要地位。《支持计划》的首要原则是"师德为先，以德化人"，首条举措是"全面提高乡村教师思想政治素质和师德水平"。《深化意见》明确提出："突出师德，把提高教师思想政治素质和职业道德水平摆在首要位置。"把师德纳入乡村教师的工作考核与职称评审之中，实行"一票否

[①] ［美］弗朗西斯·C.福勒：《教育政策学导论》（第二版），许庆豫译，江苏教育出版社2007年版，第248页。

决"制度。最后是减轻教师负担，为其营造和创设良好的工作环境，2019年，中共中央办公厅和国务院办公厅联合印发了《关于减轻中小学教师负担进一步营造教育教学良好环境的若干意见》，其中要求做好四个统筹："统筹规范督查检查评比考核事项""统筹规范社会事务进校园""统筹规范精简相关报表填写工作"和"统筹规范抽调借用中小学教师事宜"，合理调整教师的工作量和范围，减轻教师的工作压力。

由此可见，乡村教师支持政策一方面立足于乡村教师关心的实际问题，基于"补齐短板""物质激励"和"城乡一体化"的政策视角，给予提高工资收入、增加培训机会和配置优质师资等方面实质性支持，较大程度上改善了乡村教师的职业提供；另一方面试图调整"重城轻乡"的教师政策格局，倾斜性支持乡村教师队伍建设，极力缩小城乡教育师资差距。正是持续且有力的政策供给，乡村教师队伍建设已初见成效。然而，政策设计勾勒的往往是一种理想化的乡村教师发展样态，真正让它变为现实尚有一段比较艰苦的路要走。[①] 受制于既往"旧账"太多、城乡教育差距较大和城镇化仍在持续等多种因素影响，上述系列政策无法全面具体落地实施，也无法有效地供给到乡村教师层面，乡村教师队伍建设的局面仍未得到根本性改观，乡村教师队伍建设优质化、稳定性与积极性问题还未得到有效解决，依然面临着"职业吸引力不强、补充渠道不畅、优质资源配置不足、结构不尽合理、整体素质不高"等问题。一方面支持乡村教师的政策不断颁布实施，并且相关政策也积极因应问题解决需要做出及时调整细化，呈现出从宏观抽象转向微观具体，从整体系统转向专项针对，从查缺补漏转向主动施策的特征。另一方面，由于乡村学校在经济、地理、文化等多方面均不具有比较优势，许多教师仍然不愿意到乡村任教，即使是在任教师，一旦有更好的机会也会放弃乡村教师岗位。[②] 在政策加持的背景下，乡村教师队伍建设问题依然存在，并且在教学表现、工作积极性和身份认同等"软性"建设层面的问

[①] 李兴洲、唐文秀：《乡村教师政策靶向瞄准优化策略研究》，《国家教育行政学院学报》2020年第6期。

[②] 刘善槐、朱秀红、王爽：《乡村教师队伍稳定机制研究》，《东北师大学报》（哲学社会科学版）2019年第4期。

题反而更为凸显。此二者的矛盾面相，在继续诉诸政策持续强化以巩固乡村教师队伍建设成果的同时，也不得不反思既有支持性政策在供给力度、落实程度、施策方向、设计理念等方面适切性。比较之下，乡村教师激励问题更为考究政策的针对性与系统性之间的取舍与平衡。因此，要切实解决好乡村教师建设问题，仍然有赖于后续科学有效的支持政策，构建乡村教师支持政策的长效机制。

三 教师激励问题制约着当前乡村教育质量的提升

毋庸置疑，乡村教师队伍建设问题长期以来制约着乡村教育质量的提升。这主要表现在两个方面，一是乡村教师数量供给不足，在农村适龄儿童和乡村学校数量快速增加的历史情况下，新增的乡村教师供给难以满足实际需求，为此也出现了大量的"民办教师"和"代课教师"来弥补当时的师资窘境，而在农村适龄儿童向城就学和农村学校撤点并校的时代背景下，乡村教师供给呈现结构性短缺问题，部分村小和教学点的教师数量不足，尤其是音体美教师缺乏，为确保课程开足开齐和解决教师数量与学科教学数之间的矛盾，乡村教师普遍开展跨学科跨年级的教学，乃至全科教学。二是乡村教师专业素养有待进一步提升，鉴于新中国成立之后较长一段时间师范教育总体规模不大和培养层级偏低，乡村教师通过招聘师范教育毕业生来补充的渠道有限，辅之以招聘未接受过正规师范教育乃至受教育水平不高的人士，除此之外，乡村教师在过去一段时间的职后进修与培训机会较少，以致其在学科素养、教学方式和教育理念等方面相对滞后。然而，此种局面随着社会各界对乡村教育和乡村教师的重视和支持，以及师范教育规模扩大与层级提升而极大改善。一是乡村教师补充渠道多元化且有质量，以拥有教师资格证为前提，以教师招考成绩为依据，能够招聘到各级各类高等院校的大学生，大幅地改善了乡村教师队伍结构。以学历结构为例，从2008年到2017年的十年间，乡村教师的学历由以"高中阶段毕业"和"专科毕业"为主转为以"专科毕业"和"本科毕业"为主，其中"本科毕业"的占比由8.86%增加到42.23%，而且缩小了与城区和镇区教师队伍的学历差距，具体见表1-1。二是乡村教师职后教育的系统性，从中央到县级政府依次设立相应的乡村教师培训要求与项目，在增加乡村教师培训进修机会的同时不断提高其培训进修的质量。

表1-1　　2008—2017年城乡小学教师学历结构分布　　单位:%

	年份	2008	2009	2010	2011	2012	2013	2014	2015	2016	2017
城区	研究生毕业	0.26	0.36	0.46	0.57	0.75	1.02	1.29	1.61	1.93	2.28
	本科毕业	36.91	43.25	48.19	49.02	53.01	57.04	60.13	62.90	66.01	68.87
	专科毕业	50.79	46.98	43.78	43.22	40.52	37.38	35.07	32.80	30.01	27.26
	高中阶段毕业	11.87	9.30	7.46	7.11	5.67	4.53	3.48	2.67	2.03	1.58
	高中阶段毕业以下	0.17	0.11	0.10	0.08	0.05	0.04	0.02	0.02	0.01	0.01
镇区	研究生毕业	0.04	0.05	0.07	0.09	0.11	0.16	0.21	0.28	0.34	0.40
	本科毕业	17.59	22.16	25.96	26.92	30.71	35.24	39.40	43.65	47.74	51.94
	专科毕业	61.39	60.00	58.57	58.12	56.56	53.91	51.68	49.06	46.32	43.39
	高中阶段毕业	20.70	17.55	15.20	14.71	12.53	10.60	8.64	6.96	5.55	4.25
	高中阶段毕业以下	0.29	0.24	0.20	0.16	0.10	0.07	0.05	0.04	0.02	0.02
乡村	研究生毕业	0.02	0.02	0.03	0.06	0.08	0.10	0.14	0.18	0.21	0.28
	本科毕业	8.86	12.03	15.19	17.68	20.90	24.87	28.92	32.96	37.27	42.23
	专科毕业	53.94	55.19	55.93	56.04	56.16	55.23	54.53	53.35	51.58	49.17
	高中阶段毕业	36.12	31.87	28.12	25.74	22.52	19.47	16.17	13.34	10.81	8.24
	高中阶段毕业以下	1.07	0.88	0.72	0.48	0.35	0.33	0.24	0.18	0.13	0.08

数据来源：依据2008—2017年《中国教育统计年鉴》的数据整理得到。

问题在于，不管出于何种目的，政府政策的重要性很容易被夸大，而且，也不能很确切地得知政府的政策（即便具有创新性）是否能够治愈全部或者大多数社会弊病。[1] 乡村教师队伍建设问题逐步得到改善，城乡教育师资差距也逐步缩小，但乡村教育质量和乡村学生的学业成就改善空间有限，城乡教育之间的差距不仅未有缩小反而有所拉大。有学者基于H县的调研发现，以初三会考成绩为例，农村学生在语文、数学、英语、化学、历史和政治等七个学科的平均成绩和合格率均远低于县城学生，尤其在数学、英语、物理和化学四个学科的表现更为劣势，不仅平均分低于50分，而且合格率在三成左右，具体见表1-2。毋庸讳言，H县所反映的城乡教育差距远大于2000年时，此中现象更为凸显出一个

---

[1] [美]托马斯·R.戴伊：《理解公共政策》（第12版），谢明译，中国人民大学出版社2010年版，第6页。

问题：县城教育在向前发展，而农村教育在原地踏步乃至向后退步。显然，教育质量受多种因素的综合影响，但学校办学条件和师资水平的改善并未给乡村教育带来正向同步效应，反而呈现教育的反向递减效应。这不得不令人反思其中的根本致因。就乡村教师队伍建设而言，笔者多次到陕西、甘肃和江西等地调研发现，乡村教师在不同程度上存在教学积极性不足、工作精神状态不佳和职业身份认同感不高等问题，这些问题的出现也影响着乡村教师的教学动力与表现，进而影响课堂教学效果与质量。简言之，当前乡村教育质量提升面临着客观的师资条件与主观的教师教学积极性之间错位不协调的问题。2017年，广西玉林市玉州区提出，"充分调动教师积极性，有效提升玉州教育质量"[1]。有学者指出，解决乡村教师队伍建设问题的关键，是要重振人心，重建学校的权威性，重塑教师的主体性……点燃他们的教育激情，使其回归教育本位，在教学管理中获得成就感。[2] 由上可知，教育领域已充分认识到乡村教师激励与乡村教育发展问题，部分地方已着力此问题的解决。

表1-2　　H县城乡学校初三学生会考平均成绩与合格率[3]　　单位：分/%

	政治		语文		数学		英语		物理		化学		历史	
	平均成绩	合格率	平均成绩	合格率	平均成绩	合格率	平均成绩	合格率	平均成绩	合格率	平均成绩	合格率	平均成绩	合格率
城乡	66.1	67.1	65.9	68.4	57.3	48.8	53.3	38.8	53.9	44	55.6	44.7	57.6	46.6
县城	75.5	86.2	78.3	87.7	76	72.4	69.7	64.2	70.5	70.4	68.2	65.3	71.4	74.9
农村	59.5	53.8	58.9	56.1	46.9	34	44.6	24.6	45.2	30.1	46.9	30.8	50	31.6

针对此，我国早在2009年实施了义务教育学校教师的绩效工资制度改革，期以通过调整工资结构的方式激发教师的教学动力，但受多种因素影响，绩效工资政策的实践效果不如预期，反而因政策而衍生出诸多

---

[1] 玉州城事：《充分调动教师积极性，有效提升玉州教育质量》，https：//www.sohu.com/a/130887844_673217。
[2] 雷望红：《乡村教师队伍建设关键在重振人心》，《环球时报》2018年9月11日第14版。
[3] 该表依据《城乡义务教育阶段学生学业差距研究》一文中"图3和图6"提供的数据整理得到。具体参见彭波《城乡义务教育阶段学生学业差距研究》，《湖南师范大学教育科学学报》2014年第5期。

新的教师激励问题。这也折射出该问题并非简单地遵循"供给政策—产生激励—达到预期效果"的单一线性的政策逻辑。而乡村教师的激励问题更为复杂,在乡村教育质量提升乏力的情况更需得到解决。《国务院关于印发国家教育事业发展"十三五"规划的通知》(国发〔2017〕4号)提出,"落实乡村教师支持计划,努力造就一支素质优良、甘于奉献、扎根乡村的教师队伍"。此后,2018年颁布的《深化意见》中强调,要"加强聘后管理,激发教师的工作活力"。同时,习近平总书记在2018年9月的"全国教育大会"上的讲话也明确指出:"随着办学条件不断改善,教育投入要更多向教师倾斜,不断提高教师待遇,让广大教师安心从教、热心从教。"考虑到当前乡村教师队伍建设的实际,不仅应力求"引进来"与"留得住"等基本数量供给目标的实现,还应加大政策力度促成"教得好"的教学质量目标的达成。因此,如何有效激励教师把教学能力转为化良好的教学表现,激发教师的教学主动性、积极性和创造性,以及让教师"愿教""善教"和"乐教"是当前亟待破解的难题。

第二节 研究问题

问题是开展研究的起点,也是终点。在学术研究中,敏感的问题意识、卓越的问题判断和严谨的问题论证既是学术素养的集中体现,也是学术研究过程中的关键能力。而研究问题作为课题研究的核心,发挥着统领课题研究整个过程的重要作用。"研究问题"的确定是一个复杂的思维过程,是一个由研究领域到研究主题再到研究问题逐步聚焦的思维过程,不仅要明确拟研究课题的边界条件,更要明确研究过程中拟解决或探索的问题是什么。[①] 然而,在研究过程中往往易于把"研究主题、实际问题、课题问题与研究问题"四者混淆,尤其是把"课题问题"与"研究问题"相互替代理解与应用,以致让课题研究出现偏差,乃至失去研究核心。因此,除却确定和把握好研究问题显得极为关键,还需知晓上述四类问题的具体内容与学术关系。一方面是运用学科理来提炼和衡量

---

① [美]劳伦斯·马奇、布伦达·麦克伊沃:《怎样做文献综述》,陈静、肖思汉译,上海教育出版社2011年版,第6页。

"实际问题"中所蕴含的研究问题及其学术价值,以此为前提,进而明确和细化研究问题,充分了解研究问题的具体指涉和实现清晰表达,并从逻辑上厘清研究问题的层次关系,确保研究问题形成"问题链",且能够对应上实际问题解决和课题研究的需要。另一方面是日常的研究通常不是从空想一个题目开始,而是从解决一个碰巧遇到的实际难题开始,而这个难题如果未解决则意味着麻烦。[①] 因此,要基于实际问题与研究问题的实践与理论差距,结合自身研究的实际情况,准确辨别研究问题中的重点与难点问题,以能够更好地把握课题研究的论证侧重点及其先后顺序。

教师激励问题涉及面较广且理论上对其的内涵定义上有争论,在价值选择上差异性较大,问题研究的视域也比较广。若仅从"现象—问题—对策"的应激式路线来开展分析,就会显得单薄空泛,也很可能陷入自我理解或者自我定义的学术幻象之中。鉴于此,本书主要依循"是什么""为什么"和"怎么样"的问题逻辑,来建构研究问题链条与体系。首要前提是从理论层面运用多个学科理论来缕析乡村激励问题,框定乡村教师激励问题的研究界限,和研究问题的基本范畴;其次是进一步辨析乡村教师激励问题中机制问题,及其涉及运行要素和分析维度,进而了解其在教育实际中的状况及其存在的问题;再次是探析是什么因素影响了乡村教师的激励,又是以何种方式来产生作用与效果,其重点之一是准确把握乡村教师对于激励机制的理解与具体诉求;最后是综合实际问题研究、相关政策分析和国际经验比较等来提出优化对策,期以在理念、原则和具体措施上提供可供借鉴的可行建议。同时,依据课题研究的侧重点,以及研究过程中可能遇到在理论理解、资料收集和问题分析等方面困难情况,厘定乡村教师激励机制问题研究的重点难问题。

一 乡村教师激励问题的理论辨析

教师激励问题涉及面比较多,相对应的学科分析视角比较多。简言之,教师激励问题是一个问题领域且可开展多学科、跨学科的研究。而

---

① [美] 韦恩·C. 布斯、格雷戈里·G. 卡洛姆、约瑟夫·M. 威廉姆斯:《研究是一门艺术》,陈美霞、徐毕卿、许甘霖译,新华出版社2009年版,第51页。

一个好的论证完全能够以一种冷静、平和的方式表达出来，的确，最好的论证总是由被我们称为逻辑的缜密思维过程来规定的。[①] 鉴于此，为了避免本问题研究泛化，有必要就教师激励以及乡村教师激励问题做理论层面的辨析，以充分掌握乡村教师激励机制在应然层面的内容所指，实现对核心问题的把握和明确分析框架。一是核心概念的理解。教师激励是什么，与职业倦怠、身份认同、工作压力和职业责任等相近相关的概念是什么关系？乡村教师激励是什么，其激励问题的特殊性反映在什么方面？乡村教师激励机制是什么？乡村教师激励机制具体内涵与外延是什么？这既是本研究的逻辑起点，也是重点和难点问题。二是分析维度的厘定。乡村教师激励机制问题涉及哪些方面，及其对应的因素是什么？是否存在正向激励与负向激励因素？这些因素之间又是存在何种关系？尤其是乡村教师个人、乡村学校和乡村社会等方面在其中体现什么功能，又是怎么产生作用？除此之外，是否有其他方面会对乡村教师激励产生影响？三是研究指标的划分。乡村教师激励机制问题的研究指标包括哪些，又应依据何种理论来对细分指标和构建指标体系？这是本书研究的重点问题。鉴于此，本书研究初步设想是，期望通过前期的实证调研与文献梳理，形成本书的分析维度，明晰乡村教师激励机制是以"教师需求与激励政策""教师需求—激励目标"和"教师需求—学校管理"为分析框架。依据此，开发"教师需求""政策评价"和"机制运行"等方面的调研指标体系。

二 乡村教师激励机制的运行现状及其问题研究

乡村教师激励问题及其机制运行均极其复杂。好教育的问题已经被有关教育的技术和管理问题替代，这些问题聚焦于教育过程的效率和有效性，而不是放在教育过程应该带来什么上。[②] 目前而言，相关研究或仅是直接叙述问题，或是基于相关相近主题的研究衬托出乡村教师激励问

---

① ［美］罗伯特·所罗门：《大问题：简明哲学导论》，张卜天译，广西师范大学出版社2011年版，第27页。

② ［荷］格特·比斯塔：《测量时代的好教育：伦理、政治和民主的维度》，张立平、韩亚菲译，北京师范大学出版社2019年版，第28页。

题，或是从理论和政策层面论述乡村。前期研究一方面为本书研究积累了理论、方法和问题等方面的基础，提供诸多可资借鉴的资料与经验，另一方面本书研究也从中找到了补充的可能空间和需要加以印证的方面，尤其在乡村教师激励问题的实然情况的了解与掌握上。基于此，这主要包括如下几个方面。一是乡村教师激励的实际状况如何，其存在哪些具体的问题，在薪酬待遇、工作满意度、留任与流动、职业倦怠、工作成就感和工作压力等方面的具体表现是什么？二是乡村教师激励机制运行的状况如何，学校的教师管理和教师政策层面。在推动乡村教师激励方面的状况如何，现有的机制发挥的是何种功能作用？三是乡村教师激励政策的实施情况如何，政策效应如何，其在实践过程中遇到哪些困境与挑战，而乡村教师对个体生存、专业发展和身份荣誉等方面的激励性政策的需求与诉求有哪些？由于众所周知的原因，大多数问题都不会在政府的处理议程中，这些问题缺少足够的政治支持，或者处理这些问题的潜在成本过于昂贵。[①] 本书期望通过问卷与访谈调研来获取翔实、可靠、全面的第一手研究数据与资料，进而解析上述问题。但考虑到乡村教师分布广、层级多，给数据收集和分析带来挑战，以及乡村教师激励问题涉及利益群体多，焦点矛盾与累积性问题突出，因此，上述几个问题是本课题研究的关键性问题和难点问题。

三 乡村教师激励问题的影响因素及其成因分析

向来，因素分析和成因分析是在探寻一个问题关涉多个要素在相互之间与系统性作用而影响相对应问题对形成及其程度的因果关系。这种因果关系一方面在不同主体、政策和时空背景下会存在较大的差异，另一方面在不同的学科立场、价值选择和问题视域下会存在程度上的差异。一个具体的教育研究课题，往往涉及多个变量及其相互关系，即多因多果，因此，在确定研究计划时必须依据研究目的，详细列出研究所涉及的所有变量，并加以具体确定和认真选择。[②] 要做好此类分析，较好地做

[①] [美] 弗朗西斯·C. 福勒：《教育政策学导论》（第二版），许庆豫译，江苏教育出版社 2007 年版，第 13 页。

[②] 裴娣娜：《教育研究方法导论》，安徽教育出版社 2009 年版，第 125 页。

好因素关系与成因分析的学理判断，既要回归"问题本身"和"问题背景"来精确地理解好问题及其相关要素，也要具有一定的学术想象力和分析能力，勇于提出问题成因的假设，同时做好科学合理的论证。因此，因素与成因分析属于课题研究的探索性分析部分，也有着承上启下的作用。一方面要积极呼应乡村教师激励的实际问题，精准对接好"问题"与"因素"之间的实践与理论关系，另一方面要厘清好各个因素之间的作用关系，准确把握好成因的层次与脉络，以为后续对策建议部分提供证据与理论支持。

宽泛而言，只要涉及教师职业与专业发展的因素，均可成为乡村教师激励问题的影响因素。若依此思路开展研究，可能会陷入对琐碎问题的探讨之中，反而稀释了对关键性问题的分析。针对此，为确保课题研究的有效性与精准性，有必要筛选出关键性因素与原因来加以分析。一是什么因素影响着乡村教师的激励表现，教师个体、学校和社会等层面分别有哪些影响因素，相对应的关键影响因素有哪些？二是影响因素呈现出哪些特征和类型，诸如其具体的阻力因素和推力因素是什么？见图1-1。三是乡村教师激励问题的原因是什么，什么会决定着乡村教师激励表现？四是政策在其中的角色和作用是什么，哪些乡村教师政策更能够起到激励效应？本书研究也期以运用聚类分析法，归纳实现乡村教师有效激励的要素与条件，使用"有限理性模型"和"系统决策模型"，对政策实践做出诊断性分析。

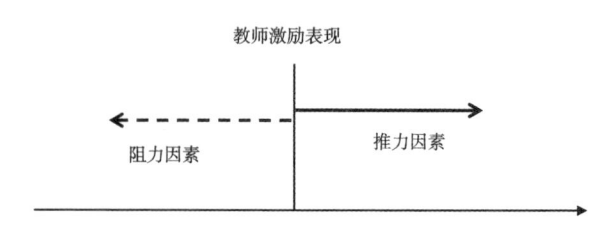

图 1-1 教师激励的推力与阻力因素

四 乡村教师激励机制优化与政策供给分析

教师队伍治理体系和治理能力的现代化是我国党和政府在新时代将工作重点由教师队伍数量增加向教师队伍质量提升转变的一项重大政治

举措，其核心目的是通过"强师"来达到"强教"，通过"强教"来达到"强国"。[①] 教师激励是实现"强师"和"强教"的关键前提与步骤。但是，如何激发教师的教学或者工作积极性，则是教育政策领域的难解之题。鉴于乡村教育发展和师资质量的双重考虑，乡村教师激励问题及其机制的复杂性，加之已有研究的薄弱，均给其政策优化与供给研究带来挑战。一方面是在政策供给不断增强的时代背景下，系列系统性乡村教师支持性政策颁布实施，对应的政策支持力度也在加强，那么，乡村教师激励机制优化的方向与着力点是什么，怎样才能让教师激励政策与机制更好地体现出乡村属性和针对性？另一方面乡村教师激励政策供给是单一方面，还应是系统的；是依循教师需求逻辑，还是教师管理逻辑；是侧重于教师职业外在客观性条件改善，还是教师教学工作的主观性条件建设；是偏向于个体激励，还是组织群体激励？

因此，本书从实地调研和凝练地方典型经验出发，充分借鉴国外有效做法，开展国际经验的比较研究，概括先发国家（乡村）教师激励政策的类型、特点与趋势，总结其成功经验与失败教训，并分析其对我国（乡村）教师激励政策实践的启示与适切性，进而探索乡村教师激励机制的优化对策，具体拟从如下四方面进行机制优化。一是在理念上，以"公平、高效、活力"为理念引领，以"适切且核心的乡村教师群体需求"为逻辑前提。二是在原则上，把握系统性、适度性、层级性、公平性与竞争性，兼顾到教师个体与职业群体。三是在运行上，注重资源分配机制、监督机制和反馈机制的构建，充分衔接"政策决策与实施—政策受众"的互动关系，提升激励机制的强度与灵敏度。四是在具体措施上，尊重乡村教师的工作特性，确保薪酬激励与教师工作表现的一致性，激发地方实施的灵活性与自我调适，制定有教育意义的激励目标和考评制，兼容保障性激励与竞争性激励，以及完善乡村教师的进出机制。

[①] 朱旭东、宋萑等：《新时代中国教师队伍建设的顶层设计》，北京师范大学出版社 2018 年版，第 73 页。

第三节 研究意义

目前，我国乡村教师队伍建设和乡村教师政策均已进入一个新的历史时期。一方面是在政策支持下乡村教师队伍建设局面趋于向好，但在部分旧问题仍亟待解决的同时，新问题也在产生，尤其是城乡社会与教育发展差距未能得到有效缩小的背景下，乡村教师队伍建设面临更大难题，诸如乡村教育人口向城流动的必然趋势与留住优质师资之间的矛盾冲突；另一方面乡村教师激励机制改革已然进入"深水区"，既有支持性政策供给持续加大，但乡村教师激励问题并未得到有效解决，反而在薪酬待遇提升之下显得更为严重与难解。这也不禁让人反思：什么政策才能撬动乡村教师队伍高质量建设的杠杆。其中更为让人担心和需要引起重视的是，多次实地调研反映，乡村教师激励问题也出现因新政策衍生新问题的现象，即是相关激励政策落地实施的不完备而让乡村教师对激励问题有不同看法乃至新诉求。以上两点均表明，无论是对乡村教师激励现状情况了解，还是其政策实施优化的研究，都是推动该问题解决和相关政策制定落实所急需的。有鉴于此，基于政策支持力度持续增强和乡村教师激励政策低效的双重考虑，全面了解乡村教师激励的实际状况及其机制存在的问题，从而如何优化乡村教师激励机制，实现政策的精准供给，科学有效地化解乡村教师激励难题。这有重要的学术理论价值和政策实践意义。

一 考察乡村教师激励问题现状，有助于更好地把握问题实质

乡村教师激励问题早已进入学界视野，但截至目前，其具体内容和问题依然不够清晰。造成此种境况的原因众多，其中最为关键的当属如下三方面。一是乡村教师激励问题的涉及面比较宽泛，从不同学科视角均可开展讨论分析，进而可能模糊焦点问题；二是乡村教师激励问题夹杂着职业特征、工作环境、教师管理和评价等问题，如何处理好与其他问题的关系，成为开展研究前的重要的理论准备；三是乡村教师激励的主观性与客观性理解，无论偏向何种选择，均可能改变对问题现状的陈述。正对此，本书研究基于已有研究基础上，明确研究课题和设计调查

指标体系，运用自主设计的调研工具，从乡村教师、乡村学校领导和教育行政管理人员等多个主体，从乡村教师激励自我判断和主要维度来系统收集数据，并选取典型案例进行剖析，兼顾"整体"与"局部"的互动关系，确保数据的全面性与立体性，而非"碎片化"收集某项激励政策的数据。一方面总体上勾勒出乡村教师激励的实际图景，从数量角度分析出激励程度与分布情况，便于对乡村教师激励问题做出更好的判断；另一方面通过调研数据呈现出乡村教师激励各个维度的现状特征，以便于印证乡村教师激励政策实施成效，后续研究更好地提炼分析维度、关键问题和持续研究的切入点，有助于更好地把握问题实质，为深化该问题研究提供理论与数据参考。

二 厘清乡村教师激励的形成逻辑，拓展乡村教师政策研究空间

乡村教师激励问题受多种因影响，在不同时空背景下其致因也存在差异。这些对相对强调宏观和一致的教师政策带来挑战，以致政策效应可能与预期存在实践差距，也造成各界对乡村教师政策针对性与精确性问题的误解和误判。为了更好地促进乡村教师激励政策落地和取得预期效果，其中关键在于厘清其形成逻辑。首先是解析乡村教师激励的复杂面相，缕析其问题的链条与逻辑，把相关理论与实践建立学理联系，让该问题讨论与研究能够在一个统一的分析框架下开展，为后续课题研究提供可供参考的分析路径；其次是乡村教师激励问题的原因分析历来是研究领域的短板，本课题试图挖掘较为充分的成因分析，明确其阻滞因素和助推因素，探析可能存在的激励阻力与动力，及其运行逻辑和相互转换的机理，帮助后续研究更好地理解和把脉本问题，为对策研究提供更为广泛的学理依据；最后是期以在乡村教师激励的形成逻辑上实现理论突破，厘清"乡村教师为何工作与教学积极性不高"的具体内涵与政策思路，摆脱以描述为主的研究束缚。通过此努力，期以引起学界对乡村教师工作压力、教学动力和评价方式等方面问题的重视，深化对乡村教师政策的研究。

三 建构多系统的乡村教师激励机制，为政策优化提供新理路

"如何实现教师激励"历来是教师政策和治理领域的难题，也成为检

验教师治理能力的重要指标。该问题的关键节点是激励标准、形式和内容等方面的设计与实施。一般情况下，政策视域下的教师激励格外突出外在激励。即是，在教育行政部门和学校对于教师专业发展的种种硬性规定下，比方说和职称挂钩，和提拔挂钩，和评优挂钩等，在这个工程、那个计划、这个考核、那个检查的催逼下，教师不得不按照实际上的命令去进行专业发展。① 此类措施操作性很强，但容易走入"问题—政策"的条件性刺激反应的路径之中，从而让问题解决之道是政策诉求的不断叠加。为了破解此种困局，本书研究期以基于实证研究，以"政策优化"为视角，强调对现有政策的积极意义与作用的挖掘，而非"现状评价"研究，以避免结果性诊断，陷入对既定政策的否定与解构。一方面是寻求激励理念与视角的转换，确立以教师群体需求为核心的乡村教师激励机制分析框架与政策供给模式，而非简单套用西方激励理论。并认为，乡村教师激励政策的供给逻辑应立足于"外界尊重＋主动发展"互构效应，而非依赖于"外界条件性刺激"而导致的简单结果。另一方面探求乡村教师激励系统化，尝试建立"教师职业发展与需求—学校微观管理与约束—社会宏观激励与引导"的三位一体、多层次多系统的乡村教师激励机制及其政策供给机制。通过此项探索性研究，希望能够为后续研究提供教师激励理念的新视角和政策优化的新理路。

四 为后续更为精准地制定乡村教师支持政策提供学理依据

人文社会科学研究，尤其社会科学研究，不能忽视基于现实思考的解决问题的方案的研究，那就是解决"怎么办"的问题，希望能够给人以解决问题的指导，或是提供技术规范。② 时下，教育研究的倾向之一就是教育政策研究。本书亦是旨在通过实证调研，为验证既有政策的实效性提供数据支撑与实证支持，为推进乡村教师激励政策的优质改进提供学理依据。一方面是梳理国内（乡村）教师激励政策，提炼我国开展乡村教师激励政策供给的实践模式。结合本书优化机制的成果，就政策供

---

① 吴康宁：《重新发现教师》，南京师范大学出版社2017年版，第53页。
② ［英］马丁·登斯库姆：《怎样做好一项研究》（第三版），陶保平等译，上海教育出版社2011年版，第3页。

给的"生成与实施机制""反馈与调适机制"和"强度、适度与灵敏度"等方面展开实证调研与理论反思,力图完善乡村教师政策供给制度,避免政策供给的松散性与盲目性,推动政策资源的精准配置。另一方面是深入挖掘典型案例为其他地区提供经验分享与借鉴,就基层在有效开展乡村教师激励过程中涉及的内容、标准、途径和改革,以及相关政策的制定、落实和调适等方面来进行调研,以求提炼成功有效的经验做法,了解其中的关键问题、关键对策和关键细节,为后续激励政策设计与实施的避免出现政策盲点。

第 二 章

文献回顾

文献综述是一种书面论证（written argument），它依据对研究课题现有知识的全面理解，建立一个合理的逻辑论证，通过论证，得出一个令人信服的论点，回答研究问题。[①] 鉴于此，通过文献梳理来掌握既有乡村教师激励研究所关注的核心议题与问题、研究思路与方法、基本观点与结论，来判断其大致的学术脉络、发展走向与未尽的研究问题，为本研究的论证和推进提供文献支撑。而随着国家对教育供给力度的不断增强，系列教师激励政策陆续出台并实施。《国家中长期教育改革和发展规划纲要（2010—2020 年）》提出，要"完善激励机制，激发教师积极性和创造性"。《国家教育事业发展"十三五"规划》也着重指出，要"完善激励保障机制""完善考核评价机制，加强激励保障"。因此，在追求质量办学的背景下，如何提升乡村教师"愿教"和"乐教"的工作状态是亟待解决的问题。针对此，基于文献研究的视角，厘清教师激励的概念理解，明晰乡村教师激励的概念框架，缕析既有乡村教师激励问题的相关研究，"是什么""为什么""怎么样"和"国外研究进展如何"四大方面展开讨论，从而借鉴既有研究来推动本书研究。

第一节 文献的总体概述

教师激励是教师领导管理与专业发展的重要问题。作为一个专门性

[①] ［美］劳伦斯·马奇、布伦达·麦克伊沃：《怎样做文献综述》，陈静、肖思汉译，上海教育出版社 2011 年版，第 3 页。

研究问题主要是兴起于20世纪90年代，此后逐渐进入教师政策研究的核心视域。而作为一个宽泛性的研究领域，这是教师政策中的长久性议题，相关研究与讨论十分丰富。以CNKI数据库为例，截至2021年2月3日，以"教师激励"为主题词，检索到各类文献的体量庞大，总共有5429篇，其中学术期刊论文3377篇，学位论文978篇，其他类文献1074篇。由此可见，社会各界较为关注与教师激励的相关话题，并撰写了大量的讨论分析性文章。此外，既有文献跨越40年，最早一篇论文是1982年5月刊登于杂志《湖南教育》的《激励和控制——调动教师积极性的重要手段》。该论文从管理心理学的学科视角出发提出"激励和控制是管理工作的重要职能，也是调动教师积极性的重要手段"的观点。基于大量的文献的整理分析，其又呈现出三大特征。

一是既有研究聚焦于高校教师激励问题研究。关于教师激励问题的研究多数集中于高校教师激励，关于中小学教师的相对较弱，而针对乡村教师的则更少。具体表现是，一方面是从文献数量来看，若以主题词"高校教师激励/高等教育教师激励""小学教师激励/中学教师激励""乡村教师激励/农村教师激励"检索，得到的文献数量分别为2851篇、584篇和285篇。另一方面是从文献的学科分布来看，基于CNKI的可视化分析，选择学科分布的前10名作为计算指标发现，文献数量占比前五个学科从高到低分别是"高等教育"（2298篇，占比40.46%）、"教育理论与教育管理"（874篇，占比15.39%）、"职业教育"（815篇，占比14.35%）、"中等教育"（719篇，占比12.66%）和"初等教育"（265篇，占比4.67%），具体见图2-1。

二是既有研究趋势呈现出明显的阶段性特征。若以"教师激励"作为主题词检索到文献作为分析，总体上可以划分为四个阶段。第一阶段是1982—1992年，处于萌芽阶段，年均论文不到10篇，相关研究较为零散，主要的教育研究者还未把教师激励问题纳入研究范畴，其中代表性论文是《华中师范大学学报（哲学社会科学版）》在1987年第5期刊发的《教师积极性激励的基本原则》；第二阶段是1993—1998年，处于聚焦阶段，年均论文20余篇，相关研究论文散见在学术性偏低的杂志中，还未对教师激励问题作较为深刻的学术考察和审视，仅是从研究问题的角度把此类问题提出来了，在此阶段出现两个论文发表的高峰期，分别

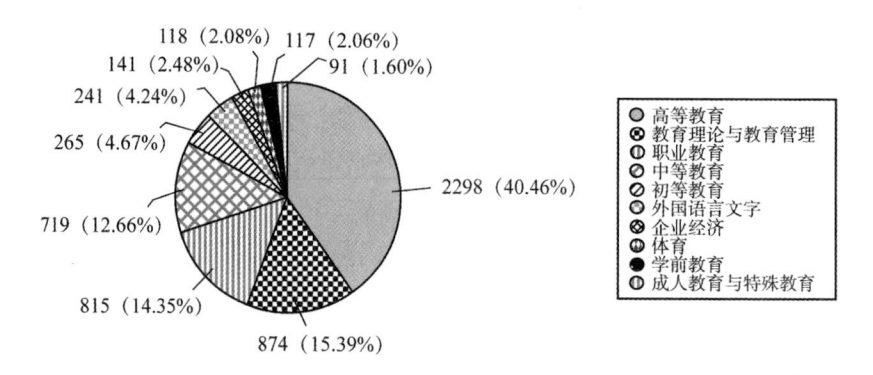

图 2-1 在 CNKI 以"教师激励"主题词检索到文献的学科分布

饼图数据：
- 高等教育：2298 (40.46%)
- 教育理论与教育管理：874 (15.39%)
- 职业教育：815 (14.35%)
- 中等教育：719 (12.66%)
- 初等教育：265 (4.67%)
- 外国语言文字：241 (4.24%)
- 企业经济：141 (2.48%)
- 体育：118 (2.08%)
- 学前教育：117 (2.06%)
- 成人教育与特殊教育：91 (1.60%)

是 1994 年的 36 篇和 1997 年 32 篇，代表性论文是《天津师大学报（社会科学版）》在 1997 年第 5 期刊发的《高校教师工作积极性的调动与激励机制》和《科学管理研究》在 1997 年第 4 期刊发的《高校教师的成就动机及其激励探讨》；第三阶段是 1999—2008 年，进入"问题分析"阶段，相关研究论文逐年递增，年均论文 112 篇，出现了较多的高水平期刊论文，且在此期间有博士学位论文 7 篇，硕士学位论文 178 篇，本阶段进入问题取向的纵深研究，包括对激励问题的成因与对策的讨论，关注到激励理论、市场环境和职业条件等对教师激励的影响，相关论述也并非停留在一般理论的分析与建构层面，而是结合实证研究方法，对管理范式、考核评价方式、资源分配机制和激励逻辑等更为细化的问题展开学术分析。同时也把考察焦点分散到基础教育阶段，中小学教师的激励问题得到更多的研究。例如，《教育研究》在 2001 年第 9 期发表了时任教育部办公厅副主任康宁撰写的《优化教师激励机制与约束机制的制度分析》，该论文总结了教师激励现状，关注到市场经济发展对职业激励的影响，并引用市场经济框架来解析教师专业化发展的激励与约束机制。除此之代，代表性的学术期刊论文有《教育理论与实践》在 2000 年第 9 期刊发的《教师需要与教师激励的现状及相关研究》、《湖南师范大学教育科学学报》在 2004 年第 4 期刊发的《教师工作满意度与教师激励》和《外国教育研究》在 2007 年第 10 期刊发的《国外教师质量和教师激励的研究综述》等，代表性的学位论文有《中国高校教师激励机制实证研究》

(2007年)、《高等学校教师激励研究》(2006年)和《农村中小学教师激励策略研究——以江西省南康市的中小学为例》(2008年)等；第四阶段是2009—2020年，属于"系统研究"阶段，年均论文340余篇，教师激励问题研究完全进入学术界视野，相关研究极为丰富，本阶段的研究论文数达到4000余篇，占总数的接近五分之四，且较为集中"教师激励机制"等系统性、政策性问题研究，并出现了"国家社会科学基金""国家自然科学基金"和"全国教育科学规划课题"等基金项目支持的研究论文。具体参见图2–2。

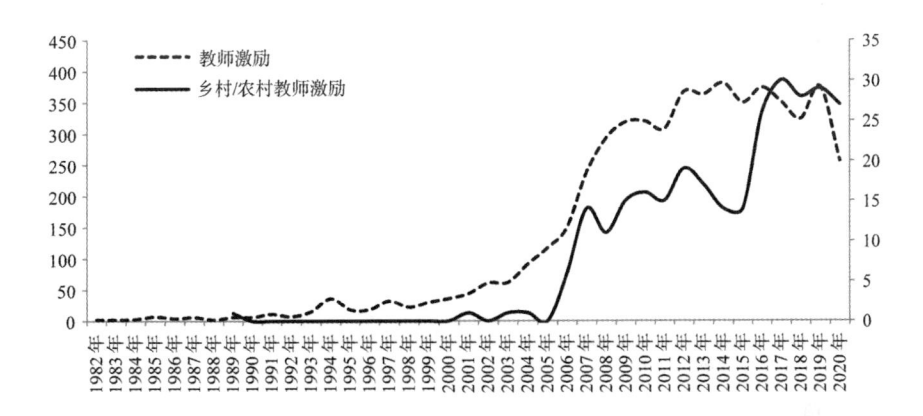

图2–2 教师激励与乡村/农村教师激励文献分布 单位：篇

若是以"乡村教师激励/农村教师激励"作为主题词检索到文献作为分析，总体上可以划分为三个阶段。第一阶段是1989—2005年，本阶段的17年间，仅检索到4篇文献；第二阶段是2006—2015年，乡村教师激励问题已进入到学术视野，聚焦"激励机制""城乡教师交流""教师工资制度"等相关话题，年均发文量14篇，相关的博士学位论文1篇，硕士学位论文40篇，代表性期刊论文有《中国教育学刊》在2009年第10期刊发的《农村教师评价体制变革中的教师激励机制》、《教师教育研究》在2010年第3期刊发的《"以县为主"背景下的西部农村教育人事体制和教师激励机制》和《教师教育研究》在2012年第1期刊发的《西部农村学校教师的供求与激励》；第三阶段是2016—2020年，年均发文28篇，在5年内有相关的硕士学位论文43篇，且深层次讨论乡村教师激励问题，涉及的主题包括"激励机制""职称评定""职业吸引力"和"乡村青年教师"等,并出现了"国家社会科学基金""国家自然科学基金"和"全国教育科学规划课题"等基金项目支持的研究论文。代表性论文有《当代教育科学》在2016年第6期刊发的《薪酬激励与制度吸纳:农村教师职业吸引力的提升路径》、《东北师大学报(哲学社会科学版)》在2018年第4期刊发的《乡村教师综合待遇的劳动定价、差异补偿与微观激励研究》和《华东师范大学学报(教育科学版)》在2018年第4期刊发的《"优绩优酬":关于西北农村教师绩效工资的实验研究》。

三是既有的教师激励问题研究在理论基础的选择上较多数是采用激励需求与激励因素理论。在CNKI数据库中,以"教师激励"为主题词检索到的文献做"主要主题"和"次要主题"的可视化分析后得到,一方面在"主要主题"中发现以"激励理论"为题的文献116篇,且在2004年后讨论较为充分,年均6篇,具体见图2-3;另一方面在"次要主题"分布洪发现,"激励因素"论文158篇,"物质激励"论文129篇,"精神激励"论文119篇,"保健因素"论文58篇,"目标激励"论文45篇,"教师薪酬"论文118篇。而以"乡村教师激励/农村教师激励"为主题词检索到的文献做"次要主题"的可视化分析后发现,关于"激励因素"的论文有7篇,"精神激励"的5篇,"物质激励"的5篇,"保健因素"的5篇,"教师工资"的4篇。可见,无论是宏观层面的"教师激励研究",还是微观层面的"乡村教师激励研究",在理论上均较多运用"因素理论""需求理论"和"薪酬激励"等心理学和管理学的理论,并引入到教师激励问题的分析之中,并对"激励管理""激励模式"和"激励机制"等对策层面的探讨。

第二节 乡村教师激励的问题表现

对实然层面的了解与掌握是开展问题研究的前提。一般而言,对研究问题的判断与剖析应必须基于事实及其所呈现出的问题。因此,极其有必要通过对既有研究的材料梳理和文献讨论来了解,在实践中教师激励具体存在什么问题,其具备什么样的类型与特征。而作为在独特工作环境与特定文化场域中的乡村教师,其激励问题在数量层面的程度如何,

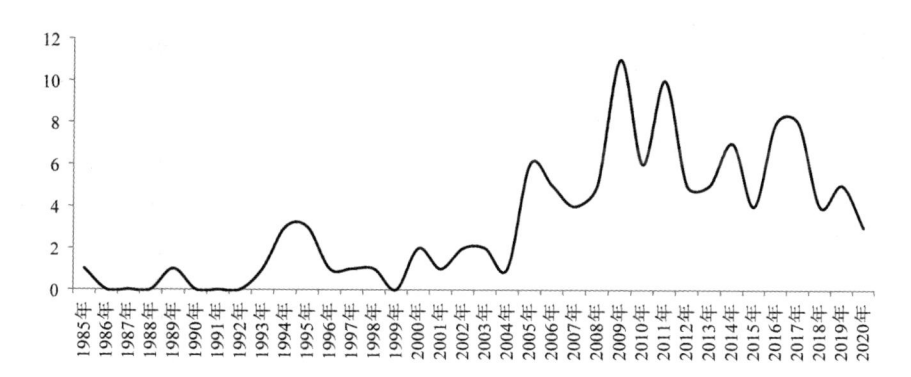

图 2-3 以"教师激励"为主题检索到的
"主要主题"是"激励理论"的文献分布 单位：篇

是否存在特殊的表现形式，尤其在激励表征上的问题体现是什么，例如工作满意度、工作积极性、职业倦怠和学校归属感等。

一 乡村教师激励问题的数量表征

作为研究问题的乡村教师激励问题，其首要需要得到澄清的是乡村教师激励问题是否是真问题，其具体的数量表征是什么，实际状况究竟如何。基于文献材料的简要爬梳发现，本问题研究的数量表征主要反映在工作积极性、成就感、满意度和职业倦怠等方面。

（一）乡村教师的工作满意度

工作满意度是教师激励问题研究中的常用考核指标，其集中反映了教师对工作环境、条件及其自我期待等方面的满意程度，既是客观比较的结果，也是主观需要是否实现的体现，并且是能否促成工作激励的重要前提。只有通过研究，明确了教师在工作中哪些方面是满意的、哪些方面是不满意的、什么因素导致了其满意或不满意，才能使激励真正有效，从而调动其工作积极性。[①] 正因如此，近些年随着对乡村教师政策实施效果和乡村教师职业认知研究的兴起，乡村教师工作满意的相关研究也丰富起来。有研究基于 9 省 20 县 198 所学校的调研数据，分析得出义

[①] 冯伯麟：《教师工作满意及其影响因素的研究》，《教育研究》1996 年第 2 期。

务教育教师工作满意度的总平均分为2.242，低于3分。[1] 但有研究以农村学校教师为基准，城区学校教师更可能对工作满意，镇区学校教师不显著，表明城乡差异矛盾主要表现为城区与农村的差异。[2] 关于乡村教师工作满意度的具体情况，现有研究基本分为两种论点：一种是处于中等偏上水平，另一种是偏低。一方面，有研究选取我国东西部五个省份2006名乡村教师作为样本，数据分析发现，乡村教师对工作环境的满意度（M=2.88，SD=0.486）低于对教师职业的满意度（M=2.91，SD=0.605）。[3] 而2018年在湖北省选取12所乡村学校开展实地调研发现，乡村教师工作满意度得分均值为3.79，总体上居于中等偏上水平。[4] 另一方面，公办幼儿园教师和乡村教师满意度显著低于其他群体……任教学校距离城市越远，教师满意度越低……家庭住址在镇区的教师满意度显著高于城区。[5] 并且，乡村教师工作满意度存在属性上的差异。乡村教师对于补偿性激励（入职奖励、生活补助、交通补助和救助等）满意的占比为14.75%，其中非常满意的仅占3.38%，不满意的达到49.52%，其中非常不满意占17.31%；对保障性激励（办公条件、工资收入、住房需求和专业培训等）满意比例为16.74%，非常满意为2.75%，不满意比例为41.60%，其中非常不满意为11.43%。[6] 桃源县农村中小学教师中有56.6%对福利、49.4%对外部环境对教师职业尊重及认可、45.1%对工资收入、36.2%对职称评定和职务晋升等方面不满意。[7] 乡村班主任、寄宿制学校教师和特岗教师作为乡村学校中特定的教师群体，其对专业发展

---

[1] 李维、许佳宾、丁学森：《义务教育教师工作满意度的实证研究》，《现代教育管理》2017年第1期。

[2] 武向荣：《义务教育教师工作满意度影响因素的实证研究》，《教育研究》2019年第1期。

[3] 王照萱、张雅晴等：《乡村教师感知的学校氛围对其工作满意度的影响：教师领导力和自我效能感的中介作用》，《教师教育研究》2020年第6期。

[4] 李恺、万芳坤：《乡村振兴背景下乡村教师工作满意度研究》，《华中农业大学学报》（社会科学版）2019年第4期。

[5] "全国教育满意度测评研究"课题组：《基础教育满意度实证研究》，《教育研究》2016年第6期。

[6] 高慧斌：《乡村教师激励制度研究》，知识产权出版社2020年版，第85—93页。

[7] 赖柄范：《桃源县农村中小学教师激励机制研究》，硕士学位论文，中南林业科技大学，2018年，第22页。

的满意度偏低。有研究基于2018年在18个省份35个县进行抽样调查发现，8497位乡村班主任中对其专业发展比较满意和非常满意的人数占总人数的14.04%和3.44%，而非常不满意和不太满意占比达31.71%。[①] 在寄宿制学校教师方面，有研究基于西南地区两县寄宿制学校的调研发现，教师对人际关系满意度为较高，对领导与组织管理满意度、学生满意度、总体满意度和工作本身满意度为一般，而对经济状况的满意度为差。[②] 而河南省南阳市农村特岗教师的整体满意度为2.2500，低于理论平均值3，因此处于一个较低的满意度水平。[③]

（二）乡村教师的工作积极性

实现教师激励的核心工作就是提高教师的工作积极性。教师的工作积极性就是教师对教育教学工作产生的一种主动而自觉的心理状态，[④] 也体现在具体的工作状态之中。既有的乡村教师工作积极性的实证性研究也存在分歧，一方面有研究表明，乡村教师的工作积极性状态总体上处于中上水平，另一方面有研究则证明其处于偏低的水平。

早在1993年的研究显示，湘潭地区农村初中教师工作积极性总体状况属中上水平，明显地高于深圳市中学教师。[⑤] 1995年的研究显示，教师的工作激励总体得分为5.997，得分低于中等数8，按每项内容分数为2计算，说明教师的工作激励高于一般水平。[⑥] 有研究于2015年选取了L省Y市S县的四个乡镇6所学校的教师开展问卷调查，得到教师工作积极性总体处于中等偏上水平。[⑦] 工作投入感作为工作积极性的过程性表现，也是其研究中的重要观测指标。有研究基于全国的教师激励问题理解，在

[①] 郑鹏娟：《乡村小学班主任工作满意度提升机制研究》，硕士学位论文，东北师范大学，2019年，第39页。

[②] 袁玲俊、毛亚庆：《西南农村寄宿制学校教师满意度现状及其原因分析》，《教师教育研究》2014年第3期。

[③] 刘润秋、宋海峰、卢洋：《农村特岗教师工作满意度探究》，《探索》2013年第4期。

[④] 曾拓：《教师的工作积极性、教学效能感与其教学问题诊断能力关系的研究》，《教育研究与实验》2008年第4期。

[⑤] 廖香武：《农村初中教师积极性状况的研究》，《中小学管理》1993年第6期。

[⑥] 刘海燕：《影响经济不发达地区中小学教师工作积极性诸因素分析》，《心理发展与教育》1995年第1期。

[⑦] 曾文婧：《相对剥夺感对农村教师工作积极性的影响研究》，硕士学位论文，东北师范大学，2016年，第31页。

2015 年抽取东部地区 12 所、中部地区 18 所和西部地区 15 所中学开展调研得到，当前被调查教师的总体工作投入感状况处于中等偏上水平。[1] 另有 2016 年的研究在宜宾两所高中调查后发现，教师工作积极性处于中等偏上水平。[2] 在近期，对参与江西省 2017 年下半年"国培计划"的 408 位教师进行了问卷调查发现，当前中小学教师的总体工作投入状况处于中等偏上水平。[3] 另外在 2017 年的研究也表明，被调查学校教师的工作积极性得分为 2.83，在 0—4 分处于中上等水平。[4]

除此之外，有调查性研究表明，乡村教师的工作积极性并不是很高，一方面表现在乡村教师的自我工作的评估上，另一方面体现在学生对教师工作的主观判断上。有研究在河北平山县杨家桥乡小学调查发现，"教师对自己工作积极性发挥的满意度"中"非常满意"有 15.6%，"比较满意"有 33.3%，"一般满意"有 46.7% 和"不满意"有 4.4%。[5] 在四分法的情形下，乡村教师自我判断总体上处于两分状态。在工作积极性的自我认知上，被调查的中小学教师中，认为当地教师的工作积极性完全没有发挥的占 4.6%，没有发挥的占 34.8%，一般的占 39.6%，有较大发挥的占 19.5%，认为完全发挥的仅占 1.5%。[6] 而基于学生视角对教师工作的评价上，有 84% 的学生认为老师上课有过迟到现象，而关于学生对教师工作认真的评价，选择"工作很认真""工作比较认真""工作不认真"的，依次占 16%、37%、47%。[7] 有研究 2006 年在甘南州牧区调研发现，基础教育教师在教学、科研、管理等方面的激励机制缺失或者

---

[1] 李敏：《中学教师工作投入感研究》，博士学位论文，华东师范大学，2015 年，第 88 页。
[2] 伍小兵：《绩效工资政策之激励初衷与现实困境研究》，博士学位论文，西南大学，2016 年，第 87 页。
[3] 李婷：《中小学教师工作投入状况调查研究》，硕士学位论文，江西师范大学，2018 年，第 38 页。
[4] 翟晓雪：《教学工作时间对农村教师工作积极性的影响研究》，硕士学位论文，东北师范大学，2017 年，第 26 页。
[5] 张志兴：《激发农村小学教师工作积极性对策研究》，硕士学位论文，河北师范大学，2014 年，第 9 页。
[6] 吉同权：《农村中小学教师激励策略研究》，硕士学位论文，西南大学，2008 年，第 22 页。
[7] 黄敏：《边境农村初中教师工作积极性的调查与思考》，摘自《国家教师科研基金十一五阶段性成果集（广西卷）》，2010 年，第 9—15 页。

不够健全，这些问题影响了教师教学的热情和积极性，最终影响教学水平的提高和学生总体的升学率。[1]

（三）乡村教师的职业成就感

教师职业成就感是指教师在完成其教育教学任务的过程中，发挥了自身的教育工作能力，充分展示了其在教育教学工作方面的潜能，对实现自我价值与社会价值的感受与体验，以及由此而获得的一种内在满足。[2] 其涉及两大要素，一是客观层面的工作能力的发挥和教学潜能的展示，二是主观层面的价值感受与内在满足。因此，教师职业成就感是教师职业发展与教学工作的内在动力，是教师激励的过程与结果的重要表现。那么，乡村教师的职业成就感处于何种水平？对2002—2014年教师职业成就感的研究结果进行分析，结果表明，我国大陆教师职业成就感整体水平偏低。[3] 最近一项基于《中国教师发展报告》课题组2018年对全国中小学教师发展状况抽样调查所获得的问卷数据的研究反映，约七成的教师存在不同程度的成就感缺乏情感体验。[4] 由此可见，中小学教师的职业成就感总体处于偏低的水平。比较而言，有一项对我国28个省市自治区的6073位中学教师的职业成就感的研究显示，中学教师职业成就感普遍不高，农村教师职业成就感得分显著高于城市教师。[5] 这项研究印证了城市教师的职业成就感的较低的状态，因为关于乡村教师的研究均认为，乡村教师职业成就感情况不容乐观。有学者在2019年针对HLJ省MDJ市周边的农村小学教师的调研发现：约40%的教师对职业成就感表示"满意"，满意度一般，还有很多教师未能很好地感受工作带来的成就感。[6] 50%的农村初中教师认为现在体会不到成就感，47.2%的认为现在

---

[1] 苏发祥，徐芳：《甘南州牧区基础教育现状、困境及建议》，《民族教育研究》2009年第1期。

[2] 邓睿：《教师职业成就感：内涵、来源及影响因素》，《教师教育研究》2016年第5期。

[3] 廖友国：《教师职业成就感的现状与趋势》，《教师教育学报》2015年第4期。

[4] 梁红梅、高梦解：《中小学教师职业荣誉感的现实困境与涵育路径》，《华南师范大学学报》（社会科学版）2020年第6期。

[5] 邓睿：《我国不同类型中学教师职业成就感现状及比较分析》，《教师教育研究》2013年第5期。

[6] 杨洋：《欠发达地区农村小学教师激励策略研究》，硕士学位论文，牡丹江师范学院，2020年，第40页。

教师的社会地位不高。① 农村中小学教师在教育教学工作中往往投入多却收效少，成就体验不足，存在"职业成就感"缺失现象。② 此类问题不仅表现在数值上的简单对比，而且也反映在时间维度上。作为一名农村教师现在很难体验到成就感，认为现在的成就感不如以前。③

（四）乡村教师的职业倦怠

职业倦怠是职业群体因工作压力得不到缓解、工作期待得到实现而出现的工作努力、工作热情和职业成就感的下降。职业倦怠也是一项比较容易被识别、对职业发展和日常工作影响比较大的指标。相比之下，教师是职业倦怠的高发群体。据中国人力资源开发网发布中国"工作倦怠指数"调查报告，教师的职业倦怠程度高达50.34%，在所调查的13个职业排在第二位。④ 受各种因素影响，外在激励措施不到位更容易引发教师的职业倦怠，造成内在激励的瓦解。该问题也是教师职业发展中长期被关注且相关的成果较多。而通过文献的数量整理发现，乡村教师职业倦怠的相关文献数量较多且有递增趋势。这一方面说明学术界对此问题关注度的提升，另一方面也折射出乡村教师职业倦怠问题日益凸显。例如，在CNKI数据库中，以"乡村教师/农村教师"为主题词，加上以"倦怠"为篇名开展文献检索，得到316篇文献，其中硕士论文65篇，并且在2005年之后文献数量呈现递增趋势，具体见图2-4。

乡村教师的职业倦怠具体状况如何？有研究对参加培训的97位乡村小学教师开展问卷，其中关于职业倦怠的问题中，平均分最高的为"一天的工作结束后，我会感觉筋疲力尽"（平均值3.09，标准，1.07），其次是"我对工作的兴趣减退"（平均值2.83，标准，1.24），总体上处于

---

① 陈思：《义务教育经费投入与农村中学教师激励机制研究》，硕士学位论文，华中师范大学，2018年，第22页。
② 马多秀：《农村中小学教师"职业成就感"缺失现象分析》，《现代教育论丛》2015年第1页。
③ 杨珍：《农村初中教师职业成就感研究》，硕士学位论文，天津师范大学，2019年，第23页。
④ 新浪网：《七成中国人出现工作倦怠，超过一成十分严重》，http://edu.sina.com.cn/l/2004-12-06/93970.html。

一种疲惫倦怠状态。① 对150名山东省乡村中学教师的职业倦怠现状研究发现,有61.2%的乡村教师出现职业倦怠。② 另有研究指出,乡村教师的职业倦怠水平不高,但生理疲乏程度和情绪衰竭维度比较严重。例如,农村中小学教师的职业倦怠整体水平不高,有23.3%的被试得分在中位数3以上,但其生理疲乏维度得分较高,有49.4%的得分大于3。③ 通过对山东、安徽两省8所乡村学校教师职业倦怠水平进行调查研究发现,乡村教师的职业倦怠总体上并不严重,但情绪衰竭维度最为严重。④ 农村中学教师也呈现类似情况。⑤ 贫困乡村小学教师总体上有轻度的职业倦怠。⑥ 乡村校长作为乡村学校的领导者,其职业倦怠程度存在一定的传导性。有研究连续三年对中部农村中小学1542名校长的职业生存状态进行了调查,结果显示,其职业倦怠水平较低,但具有逐渐增长的发展趋势。⑦

(五) 乡村教师的学校归属感

组织归属感是员工激励的重要范畴。当许多人为了共同的愿景聚到一起共事时,团队就形成了,这一共同愿景就是团队存在的基础,是团队文化的核心,并最终推动了团队的进步。⑧ 在日常实践中,学校与教师的工作目标、教育需求与发展愿景并不能确保百分百的一致性,这期间需要二者之间相互调适与适应,并达成某种认识上的默契。因此,教师作为学校组织的成员,其学校归属感,直接反映了激励的效果及其后续

---

① 张莉莉、林玲:《城市化进程中乡村教师的境遇:倦怠与坚守》,《河北师范大学学报》(教育科学版) 2014年第1期。

② 张峰、韩延伦:《山东省乡村中学教师职业倦怠现状分析与建议》,《当代教育科学》2016年第10期。

③ 苏红:《生理疲乏:影响农村中小学教师职业发展》,《中小学管理》2013年第1期。

④ 车丽娜、闫巧:《乡村教师职业倦怠的现状分析与建议》,《沈阳师范大学学报》2017年第5期。

⑤ 梁芸芳、刘丽:《农村中学教师职业倦怠现状研究》,《教育理论与实践》2007年专刊期。

⑥ 高天宇:《贫困地区乡村小学教师职业倦怠与社工介入研究》,硕士学位论文,首都经济贸易大学,2018年,第11页。

⑦ 周宗奎:《农村中小学教师职业生存状态研究》,《华中师范大学学报》(人文社会科学版) 2011年第3期。

⑧ [美] 罗伯特·迪尔茨:《归属感》,庞洋译,北方妇女儿童出版社2015年版,第5页。

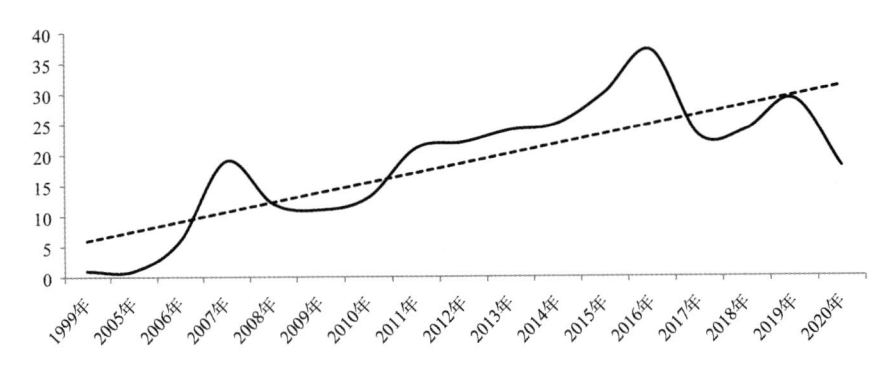

图 2-4　乡村/农村教师职业倦怠文献分布　单位：篇

发展态势。教师的学校归属感较高，就比较容易产生对学校教学工作的向心力与支持度，在工作中更容易体现集体感和责任感，推动教育教学工作的有质量地开展，同时提升持续安心从教的信心和降低离职离任的可能。研究也表明，归属感是农村教师出现情绪耗竭和离职意向的保护因素，提高农村教师的归属感，有助缓解教师情绪耗竭，降低离职意向。[①] 在理论上，乡村教师的归属感分为职业归属感、学校归属感和乡村社会归属感。相比之下，学校归属感作为教师激励的重要着力点，即成为本书的文献分析的关注点。

那么，乡村教师的学校归属感状况如何？有研究表明，小学教师的学校归属感平均分为 3.37，与中间值 3 相比，处于中等水平，其学校归属感总体不高。[②] 具体到乡村教师，在对湖南省 Y 县八所农村寄宿制学校的调研发现，农村寄宿制学校教师归属感样本平均值为 3.438，其归属感属于中等水平，离教师归属感良好还有一定的距离。[③] 教师们一致认为学校的管理与领导的风格是教师学校归属缺失的主要原因，尽管与学校环

---

① 李维、秦玉友、白颖颖、郑美娟：《归属感对农村教师离职意向的影响研究》，《教师教育研究》2018 年第 6 期。
② 杨丽芳：《小学教师组织公平感、学校归属感、工作绩效及其关系研究》，硕士学位论文，广西师范大学，2016 年，第 27 页。
③ 陈菲：《农村寄宿制学校教师归属感研究》，硕士学位论文，上海师范大学，2020 年，第 20 页。

境和办学条件有关，但不造成实质性影响。① 诸多事例也表明，当前乡村教师队伍的稳定性较差，流动性较高，想调离工作学校的意愿比较强，此种情况在新进教师或者青年教师中比较严重。安徽省寿县农村学校 A 校从 2009—2019 年，11 年时间里，新进教师 58 名，截至 2019 年年末，离职的有 30 名，占新进教师总数的 51.72%，此外，该校很多青年教师虽然在岗，但是并没有把主要精力用在教学上，很大一部分时间用在招聘考试上。② 可见，此类情况并非短时间存在，而是长时间内产生在乡村学校中。对云南省 30 个县 10356 位乡村教师的调查显示，云南乡村教师中近 80% 有流动（调动）及流失（改行）意愿，30 岁以下青年教师的流动及流失意愿最为强烈。③ 有研究者在 2015 年对甘肃省陇南市武都区 10 所农村乡镇学校 200 多名教师的流动状况进行调查发现，有 50% 的教师时刻想调动工作，17% 的教师有时候想调动。④ 更广泛的调研也印证了上述情况，有学者使用 2016 年辽宁、云南、贵州、重庆和广西五省市（自治区）五个县的问卷调查数据分析后发现，样本农村教师中有 17.8% 和 20.3% 的比例有更换学校意愿和退出教师职业的意愿。⑤ 此外，城镇化背景下，工作生活的两地化成为乡村教师职业新样态。⑥ 工作和生活因地理空间的社会差异和交通距离形成对乡村教师的归属感的角力，让乡村教师对回归学校和全力教学上付出会有所折扣。长期两地奔波会使"候鸟型"教师在"迁徙"与"坚守"的摇摆中消磨教学热情。⑦

---

① 张满莹：《农村中学青年教师归属感研究》，硕士学位论文，东北师范大学，2019 年，第 76 页。

② 任香兰：《安徽省寿县农村青年教师流失问题研究》，硕士学位论文，华中师范大学，2020 年，第 17 页。

③ 王艳玲、李慧勤：《乡村教师流动及流失意愿的实证分析》，《华东师范大学学报》（教育科学版）2017 年第 3 期。

④ 白亮、郭二梅：《农村教师单向流动的原因及应对策略》，《教师发展研究》2018 年第 1 期。

⑤ 杜屏、谢瑶：《农村中小学教师工资与流失意愿关系探究》，《华东师范大学学报》（教育科学版）2019 年第 1 期。

⑥ 姜超：《工作生活两地化：城镇化背景下乡村教师职业新样态》，《中国教育学刊》2018 年第 7 期。

⑦ 程良宏、陈伟：《迁徙与守望："候鸟型"乡村教师现象审思》，《教育发展研究》2020 年第 15—16 期。

上述提及的五个方面作为可量化观测的指标，通过文献梳理分类在直观上反映了当前乡村教师激励面临的现实处境与困境。在实际中，乡村教师的工资待遇总体水平较低、流失严重、数量短缺、队伍老龄化、工作繁重、专业素养不适应时代需要等新旧问题交织。① 除了"留得下"和"教得好"，还有"引进来"也是乡村教师激励问题。现有研究②表明，乡村教师职业吸引力偏低，也是当前和未来时段乡村教师激励政策的主攻点之一。

二 乡村教师激励问题的人口学特征

无论是既有研究结果，还是教育实践均表明，乡村教师激励问题存在多类型与多样态的特征。如上提及，不同研究分别就"教师的年龄、职称、自我价值等与其工作积极性的关系"和"激励中的教师需要（工资、尊重、归属感和自我实现）"做了调查分析，以此缕析现状特征。更为重要的是，有研究指出，在教师激励上，基于个人特征、职位特征、教育背景和学校背景的存在不同程度的显著性差异。③ 例如，在教师激励、工作满意度和教师组织承诺方面，农村小学教师各方面水平均显著低于城区学校。④并且，有的教师因为其所处的人际环境好，学校支持好，个人悟性好，从教意志高，可以在入职之后很快成长，有的即使当了一辈子教师，可能也从来没有把握住"教师"工作的真谛。⑤ 由此可见，教师激励问题会因个人、职业、地域和学校等方面条件的变化而有所不同。基于文献的简要梳理也发现，乡村教师激励当中的教师满意度、积极性、职业成就感、职业倦怠和学校归属感等方面具有明显的人口学特征。这一方面反映了乡村教师的群体差异性，另一方面也体现了乡村教师激励

---

① 庞丽娟、金志峰、杨小敏：《新时期乡村教师队伍建设政策研究》，《中国行政管理》2017年第5期。

② 赵鑫：《民族地区乡村教师职业吸引力提升的理念与路径》，《教育研究》2019年第1期；邬志辉：《如何提高乡村教师职业吸引力》，《光明日报》2014年9月2日第11版。

③ 滕堃、虞华君、蒋玉石、苗苗：《高校教师激励结构模型及激励效果群体差异研究》，《西南交通大学学报》（社会科学版）2018年第5期。

④ 成刚、于文珊、邓蜜：《教师激励对组织承诺的影响》，《教师教育研究》2019年第3期。

⑤ 叶菊艳：《教师身份构建的历史社会学考察》，北京师范大学出版社2017年，第12页。

在乡村教师的满意度方面，义务教育教师工作满意度在性别、是否已婚上、东部与西部地区学校、城市与农村学校、初中与小学之间均存在显著差异，教龄、工资年收入、周课时、受教育年限和是否为骨干教师等均显著影响义务教育教师工作满意度。[①] 换言之，自身条件、地域类型和学校阶段的差异比较大，而在工作特征上是影响教师的满意程度。对于乡村教师而言，有课题组的研究认为，乡村教师工作满意度在性别、婚姻状况、任教科目、工作量、担任班主任情况、学历和职称等人口学变量上差异并不显著，只在年龄、教龄、收入水平上存在显著差异。[②] 相对而言，乡村教师在年龄和教龄的自然特征，和收入水平这个重要的工作特征上对其满意度影响和差异比较大。其中一个具体表现是，低职称、年龄大、教龄长以及男性教师、西部地区教师的工作满意程度亟待得到关注，且教师收入对提高教师工作满意度可能发挥较大作用。[③] 其中，农村小学青年教师作为在职称、年龄、教龄和工资收入等方面处于较弱势群体，其满意度问题更值得关注。有研究指出，农村小学青年教师对工作的总体满意度一般，其不满意感主要来自福利制度、薪资水平、职称评定这三个因素。[④] 在 2019 年的调研得到，邹平市中小学青年教师工作满意度依次为工作自身＞工作环境＞人际关系＞领导信任＞进修学习＞考评机制＞薪酬体系＞工资收入。[⑤]

在乡村教师的工作积极性方面，在总体上乡村教师的工作积极性处于中等偏上水平，而经过文献梳理发现，在总体之下的教师内部的差异比较大。早在 1993 年的研究显示，湘潭地区农村初中中老年教师的工作

[①] 李维、许佳宾、丁学森：《义务教育教师工作满意度的实证研究》，《现代教育管理》2017 年第 1 期。

[②] 李恺、万芳坤：《乡村振兴背景下乡村教师工作满意度研究》，《华中农业大学学报》（社会科学版）2019 年第 4 期。

[③] 武向荣：《义务教育教师工作满意度影响因素的实证研究》，《教育研究》2019 年第 1 期。

[④] 王彦杰：《农村小学青年教师激励管理的问题与策略研究》，硕士学位论文，西南大学，2011 年，第 27 页。

[⑤] 杨秋兰：《中小学青年教师激励机制研究》，硕士学位论文，山东大学，2020 年，第 22—23 页。

积极性都明显地高于青年教师。[①] 其明确指出乡村教师工作积极性在年龄上的差异,且是青年教师处于较低的水平。而1994年的研究指出,教龄上差异不明显,是其他方面的差异性较大。教师工作积极性在性别、文化水平和学校类型上有显著差异,但是在教龄上差异不显著,师生关系与教师工作积极性之间没有明显的相关关系。[②] 但是2016年的研究指出,青年教师的工作积极性最高,在年龄层面得出了与1993年、1994年研究相反的结论。小学教师的工作积极性均显著低于初中教师,女性教师的工作积极性显著高于男性教师,而且青年教师的工作积极性最高,其后依次是中年教师、老年教师,不同学历和职称的教师并不存在显著差异。[③] 后续的研究进一步指出,中学教师投入感存在区域、城乡、学校类型、教龄、婚姻、职称、学历、任教学科、任教年级、获得荣誉、年收入和工作时间等方面的差异,其中城市教师工作投入感高于乡镇教师,教龄为0—5年的教师工作投入感最高,教师工作投入感随学历的递增而递增,还没有职称的教师的工作投入感最高,最低的是初级职称教师。[④] 由此可见,不同时空背景下,乡村教师工作积极性问题有不同的表现。但总体而言,乡村教师工作积极性在个人特征、职业特征和学校特征的不同要素有着不同的体现,例如年龄、性别和文化水平等。

在乡村教师的职业成就感方面,已有的研究指出,教师职业成就感存在性别、学历、职务、学科、教龄和职称等方面的差异。具体是,男教师职业成就感体验更强;大专学历教师职业成就感最强;班主任职业成就感相对较低,中层领导职业成就感显著强于普通教师;在任教科目上由高到低分别是,音体美、数学和英语、语文教师;在教龄上由高到低分别是,即将退出教职的教师、进入平静期和保守期的教师、处于试验期或重新评价期的教师、进入稳定期的教师、刚入职尚处于适应和发

[①] 廖香武:《农村初中教师积极性状况的研究》,《中小学管理》1993年第6期。
[②] 辛涛、邱炳武、申继亮:《中小学教师工作积极性及影响因素的研究》,《教育科学研究》1994年第3期。
[③] 曾文婧:《相对剥夺感对农村教师工作积极性的影响研究》,硕士学位论文,东北师范大学,2016年,第32—37页。
[④] 李敏:《中学教师工作投入感研究》,博士学位论文,华东师范大学,2015年,第97—115页。

现期的教师；在职称上由高到低分别是，高级职称教师、中级职称的教师、无职称和初级职称的教师。① 另有研究指出，在小学教师中，女性教师、具有研究生学历的教师、非班主任教师、中级职称的教师、附属科目的教师和工作时间在 8 小时以内的教师比其相对应的教师的职业成就感高，并且是随着教龄的增长职业成就感先逐渐增强后逐渐减弱。② 在工作时间和工作压力上，这对乡村教师职业成就感影响更为明显，有研究根据对全国 33 县区的 23890 名乡村教师的调查研究分析得出，乡村教师工作压力对低个人成就感有显著的正向预测作用。③

在乡村教师的职业倦怠方面，根据已有文献发现，教龄方面特征存在较大分歧，且后续研究不断补充工作特征在乡村教师职业倦怠的差异性。从职业倦怠整体来看，教师的职业倦怠主要体现在性别、年龄和教龄上的差别。即男教师显著高于女教师，年纪越轻的教师职业倦怠感越低，教龄在 21—40 年的教师在情绪衰竭维度上得分最高而教龄在 1—5 年的教师得分最低。④ 对乡村教师而言，存在性别和婚姻上的差异，且学校与所在地政府的支持行为对其影响较大。具体是，男性教师的职业倦怠要显著高于女性教师，已婚的教师职业倦怠感要稍微高于未婚的教师，校长和乡政府的支持行为能够显著的降低教师的职业倦怠水平。⑤ 但是，另有研究指出，乡村教师的职业倦怠主要反映在教龄上，而在性别、婚姻和职称上差异性不显著。即乡村教师职业倦怠水平在性别和婚姻状态因素下不存在显著性差异，教龄在 11—20 年的乡村教师职业倦怠水平最高，教龄在 0—5 年的乡村教师职业倦怠水平最低，乡村教师的职业倦怠

---

① 邓睿：《我国不同类型中学教师职业成就感现状及比较分析》，《教师教育研究》2013 年第 5 页。

② 代森：《小学教师职业成就感调查研究》，硕士学位论文，西南大学，2013 年，第 20—32 页。

③ 安晓敏、佟艳杰：《工作压力对乡村教师工作满意度的影响研究》，《教育科学研究》2020 年第 1 期。

④ 姚计海、管海娟：《中小学教师情绪智力与职业倦怠的关系研究》，《教育学报》2013 年第 3 期。

⑤ 徐朝阳：《农村中小学校组织气氛、教师人格特质和教师职业倦怠的现状及关系研究》，硕士学位论文，云南师范大学，2018 年，第 30—34 页。

水平与职称之间不存在线性关系。① 尤其是对于入职初期的年轻教师来说，过大的工作量和工作压力容易加速教师的职业倦怠，不利于形成良好的教育教学体验。② 一项在河北省发放了9600余份问卷的调研发现，新生代特岗教师和农硕群体职业倦怠达到48.8%和54.0%，尤其值得高度重视。③ 除此之外，有研究认为乡村教师的职业倦怠在教龄上差异不大，而主要反映在学段和任教学科上。即不同性别、年龄、教龄教师职业倦怠程度差异不大，中学教师在生理疲惫的维度上显著高于小学教师，数学、物理、化学、生物、历史、地理等科目的教师在生理疲惫的维度上显著高于其他科目的教师。④ 而编制、薪酬、工作时长等是影响乡村教师职业倦怠的主要因素，另外，师范出身的教师职业倦怠感显著低于非师范出身的教师，学历高的教师职业倦怠感显著高于学历低的教师。⑤

在乡村教师的学校归属感方面，有研究就乡村教师的社会归属感做了分析，其中指出，除文化程度外，性别、教龄、职称、学校类型、身份类型等因素均对乡村教师的社会认同有影响。在乡村认同方面，教龄、职称、身份类型等因素均对其产生显著影响，性别和学校类型则不产生显著影响；在城市认同方面，性别、教龄、职称、学校类型、身份类型等因素均对其产生显著影响。⑥ 后续的研究也印证了这一论断，并且增加学科、职务等因素分析。有研究基于对湖南省Y县八所农村寄宿制学校的调研得到，同类项比较之下，男教师、已婚教师、最高学历为大专及以下的教师、户籍为本县的教师、任教理科（生、物、化）的教师的归属感较高，担任一定职务的教师比普通教师归属感更高，而年龄在30周岁及以下的教师、三至五年教龄的教师、教师学历为本科的教师、任教

---

① 车丽娜、闫巧：《乡村教师职业倦怠的现状分析与建议》，《沈阳师范大学学报》2017年第5期。
② 张满莹：《农村中学青年教师归属感研究》，硕士学位论文，东北师范大学，2019年，第77页。
③ 刘毅玮、张云晶、封文波：《乡村教师队伍建设中的困境与突破》，《中国教育学刊》2020年第6期。
④ 苏红：《生理疲乏：影响农村中小学教师职业发展》，《中小学管理》2013年第1期。
⑤ 丁亚东、刘益：《乡村教师职业倦怠与学生成绩》，《教师教育研究》2020年第4期。
⑥ 闫巧、车丽娜：《城镇化进程中乡村教师的社会认同研究》，《教育研究与实验》2017年第4期。

副科（美术、体育、音乐）的教师的归属感最低，并且随着年龄的增长和职称提高，教师归属感逐步增强。[①] 一项抽取了全国12省（市、自治区）24县108所农村学校的调研显示，教龄较长、职称较高、学历较低的本校在编教师，已婚、有子女、家校距离近的本地教师，以及对工资待遇、专业发展机会满意度较高的教师更愿意留在农村学校任教。[②] 可见，乡村教师的归属感在教龄、职称和身份类型等方面的差异性较大，而这些元素均可集中到乡村青年教师这一特殊群体上。有研究指出，30岁以下青年教师的流动及流失意愿最为强烈，总体上工资收入越高，教师的流动及流失意愿越弱，但学校区位的影响不容忽视。[③] 并且，作为青年教师，其对学校管理、文化与平台支持等方面的要求更高。有研究指出，学校管理、教师文化和对青年教师的支持会影响农村青年教师的学校归属感。[④] 另有研究反映，小规模学校的优秀年轻教师大多为特岗、轮岗、支教等教师，他们往往将在小规模学校教学作为"跳板"，服务期满后大多想尽办法到城镇学校教书，还有的参加公务员考试或辞职下海。[⑤]

三 乡村教师激励机制的存在问题

乡村教师激励问题的数量特征和人口学特征均在不同程度上说明了乡村教师激励现状的实际程度及其多样性。通过文献的整理发现，作为乡村教师激励问题重要组织部分，其运行机制也存在不同形态的问题表征，诸如薪酬待遇和专业发展空间偏低，重物质而轻精神激励，教师需求与政策支持的错位，学校激励目标与教师目标的不一致，以及激励实施的不公平等。

[①] 陈菲：《农村寄宿制学校教师归属感研究》，硕士学位论文，上海师范大学，2020年，第30页。

[②] 安晓敏：《谁更愿意留在农村学校任教》，《湖南师范大学教育科学学报》2017年第4期。

[③] 王艳玲、李慧勤：《乡村教师流动及流失意愿的实证分析》，《华东师范大学学报》（教育科学版）2017年第3期。

[④] 张满莹：《农村中学青年教师归属感研究》，硕士学位论文，东北师范大学，2019年，第76—93页。

[⑤] 赵丹：《教育均衡视角下农村教师资源配置的现实困境及改革对策》，《华中师范大学学报》（人文社会科学版）2016年第5期。

（一）乡村教师激励政策的实际效能

自 2006 年以来，党和国家持续加强乡村教师激励政策，不断完善"引进来、留得住和教得好"的乡村教师支持政策链条。诸如向乡村教师倾斜编制配置、改革职称晋升评价体系、增加职后培训机会与层次、提高工资待遇和拓宽师资补充渠道，以此吸引和激励优秀人才赴农从教。其中，2015 年国务院办公厅颁发的《乡村教师支持计划（2015—2020）》通知（国办发〔2015〕43 号）和 2018 年颁布的《中共中央、国务院关于全面深化新时代教师队伍建设改革的意见》提出了系统性的乡村教师激励政策，对全国各地教育行政主管部门和学校制定和设计乡村教师激励机制提供了政策方向。

毋庸置疑，倾斜性支持性乡村教师政策实施后，既往存在的乡村教师激励问题和困境得到缓解，乡村教师的工作积极性得到提高，但是还有诸多问题还未得到根本性改观。有学者基于在 2017 年全国 6 个省 12 个县 120 余所农村义务教育阶段学校的问卷调研得到，针对"《乡村教师支持计划》实施后学校教师的积极性"问题，农村小规模学校教师回答"非常高"和"比较高"的共占样本总数的 85.6%。[1] 但是，对目前乡村教师工资福利"非常满意"或"比较满意"的乡村教师分别仅占 5.4%和 28.3%，回答"一般"的占 41.9%，表示"不太满意"或"非常不满意"的分别占 20.8%和 3.6%。[2] 此外，青年教师作为乡村教育质量提升的中坚，其对相关激励政策的认识反映出激励措施还需加强。有学者针对在 2017 年对全国 5 地 24 个乡镇的 47 所学校调研后得出，有 24.11%的青年教师选择"得到了足够认可"，48.62%的青年教师选择"得到了部分认可"，另外有 27.27%的青年教师并没有感受到《乡村教师支持计划（2015—2020）》对其工作付出的肯定，此外，《乡村教师支持计划（2015—2020）》实施后，愿意留在乡村任教的青年教师比例为 57.86%，

---

[1] 曾新、高臻一：《赋权与赋能：乡村振兴背景下农村小规模学校教师队伍建设之路》，《华中师范大学学报》（人文社会科学版）2018 年第 1 期。

[2] 付卫东，范先佐：《〈乡村教师支持计划〉实施的成效、问题及对策》，《华中师范大学学报》（人文社会科学版）2018 年第 1 期。

超四成青年教师潜藏流动风险。① 此调研指出乡村青年教师的留任比例超过半数,约有四成有流动可能。而另有调研则反映,此类问题更为严重,折射出问题的复杂性。基于在 2018 年全国 18 省 35 县的义务教育教师调查数据分析后得到,有 81.17% 的乡村小学青年教师有流动意愿,其中,有 54.28% 的教师想要转到县级(县级市)学校,有 14.92% 的教师想要转到地级城市的学校,而仅有 18.83% 的乡村小学青年教师愿意留在乡村学校任教。②

（二）乡村教师激励机制的总体性问题

如上所述,乡村教师激励机制的政策性和时代性较强。早在 2008 年,有学者指出我国教师激励机制在转型经济环境下,不仅教师尽职激励合约不能实施执行,而且敬业激励合约也无法真正落实。③ 随着改革开放的深入,教师激励机制在不断完善,也呈现出不一样的问题。一是激励管理的观念相对滞后,制度设计存在缺陷；二是激励内容体系不丰富,激励方式合理性有待提高；三是激励绩效评价和考核手段不够科学。④ 在实践中,激励机制中的观念、内容和考核方式等一直以来是教师激励机制难以突破的三大方面。除此之外,在需求层次理论下,教师激励要考虑到不同教师的不同需求,但当前教师激励机制存在的问题之一即是"不能兼顾不同层次教师需求的差异性"⑤。

而乡村教师激励面临着诸多实践困境,主要表现为激励方式注重物质化、激励措施碎片化以及激励制度实施浅表化。⑥ 有学者进一步指出,欠发达地区教师激励机制建构面临的制约因素:物质激励的有限性,自

---

① 王红:《政策精准性视角下乡村青年教师激励的双重约束及改进》,《教师教育研究》2019 年第 4 期。
② 朱秀红、刘善槐:《乡村青年教师的流动意愿与稳定政策研究》,《教育发展研究》2019 年第 20 期。
③ 向祖强:《我国教师激励机制的缺失及设计》,《教师教育研究》2008 年第 4 期。
④ 蔡志文:《国内高校教师激励管理机制研究综述》,《山西师大学报研究生论文专刊》(社会科学版) 2011 年第 9 期。
⑤ 何沐蓉、黎莉:《高校教师激励机制探讨》,《中国高等教育》2010 年第 22 期。
⑥ 曾鑫林、李娇娇、侯伟浩、彭冬萍:《乡村振兴背景下乡村教师激励的现实困境及其突破》,《教育理论与实践》2020 年第 10 期。

我激励的消极性，机制建设的滞后性和示范激励的薄弱性。[1] 可见，激励方式物质化与物质激励的有限性并存于乡村教师激励机制之中，以致造成本就受困于物质匮乏的乡村教师队伍建设更为艰难，以此必然衍生出激励制度僵化和不适切性等问题。在细分之下，乡村教师激励机制问题可划分为五个方面，一是激励不到位；二是工作条件艰苦；三是政策管理制度不完善；四是人际管理欠佳；五是晋升制度局限性较大。[2] 其具体到操作层面，存在的问题有：薪酬体系存在系列弊端，考评标准不够科学规范，继续教育培训流于形式和激励缺乏针对性和差异性。[3]

（三）乡村教师激励机制的学校教师管理问题

学校教师管理是教师激励机制中最微观也最直观的环节，一方面体现了乡村教师激励政策的落实，另一方面影响着乡村教师的学校归属感。并且，无论乡村学校还是乡村教师，均属于我国学校管理体系和教师管理体系的最末梢，其教师激励机制设计及其运行，在依靠上级部门制定的同时，更大程度上依赖于自我管理与调整。尽管如此，文献梳理发现，目前的乡村学校的教师激励机制状况不容乐观。有研究基于实证调查发现，被调查的教师中认为学校目前的教师激励制度、政策很科学合理的只占全部被调查教师的6.2%，认为比较科学合理的占35.2%，有41.4%认为科学合理性一般，还有17.2%的认为不科学合理。[4] 这种科学合理性较低的核心问题之一就是："重视教师管理制度的约束功能，忽视教师管理制度的激励功能。"[5]

具体而言，在乡村教师管理上普遍存在这样一种现象，能力越高的教师，慢慢地脱离教学岗位，晋升到行政岗，学校出现行政岗人浮于事，

---

[1] 苗宁礼：《欠发达地区教师激励机制建构的路径选择和制度保障》，《当代教育科学》2007年第15期。

[2] 汪媛：《衢州市Q区农村小学教师激励问题研究》，硕士学位论文，山东师范大学，2020年，第26—32页。

[3] 杨秋兰：《中小学青年教师激励机制研究》，硕士学位论文，山东大学，2020年，第24—27页。

[4] 雷蕾：《农村初中教师激励机制建设的问题研究》，硕士学位论文，西北师范大学，2013年，第16页。

[5] 郭凯：《新制度经济学视野下的教师管理变革》，《教育发展研究》2009年第2期。

教学岗教师不足，且教学任务繁重。[①] 而弱势教师，激励中被遗忘的角落；单纯的分数评比，异化的学校管理；以罚代管的制度设计，缺少一种人性的关怀；教师话语权缺失，有违民主的伦理规范。[②] 由此可见，乡村学校的教师管理依循了一种"教而优则仕"的人事管理逻辑，却未能很好地协调好岗位职责与教学工作的关系，加之强调约束性的奖惩机制，在满足了部分教师的需求的同时忽略了其他教师的需求，这带来了教师管理的偏差。因此，有学者指出，学校实施教师激励存在四个方面的偏失：激励主体单一，激励价值偏移，激励资源闲置和激励效用失衡。[③] 进一步而言，一是教师对激励机制的理解和参与不够，二是物质奖励分配不合理，无法满足教师需求，三是绩效奖励不及时，绩效分配不合理，四是教师考核评价形式化，教师晋升机会少。[④] 其中需要补充的是，绩效工资作为实施较早的制度性的教师激励机制，在实施过程中也存在不同程度的问题。有研究指出教师绩效工作存在的突出问题："三七开"的绩效工资分配比例导致教师教育教学失力失责，绩效管理权限的县区主导制导致校长行政管理失权失职，农村教师取向的绩效工资平衡方式导致城乡教师流动失衡失序。[⑤]

第三节 乡村教师激励问题的归因研究

近十年来，乡村教师激励问题成为国家教师政策的关注热点，也成为乡村教师政策研究的重心。探寻其问题归因，旨在辨明问题解决之理路。有研究指出，中学教师的工作积极性更多是由社会认可、工作条件、领导与管理、收入与福利等因素所激发总体的工作满意感可激发他们的

[①] 封玮：《豫东农村"特岗教师"激励策略研究：以双因素理论为视角》，硕士学位论文，黑龙江大学，2017年，第36页。
[②] 黄昭委：《试析中小学教师激励中的伦理问题》，《教学与管理》2009年第7期。
[③] 胡永新：《教师激励的偏失与匡正》，《全球教育展望》2009年第10期。
[④] 周艳敏：《小学教师激励管理的研究》，硕士学位论文，华中师范大学，2020年，第17—19页。
[⑤] 容中逵：《教师绩效工资实施问题及其臻善》，《中国教育学刊》2012年第1期。

工作动机。① 据此可以看出，教师激励问题的综合性与复杂性。而乡村教师激励问题在社会认可、工作条件、收入与福利等方面面临着重重困境，尤其是在系列倾斜性政策实施之后，乡村教师激励问题仍未得到有效改观，并且在有些部分还有日趋严重的态势。针对此，又是何种原因造成的呢？基于文献梳理，总体上存在如下四大方面的原因分析。

一　薪酬待遇与乡村教师激励问题的原因分析

薪酬待遇偏低是制约乡村教师队伍建设的关键问题，这也是社会各界的共识。而乡村教师在薪酬待遇方面有着苦涩的过往，近前的相关政策着力于此问题的解决，提高薪酬待遇也成为激发乡村教师工作积极性的重要的政策工具。因此，在经济发展的大背景下，"不能让农村教师永远做苦行僧，农村教师也有与其他职业者同样的物质需求和精神追求"②。然而，无论是事实层面还是既有研究均表明，薪酬待遇偏低造成乡村教师激励问题难解。

（一）薪酬待遇存在比较性劣势。

教师工资的多少取决于其他可比职业的收入和教师生活水准的维持，除此之外，其他的物质报酬还包括免费医疗、退休金、生活保险、免费住房、食物和衣服配给、交通设施服务、教育花费、低价购买商品、孩子入学免费等。③ 但是，现有的乡村教师薪酬待遇还未能兼顾到各个项目，尤其在具体的数量上与当地公务员的薪酬待遇仍存在差距，这必然影响到乡村教师的激励水平。现有研究也表明，薪酬待遇是影响教师积极性的最主要原因。有调研证实，在影响农村教师积极性最主要因素中，非常认可经费短缺的比例达到了52.7%，其次是县级教育管理水平，占了47.3%。④ 另有研究指出，对于教育经费短缺是影响教师积极性的主要因素，110位教师比较赞同，占比为70%；对于学校内部管理是影响教师

---

① 陈卫旗：《中学教师工作满意感的结构及其与离职倾向、工作积极性的关系》，《心理发展与教育》1998年第1期。

② 袁桂林：《没有待遇的提高就谈不上尊重》，《中国教师报》2015年4月8日第3版。

③ ［美］默里·托马斯：《教师供给系统——学校系统如何提供良好的教师》，《外国教育资料》1993年第3期。

④ 葛新斌等：《中小学教师激励与管理》，山东教育出版社2013年版，第77页。

积极性的主要因素，113 位教师比较赞同，占比为 56.5%。① 具体而言，一方面在工资方面，乡村教师的工资在城乡比较中处于劣势。从教师月工资收入看，农村教师平均月工资收入为 3041.02 元，城市教师为 3583.40 元，城市教师的月工资收入显著高于农村教师。② 另一方面在津补贴方面，实施乡村教师津补贴政策后，乡村教师的经济收入有所增加，但是"乡村教师生活补助额度较低，对于吸引优秀师资到农村边远地区基层学校任教效果有限"③。

（二）薪酬待遇未能体现其工作努力

就个人而言，员工最倾向于追求那些可以获得组织回报的目标，因此，如果员工的报酬结构与组织目标不完全协调甚至形成对立，资源浪费以及组织目标无法实现的风险是很高的。④ 在劳动市场中，某个行业的员工的薪酬待遇体现的是结合其职业特性和市场分工安排，针对其工作付出所被寄予的经济回报。薪酬待遇与工作付出共同构成了传统意义上按劳分配的经济关系。在高等教育领域，有研究就明确指出，高校教师被有效地激励应该解决三个问题：一是教师的努力在绩效评估中充分反应，自己的努力得到相应的回报；二是绩效与报酬密切关联，"大锅饭"现象得以缓解；三是教师得到的报酬正是他们所想要的，精神的（心理的）报偿没有被忽视。⑤ 因此，乡村教师的薪酬待遇应与其职业特性、教学分工、工作条件和教育贡献等相结合，给予其一定的经济数额，体现其工作努力和职业需求。依循此逻辑下的薪酬待遇配置，才能形成经济诱因，激发乡村教师的工作积极性。然而，已有研究则说明，现有的乡村教师薪酬待遇未能体现其工作努力。在理论上，教师创造的经济价值和社会价值质高量多，要远远高于一般脑力或体力劳动所创造的价值，

---

① 陈思：《义务教育经费投入与农村中学教师激励机制研究》，硕士学位论文，华中师范大学，2018 年，第 25 页。

② 秦玉友：《不让农村教育成为中国未来发展的短板》，《教育与经济》2018 年第 1 期。

③ 钟景迅、刘任芳：《乡村教师生活补助政策实施困境分析》，《教育发展研究》2018 年第 2 期。

④ ［美］James W. Guthrie、Patrick J. Schuermann：《教育工作者及其报酬：政策、实施与系统协调问题（上）》，《复旦教育论坛》2009 年第 5 期。

⑤ 赵恒平、汤梅：《高校教师激励效能最大化及其权变分析》，《学术交流》2006 年第 5 期。

按照按劳分配的原则，教师劳动报酬应该高于一般劳动的报酬。① 但在实践中，乡村教师的劳动价值未能得到较好地体现，其分配也没有严格遵循按劳分配的原则。具体表现是，教师付出相同甚至多倍的劳动却得不到相等的成绩回报……这在很大程度上打击了教师的满意度和工作积极性。② 乡村教师的工作时间总体上并非多劳多得，奖励性工资对乡村教师的工作时间有一定的激励作用，日常管理相关的工作多劳多得，教学和个体指导相关的工作多劳少得。③ 各个岗位的教师付出和回报不成正比，不管工作结果如何，所获得的报酬是一样的，无法激起教师的工作积极性，尤其是青年教师的积极性。④ 对全国18省35县的调查研究结果显示，乡村教师工作总量多和工作时间长等问题，对此，有47.08%的乡村教师表示"与工作付出相比，对当前的工资待遇不满意"，有38.45%的乡村教师表示"与工作付出相比，对当前的社会地位不满意"。⑤ 尤其是当前，唯金钱论的价值取向威胁着乡村社会为师者尊的传统……乡村教师肩负沉重但又琐碎的教育责任担当，却没有与之匹配的权利保障。⑥ 针对此，也有学者从产权理论的框架出发，认为"由于教师工作特殊性和职业属性多样化造成的产权界定的模糊性，使收益量化成本和监督成本过高，从而导致激励机制与约束机制低效或无效现象"⑦。

二 人事管理体系与乡村教师激励问题的原因分析

人事管理在教师激励中发挥着制度性的推拉力作用。尤其是人事权责安排、教师职称晋升机制、教师评价考核制度和职后专业发展体系，

---

① 萧宗六：《学校管理学》（第五版），人民教育出版社2019年版，第242页。
② 杨国芹：《基于工作满意度与积极性的农村高中教师激励机制研》，硕士学位论文，上海师范大学，2010年，第19页。
③ 杜屏、刘斌：《乡村教师多劳多得吗?》，《教师教育研究》2020年第3期。
④ 黄茵：《晋江市乡镇小学青年教师激励机制研究》，硕士学位论文，华侨大学，2018年，第41页。
⑤ 朱秀红、刘善槐：《我国乡村教师工作负担的问题表征、不利影响与调适策略》，《中国教育学刊》2020年第1期。
⑥ 刘晶：《乡村教师日常生活中的尊严及其结构性困局》，《清华大学教育研究》2020年第2期。
⑦ 康宁：《优化教师激励机制与约束机制的制度分析》，《教育研究》2001年第9期。

均直接关系到教师具体的权益。既有研究说明，当前县域内和学校层面的人事管理体系在某种程度上不利于乡村教师的激励政策的发挥。

(一)人事权力的过度集中不利于乡村学校开展积极的教师管理

从1985年的《中共中央关于教育体制改革的决定》，到1993年的《中国教育改革和发展纲要》，再到2001年的《国务院关于基础教育改革与发展的决定》和2002年的《国务院关于完善农村义务教育管理体制的通知》，又到2010年的《国家中长期教育改革与发展规划纲要（2010—2020年）》，我国地方教育的人事管理体制一直依循"不断明晰分级管理与责任，增强县级政府的责任"的治理逻辑与责任强化思路。与此对应，乡村教师人事管理体制隶属于县域内教师管理体制。有研究指出，人事权力的配置与教师激励机制存在密切关系，由县教育局任命学区校长并且由学区校长调配学区内教师的权力格局，比较有利于基层教师激励机制的建立；而人事权力的过度集中，或者县教育局和乡镇政府进行交叉控制，都不利于基层学区对教师的管理与激励。[①] 并且，权力的过度集中导致权力的掌控方与教育管理方完全分离，拥有支配权的领导往往不熟悉第一线的教学业务和教师的教学考核与管理。这使得教育绩效的评估者无法掌握对于教师激励的权力，也就逐渐不再愿意进行严格的教师管理，从而难以建立起有效的教师激励体制和竞争性机制。[②]

(二)职称晋升难打击乡村教师的从教积极性

职称晋升是关系到教师的教龄、教研能力、教育贡献、评价制度、薪酬待遇等方面的综合性问题，是对教师工作投入与贡献的制度性回报之一。长期以来，职称晋升是乡村教师激励的沉疴旧疾。尽管乡村教师支持计划出台后，泸溪县在职称评定上对乡村学校进行倾斜，中级增加5%，高级增加3%，但是新增岗位与历史欠账相比较仍有较大差距，先前实行的评聘分离政策，导致很多教师评上高一级职称后未聘任，只能退一补一。[③] 简言之，乡村教师高级职称数量占比较低，晋升困难，制约

[①] 李小土、刘明兴、安雪慧：《"以县为主"背景下的西部农村教育人事体制和教师激励机制》，《教师教育研究》2010年第3期。

[②] 安雪慧、刘明兴、李小土：《农村教师评价体制变革中的教师激励机制》，《中国教育学刊》2009年第10期。

[③] 王炳明：《乡村教师队伍建设的政策分析》，《中国教育学刊》2017年第2期。

乡村教师职业发展和待遇提升，严重影响乡村教师的从教积极性和乡村教师职业吸引力。① 另外尤其需要关注的是，相关部门间的博弈增加了职称改革落地的难度，名额配给制与学校规模的矛盾限制了高级职称比例，职称评定的条件和程序尚需优化，对村小、教学点教师及乡村青年教师群体关注度不足。② 因此，乡村学校校际职称机会结构不均等，乡村青年教师与音体美等"小科"教师职称晋升难度较大。③

（三）教师评价不合理不科学使激励效应发生偏差

教师评价是对教师的具体工作及其贡献做出价值判断的活动。不同的主体有不同的目的，按照依据不同的标准会做出不同的教师评价。当前教师评价存在的问题，一是注重奖惩而欠缺发展性评价，二是重视他人而忽视教师自主评价，三是过分强调结果而轻视操作程序的规范性。④ 目前的乡村教师评价亦是如此，存在注重量化与结果评价、标准设置不科学不合理、程序上公正公开性不足以及对教学工作努力体现不足等问题，这极大影响了乡村教师的积极性，以致乡村教师评价功能性错位。有研究指出，农村初中学校管理往往强调"量化管理"，弄得教师潜心应付各种形式的检查和量化考核，关心的是评估自己业务成绩的分数，经常出现压抑、忧郁、担心、倦怠等情绪。⑤ 对中部 A 省乡村教师的调研发现，当学校绩效工资具有多劳多得，向一线教师倾斜，考核过程公开透明，考核具有回应性等公开、民主、规范的特征时，更有助于提升乡村教师的工作积极性，对师德规范具有积极影响，并有助于教师在教学和科研方面的专业能力提升。⑥ 对教师评价只看过度量化的结果，对于现今

---

① 庞丽娟、杨小敏、金志峰：《乡村教师职称评聘的困境、影响与政策应对》，《教师教育研究》2019 年第 1 期。

② 王红、邬志辉：《乡村教师职称改革的政策创新与实践检视》，《中国教育学刊》2019 年第 2 期。

③ 王晓生、邬志辉：《乡村教师职称评聘的结构矛盾与改革方略》，《中国教育学刊》2019 年第 9 期。

④ 芦咏莉、申继亮：《教师评价》，北京师范大学出版社 2012 年版，第 17—20 页。

⑤ 刘金：《农村初中教师从业动力研究》，硕士学位论文，湖南师范大学，2011 年，第 36 页。

⑥ 严凌燕：《乡村教师绩效工资政策的激励作用和完善路径》，《基础教育》2018 年第 5 期。

H县农村初中学校教师积极性是比较大的打击……H县农村初中学校现有年度考核制度考核的具体指标设置不科学,没有能很好地体现教师劳动的特点,年度考核流于形式。①

(四) 教师培训的整体质量不高影响乡村教师的专业发展

激发和调动教师的工作积极性,组织有效的教师培训,以丰富并优化他们的知识结构是促进教师的教学反思和专业化发展的重要举措。② 并且,良好的教师职业生涯发展可以提高教师工作的积极性和努力程度,从而提高教师的教学质量和学生的学业成绩。③ 但是,教育实际和已有研究均表明,当前的乡村教师培训存在三大类问题:一是培训内容的针对性、操作性不强,二是培训名额在县域、校际和教师群体之间分配的不合理,三是针对新进和青年教师的培训不足。

三 工作环境与乡村教师激励问题的原因分析

社会宏观条件、学校的客观条件、学校气氛、人际关系及总体环境因素与教师工作积极性之间有显著的正相关。④ 既有研究也佐证这一观点,乡村社会环境、学校工作环境和学校生源质量影响着乡村教师激励的实现。

(一) 乡村社会环境贫瘠无法满足乡村教师的家庭生活需求

尽管乡村社会具有传统意义上的文化属性和现代意义上的自然属性,但在城乡社会发展对比之下,乡村社会在教育、医疗、交通和住房方面仍处于后发状态。农村社会空间所能提供给农村教师子女和家庭的发展几乎为无,反而农村教师去农村任教的行为是一种逆城市化流动。⑤ 因

---

① 雷雷:《农村初中教师激励机制建设的问题研究》,硕士学位论文,西北师范大学,2013年,第33页。

② 曾拓:《教师的工作积极性、教学效能感与其教学问题诊断能力关系的研究》,《教育研究与实验》2008年第4期。

③ 安雪慧:《中小学教师职业生涯发展与教学工作激励》,《北京师范大学学报》(社会科学版) 2008年第3期。

④ 辛涛、邱炳武、申继亮:《中小学教师工作积极性及影响因素的研究》,《教育科学研究》1994年第3期。

⑤ 周兆海:《薪酬激励与制度吸纳:农村教师职业吸引力的提升路径》,《当代教育科学》2016年第6期。

此，物质条件匮乏、基础设施不健全仍然是阻碍乡村教师留任的重要原因。① 有研究指出，乡村教师愿意职业流动的发生比是城郊的 3.083 倍，乡镇教师愿意职业流动的发生比是城郊的 2.477 倍，地处偏远的乡村和乡镇学校，交通较为不便，信息不够畅通，环境也较差，这就成了这些地区教师职业流动的推力。② 其中的具体原因均指向乡村教师工作场域的条件与其对子女、家庭照顾的诉求之间的落差。有研究基于重庆市的乡村教师调查得出，乡村教师离职意向强度影响最大的因素是生活满意度，其次是职业认同感和学历，最后是专业发展、工作负担和收入。③ 具体而言，影响乡村教师流动及流失意愿的因素按重要性排序依次是"子女上学及家庭生活""工资待遇与工作负担""学校位置及交通、住房条件""学校管理与教学风气""社会氛围与工作环境"。④ 通过对贵州等五个省乡村教师流动意愿的调查研究也显示，工资收入并不是影响乡村教师流动的首要因素，而为了照顾家庭、孩子以及个人专业发展的需求，是当前多数乡村教师选择流动的主要因素。⑤ 针对乡村教师留任问题，有研究基于本村与其他村/乡/县教师做了比较性分析，认为相对于本村出生的教师，来自其他村、其他乡和其他县的教师职业稳定性更低、流动性更强，相对于本村出生的教师，外地教师在教学绩效上并没有表现更优异。⑥

（二）学校工作环境不佳难以支撑乡村教师的职业发展

这主要表现在两大方面：一是学校工作条件及其所附带的资源；二是学校领导方式与人际关系。有学者指出，主要是因为城区学校工作条件优越，先进的办学理念和学校文化更能让教师和家长认可，集聚的各类显性和隐性资源较多，教师的福利待遇、职业发展等方面的支持较大，

---

① 唐一鹏、王恒：《何以留住乡村教师》，《教育研究》2019 年第 4 期。
② 肖庆业：《农村教师职业流动意愿及其影响因素》，《基础教育》2018 年第 5 期。
③ 李志辉、王纬虹：《乡村教师离职意向影响因素实证研究》，《教师教育研究》2018 年第 6 期。
④ 王艳玲、李慧勤：《乡村教师流动及流失意愿的实证分析》，《华东师范大学学报》（教育科学版）2017 年第 3 期。
⑤ 赵新亮：《提高工资收入能否留住乡村教师》，《教育研究》2019 第 10 期。
⑥ 马红梅、孙丹：《农村教师劳动力市场的本地人效应：基于甘肃基础教育调查的证据》，《教师教育研究》2019 第 3 期。

教师更倾向于去城区学校寻求工作发展和组织归属。① 另外，有研究选取山东省 Q 市的 864 名乡村教师为调查对象，结果显示，变革型领导、程序公平和同事关系等工作环境因素对乡村教师专业学习影响显著。② 良好的工作环境能够促进乡村教师更好地更主动地提升专业和教学水平。

（三）学校生源质量偏差让乡村教师较难获得教学成就感

学生是教师的工作对象，学生的学业发展既是教师教学工作的起点，也是终点。对于农村教师而言，因为生源质量、家庭教育和校风学风等现实客观因素的存在，他们的教育教学产出不一定与教师主观教育教学投入成正比，常会出现有投入而无产出的情况……不仅让教师很难体验到成就感，还会使教师产生挫败感。③ 研究发现，学校处境不利学生占比对教师工作环境满意度有极其显著的负向影响。④ 另有研究也证实，学校生源质量影响着乡村学校的教学氛围与教师的教学信心。昆山市大多数农村初级中学教学氛围不够理想，主要原因在于优等生源的流失，老师对学生缺乏信心，学生自身也丧失自信……学校的教学氛围不理想，学习气氛也不够浓厚。⑤

四　激励政策设计及其实施与乡村教师激励问题的原因分析

提高乡村教师的工作积极性是乡村教师内在自我激励和外在的激励政策共同作用的结果。内在自我激励取决于乡村教师个体性的职业理解与责任，而外在的激励政策则是决定于政策的设计及其实施。基于对已有研究的整理分析，对教师激励需求了解不充分、乡村教师激励政策设计有欠缺和乡村教师激励政策落实不到位是导致激励政策效果不佳的主要原因。

---

① 成刚、于文珊、邓蜜：《教师激励对组织承诺的影响》，《教师教育研究》2019 第 3 期。
② 赵新亮、刘胜男：《工作环境对乡村教师专业学习的影响机制研究》，《教师教育研究》2018 年第 4 期。
③ 杨珍：《农村初中教师职业成就感研究》，硕士学位论文，天津师范大学，2019 年，第 41 页。
④ 陈纯槿：《中学教师工作满意度影响因素的实证研究》，《教师教育研究》2017 年第 2 期。
⑤ 顾引仙：《昆山市农村初级中学教师激励机制研究》，硕士学位论文，苏州大学，2011 年，第 15 页。

（一）对乡村教师需求了解不充分

教师需求是教师激励政策的靶向。切实地把教师需求转化为激励政策，是制定政策的重要前提。例如，根据高等院校教师在生存、关系、权利等方面的需要，研究确定影响教师工作绩效的主要因素，即报酬因素、人力资本因素、能力因素、压力因素、权力因素。[1] 而有研究认为信息不完全和高校必须兼顾教师从事多项任务激励是造成高校教师激励困境的两大致因。[2]在基础教育领域的教师激励政策制定过程中，"教师需求了解少，缺乏良好的沟通机制"[3]。在具体的实践中，在现在的学校管理工作中，校长对各年龄层次教师的工作需要了解不够，相应地对他们的工作激励也就不到位。[4] 有研究发现，仅仅依靠丰富的物质已经难以留住新生代乡村教师，除此，情感需求的满足、自我价值的实现和教育理念的契合等都是影响他们工作行为的重要因素。[5] 由此可见，不同主体对不同类型乡村教师需求了解的不充分，以致该项政策效果有所折扣。

（二）乡村教师激励政策设计有欠缺

针对乡村教师激励问题，已经制定了系列政策。其中有些方面的政策设计存在欠缺，以致激励作用没有达到预期。这主要体现在乡村教师津补贴政策、荣誉政策和针对乡村青年教师等方面。首先是乡村教师津补贴的经济额度、发放对象和标准的设计有欠缺。有研究认为，现有农村教师生活津补贴过低，未能起到保留教师的作用。[6] 获得乡村教师津贴的教师，其两种流动意愿均显著偏低，表明发放津贴起到了一定的留人效果，但是发放津贴额度，对于乡村教师流动意愿影响并不显著。[7] 具体

---

[1] 殷进功、汪应洛：《高校教师激励因素及其相互关系研究》，《科学学研究》2004 年第 2 期。

[2] 丁浩、王美田：《高校教师激励的困境分析及治理路径选择》，《高校教育管理》2012 年第 1 期。

[3] 周艳敏：《小学教师激励管理的研究》，硕士学位论文，华中师范大学，2020 年，第 22 页。

[4] 周彬、吴志宏、谢旭红：《教师需要与教师激励的现状及相关研究》，《教育理论与实践》2000 年第 9 期。

[5] 刘胜男、赵新亮：《新生代乡村教师缘何离职》，《教育发展研究》2017 年第 15—16 期。

[6] 杜屏、谢瑶：《农村中小学教师工资与流失意愿关系探究》，《华东师范大学学报》（教育科学版）2019 年第 1 期。

[7] 赵新亮：《提高工资收入能否留住乡村教师》，《教育研究》2019 年第 10 期。

而言，生活补助水平对教师留任意愿没有显著性影响，教师对生活补助的满意度、教师对补助政策的认同度对教师留任意愿有显著的正向影响。[①] 其中的重要原因，一方面是"农村任教的特殊性不仅表现在农村任教的岗位需要给予津贴补贴，还应包括许多因农村特质带来的其他津贴补贴，如因无住房带来的交通补贴、因无食堂带来的误餐补贴、因班级规模过大带来的班主任补贴等，但所有这些在津补贴中是相对缺失的"[②]；另一方面是"政策目标群体尚未纳入全部边远艰苦地区乡村教师，省级财政统筹缺位致使部分地区补助标准仍然偏低，地方政府在政策执行中存在偏差，阻碍乡村教师的实际获得感提升"[③]。其次是乡村教师荣誉制度缺乏对应的支撑政策。一项关于"从教三十周年荣誉"的较大规模社会调查研究显示，受访教师谈及"荣誉证书"以及荣誉感时大多显示出一定的矛盾心理：既认可，又表示其"含金量不够"，无法帮助他们提升社会声望并进一步获得建基于此的荣誉感。[④] 正因为此，有研究就发现，目前乡村教师荣誉制度面临荣誉价值消解、荣誉载体缺失、荣誉表征失当和荣誉效用阻绝的实践困境。[⑤] 最后是乡村教师激励政策没有很好的关注到乡村青年教师这一主要又特殊的群体。有研究指出，乡村青年教师激励存在三大政策盲点：家校空间两地化带来的亲情分割亟待解决，多学科教学与同侪缺位衍生的知识短板需重视，孤岛式生活造成的婚恋及社会交往尴尬待关注。[⑥]

（三）乡村教师激励政策落实不到位

实地调研发现，由于一些地方落实政策不到位，激励性承诺兑现不

[①] 姜金秋、田明泽：《乡村教师生活补助政策对教师留任意愿的影响》，《教育科学研究》2019年第4期。

[②] 容中逵：《农村教师薪酬问题研究》，《教育研究》2014年第3期。

[③] 王爽、刘善槐：《乡村教师生活补助政策评估与优化》，《华中师范大学学报》（人文社会科学版）2019年第4期。

[④] 谢爱磊、刘群群：《声望危机隐忧下的乡村教师荣誉制度建设研究》，《中国教育学刊》2019年第1期。

[⑤] 陈玉义、万明钢：《公共视域下乡村教师荣誉制度的实践困境与对策》，《中国教育学刊》2019年第4期。

[⑥] 王红：《乡村青年教师激励的政策支点在哪里》，《中国青年报》2019年10月21日第6版。

及时，导致政策的激励效用衰减，稳定效果不佳，"以政促稳"机制预期效果的实现既依赖政策的严格落实，还考验地方政府的财政承受能力。① 调查也显示，36.5%乡村教师认为教育部门实施中不积极落实是阻碍政策实施的主要因素，35.0%和36.0%的乡村教师认为政策最难实现和最易实现目标均是"依法保障合理待遇"，之所以没做到是因为执行不力。② 这就可能导致乡村教师激励政策的功能异化、作用虚化和实施形式化，反而会引发乡村教师对激励政策的误解和不满，起到相反的政策效果。

第四节 乡村教师激励问题的对策研究

随着对乡村师资质量的重视，社会各界已致力于提升乡村教师激励政策的实效性，以让乡村教师队伍建设"下得去、留得住和教得好"，切实提高乡村教师的积极性。尽管相关问题得到缓解，但有些方面仍未得到有效解决，与此对应的对策仍需进一步加以调适优化。既有研究针对乡村教师队伍激励问题及其相关政策衍生问题，基于不同的方法视角，提出了不同的对策建议，包括薪酬待遇、职称晋升、考核评价、职业发展和学校管理等方面。有研究指出，建立公平合理的具有激励机制的制度，如教学管理制度、经济效益制度等，使教师在竞争上岗、晋升职务、评审职称、进修深造、工资福利待遇等方面能够获得公正的对待。③ 乡村教师激励是多种因素相互联系与作用的综合结果，相关研究多是提出了综合性对策建议。同时，鉴于时空背景、研究对象和研究方法等的差异，现有研究给出的对策建议的侧重点有不同。总体上，可以归纳为如下七大方面。

---

① 王晓生、邹志辉：《乡村教师队伍稳定机制的审视与改进》，《教育科学》2019年第6期。
② 刘毅玮、张云晶、封文波：《乡村教师队伍建设中的困境与突破》，《中国教育学刊》2020年第6期。
③ 邓睿、王健：《提升教师职业成就感——催生教育家的现实途径》，《教师教育研究》2011年第2期。

一 提升工资水平与优化薪酬结构

教师的工资收入首先是要综合考虑其教龄长短、岗位职责、工作量和工作贡献,以及与其他行业从业人员的工资水平、社会经济发展程度等。较高的工资收入和合理的薪酬结构能够更好地激发教师工作积极性。但是,当前的待遇不能充分体现乡村教师的劳动付出和教育贡献,与其心理预期有较大差距。[1] 因此,应着力提升乡村教师的工资水平与优化其薪酬结构。首先是解决乡村教师工资收入的数量问题,努力提升工资水平和确保工资的稳步增长。目前最迫切的措施是,提高教师收入待遇水平,确保中小学教师平均工资收入水平不低于或高于当地公务员平均工资收入水平,确保教师工资实现稳步增长。[2] 相对应,需要建立定期中小学教师工资标准调整机制,从制度上确保能根据经济发展、财政状况、企业相当人员工资水平和物价变动等因素对中小学教师工资标准进行适时调整。[3]

其次是优化乡村教师的薪酬结构,实现差异化薪酬体系,体现岗位工作的贡献。实行"差异化薪酬体系",一是增加有效教师和高效教师的基本薪酬水平,二是向有效和高效教师、校长、教学领导发放留任补助。[4] 另有研究指出,薪级工资反映教师的资历,在提高标准的同时,在级别之间适度扩大极差,有助于激励教师长期从教。[5] 如上所提出的"差异化薪酬"体现在对教学效能和教学年限的理解。对于乡村教师而言,乡村教师的综合待遇体系改革应按照劳动定价、差异补偿和微观激励三

---

[1] 刘善槐:《新时代乡村教师队伍建设的多维目标与改革方向》,《教育发展研究》2018年第20期。

[2] 武向荣:《义务教育教师工作满意度影响因素的实证研究》,《教育研究》2019年第1期。

[3] 薛海平、唐一鹏:《理想与现实:我国中小学教师工资水平和结构研究》,《北京大学教育评论》2017年第2期。

[4] 毕妍、雷军、王国明:《论美国贫困学校教师激励策略:论争、改进与省思》,《外国教育研究》2017年第7期。

[5] 杜屏、谢瑶:《中小学教师薪酬满意度影响因素实证研究》,《华中师范大学学报》(人文社会科学版)2018年第2期。

重政策效用进行整体推进。① 具体而言，乡村教师待遇差别化原则的体现就应更为精细化与精确化……要充分体现越是艰苦、基层收入待遇就越高的政策取向。②

再次是提高乡村教师生活补助水平，优化补助的标准，增加补助的层次性与激励性。目前西部省份实施的特困地区乡村教师生活补助水平仍然比较低，不能起到有效的吸引和激励作用，建议把补助标准提高到村小教师800元至1000元、乡镇学校600元至800元。③ 除此之外，补助政策应覆盖全部乡村教师，并重点向交通不便的偏远学校倾斜。④ 也需要优化乡村教师津贴额度的分类标准，探索建立更加有层次性、激励性和差别化的津贴政策，真正发挥乡村津贴的激励作用。⑤ 目前已有的乡村教师津补贴政策主要考虑在编在岗和学校所处社会空间特质等因素，如同"薪级工资"改善可能增加教师教学年限，有研究指出把津补贴发放与"教龄"挂钩。为农村学校教师增设以教龄为主要标准的津补贴发放制度，根据教龄分段，确立津补贴计算公式，在农村任教时间越长的教师，津补贴发放得越多。⑥ 另外，单独列支农村教师任教津贴，增加并有效规范任教津贴、班主任津贴、交通补贴。⑦

最后是改进绩效工资结构和标准，强化教师的集体激励与教学激励。从以教师个人资历为导向转向以工作业绩为导向的教师绩效工资制度，坚持个人与集体绩效奖励相结合，注重班级层面教师集体绩效奖励，以

---

① 刘善槐、李梦琢、朱秀红：《乡村教师综合待遇的劳动定价、差异补偿与微观激励研究》，《东北师大学报》（哲学社会科学版）2018年第4期。

② 解光穆、谢波：《乡村教师队伍支持政策精准落地讨论三题》，《教育发展研究》2017年第10期。

③ 赵明仁：《如何解决农村教师"留不住"的问题》，《湖南师范大学教育科学学报》2019年第6期。

④ 姜金秋、田明泽：《乡村教师生活补助政策对教师留任意愿的影响》，《教育科学研究》2019年第4期。

⑤ 赵新亮：《提高工资收入能否留住乡村教师》，《教育研究》2019年第10期。

⑥ 安晓敏、曹学敏：《谁更愿意留在农村学校任教》，《湖南师范大学教育科学学报》2017年第4期。

⑦ 容中逵：《农村教师薪酬问题研究》，《教育研究》2014年第3期。

及赋予学校教师绩效工资分配自主权,同时加强民主监督。[1] 教师如果想获得更高的绩效工资,既要关注中等生和优等生,也要关注学困生和后进生,真正体现有教无类、多劳多得、优绩优酬。[2]

二 增加职称晋升与专业发展机会

除工资收入以外,职称晋升和专业发展在乡村教师激励中发挥着非常重要的作用。这一方面源于乡村教师队伍建设在这两方面的问题较为明显,当前也较难突破,另一方面决定于这两方面是乡村教师职业人员和个体性人员均是非常在意的层面。职称评聘倾斜是乡村青年教师最关心和期待的,而家校空间分异带来的亲子分割则是影响青年教师"静心育人"最棘手的问题,因而首先解决这两大问题应成为乡村青年教师治理的首要任务。[3] 近期颁布实施的重要的乡村教师政策也对增加乡村教师的职称晋升与专业发展机会提出了具体做法,但还需进一步改进优化。一是职称晋升名额分配与比例,尤其是高级职称名额需要向乡村教师倾斜。要加大在县域内进行高级职称名额统筹分配力度,配套化实施对乡村学校的职称专设比例、专轨专用。[4] 二是乡村教师职称评定的标准应符合乡村教师的工作特点与激励实际。在职称评定中,应当加大乡村教育工作经历的权重,对于课时量的要求也要考虑乡村学校布局、学科特点、工作兼职等各类具体情况,在教学课时量要求上明确乡村教师的特点,不搞一刀切。[5]

但要真正做到因事择人,能职相符和动态平衡,从长远的、根本的

---

[1] 薛海平、王蓉:《义务教育教师绩效奖金、教师激励与学生成绩》,《教育研究》2016 年第 5 期。

[2] 常芳、党伊玮、史耀疆、刘承芳:《"优绩优酬":关于西北农村教师绩效工资的实验研究》,《华东师范大学学报》(教育科学版) 2018 年第 4 期。

[3] 王红:《政策精准性视角下乡村青年教师激励的双重约束及改进》,《教师教育研究》2019 年第 4 期。

[4] 庞丽娟、杨小敏、金志峰:《乡村教师职称评聘的困境、影响与政策应对》,《教师教育研究》2019 年第 1 期。

[5] 吴志峰:《乡村青年教师激励思路需要四个转变》,《中国青年报》2020 年 1 月 13 日第 8 版。

意义上看，则必须立足于对在校教师的培训提高。① 一方面是提升对乡村教师的政策与技术支持。教育部门应不断丰富乡村教师培训学习机会，进一步优化城乡教师交流互助帮扶机制，确保城市优质师资乃至名师能够派往乡村，为乡村教师专业发展提供优质的同伴支持。② 同时充分借助信息技术支持，推动乡村教师的教学方式和效率的进步。应构建智能化的技术支撑体系，充分利用信息技术，转换教师工作内容，提高工作效率，提升工作效果。③ 另一方面是转变乡村教师的专业发展路径，增强乡村教师的内生式专业发展能力。倾听乡村教师的专业发展诉求，充分发挥他们在专业发展过程中的主动性……帮助乡村教师形成持续发展的意愿和动力，努力提升乡村教师专业发展的内生动力。④ 其中之一，乡村教师专业发展支持系统需注重方向动力系统、条件保障系统和评价反馈系统的建设。⑤ 构建乡村教师专业成长与发展的支持体系，并使之制度化，是提高乡村教师教育素质与教学能力，增强乡村教师队伍建设自身造血功能的根本途径。⑥ OECD 也提出，通过将教学变成知识型职业、为教师职业的多样性和多元化提供更多机会、将专业发展贯穿于教师职业生涯全过程等策略来保持教师的内在动机和工作热情。⑦

三 改进乡村教师考核与评价体系

以评促改、以评促教和评优择优是当前激发乡村教师积极性的主要路径。考核与评价也是乡村教师需要在日常工作直接面对，并以此作为

---

① 李旷、吴秀娟、朱方、潘源深：《教师的工作积极性》，山东教育出版社 1987 年版，第 173—174 页。

② 程良宏、陈伟：《迁徙与守望："候鸟型"乡村教师现象审思》，《教育发展研究》2020 年第 15—16 期。

③ 朱秀红、刘善槐：《我国乡村教师工作负担的问题表征、不利影响与调适策略》，《中国教育学刊》2020 年第 1 期。

④ 蔡其勇、郑鸿颖、李学容：《新时代乡村教师队伍建设策略》，《中国教育学刊》2018 年第 12 期。

⑤ 李森、崔友兴：《新型城镇化进程中乡村教师专业发展现状调查研究》，《教育研究》2015 年第 7 期。

⑥ 庞丽娟、韩小雨：《我国农村义务教育教师队伍建设：问题及其破解》，《教育研究》2006 年第 9 期。

⑦ 周钧：《OECD 关于发达国家的教师政策分析》，《外国教育研究》2010 年第 9 期。

依据衡量自我的教学工作。多数现有研究认为在提升乡村教师激励过程中，需要改进乡村教师的考核评价体系，主要在如下三大方面。一是转变考核与评价的目的，突出教师的主体地位与对象的差异性。评价要以激励和促进教师的专业发展为目的，强调教师在评价中的主体地位、民主参与和自我反思，注重评价对象的差异性和多样性。① 二是依据乡村教师的工作特点，改进考核与评价的方式与标准。各地应明确该制度实施的对象及其特点，厘定绩效考核实施细则的项目、内容构成与奖励分配比例，分门别类、分层择量制定详细的工作量计算体系。② 结合按劳分配与按能分配的原则，真正依据教学工作量和贡献来实现多劳多得，为乡村教师创造公平竞争的工作环境。三是提升考核与评价的程序性正义，增强过程的规范性，要求乡村教师考核与评价的过程中，提高公平、公正、公开、民主与透明性。

除此之外，还需要转变乡村教师考核与评价的理念与思路。一是弱化竞争性而建构合作式评价。在教育教学管理上还必须弱化或取消精英化的比赛竞争模式，教师评价和学生评价应摒弃暴力式的竞争和操纵，建构接受式、等待式、合作式的评价和学习。③ 二是通过评价来营造工作氛围，增强教师安全感。有研究基于需求因子分析，依据教师需求结构，提出教师激励对策……注重过程评价营造良好的工作氛围，避免"折腾"式变革，增强教师安全感。④ 三是巧妙运用评价和淡化评价。在学校，淡化评价本身就是对教师的无形激励，其一是将"评价"引导为"诊断"，其二是将检查与评价分开，有些事情可以检查，但不要评价。⑤

四 师资本土化与完善教师退出机制

要实现乡村教师激励，既要从职业提供和个人特质方面激发乡村教

---

① 殷建华：《教师质量：教育改革的重心》，《上海教育科研》2009 年第 4 期。
② 容中逵：《教师绩效工资实施问题及其臻善》，《中国教育学刊》2012 年第 1 期。
③ 楚红丽：《外在的对立与内在的对抗：破解教师工作积极性问题》，《教育学术月刊》2017 年第 6 期。
④ 李宝斌、许晓东：《基于需求因子分析的高校教师激励措施探究》，《高等工程教育研究》2013 年第 3 期。
⑤ 李希贵等：《学校转型：北京十一学校创新育人模式的探索》，教育科学出版社 2018 年版，第 194 页。

师的活力，也要从岗位聘用方面盘活乡村教师队伍建设。只有招聘到对教学充满责任心和热情、对乡村教育发展具有责任感和使命感、对自我专业发展抱有持续信心的教师，才能促进自我和乡村学生的发展。在此背景下，极为有必要完善乡村师资本土化与完善教师退出机制，以及乡村教师队伍与乡村学校内部的岗位竞争机制。一方面提高乡村教师的身份认同、文化认同和队伍的稳定性，另一方面让打通乡村教师队伍"进"与"出"环节，提升乡村教师岗位的竞争性。有研究指出，本村出生的教师职业稳定性更高，主动发起职业流动行为的概率更低，并且长期坚持在农村地区任教的本村教师的业务能力至少不比外来的教师差。① 这为推动乡村师资本土化提供了学理依据。事实上，农村教师与城市教师不同，受乡土环境、文化习惯等诸多因素的影响，农村教师配置有其自身的内在逻辑，教师配置政策应适应农村教师的文化认同。② 而要提升乡村教师认同，要求站在乡村教师的立场，寻找适合乡村教师专业化成长之路。③ 因此，在当前的条件下，除了定向（本土化）培养，比较便捷的方式就是在教师招聘时实行"家庭来源地优先"的政策，满足部分新教师返乡从教的愿望，提高乡村教师队伍的稳定性。④

此外，还需完善乡村教师队伍的退出机制，尤其创新乡村教师岗位聘用机制。研究证明，强化素质和强化行为相结合，优化教师聘任机制，不以短期利益为转移，强化教师进修制度，养用结合正是间接激励的根本点所在。⑤ 其中关键的是，要进一步推进农村中小学教师岗位聘任制，不搞终身制，合理安排和调整"以县为主"管理体制下的教师评价和管

---

① 马红梅、孙丹：《农村教师劳动力市场的本地人效应：基于甘肃基础教育调查的证据》，《教师教育研究》2019 年第 3 期。

② 刘小强：《教师资源空间分割下的农村教师地缘结构特征及影响机制研究》，《教育与经济》2019 年第 3 期。

③ 石连海、田晓苗：《我国乡村教师队伍建设政策的发展与创新》，《教育研究》2018 年第 9 期。

④ 王艳玲、李慧勤：《乡村教师流动及流失意愿的实证分析》，《华东师范大学学报》（教育科学版）2017 年第 3 期。

⑤ 贺春兰：《教师激励应从直接走向间接》，《中小学管理》1997 年第 1 期。

理制。① 而改变这一现状，必须建立真正的教师用工解聘制度，明确尽职激励合约与敬业激励合约的激励界区。② 一方面要梳理乡村教师的编制关系，创新乡村教师的身份管理。需要政府各部门统筹协调，建立良好的社会保障制度，把"单位人"变成"社会人"，从而不断更新教师队伍。③ 另一方面，设计乡村教师岗位聘用标准，建立竞争性用人机制。对聘期考核不合格人员进行转岗或低聘，或实行退出制度，真正建立人员能上能下、能进能出的竞争性用人机制，激发学校用人活力。④

五 增强学校自主权与教师参与程度

随着社会分工细化和专业化，学校和教师管理工作也日渐精细化和专业化。在此背景下，应改变传统的学校和教师管理模式，提升乡村学校的管理质量，逐步增强乡村学校自主权与乡村教师参与程度，以促进乡村学校依据校际开展领导管理和提升乡村教师的主人翁意识，增强乡村教师的组织归属感。

首先是梳理基层"政—校"的职能关系，推动乡村学校管理的重心下移，增强乡村学校的自主权。转变政府职能，从管理学校转向服务学校，解放校长、解放教师，推进中小学教育质量综合评价改革，支持学校自主开发和管理课程，给教师赋权自主实施教学改革。⑤ 其次是加强乡村学校中"学校—教师"的工作与情感联结，在学校管理中主动了解乡村教师的工作和生活，注重和满足其实际需求，以调动其工作积极性。在学校资源有限的情况下，乡村学校更能够了解和把握乡村教师的实际需求及其激励动机。学校应当以教师的需要为导向，深入分析教师需要的结构层次、特征，依据薪酬收入、环境保障、职业发展等方面的激励

---

① 安雪慧、刘明兴、李小土：《农村教师评价体制变革中的教师激励机制》，《中国教育学刊》2009年第10期。
② 向祖强：《我国教师激励机制的缺失及设计》，《教师教育研究》2008年第4期。
③ 安雪慧：《完善中小学教师退出机制的政策路径》，《华中师范大学学报》（人文社会科学版）2011年第6期。
④ 曾新：《赋权与赋能：乡村振兴背景下农村小规模学校教师队伍建设之路》，《华中师范大学学报》（人文社会科学版）2018年第1期。
⑤ "全国教育满意度测评研究"课题组：《基础教育满意度实证研究》，《教育研究》2016年第6期。

机理，更新观念、创新举措、塑造文化、建好生态，促使教师充分施展才能。① 只有管理者能了解和尊重教师的多样化需求，认可教师的努力和贡献，能让教师体验到成就感和幸福感，在干群之间以及教师之间发展相互尊重、相互支持的人际氛围，构建以人为本的组织文化，绩效工资才能充分发挥其激励作用。② 再次是提升乡村教师自主发展空间，促进乡村教师将学校发展与自身发展的有机统一，营造积极的乡村学校与教师的互动关系与教育生态。让乡村教师在学校管理与教学中具有较大的话语权与参与权，对学校和教学中的关键性事件有知情权、监督权乃至决策权。更为重要的是，要给教师更大的自主空间，让更多有理想的青年人依据自己的教育理念，在提高自己的同时创造出更加丰富多样的教育生态。③ 有研究也证实，教师激励不仅可以直接提升组织承诺水平，还可以通过提高教师的工作满意度，促进教师对组织的认同和参与，提升组织承诺水平。④ 最后是绩效奖金分配权下放，让学校和教师在其中扮演重要角色，让绩效奖金分配更能体现一线教师的工作努力。掌握了教师绩效奖金分配权的学校，其教师绩效奖金对学生成绩正影响力度相对小于没有掌握教师绩效奖金分配权的学校。⑤ 在对西部农村中小学教师的年终考核中，学校参与程度越高，教师教学成绩越好，也证实了学校评价更为真实、更接近教师的实际工作业绩，能够起到较好的评价和激励作用。⑥

六 改善乡村社会环境与学校组织环境

既有研究证明，学校所在地和组织环境会影响教师的职业选择和工作状态。对于乡村教师而言，一方面是学校所在地乡村的社会环境与城

---

① 吕挥：《论新时期的高校教师激励机制》，《教育科学》2012 年第 6 期。
② 赵德成：《绩效工资如何设计才能有效激励教师》，《中国教育学刊》2010 年第 6 期。
③ 储朝晖：《乡村教师需更系统实在的激励》，《中国教育报》2016 年 3 月 1 日第 2 版。
④ 成刚、于文珊、邓蜜：《教师激励对组织承诺的影响》，《教师教育研究》2019 年第 3 期。
⑤ 薛海平、王蓉：《义务教育教师绩效奖金、教师激励与学生成绩》，《教育研究》2016 年第 5 期。
⑥ 安雪慧、刘明兴、李小土：《农村教师评价体制变革中的教师激励机制》，《中国教育学刊》2009 年第 10 期。

市存在较大差距，尤其在当前乡村教师日趋"生活工作两地化"，生活地城市与工作地乡村对其均构成某种拉力，进而影响乡村教师的职业抉择；另一方面，乡村学校组织环境并不尽如人意，在乡村社会环境不佳的情况下，学校内的组织支持、教学工作承担和人际关系建构成为其在乡村的日常工作中的非常重要的组织性制度性支撑。

鉴于此，国家要进一步改善农村交通条件、基础设施、生活条件和信息条件，缩小区域城乡学校教师生活条件差距和信息鸿沟。[1] 充分借助乡村振兴战略，大力提升乡村社会的总体环境。另外，进一步改进乡村学校的组织环境。学校组织环境包括三个主要方面：一是学校领导对新教师的重视与支持，学校促进新教师发展的制度，二是教师的工作量和工作负担，三是教师的人际关系。[2] 乡村学校要加强规章制度建设，支持新老教师的专业发展，依据学校实际工作落实教学常规，并科学地确定好教师的岗位职责，以及合理分配教师的工作量。具体上，首先是精准识别教师的工作能力，注重对关键教师在学校中示范作用。实际上，关键教师是无形的领导力……优秀的教育领导者都会首先关注最积极、优秀的教师，这一点是建立良好精神士气的关键。[3] 其次是有条件的乡村学校可以依据实际开展组织变革。通过组建各种学习共同体，增强其组织认同和归属感，发挥群体文化的积极动力作用，激发每一位乡村教师的内在发展动力。[4] 最后是探索学校管理方式的转变，推动教师与学校发展目标的一致性。有研究指出，"完全组阁制"实质是对学校中层管理者及其团队充分信任基础上的充分授权，为中层管理者搭平台、架梯子，从而帮助教师自我实现，实现个人价值。[5]

---

[1] 秦玉友：《不让农村教育成为中国未来发展的短板》，《教育与经济》2018年第1期。
[2] 李梅：《中小学新教师工作满意度影响因素的实证研究》，《教师教育研究》2013年第5期。
[3] ［美］托德·威特克尔、贝斯·威特克尔、戴勒·兰帕：《如何调动和激励教师》，吴洋等译，中国青年出版社2012年版，第30—41页。
[4] 赵新亮、刘胜男：《工作环境对乡村教师专业学习的影响机制研究》，《教师教育研究》2018年第4期。
[5] 周华：《谁来调动教师的积极性》，《人民教育》2017年第2期。

七 优化激励政策设计与强化政策实施

针对既有激励机制存在低效或无效问题,其中最主要的对策即是要基于教师需要(薪酬改善与专业发展)突破现有激励对策,处理好物质激励与精神激励、个体激励与团体激励、直接激励与间接激励等的关系,注重多种多元激励方式的综合运用和内外动力相互协调的激励机制,促使外在政策激励向乡村教师自我激励转变,从而加强激励机制运行中激励强度的有效调控。譬如,提高乡村教师的薪酬水平,提升乡村教师参与学校管理的程度,以及增强乡村教师的自我效能感与心理韧性,等等。无论何种,这些均指向一个非常重要的解决乡村教师激励问题的实际:乡村学校和乡村社会的资源极其有限,稳定乡村教师队伍和提升乡村教师工作积极性就极其依赖政策性资源的供给。因此,为提升支持性政策的有效性,还需优化乡村教师激励政策设计,以及强化相关政策实施。

首先是乡村教师激励政策的制定要充分兼顾到乡村教师的需求。基于人性和职业发展角度,充分理解乡村教师的个体性、职业性与社会性需求,并让其在政策中得到体现,例如薪酬待遇、职称晋升、子女教育、照顾家人等。农村小规模学校要想留住优秀师资,必须了解教师对于不同形式薪酬收入的心理计量依据,有针对性地建立薪酬激励机制。[1] 与此同时,在激励机制的创建中都要考虑到人的差异性,如男女教师之间的差异,理工学科教师和文科教师的差异,年长和年轻教师之间的差异,不同学历教师之间的差异,等等。[2] 其次是乡村教师激励机制设计的理念转变。激励不能看作是一个"人事"或"监管"问题。[3] 因此,如何处理好在激励政策或者学校管理中乡村教师的属性问题显得极为重要。把教师作为学校发展的工具,作为工具的人性假设(使用);把教师作为学校发展的资源,作为资源的人性假设(开发);抑或是把教师作为学校发

---

[1] 李鑫岩、赵晶:《心理账户:农村小学教师薪酬激励的新工具》,《教学与管理》2017年第12期。

[2] 杨建春、李黛:《基于勒温场论的高校教师激励机制探析》,《东北大学学报》(社会科学版)2012年第6期。

[3] [美]迪安·斯皮策:《完美激励:组织生机勃勃之道》,张心琴译,东方出版社2008年版,第11页。

展的主体,作为人的人性假设(道德的)。① 显然,短期内最直接和有效的激励是把教师作为学校发展的工具,但是最持久的激励是把教师作为学校发展的主体,因此在实践中也需要由把乡村教师作为工具人性假设向作为人的人性假设转变,应该把激发乡村教师的工作热情和潜能以及职业责任与荣誉感作为优化激励机制的主导方向。有研究也指出,绩效工资实施以前,教师工资分配制度总体的差异并不是很大,对教师工作积极性的提升,也是相对有限的,教师的敬业精神和责任感主要来自于所从事教育行业的荣誉感和使命感,维持着他们的工作状态和投入。② 再次是乡村教师激励机制设计的原则框定。教师积极性的激励所应遵循的六项基本原则:目标激励原则、激发主人翁精神原则、全面关心原则、注意职业特点原则、按劳取酬原则和权变性原则。③ 同时也强调激励主体多元化,建立激励相容机制,彰显工作本身的激励因素,奖励与惩戒相辅相成。④ 最后是(乡村)教师激励机制的具体指向与内容。按照市场经济体制框架,探索建立外部与内部的有效并可操作的激励与约束机制……从内部看,应建立教师培养培训制度、教师带薪休假培训制度、教师绩效评估制度、教师晋级激励制度、教师创新奖励制度、教师流动津贴制度等。⑤

除此之外,还需强化乡村教师激励政策的落地实施。首先是规范政策落地实施的运行程序,确保政策实施的顺序性与稳定性。其次是建立相关的问责机制,规范相关政策主体在实施过程中的职责范畴,让各方明确工作内容和责任担当。最后是建立合理的央地政策的经费分担机制,保障乡村教师激励政策实施的长效性。建立财政投入的激励约束机制,确保政策可持续实施:一是实行中央财政分类奖补制度,二是建立合理

---

① 潘文光:《论中学教师的激励伦理》,硕士学位论文,上海交通大学,2008年,第30—31页。
② 周国明:《教师绩效工资制度设计与实施研究》,教育科学出版社2016年版,第76页。
③ 孙绵涛:《教师积极性激励的基本原则》,《华中师范大学学报》(哲社版)1987年第5期。
④ 胡永新:《教师激励的偏失与匡正》,《全球教育展望》2009年第10期。
⑤ 康宁:《优化教师激励机制与约束机制的制度分析》,《教育研究》2001年第9期。

的多级财政分担机制,三是强化省级财政投入统筹力度。① 尤其是在乡村教师生活补助方面,要建立确保乡村教师生活补助能完整、足额发放的各级政府的资助机制,加强省级统筹,明确省级财政在欠发达地区实施该政策时候的主要财政支出责任。②

第五节 教师激励的国外经验与研究

教师激励是教师队伍建设中的世界性难题。针对此,美国、英国和芬兰等基于自身实际设立相关的教师激励项目和政策,对应的研究也在寻找合理的证据证明政策的有效性。

一 薪酬待遇提升与教师激励

教师薪酬激励的关键目标在于:一方面是鼓励教师更"努力"地投入工作之中,投入更多时间到课堂教学或者课外辅导上,创新教学技术提高学生表现和试验不同的教学方法来提高质量;另一方面是招聘高质量的教师,激励措施将吸引那些更擅长提高学生表现的人进入教学行业。③ 而有竞争力的薪酬能够提升教师的职业声望,同时,经济上的奖励也能激励有能力的人从事教学工作。④ 有研究指出,寻求留住高效的教师,不是针对解雇教育工作者的政策,而工资激励可以减少不必要的人员流动,避免相关的经济负担和社会动荡。⑤ 美国教育部部长阿恩·邓肯(Arne Duncan)在美国专业教学标准委员会教育大会上说,教师的工资应该为6万美元,表现卓越者有机会获得高达15万美元,并指出,许多聪

---

① 王爽、刘善槐:《乡村教师生活补助政策评估与优化》,《华中师范大学学报》(人文社会科学版) 2019 年第 4 期。

② 钟景迅、刘任芳:《乡村教师生活补助政策实施困境分析》,《教育发展研究》2018 年第 2 期。

③ Scott A. Imberman, "How-effective-are-financial-incentives-for-teachers", IZA World of Labor, June 2015.

④ Linda Darling-Hammond, Doin Burns, Carol Campbell, etc. Empowered Educators: How High-Performing Systems Shape Teaching Quality Around the World, Jossey Bass, 2017: 50.

⑤ Matthew Springer, "Can teacher bonuses help close the achievement gap-UNC School of Education", *UNC School of Education*, October 2, 2019.

明而忠诚的年轻人都被教学所吸引，但调查显示，他们不愿意长期进入这个领域，并认为这是一个低收入和低声望的问题。[1]

提高薪酬待遇是推动教师激励的最直接的政策。地区优秀教师奖（District Awards for Teacher Excellence Program，简称 DATE）是得克萨斯州为激励教师设立的薪酬激励项目。总体上，那些希望获得奖励的教师对学校的计划持更积极的看法，更有可能相信自己能够达到表现标准，也更愿意改变自己的职业做法，以争取获得奖励，当教师期望获得 DATE 奖时，他们对学校氛围的态度和教学实践的报告使用也有所改善。[2] 在 DATE 项目的研究简报显示，经验丰富的教师获得奖励的可能性较小，而且获得的平均奖励也比经验不足的教师少。通常情况下，教师的奖励金额越大，教师对奖励的期望值越高，学生和教师的结果就越理想。[3] 而 Lavy 基于以色列的 62 所中学的教师激励项目的研究发现，教师的货币激励在实施的第一年（主要在宗教学校）产生了一定的效果，在第二年（在所有学校）学生的结果的许多维度上都造成了显著的增益。[4]

在 20 世纪 90 年代初，墨西哥实施了一项旨在承认教师，并为教学表现卓越教师提供经济激励的项目，通过使用工资奖金作为激励工具，寻求"通过奖励和刺激优秀教师的工作来帮助提高教育质量……加强教师对专业发展和持续改进的兴趣"。该项目主要对最高学位、教学资历、教师同行评议、对联邦和州的专业发展课程的掌握程度、教师知识测试和学生测试成绩开展教师年度评估，以分配奖金。评估结果表明，一旦教师获得注册或晋升，提高学生考试成绩的激励措施就会显著降低。[5] 在肯

---

[1] Joy Resmovits, "Arne Duncan Boosts Merit Pay At Teaching Conference", Senior Education Reporter, The Huffington Post, 2020.

[2] Matthew G. Springer, et al, "District Awards for Teacher Excellence Program-Final Evaluation Report", Policy Evaluation Report December 2010.

[3] "District Awards for Teacher Excellence-Research Brief", Texas Education Agency, National Center on Performance Incentives.

[4] Lavy, Victor, "Evaluating the Effect of Teachers' Group Performance Incentives on Pupil Achievement", Journal of Political Economy, Vol. 110, 2002: 1286 – 1317.

[5] Santibanez, et al, "Analysis of the Assessment System and Impact of Mexico's Teacher Incentive Program _ Carrera Magisterial," Santa Monica, CA: RAND Corporation, 2007. https://www.rand.org/pubs/technical_reports/TR458.html.

尼亚，数据表明有开展教师激励的学校的教师的努力并没有增加，教师的出勤率没有提高，教学方法也没有改变，学生的家庭作业没有增加。①

由上可知，薪酬提升并不能有效地激励教师，也难以达到政策预期，并可能衍生出更多的教师激励问题。美国的一些研究表明，普遍提高工资对教师的教学效能没有明显的影响，然而，仅提高优秀教师的薪水，对于吸引和留住优秀教师的效果更为显著（Hanushek，1997）②。

二 绩效工资/奖励薪酬与教师激励

过去的十多年里，美国教师薪酬不足，以及未能对卓越教师实现有效的薪酬奖励。为了应对教师短缺和留住教师问题，美国的一些州已经或正在考虑为教师和教师候选人制订财政激励方案，以影响教师薪酬，提升专业水平，改善教师招聘和留任。这些方案内容大体可以分为三类：薪资要求、多元化薪资和绩效工资。首先，在薪资要求上，国家规定了最低工资要求，以征聘高质量的教师到专业任职，同时，确保地区间工资的一致性和平衡性，减少教师流动。③ 其次，在多元化的薪酬方面，为了吸引教师到短缺的学科领域和急需的学校，美国许多州提供有针对性的财政激励项目，即为在高需求学校和短缺学科教师的地区任教的教师提供加薪服务。此外，许多州也提供替代的财政激励措施，如对以前工作经验的补偿、贷款减免、住房援助、学费补偿和奖学金，以帮助填补短缺。最后，在绩效工资方面，为了提高和留住优秀的教师，许多州将绩效纳入教师的工资和奖金。教师的评估分数或教师实现特定学生成就目标的能力会影响最终的实得工资。绩效工资是基于 9 个州的学生成绩，并基于 7 个州的评估结果。④ 研究结果表明，经济激励可以而且确实在教师招聘和留住方面发挥了作用。美国有些州的财政激励计划有可能引导

---

① Paul Glewwe, Nauman Ilias, Michael Kremer. Teacher Incentives in Developing Countries-Recent Experimental Evidence from Kenya ［EB/OL］. https：//my.vanderbilt.edu/performanceincentives/files/2012/10/200809_GlewweIliasKremer_RecentExpKenya.pdf.

② 池瑾、［美］魏爱德：《投资与有效方案》，北京师范大学出版社 2019 年版，第 171 页。

③ Michael Griffith, State Teacher Salary Schedules (Denver：Education Commission of the States, (2016), 3, http：//www.ecs.org/ec-content/uploads/State-Teacher-Salary-Schedules-1.pdf.

④ National Council on Teacher Quality, State of the States：Evaluating Teaching, Leading and Learning (2015), pp33, http：//www.nctq.org/dmsView/StateofStates2015.

教师到短缺地区，并确保他们留下来，但如果激励政策不够和难以可持续，并与改善工作条件相结合，这些做法就会失去吸引力。因此，要在招聘或保留方面发挥差异：一是最低薪金要有足够的吸引力。尽管有竞争力的薪资下限可以帮助解决教师短缺问题，但低于市场平均水平的薪资下限会大大降低它们的相关性。[1] 二是薪酬激励的可持续。一项经常被引用的对美国7个州10个学区的研究发现，大量的签约和留任奖金鼓励高绩效的教师搬到高需求的学校，并在奖金发放期间提高留任率。然而，一旦激励措施结束，保留率就会恢复到以前的水平。[2] 与其他财政激励方案一样，绩效工资应该与工作条件的改善成对。最有效的财务激励方案是作为更广泛的、整体性的保留战略的一部分来实施的，而不是作为单独的举措来实施的。[3]

虽然绩效工资存在争议，但是绩效工资的倡导者们进行了不断努力，并鼓励使用更加精确评价教师表现的方法。倡导者认识到奖励优秀人才是留住教师的一种行之有效的方式。尤其在美国，关于绩效工资的实施问题一直存在广泛争议，其关键问题是关于绩效工资项目的实施是否需要得到教师工会的同意。[4] 在得克萨斯州，教育工作者的绩效激励一直是政策辩论的焦点。20世纪80年代绩效激励政策作为州政策颁布，包括得克萨斯州教师职业阶梯计划、得克萨斯州成功学校奖计划，以及州长教育者卓越奖计划（GEEAP）。GEEAP项目于2006年首次实施，其由三个教育者激励计划组成：州长教育者卓越奖（GEEG）、得克萨斯州教育者卓越奖（TEEG）和地区优秀教师奖（DATE）。[5] 在计划实施一年后，美

---

[1] TNTP, Shortchanged: The Hidden Costs of Lockstep Teacher Pay (Brooklyn: TNTP, (2014), 2, http://tntp.org/assets/documents/TNTP_Shortchanged_2014.pdf.

[2] Mac Taylor, The 2016 – 17 Budget: Proposition 98 Education Analysis (Sacramento: California Legislative Analyst's Office, 2016): 69, http://www.lao.ca.gov/Reports/2016/3355/prop-98-analysis-021816.pdf.

[3] Stephanie Aragon, "Mitigating-Teacher-Shortages-Financial-incentives" Education Commission of the States, April 27, 2016.

[4] James E. Ryan, "A Legal Perspective on Performance-Based Pay for Teachers," National Center on Performance incentives vanderbilt University Peabody College, 10 (2008).

[5] Jessica L. Lewis, Matthew G. Springer. Performance Incentives in Texas-Why Schools Chose Not to Participate [EB/OL]. https://my.vanderbilt.edu/performanceincentives/files/2012/10/200818_LewisSpringer_PerfIncentives.pdf.

国国家绩效激励中心的研究显示教师对 GEEG 项目持有积极的态度,但教师不倾向于将主观测量视为绩效激励计划的重要因素,例如学生对教师教学的评价和教师档案的评估。① 研究还显示 TEEG 项目对教师的课堂教学实践、工作时间、评估学生方式、家校沟通都有积极的影响。② TEEG 第二年评估的结果则表明,TEEG 项目的学校在教师流动方面没有发生任何系统性的变化。③ TEEG 第三年评估结果显示:TEEG 学校的大多数教师支持绩效工资制度,缺乏经验的教师和更专业的教师往往更加支持绩效工资制度;许多教师表示经常进行有针对性和数据驱动的教学实践,而获得高绩效的教师会更频繁地进行专业的教学实践;学校参与 TEEG 项目的时间长短也会影响教师的态度,长期参与 TEEG 的学校的教师对绩效工资、TEEG 的影响、工作协作和校长领导力的看法更为积极。但证据表明,绩效工资计划影响了 TEEG 学校的教师流动。首先,获得薪酬的多少对教师流动产生了强烈的影响,随着奖金数额的增加,教师离职的可能性也随之下降,然而,许多 TEEG 学校的教师获得的奖金太少,以至于该计划对他们的离职产生微不足道或负面的影响。④

2007 年 10 月,纽约市教育局与教师联合会共同推动一个以学生成绩为基础的教师绩效工资计划(New York City's School-Wide Performance Bonus Program,简称 SPBP),该计划将教师薪酬与学生成绩挂钩,给予实现绩效目标的学校一定的绩效奖励。该计划实施一年后在美国国家绩效激励中心的支持下进行了测评,研究发现 SPBP 对学生的整体数学成绩没有明显影响。⑤ Rand 公司在该项目实施三年后再次进行测评,结果依旧显

---

① Incentives N. Teacher Attitudes about Performance Incentives in Texas: Early Reactions to the TEEG Program. Research Brief. National Center on Performance Incentives, 2008: 3.

② Matthew Springer, Michael Podgursky, Jessica Lewis, et al. Teacher Behaviors and Performance Incentives in Texas-Early Reactions to the TEEG Program [EB/OL]. https://my.vanderbilt.edu/performanceincentives/files/2012/10/TEEG_Teacher_Behavior_Year_1.pdf.

③ Incentives N. The Impact of Performance Pay on Teacher Turnover: Findings from Year Two of the TEEG Program. Research Brief. National Center on Performance Incentives, 2009: 3.

④ Springer M G, Jansen D W, Podgursky M J, et al. Texas Educator Excellence Grant (TEEG) Program: Year Three Evaluation Report. 2009.

⑤ M. Springer and M. Winters. New York City's School-Wide Bonus Pay Program: Early Evidence from a Randomized Trial [EB/OL]. https://my.vanderbilt.edu/performanceincentives/files/2012/10/200902_SpringerWinters_BonusPayProgram15.pdf.

示 SPBP 并没有提高学生的整体成绩,而其原因为教师的工作表现或动机并未发生变化。部分教师对项目不了解从而未受到项目影响,许多教师也不喜欢过分依赖学生成绩来衡量成功与否,还有教师表示自己没有能力或资源来改进教学,也有教师表示问责制带来的压力已让教师们有充足的工作动机。[1] Sarena 探讨了 SPBP 对学生成绩、教师缺勤、课堂活动和教师质量的影响,结果显示 SPBP 对这几方面几乎没有影响,该计划也没有缓解学校的教师流动情况,且问责制等消极激励比积极激励更有效,能在更大程度上提高教师工作积极性进而提高学生成绩。[2]

另外,Carolyn 等人对肯塔基州、夏洛特-梅克伦堡的绩效奖励项目进行了调查。研究发现,肯塔基州的绩效奖励项目对教师的流动意愿产生了消极影响,因为教师认为奖金计划的运行方式不公平,学校实现目标的机会不公平,以及存在不公平的赢家时,教师就会倾向于选择离开当前所在的学校;夏洛特-梅克伦堡的数据显示薪酬水平满意度对抑制教师流动有积极作用,且无奖励项目的学校教师流动更加频繁,教师倾向于从无奖励学校流动到有奖励学校,这是由于教师希望在更积极的工作环境中工作,这样一个积极的工作环境由一系列外在的奖励(例如,获得奖金、为实现目标感到自豪和获得公众认可)和内在的奖励(例如自主性和同事支持)组成,而这种环境更有可能在有奖励项目的学校存在。[3]

三 薪酬的个体和群体激励与教师激励

薪酬激励的措施又主要分为个人绩效激励和集体绩效激励。个人绩效激励是根据教师个人提高学生成绩的表现向他们提供个人奖励。团体奖励是根据一组教师的平均表现来提供奖励的。其中的问题是,团体激

---

[1] Report U, Program U. A Big Apple for Educators: New York City's Experiment with School-wide Performance Bonuses. Final Evaluation Report. Monograph. Rand Corporation, 2011: 312.

[2] Sarena F. Goodman, Lesley J. Turner. Teacher Incentive Pay and Educational Outcomes-Evidence from the New York City Bonus Program [EB/OL]. https://files.eric.ed.gov/fulltext/ED513540.pdf.

[3] Carol Kelley, Herbert G. Heneman III, Anthony Milanowski. School-Based Performance Award Programs, Teacher Motivation, and School Performance: Findings From a Study of Three Programs [EB/OL]. http://repository.upenn.edu/cpre_researchreports/10.

励促进了搭便车（教师如果减少了为实现共同目标而付出的努力，以应对其他团体成员贡献的增加）：有些教师由于能够利用其他团体成员所付出的努力的改善而不像个人激励那样增加自己的努力。当然积极方面是，团体激励鼓励教师之间的合作，而个人绩效促进竞争。由于教师往往会从同事的帮助中获益，而合作的学校环境更有利于提高教学质量，因此人们担心个体的激励会损害这些关系。[1] 一些文献表明，有效的激励计划必须提供相对较大的奖励来诱导行为改变，而实验经济学文献表明，只有少数获奖者的计划的有效性不如提供一系列可能奖励的计划，还有研究表明，当团队合作在生产过程中不可或缺时，群体激励是最有效的策略。另外，基于得克萨斯州的卓越教育者资助计划项目的研究表明，一方面在员工视角下，教师偏好的是相对较弱的激励措施，教师更偏向于群体激励，只有在监控成本相对较高时才会偏离他们，另一方面，合理有力的证据说明，奖励激励与教师流动率有关，没有获奖的教师比获奖的流动率较高，大额奖金较大地降低了教师离职的可能性。[2] 一项对教师群体激励薪酬计划的研究，是使用在休斯敦独立学区（HISD）实施的ASPIRE5教师激励薪酬计划，直接测试了教师所面临的基于群体的激励的强度是否会影响她的工作效率。证据表明，HISD的教师得到了很好的信息，对该系统有很好的了解，研究结果也表明，随着经济激励措施的增强，教师的工作效率会提高。[3]

另有研究发现，在印度，团体激励与个人激励的有效性没有差异，但有激励的学校教师在教学上更为有效；教师缺勤情况在有无激励的学校中并没有差异，但教师采用良好教学行为的可能性存在显著差异（例如使用黑板、阅读课本、让孩子阅读课本、布置家庭作业），有激励项目

---

[1] Scott A. Imberman, "How-effective-are-financial-incentives-for-teachers", IZA *World of Labor*, June 2015.

[2] Matthew G. Springer, Lori L. Taylor, "Designing Incentives for Public School Teachers: Evidence from a Texas Incentive Pay Program", *Journal of Education Finance*, Volume 41, Number 3, Winter 2016: 344-381.

[3] Scott A. Imberman, "Incentive Strength and Teacher Productivity-Evidence from a Group-Based Teacher Incentive Pay System", Michael F. Lovenheim Cornell University and NBER, March 2013.

学校的教师更有可能采用良好的教学行为。① 另外一项以教师激励理论框架和结构模型而开展的研究，主要是利用在印度进行的一个随机对照试验的数据，提供了个人和群体在金钱激励下的教师行为的结构性分析。研究发现，在考虑了内在动机和绩效薪酬对内在激励的挤出效应的情况下，在个体激励方案下，最优激励薪酬在教师的内在动机和教师经历动机挤出的程度上有所降低。而当提供群体层面的激励时，发现最优激励薪酬会降低教师的内在动机。如果在个人激励计划下没有改变教师的努力，那么激发普通教师更加努力需要支付更多的奖金。当提供集体激励时，则取决于教师之间报告的集体合作水平。②

四　多元化薪酬与教师激励

2015年欧盟发布的关于提高教学质量的教师激励措施的报告中指出，教师激励可能会影响现有教师的表现和未来教师的工作有效性，而教师的薪酬结构、教师的晋升机会以及机会成本是影响教师教学质量的关键因素。在教师绩效工资方面，由于群体激励与个人激励各有优缺，两者的搭配组合在学校领导中发挥着至关重要的作用，同时，吸引和留住具有一定质量的教师需要提高相应的经济补偿水平，使用金钱来补偿不太理想的工作条件仍然是一个关键的政策选择。特别是在与其他职业相比，诸如养恤金、保险和其他非工资补偿等边缘福利可能对教师特别重要。关于教师内部动机的研究结果表明，内在动机的主要驱动力之一是自主感和控制感，以及确保教师保持积极性比选择积极性适当的教师更重要，因此，有效的教师激励支持可以维护教师的高动机和激发其驱动力。报告给我们了一些启示，目前教师的固定工资表存在缺陷。③

事实上，基本原则是个人薪酬的变化必须足够大，是以影响谁成为教师、谁留在这个行业，以及教师在课堂上做什么。现有研究表明，更

---

① Muralidharan K, Sundararaman V. Teacher incentives in developing countries: Experimental evidence from India. *National Center on Performance Incentives*, 2008 (100): 56.

② Ronak Jain, "Incentives for teachers-A theoretical framework and a structural model", 8 (2018).

③ Daniel Münich and Steven Rivkin, "Analysis of incentives to raise the quality of instruction", EENEE Analytical Report, December 2015.

多的薪酬差异将带来更有效的变化,根据跨部门的研究,一项工作的奖励性薪酬机会越大,就越能吸引高绩效的人。[1] 鉴于此,一是在绩效薪酬上,遵循与绩效有关的衡量标准,为更高绩效的教师提供实质性的激励奖励,以及奖励平均水平高的人,而不仅仅是明星教师。有研究显示,基于绩效的奖金奖励比加薪更能提高员工绩效。[2] 通过不成比例地吸引和留住更高的绩效,同时提高所有有潜在能力的教师的表现。二是关于薄弱学校的薪酬,除工资外,学校的其他条件也缺乏吸引力,学校也难以招聘到师资,为提高教师绩效,应当给此类学校提供额外报酬。[3] 三是关于技能短缺薪酬。技能短缺薪酬意味着在数学、科学和特殊教育等难以填补的学科领域提供更高的薪酬。技能短缺工资结合提高教师的绩效工资,以吸引和留住最能利用技术技能和知识优势来诱导学生学习的教师,将更显著地提高教师的效率。将工资短缺与基于增值的绩效薪酬相结合,可能会使技术领域(如数学和科学)的教师薪酬在劳动力市场上更具竞争力,对拥有这些技能的高级学生更有吸引力。四是关于高级角色薪酬。即为先进角色支付报酬是指为那些在课堂上和其他活动中扮演角色的教师提供更高的报酬。[4] 五是关于技能和知识薪酬,即向那些能够证明他们已经获得了宝贵的技能和知识的教师提供额外的补偿,进而吸引具有技能的教师,并鼓励其他教师获得技能。六是关于有限的高级学位薪酬,向拥有高级学位的领域的持有人提供额外的补偿,以提高教师在产生学生学习成果方面的效率。七是关于新手教师的奖励薪酬,在完成最初几

---

[1] Jan Bouwens and Laurence van Lent, "Effort and Selection Effects of Incentive Contracts" (Tilburg, the Netherlands: Tilburg University, 2003).

[2] Axel Engellandt and Regina T. Riphahn, "Incentive Effects of Bonus Payments: Evidence from a Multinational Company", discussion paper (Basel, Switzerland: University of Basel, February 24, 2004); Zenger; and Schwab and Olson.

[3] Emily Ayscue Hassel, Bryan C. Hassel, Matthew D. Arkin, Julie M. Kowal, and Lucy M. Steiner, School Restructuring Under No Child Left Behind: What Works When? —A Guide for Education Leaders (Washington, D. C.: The Center for Comprehensive School Reform and Improvement, 2006).

[4] Some research shows that effective mentoring increases retention of new teachers. See T. Smith and R. Ingersoll, "What Are the Effects of Induction and Mentoring on Beginning Teacher Turnover?" *American Educational Research Journal*, Vol. 41, No. 3 (2004): 681 – 713.

年的教学工作后,给持续表现出色的教师大幅加薪。①

五 教师退休金制度与教师激励

一项针对公立学校市场化薪酬改革的研究回顾了公立学校薪酬制度的主要特征,即教师单一工资表,以及其他特征,包括教师任期和工资设定单位的规模等,最后研究了教师退休制度所产生的特殊激励措施。在教师单一工资表方面,主要阐述了其不利影响:某些教学领域教师资源的短缺、贫穷的孩子更有可能被新手教师所教育、更有效的教师没有得到奖励。在教师养老金制度方面,研究指出,退休福利是战略薪酬一揽子计划的重要组成部分。相关研究表明,许多这些计划通过鼓励提前退休,实际上可能会缩短而不是延长职业生涯。例如,弗里德伯格和韦伯的一项研究发现,雇主转向固定缴款退休福利制度与以后的退休有关。② 有研究表明,教师固定福利制度创造了强有力的激励措施,鼓励教师在相对较小的年龄退休,③ 多年来一些州的立法改革也强调了这一点。在养老金制度的激励效果方面,一是他们惩罚流动性。在常规退休年龄前离职的教师,在养老金财富上遭受严重损失。二是他们鼓励教师提前退休。许多教师50多岁就退休。退休和退出教学劳动力的中位年龄为58岁。④ 因此,现行的退休金制度通过将许多教师推向相对年轻的退休年龄,实际上提高了新手教师在劳动力中的比例,但也可能降低了教师的整体效能。⑤

---

① The National Governors Association Center for Best Practices, "Improving Teaching Through Pay for Contribution", 2007.

② Freidberg, Leora, and Anthony Webb. 2005. "Retirement and the Evolution of Pension Structure." *Journal of Human Resources*. Vol. 40. No. 2: 281 – 308.

③ Costrell, R and M. Podgursky. 2008. "Peaks, Cliffs, and Valleys: The Peculiar Incentives of Teacher Pensions and Their Consequences for School Staffing" http://media.hoover.org/documents/ednext_20081_Costrell-Podgursky_unabridged.pdf.

④ Podgursky, M. and M. Ehlert. 2007. "Teacher Pensions and Retirement Behavior: How Teacher Pension Rules Affect Behavior, Mobility and Retirement", http://www.caldercenter.org/PDF/1001071_Teacher_Pensions.pdf.

⑤ Michael Podgursky, "Market-Based Pay Reforms for Teachers", National Center on Performance Incentives, *Working Paper*, 07 (2008).

六 在薪酬待遇外寻求教师激励政策

有研究指出,教师都没有因为表现不佳而受到惩罚,而且均使用金钱激励来鼓励教师,但非货币激励也有可能实现。在教育方面,教师激励措施可能包括改善工作条件、实物捐款(如教育教学材料)、工作稳定和养老金等形式。其他常见的非货币激励是晋升(在职业计划中晋升到更高级)和基于资历的激励。① 这两种方法都能有效地提高教师的工作努力,但它们在教育系统中的应用有限。显然,晋升激励只在一个垂直层级的组织中发挥作用(例如,普通教师晋升为学校或者教育管理者)。基于资历的激励则面临教师在担任高级雇员时不愿退休的问题,因为他们的工资高于他们的工作表现。② 实际中,高级教师比新手教师获得更高的工资,但研究也发现,更多的高级教师并不一定比教了至少两到三年的低级教师更有能力。③

毫无疑问,可观的薪酬能让教师职业更具有吸引力,更能留住优秀教师,然而 OECD 的《教师事物》研究报告认为,教育政策需要解决的不仅仅是薪酬问题,还包括教师与学生和同事的关系、学校领导者的支持、良好的工作条件以及提升自身技能机会。④ 此外,学校规模、地理位置、学校财力、学生构成、学校类型等都是影响教师聘任和保留,影响教师质量的重要因素。⑤ 芬兰教师希望这份职业拥有专业自主、名誉、尊重与信任,在奉献教育界或另寻发展的抉择前,芬兰年轻人的首要考虑,就是工作条件以及具备职业道德的专业环境……芬兰教育系统仍然让教师可以稳定提升收入,只要教师持续精进教学经验,收入也会随之提高,

---

① Asch, Beth, "The Economic Complexities of Incentive Reforms", in Robert Klitgaard and Paul C. Light, eds., High-Performance Government: Structure, Leadership, Incentives, Santa Monica, CA: RAND Corporation, MG-256-PRGS, 2005.

② Lazear, Edward P., "Why Is There Mandatory Retirement?" *Journal of Political Economy*, Vol. 87, 1979: 1261 – 1264.

③ Hanushek, Eric A., "Assessing the Effects of School Resources on Student Performance: An Update," *Educational Evaluation and Policy Analysis*, Vol. 19, No. 2, 1997: 141 – 164.

④ [德]安德烈亚斯·施莱歇:《培养卓越校长和教师》,胡惠平等译,教育科学出版社 2016 年版,第 116 页。

⑤ 刘钧燕:《国外教师质量和教师激励的研究综述》,《外国教育研究》2007 年第 10 期。

而不是以任何形式的成绩责任制为依据。① 教师能够参与学校决策和决定专业发展与其工作满意度和留任取向有相关关系。②

第六节 文献的简要评论

综上可知，现有乡村教师激励问题的相关研究成果丰硕和日趋系统。一是研究对象的系统性，由关注某一类别的教师激励，转向为精细区分教师群体的多元特征和内部的差异性；二是研究方法的综合性，针对一个问题混合采取多种方法服务于问题分析；三是问题分析的链条化和系统性，由简单地研究激励实施的阶段性问题，向上扩展到激励的人性分析，向下延伸到激励后的保障问题。

比较而言，国内学界多借用西方激励理论，对教师激励实践与政策做出分析与评价。而国外研究非常注重学生成绩与教师薪酬联系起来，在具体研究层面从政策评价转向政策优化研究，由注重内容激励转向过程激励研究，一方面侧重于"薪酬待遇与激励效应""教师工作特征与薪酬激励效应"的关系研究，认为教师激励的影响因素主要在于薪酬待遇，因此主张通过改进薪酬制度以激发教师的工作效率，同时认为教师激励的影响因素还包括工作的智力挑战，教师工作压力与自我效能感，教师参与学校管理的程度，以及学校对教师工作的支持程度；另一方面侧重于"激励政策供给精细化"的研究，在强调薪酬待遇对教师激励起主导作用下，提出"工资激励力度够大是可以吸引教师到教学任务艰巨的岗位"的观点，但也有学者明确指出，当前薪酬制度忽略了教师的实际表现和潜在品质。因此，要改进现有激励政策，应对教师特定行为与技能表现给予特定奖励，给予教师自主权和管理权，以及实施有效的教师领导。

由上可见，国内外研究均认为现有激励政策存在问题，但就激励方式的政策选择持有较大争议。国内研究多以"激励效应如何"为分析视

---

① ［芬兰］帕思·萨尔伯格：《芬兰道路：世界可以从芬兰教育改革中学到什么》，林晓钦译，江苏凤凰科学技术出版社2015年版，第107—108页。

② Richard M. Ingersoll, David A. Perda. "*The Status of Teaching as a Profession*" in *School and Society: A Sociological Approach to Education*, eds, Jeanne Ballantine and Joan Spade, Los Angeles: Pine Forge Press, 2008: 117.

角，以"激励理论—调查研究—问题分析"为研究路径，注重结果的事实判断和政策供给的条件性刺激，却忽略对问题形成的内在机理和政策制定过程的关注，以及政策之于教师工作适切性的探讨。国外研究也仍需对激励机制做进一步的整体分析。因此，作为乡村教师，受制于区域发展、教育生态和生存压力等方面的影响，其激励机制和政策供给更为复杂。基于此，本书认为，关于乡村教师激励机制与政策供给的研究有四大问题亟待破解：乡村教师专业发展与需求是什么；乡村教师激励机制的实际状况怎样；如何优化现有机制，实现政策的精准供给，探寻可操作的整体性方案；如何突破传统薪酬激励的做法，研制长效激励机制。因此，本研究针对乡村教师激励问题，确立以"如何优化机制，使效应更佳"为核心问题，以"政策设计的精细化和系统性"为指向，采用实证研究方法，具体解答"激励政策低效的问题追因""激励机制的运行逻辑"和"既定机制的对策优化"等问题。

第 三 章

理论准备

理论是具有一定价值立场的体系性思考成果,在问题研究中发挥着视角选择、价值判断、衡量尺度和方向指导等的作用。乡村教师激励问题本身较为复杂,又涉及多个学科领域。为避免陷入问题研究沼泽和学科理论纠缠,在对其展开调查研究和学理分析之前,极其有必要做好理论准备。一方面是厘清相关的核心概念和选择适切的理论基础,以确立研究视角和理论尺度,以及框定研究的边界与范畴;另一方面是建构理论模型与指标体系,以为进一步设计调研工具,服务于后续的实证研究。

第一节 核心概念

没有激励,一个人的能力发挥不过20%—30%,施以激励,一个人的能力则可以发挥到80%—90%,其间的差距就是有效激励调动了人们主观能动性的结果。[1] 每个组织和个人均寻求于外在或者自我激励,以便取得更佳的工作效益。人们对"激励"的理解也会影响其激励观念与行为,当然,不同的人对"激励"的理解也不尽相同。"激励机制"更是因其包含着诸多要素关系,而显得更难理解。"教师激励"这一术语虽然常见于学校管理和教育政策当中,但目前的学界和中小学教师群体对"教师激励"的内涵和指向也存在分歧,或者认为是教师推动学生积极学习的行为总称,或者认为是教育政策促进教师专业发展的正向结果。除了

---

[1] [美]詹姆斯·L. 吉布森、约翰·M. 伊凡塞维奇、小詹姆斯·H. 唐纳利:《组织学——行为结构和过程》,王常生译,电子工业出版社2002年版,第35—55页。

激励主体的所指的差异，还体现在学科与属性差异，或者认为是一种政策作用之后的精神状态，或者认为是教师管理的一种正确方向，等等。无论何种，均反映了人们对"教师激励"具体内容的理解还有歧义。因此，"激励与激励机制""教师激励与教师激励机制""乡村教师激励与乡村教师激励机制"作为本书的三组核心概念，极为有必要对其做出较为清晰的界定，以便为后续研究提供一种概念框架和确保研究的一致性。

一　激励与激励机制

教师激励是什么？作为一个组合词，其首先需要理解"激励"的学术意义。同时，为剖析"怎样开展激励"和"如何提升激励"的问题，又绕不开对"激励机制"概念理解。

1. 激励

在我国，最早使用"激励"一词的文献是《资治通鉴》，比如在《资治通鉴·唐纪三十五》中有"将士皆激励请奋"，其中"激励"有激发、鼓动和鼓励之意。[①]"激励"一词的英文表述是motivation，或者是incentive。其在心理学、经济学、管理学和组织学中较为常见，尤其是人力资源管理中运用甚多，对其的阐释也最为充分。不同的学科视域和学者研究对"激励"的理解差异较大。在管理学领域，激励体现在某种需要、期望和成就感的实现。美国心理学家马斯洛从人的动机和行为出发，提出需要层次理论，为不同层次需要的实现而产生激励效应。进行激励的最好办法就是，通过恰当的工作组织和安排，让员工能够在工作中得到反馈以及感受到挑战，这样的做法能够满足员工对成就和认可等"高层次"因素的需要。[②]为维续和强化这种激励，要做到公平地分配资源、合理设置工作目标和引导行为者更好地趋近目标。在经济学领域，"激励"属于核心议题，其假定人是经济理性的，在此理论背景下，人或是追求

[①] 俞文钊、李成彦：《现代激励理论与应用》（第三版），东北财经大学出版社2020年版，第1页。

[②] ［美］加里·德斯勒：《人力资源管理》，刘昕译，中国人民大学出版社2019年版，第433页。

"经济利益最大化",或是追求"经济效用最大化"。所谓"激励",就是使用物质上或精神上的报酬来促使雇员采取与组织目标一致的行为。① 激励就是让人们自己做出选择并愿意付出,并帮助人解决如下五大问题:赚钱、消耗能量、社会交往、实现成就感和获得社会地位。② 但是,"雇主和员工都有各自的目标和关注点,因此,雇佣关系中内含的激励对实现两者利益的一致性是至关重要的"③。为更好地实现激励,一方面需要确定好契约与雇佣关系,另一方面要确保劳动薪酬信息的对等性与畅通性。在组织学中,有学者把动机定义为一种过程,它体现了个体为实现目标而付出的努力的强度、方向和持续性。④ 当团队成员收到高度激励实现共同目标时,团队绩效会更高。⑤ 而一个高效的组织会反过来带动和提高组织成员的动机与效能。在学习型组织中,"共同愿景的整合,涉及发掘共有的'未来景象'的技术,它帮助组织培养成员主动而真诚地奉献与投入,而非被动的遵从"⑥。

有学者基于不同学科和专业视角,得出激励的四个共性:一是人的一种内心状态;二是必须有一定的要素支撑;三是激励的对象有内在需要,形成自我内驱力;四是需要有明确的目标性。⑦ 概言之,激励尽管反映了工作中的人的内心状态,这种状态受到自身和工作特质,以及目标完成度的影响。换言之,激励主要是以人为中心,围绕其需求、期待、动机和满意等因素,处理的是人与组织、工作任务与目标实现,以及人的努力贡献与报酬反馈等方面关系的问题,从而涉及激励主体、激励内容、激励阶段和激励指向等核心要素。一般情况下,激励的初始意义蕴

---

① 周雪光:《组织社会学十讲》,社会科学文献出版社2003年版,第188页。
② 陈春花:《管理的常识》,机械工业出版社2017年版,第96—98页。
③ [美]罗纳德·G.伊兰伯格、罗伯特·S.史密斯:《现代劳动经济学:理论与公共政策》,刘昕译,中国人民大学出版社2017年版,第338页。
④ [美]斯蒂芬·罗宾斯、蒂莫西·贾奇:《组织行为学》,孙健敏等译,中国人民大学出版社2020年版,第163页。
⑤ [美]加里·尤克尔:《组织领导学》,丰竣功译,中国人民大学出版社2015年版,第314页。
⑥ [美]彼得·圣吉:《第五项修炼:学习型组织的艺术与实务》,郭进隆译,上海三联书店1998年版,第10页。
⑦ 高慧斌:《乡村教师激励制度研究》,知识产权出版社2020年版,第42页。

含着个人与组织的积极的愿景，但具体情况如何又取决于个人诉求的达成程度。因此，"激励是指组织通过设计适当的外部奖励形式和工作环境，以一定的行为规范和惩罚性措施，借助信息沟通来激发、引导、保持和归化组织成员的行为，以有效地实现组织及其成员个人目标的系统性活动"①，最大化地激发组织成员的工作努力程度、提高其工作满意度和获得工作成就感。如果以主体来划分可以分为组织激励和自我激励；如果以内容来划分，可以物质激励和精神激励；如果以阶段来划分，可以分为过程激励和结果激励；如果以指向为划分，可以分为正向激励和负向激励等。

2. 激励机制

机制"泛指一个工作系统的组织或部分之间相互作用的过程和方式"②。从此概念出发，可以简略地缕析出机制具有如下三个特征：一是系统性，是组织或部分的要件构成一个相互作用的系统；二是有机性，"机制是一种有机结构，内在构成要件之间存在相互联接、相互作用、相互影响等不同的联结方式"③；三是因果性，"机制的核心是因果联系，因果机制也是社会科学研究中最重要的问题"④。鉴于此，我们总是试图探寻某个事物或问题的运行机制，挖掘其内部各要件的因果性规律性的关系，以便把握事物或问题的发展趋势。随着人们对事物研究与理解趋向复杂性和系统性，"机制"一词也常引用到社会科学领域中，构成"X+机制"的组合，意指 X 问题或领域内的组织或部分之间的相互关系和运行方式。由此可见，"激励机制"体现的是"激励"内部要素/要件之间相互作用，以及设计与操作层面的内容。有学者认为，激励机制是管理者为调动被管理者的积极性而设计制定的一系列制度、措施及其作用规律的总称。⑤ 另有学者承接"机制"的概念理解衍生出"激励机制"的

---

① 安雪慧：《中小学教师工资政策研究》，人民教育出版社 2020 年版，第 27 页。
② 中国社会科学院语言研究所词典编辑室：《现代汉语词典》（第 7 版），商务印书馆 2016 年版，第 600 页。
③ 朱德友：《高校教师激励机制研究》，博士学位论文，武汉大学，2010 年，第 58 页。
④ 张长东：《社会科学中的因果机制：微观基础和过程追踪》，《公共管理评论》2018 年第 1 期。
⑤ 葛新斌等：《中小学教师激励与管理》，山东教育出版社 2013 年版，第 60 页。

界定，认为"激励机制"主要是指在组织系统中，激励主体对激励客体进行激励的制度环境、实施手段、作用效果和发生逻辑的总和。①

据上可知，"激励机制"的首要特征是制度性，系列的规章制度与规定措施来规范要件的具体内容与存在形式，形成激励的制度环境；其次是目的性，旨在调动机制内各要件的相互作用，为推动"激励"而设计制定；最后是系统性，上述提及的各方面内容均统筹在机制之下，形成一个激励的运行系统。因此，激励机制是为激励组织及其成员，针对薪酬待遇、奖惩标准和评价方式等方面设计制定的系列性规章制度，及其相互作用与方式的表达。激励机制也存在多种类别。公共组织中普遍存在的激励机制可以概括为四大类：显性激励机制、隐性激励机制、监督激励机制以及公职人员的内在激励机制。②

二 教师激励与教师激励机制

在概念的文字表述上，教师激励（机制）与激励（机制）之间应该是一种顺延与包含关系。一方面是不同的组织及其成员的激励（机制）有差异，另一方面教师作为专业性人员，其入职门槛要求、工作方式和贡献体现、薪酬诉求和期待等应有其职业属性，故其激励（机制）应该有其独特的方面。基于此，有必要对教师激励（机制）作内涵上的厘清。

1. 教师激励

教师激励是教师人才资源管理与人事管理体制的核心内容，也是学校组织发展与教师专业发展的动力系统，服务于特定的工作目标和任务的完成。因此，教师激励主要涉及三大主体：教师、学校和教师管理体系。每一个主体及其相互作用均能引发和促成教师激励的实现。一般而言，常用的教师激励方式是基于政策资源的供给与分配。但是，不容忽略的是学校组织的作用。学校的雇员被设想为受到激发以表现换取一定的激励，而这种激励与个人目标相一致或能帮助达到个人目标。③ 而教师

---

① 赵学兵：《官员晋升与税收分成：当代中国地方政府激励机制研究》，博士学位论文，吉林大学，2019年，第40—41页。
② 田凯等：《组织理论：公共的视角》，北京大学出版社2020年版，第245页。
③ [瑞典]T·胡森，[德]T.N.波斯尔斯韦特：《教育管理》，高洪源等译审，西南师范大学出版社2011年版，第353页。

需要是教师激励的心理基础，教师激励则是教师需要获得满足的正当途径。[①] 因此，学校管理者应根据教师职业特点，通过分析教师需要，采取各种策略，激发教师工作积极性，从而实现学校组织目标。[②] 除此之外，教师也会基于自身的职业使命感、事业心和工作责任感，激发出持续的工作动机和良好的教学行为。

总体而言，教师激励主要是处理"教师动机—教师行为—工作目标与任务"的关系，包括起点、过程与结果的激励，其主要目的是激发教师的教育教学动机，调动教师的工作积极性与创造性、教育教学的责任感和使命感，促进教师充分发挥工作能力和教学智慧，获得最大的教育教学效应。在此过程中，教师、学校和教师管理体系依据教师需要（个体性、职业性、工作环境和社会环境等）的各个要素（薪酬、职称、培训和荣誉等）而给予相应的政策支持均能产生相应的激励效果。具体而言，教师激励是留住和吸引教师继续从教、增强教师教学的内在动力、工作潜力与效率以及激发学校办学活力的主要途径，是涉及教师自身、学生发展、学校管理、教育制度和工作环境等，多种劳动动机诱因与外界因素相互作用的结果，是外化促进内化且二者互为强化的过程。与教师激励关联度比较高的问题包括教师工作满意度、工作积极性、工作成就感、职业倦怠和学校归属感等。

2. 教师激励机制

依据字词的概念可宽泛地把教师激励机制理解为，是推动教师激励的工作系统，以及系统各要素相互作用的过程及其规律。目前常见且主要的教师激励机制是薪酬待遇、职称晋升和绩效考核等激励机制。其中，薪酬待遇是教师激励机制中最主要的政策杠杆。在具体的概念界定上，有研究把"教师激励机制"定义为"在组织内部通过制定和执行某些政策、制度、法规以及采取某些措施，构成对组织和个人产生激发干劲、规范行为、引导方向等作用，是调节组织运行、调动人的积极性的重要

[①] 周彬、吴志宏、谢旭红：《教师需要与教师激励的现状及相关研究》，《教育理论与实践》2000年第9期。

[②] 杨跃、夏雪：《20世纪80年代以来国内教师激励研究的回顾与展望》，《现代教育管理》2015年第8期。

手段"①。其具体构建是如下三大方面:"以实施教师职业生涯规划、建立长效培养培训制度、规范教师岗位聘任制为重点,完善人力资源管理制度;制定胜任目标,设计激励性工作,完善教师评价与绩效评估制度;推进教师薪酬制度改革;完善民主治校、民主管理制度等。"② 在学校层面的教师激励机制,即是学校管理者通过制定某些制度、采取某些措施,对教师产生激发工作干劲、规范教师行为、引导教师前进方向,从而促进教师专业发展及学校教育目标的实现。③

由此可见,教师激励机制主要具有四层含义:一是教师、学校和教师管理体系为完成工作目标与任务而采取的激励因素或激励手段与教师之间的相互作用关系与过程;二是也包括这种相互作用关系所呈现的结构、运行方式及其所体现的规律;三是教师需要存在多个主体和多种类别,而符合教师需要的激励因素或激励手段均可构成某种教师激励机制;四是教师激励机制依赖于政策性建构,因此机制有效性与相关政策的有效性存在一致性关系。

三 乡村教师激励与乡村教师激励机制

通过文献梳理可知,已有研究充分认识到不同类别教师的激励问题,例如在学校阶段上,关注到高校教师激励问题、中职院校教师激励问题;在学校属性上,关注到民办高校教师激励问题、研究性大学的教师激励问题;在学校地理位置上,关注到城市学校教师激励问题与乡村学校教师激励问题;在年龄划分上,关注到青年教师激励问题和即将退休教师的激励问题;在学科划分上,关注到体育教师激励问题;除此之外,诸多人口学特征均能构成教师激励的类别之分。就类别和特殊性而言,"乡村教师激励(机制)"主要体现在工作学校地理位置的差别上,并因其增加了含有地域和文化意义的"乡村",就增加了概念理解上的难度。

总体上,对"乡村教师激励(机制)"概念理解的前提有四个。一是

---

① 葛新斌等:《中小学教师激励与管理》,山东教育出版社2013年版,第61页。
② 李晓明、鲁武霞:《构建教师激励机制的制度途径》,《教育理论与实践》2010年第2期。
③ 陈思:《义务教育经费投入与农村中学教师激励机制研究》,硕士学位论文,华中师范大学,2018年,第12页。

把握乡村教师的个体性、职业性与社会性需要；二是理解乡村教师职业与工作的特殊性，尤其是乡村社会环境与乡村学校工作环境对其的影响；三是乡村教师队伍建设实际及其相关政策存在的问题；四是乡村教师队伍的发展方向。例如有学者提出，所谓激励政策是指政府为鼓励教师去艰苦边远农村地区工作而制定的货币与非货币方面的优惠政策，如额外的工资奖励、农村生活补助或是更多的培训机会、改善办公条件等。[①] 就此而言，乡村教师激励是为实现乡村教师"引进来、留得住和教得好"的系列措施的总称。而乡村教师激励机制是为推动乡村教师队伍良性发展，依据乡村教师需要而采取的激励因素或激励手段与乡村教师之间的相互作用关系与过程，及其关系结构、运行方式及其所体现的规律。

第二节 理论基础

乡村教师激励问题研究最主要的理论基础是激励理论。激励理论是行为科学领域的核心理论，主要是研究基于完成一定的任务与目标情境下，人的内在动机与外在行为之间关系与规律，及其如何激发人的工作积极性、主动性与自觉性的原则与方法的概括总结。总体上，激励方式分为物质激励、精神激励和感情激励。同时，随着研究的推进，激励理论也在不断丰富和多元化，但根据激励的出发点和具体内容划分，总体上可以分为四类。

一是激励内容理论，主要讨论了什么内容对人最重要最在意，并重点讨论了人的需求，主要包括美国人本心理学家亚伯拉罕·哈洛德·马斯洛（Abraham H. Maslow）1943年在论文《人类激励理论》提出的需要层次理论（Hierarchy of needs theory），美国心理学家克雷顿·奥尔德弗（Clayton Alderfer）1969年在论文《人类需要新理论的经验测试》中修正了马斯洛的需要层次理论并提出ERG理论（Existence-Relatedness-Growth theory），美国社会心理学家戴维·麦克莱兰（David Mcclelland）和他助理在20世纪50年代发表的系列文章提出且于1973年发表了奠基性论文

[①] 姜金秋、杜育红：《西部农村学校教师的供求与激励》，《教师教育研究》2012年第1期。

《测量资质而非智力》的三种需求理论[①]（Three needs theory），以及美国心理学家弗雷德里克·赫茨伯格（Fredrick Herzberg）1959 年在著作《工作的激励因素》提出的双因素理论（Two-factor theory）（又称为激励保健理论）。

二是激励过程理论，主要讨论了人内在动机和外在激励产生的过程，主要包括美国行为科学家维克托·弗鲁姆（Victor Vroom）1964 年在《工作与激励》一文中提出的期望理论（Expectancy theory），美国心理学家约翰·斯塔希·亚当斯（John Stacey Adams）与罗森鲍姆在 1962 年合著《工人关于工资不公平的内心冲突同其生产率的关系》、1964 年与雅各布森合著《工资不公平对工作质量的影响》、1965 年写的《社会交换中的不公平》等系列著作中提出的公平理论（Equity theory）（又称社会比较理论），美国心理学家艾德温·洛克（Edwin Locke）经过系列研究在 1967 年提出的目标设置理论（Goal-setting theory），和我国学者俞文钊提出的公平差别阈理论（Equity difference threshold）[②]。

三是激励强化理论（Reinforcement theory），也被称为行为修正理论（Behavior modification theory），主要讨论了某种行为之后紧接着的赏罚情况，对提高该行为的可能性，侧重于行为结果的理解，主要是美国心理学家伯尔赫斯·弗雷德里克·斯金纳（Burrhus Frederic Skinner）在系列心理学实验研究中提出的操作性条件反射理论（Operant conditioning theory），和美国心理学家弗里茨·海德（Fritz Heider）1958 年在《人际关系心理学》著作中提出的归因理论（Attribution theory）。

四是综合激励理论，主要讨论各种激励理论提出的综合性激励论点，主要包括美国心理学家道格拉斯·麦格雷戈（Douglas McGregor）1957 年在《企业的人性面》中基于人性假设而提出的 X 理论—Y 理论（Theory X & Theory Y），美国行为科学家爱德华·劳勒（Edward E. Lawler）和莱曼·波特（Lyman Porter）在 1968 年的《管理态度和成绩》提出的综合

[①] 三种需求理论指的是成就需求（need for achievement）、权力需求（need for power）和归属需求（need for affiliation）。其中的"成就需求"获得广泛的研究，相关讨论较多，故此理论也被称为"成就需求理论"。

[②] 俞文钊、李成彦：《现代激励理论与应用》（第三版），东北财经大学出版社 2020 年版，第 199—202 页。

激励理论，和加拿大组织行为学者罗伯特·豪斯（Robert House）综合了期待理论与双因素理论而提出的路径—目标理论（Path-goal theory）。

综上可以发现，激励理论主要发源于心理学和行为科学领域的研究，也主要是探讨人的动机与行为的理论，进而延伸到管理学和政策学等其他学科领域。而随着这些激励理论引入到教育研究领域，学界逐渐开始运用相关激励理论对（乡村）教师激励问题开展研究，主要是结合调查研究，来对实践问题做出分析并提出对策。基于文献的简要梳理发现，既有研究在理论基础上也主要是借用需要层次理论、双因素理论、成就需求理论、公平理论和目标设置理论。也有学者立足于博弈论、社会契约论、分配正义论和心理契约理论等理论来对教师激励问题做学理分析。总体上，（大多数关于教师动机的研究）被四种理论所支配：需要层次理论、双因素理论、期望理论和目标理论。[①]

但乡村教师激励问题研究借用激励理论也主要是用于四个方面问题的讨论。一是乡村教师来自不同的家庭环境、社会场域，具有不同的性格、学历和能力等，如何理解、把握和预测乡村教师的工作需求、政策期待与教学动机，以及如何识别乡村教师的最主要和最关键的需求与期待；二是在薪酬待遇、专业发展和工作环境等相对劣势的情况下，如何对乡村教师展开合理的激励，尤其是如何吸引和留住优秀的乡村教师，如何让在岗乡村教师的工作在未来做得更好，如何让年青教师持续且高效地提升专业水平和教学质量；三是乡村教师群体也是多元化的，在教龄、职称、职务、学校环境、薪酬待遇与教学效能等方面差异较大，其所反映的激励需求不一和激励方式有别，如何针对特定的乡村教师群体展开激励，确保其需求与期待偏好得到积极回应，以及作为教学点教师、新进教师、专业性教职人员和临近退休教师等特定教师的身份认同与工作努力得到鼓励与尊重；四是基于乡村教师激励过程中可能存在诸如较低教学水平与较低薪酬待遇的双重困境，教师工作长期稳定性与激励竞争性之间的关系难题，工作努力与贡献在乡村教师支持性政策中得不到及时体现，以及工作需求和期待与激励政策的对接性等问题，如何设计

---

① ［瑞典］T. 胡森、［德］T. N. 波斯尔斯韦特：《教育管理》，高洪源等译审，西南师范大学出版社2011年版，第353页。

适合的激励机制，以提升激励政策的有效性、灵活性与强化作用。

因此，综合考虑到乡村教师激励问题多重维度的研究需要，例如城乡比较、特定教师的激励问题、综合激励和人性假设等，以及激励理论的学理论点，为让理论观点更好地服务于问题研究，最终确定本书的主要借用的激励理论包括需要层次理论、双因素理论、期望理论、公平理论、强化理论和 X 理论—Y 理论。关于此六个激励理论的基本观点、绩效薪酬激励假设和激励结果预测的具体内容，参见表 3 – 1。这六个激励理论都有相应的实践经验和研究证据的支持，但也存在不同程度的争议。在研究过程中，并非单一理论的单一运用，而是综合六个激励理论的观点用于问题判断、分析及其对策建构。

第三节　指标设计

乡村教师激励问题是一个描述分析和价值判断兼具的政策性议题。其中的复杂性在于，一方面是如何把乡村教师激励中客观的事实实际、多主体的主观性的激励判断和相关支持政策有效地联结起来，另一方面是如何尽量客观地把乡村教师激励实际问题和各方主观判断通过数据的方式给呈现出来。因此，在研究过程中，难题之一即是如何把乡村教师激励问题从纯粹理论分析转换为可见的与可量化的实证分析。而此问题的关键节点就是建构乡村教师激励指标体系，以此来确定研究问题、分析维度、具体指标及其相互间的数据统计关系。作为指标体系的核心组成部分，具体指标的产生与遴选又构成另一难题，尤其是如何确保具体指标之间差异性与协同性，以及具体指标与研究问题之间的对应吻合关系。教育指标系统不是多个教育指标的简单组合，而是综合了理论认识和现实需求的有机组合。[①] 考虑到具体指标选择和指标体系建构等均涉及诸多问题，有必要以综合相关理论认识和问题实际需求为前提，来探索乡村教师激励指标体系的设计。

---

① 杨向东、朱虹：《教育指标系统构建的理论问题》，《清华大学教育研究》2013 年第 3 期。

表3-1 六个激励理论的基本观点、激励行为假设与激励结果预测[1]

序号	理论类别	理论名称	基本观点	激励行为假设	激励结果预测
1	激励内容理论	需要层次理论	1. 人都有需要，从低到高依次为：生理需要、安全需要、社交需要、尊重需要和自我实现需要。 2. 低层次需要（生理、安全、社会）的满足来自外部因素，高层次需要（尊重和自我实现）的满足来自内部因素； 3. 只有低层次需要得到满足后，高层次需要才能产生激励作用。 4. 需要从未完全得到满足，它会循环运行。	1. 基本工资必须设定在足够高的水平，以为满足雇员的基本生活需要提供经济支持； 2. 如果激励措施没有满足雇员的低层次需要，它就不会产生激励作用； 3. 只有激励措施有助于雇员追求高层次需要时，它才可能会产生激励作用。	1. 如果激励措施侵害了雇员满足日常生活需要的能力，它就不会产生激励作用； 2. 激励措施只有与成就、认可和赞同相关时，才会产生激励作用。
2		双因素理论	1. 双因素：使雇员感到不满的管理、关系与环境等外部的保健因素，和使雇员感到满意、产生激励的认可和责任等内部因素有所区别； 2. 产生满意与激励的因素是工作成就、认可和责任等内部因素； 3. 保健因素在于消除雇员的不满，晋升和成就感带来激励。	1. 基本工资必须设定在足够高的水平，以为满足雇员的保健需要提供经济支持，但不能产生激励； 2. 只有激励措施提升雇员的认同与成就感等时，才能产生激励。	1. 工资水平很重要，必须满足最低需要； 2. 提升工作的丰富性与成就感，能推动激励，以及开展精神激励很重要。

[1] 此表前五个激励理论的内容摘抄和参考了由中国人民大学出版社2014年出版的乔治·米尔科维奇、杰里·纽曼和巴里·格哈特合著的《薪酬管理（第11版）》一书第227—228页的"图表9-4 动机理论"，但其中部分内容有改动。"X理论—Y理论"的相关内容由笔者依据阅读文献整理所得。

第三章 理论准备 / 95

续表

序号	理论类别	理论名称	基本观点	激励行为假设	激励结果预测
3	激励过程理论	期望理论	1. 激励是三种认知的产物：期望、工具性和效价； 2. 期望是雇员对自己完成规定工作任务的能力的评价； 3. 工具性是雇员对组织为实现既定目标的工作绩效支付报酬的信念； 4. 效价是雇员对组织为令其满意的工作绩效支付的报酬的价值评价。 5. 关键在于理解雇员的期望、目标、努力、贡献、满足感与激励措施之间的关系。	1. 应该明确界定工作的任务与职责； 2. 工资与绩效的相关很重要； 3. 绩效薪酬的水平要足以使雇员将其当作对绩效的奖励； 4. 人们选择可以获取最大报酬的行为。	1. 较高的激励工资比较低的激励工资好； 2. 雇员对自身能力的评价达到组织目标水平所需的培训和资源。
4		公平理论	1. 分配公平，激励措施的数量及其分配程序公平，确定激励措施分配的程序的公正程度； 2. 当雇员认为激励措施与其投入（努力、行为等）对等时，就会产生激励，当不对等时，激励就会出现偏差； 3. 当雇员意识到付出同样的努力却未表得与他人相同的激励支持时，就会出现消极行为。	1. 分配更影响满意度，程序更影响组织承诺； 2. 必须清晰界定激励措施对雇员工作的比较评判标准； 3. 雇员通过与他人报酬的比较评判自己的报酬是否充分。	1. 分配数量和程序对激励很重要； 2. 激励措施对组织成员要确保公平性与一致性； 3. 相对薪酬对组织激励很重要。

续表

序号	理论类别	理论名称	基本观点	激励行为假设	激励结果预测
5	激励强化理论	强化理论	1. 用激励措施来提高所针对行为的重复率，其中并不关注目标、期待和需求等因素； 2. 正强化，对符合组织要求的行为给予肯定与奖赏，以实现该行为强化； 3. 负强化，对不符合组织要求的行为给予否定与惩罚，以抑制该行为。 4. 激励措施必须直接跟上需要强化的行为，若没有，则该行为会中断。	1. 基于绩效的报酬一定要紧随绩效； 2. 报酬必须与期望的绩效目标紧密衔接； 3. 拒绝支付报酬可能是组织阻止非期望行为发生的一个行径。	1. 激励措施实施的时机很重要。
6	综合激励理论	X理论—Y理论	1. X理论基于"经济人"假设，认为雇员不喜欢工作，并可能逃避工作责任，因此需要采取强制措施促使雇员完成工作； 2. Y理论基于"自我实现"假设，认为雇员喜欢工作，期望在工作中施才能，主动开展自我激励与发展，因此要给予雇员适当的工作机会和创设良好的工作环境。	1. 准确识别雇员的工作偏好与表现； 2. 依据实际情况，综合运用监督约束措施和改善薪酬待遇、工作自主性与环境的激励措施。	1. 雇员工作偏好与工作岗位的适切性很重要； 2. 注重差异性激励措施的实施。

一　乡村教师激励理论模型建构

理论模型是依据某种理论基础而建构起所涉及的各要素之间的互动关系。这种互动关系或者通过数据公式来表达，或者通过表格图形来表达。其能够简明地给出问题分析的逻辑与脉络，比较清晰地辨别要素的类别属性和因果关系，在问题的研究过程中具有很强的解释功能。而特定的理论模型旨在针对特定的研究问题建构起的系统性解释框架。因此，乡村教师激励理论模型建构的前提是依据激励理论把握各个激励要素及其互动关系，以此为基础厘定要素之间的逻辑关系。通过对各类激励理论的简要梳理可以发现，激励源于人性需要与行为动机，并产生于"个体/职员—单位/组织"之间，以此衍生出激励效应。基于前文的既有文献回顾、核心概念理解和激励理论介绍可以得到，乡村教师激励是一个激励对象与激励措施互动的动态过程。激励过程的逻辑非常清晰，但激励内部的各要素及其互动关系是非常复杂。具体上包含以下四大要素。

一是乡村教师激励对象，即乡村教师激励的受众是谁。这个问题又分为两面：一方面是理论上激励政策的具体目标是谁，需要激励哪些乡村教师；另一方面是乡村教师激励的实际问题是什么，哪些乡村教师需要激励。此二者的吻合意味着激励政策针对性与目标具体化均处于较高水平。在激励对象的辨识过程中，充分把握乡村教师的工作动机、各种需要和职业期待是实现有效激励的重要前提，这直接影响后续激励因素、措施和表现在数量和质量上的差异水平。可以肯定的是，乡村教师作为一个群体也是多元复杂的，其所呈现的动机、需要和期待亦是如此。如何理解其中的复杂性，首先是取决于对乡村教师的人性设定，是追求最大经济利益的"经济人假设"，还是注重社会规约和组织归属感的"社会人假设"，还是着力于提升能力和价值实现的"自我实现的人性假设"，还是不同时空背景下不同人会产生不同的新的动机与需要的"复杂人假设"；其次是决定于乡村教师的工作特征，诸如专业性与权威性、稳定性与长久性、自主性与灵活性、道德性与示范性以及地处相对偏僻的乡村社会等；再次是要充分考虑到乡村教师群体的结构特征，诸如年龄、性别、学历、学科、职称、家庭和自尊心等。

二是乡村教师激励因素，即乡村教师激励的条件及其限定性因素是什么。广义上，基于激励概念的原初定义，需要是激励的起点也是终点，任何涉及人性需要与满足的事物均可构成激励因素，不同人的具体需要与满足标准也是不同。狭义上，特指某个职员群体对职业供给的需要与满足。鉴于此，乡村教师作为特定的职业群体，其包含着三个角色：一般意义上的成年个体、普通中小学教师和在乡村学校工作的教师。这三个角色在生活、工作和社会中所代表的意义是存在差别的。因此，乡村教师激励因素在于上述三重角色的需要与满足所涉及的事物。首先是作为普通成年个体的需要与满足，包括生活起居、成家立业、照顾家庭、社交关系和人格尊严等；其次是作为普通中小学教师的需要与满足，包括薪酬待遇、职称晋升、专业发展、教学自主性、教学工作量、职业地位、学校硬件条件、学校教研氛围和学校管理方式等；再次是作为在乡村学校工作的教师，除了与普通教师一样的需要，还包括乡村社会环境、家校距离、学校与城镇的交通距离以及生源质量等。

三是乡村教师激励措施，即用什么来激励乡村教师尽职尽责和吸引优秀人才的加入。基本上，乡村教师激励措施对应着乡村教师的激励需要与满足。这主要分为四个方面的讨论。首先是激励措施的人性假设，把乡村教师界定于何种人性状态来给予政策支持，如何处理个体与集体、物质与精神、奖励与惩罚，以及客观与主观激励等的关系；其次是激励措施的具体内容，在数量等级上，有没有满足乡村教师的基本需要，在覆盖面上，有没有满足全体乡村教师的全方位的需要，在类别层级上，有没有分类、针对性满足乡村教师的不同的需要，在标准与要求上，有没有规范乡村教师的从教水平，在对工作内容上，工作本身的挑战性与复杂性也会刺激乡村教师；再次是激励措施的过程上，有没有精准识别乡村教师的期待与需求，有没有确保激励配置的一致性和公平性，及时地给予激励政策加以强化，激励中如何有效开展乡村教师的问责，乡村学校在其中的功能有没有得到充分发挥；最后是综合激励上，注重适切性激励，尽量让乡村教师的工作目标、工作量、工作努力和工作表现在绩效奖励中得到很好的体现，以及如何在条件困难的乡村学校实现教师激励。

四是乡村教师激励表现，即措施使用后产生的激励效果如何，总体上体现在"引进来、留得下和教得好"。首先是"引进来"，体现在乡村教师的职业吸引力，能够吸引准教师和优秀师资的加入；其次是"留得下"，体现在乡村教师的流动性、归属感和忠诚度，是否继续留在教师行业内、乡村教育领域和当前所工作的乡村学校，集中体现在乡村的从教年限；再次是"教得好"，体现在乡村教师的教学努力、教学活力、教学胜任力、教学积极性以及教学能力契合乡村学生需求；最后是乡村教师对工作的综合性认知，即对当前工作的满意度、成就感、职业倦怠程度和工作积极性。

基于上述分析可见，乡村教师激励具有条件性、顺序性、传递性和阶段性等特征。乡村教师激励的理论和实践起点是对乡村教师的人性假设，以此衍生出对乡村教师激励对象和激励因素理解以及对乡村教师激励措施和激励表现的选择与判断。这些也构成了乡村教师激励的相对动态的核心环节。需要明确说明的是，"引进来、留得下和教得好"作为乡村教师激励的政策目标，其在激励环节也表现为乡村教师的"职业吸引力、满意度、归属感和工作积极性"程度情况和行为选择。具体见图3-1。

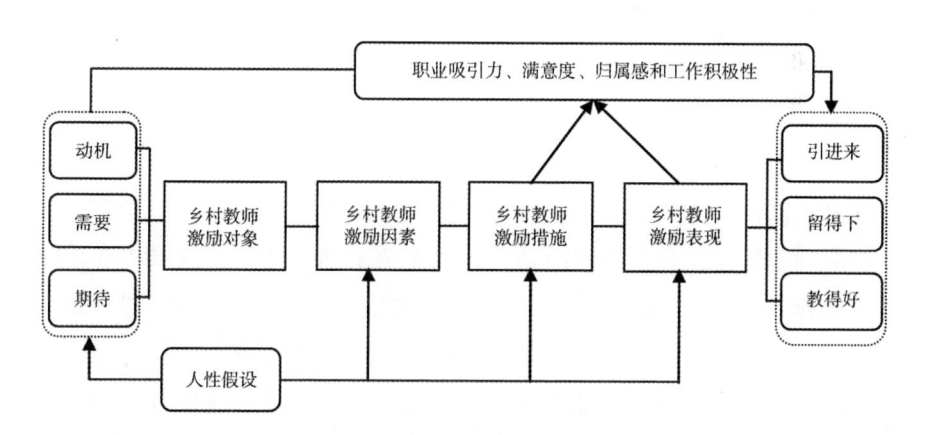

图3-1 乡村教师激励理论模型

二 乡村教师激励指标体系建构

建构教育指标的目的在于更好地解释教育问题，且有助于推动问题的量化研究，并发挥着从理论到数据的重要的媒介作用。一般而言，教育指标体系在逻辑上需要回应"是什么""为什么"和"怎么样"三大方面问题，在某种程度上是研究问题的逻辑化、维度化和具体化。在具体的建构中，建立教育指标，也是基于借鉴建立领先经济指标的经验，重视统计数据对于解释教育现状、诊断教育问题和用于教育政策制定等方面的特有价值与作用。[1] 对经验的掌握情况、诊断问题的价值选择以及解决问题的政策需要均会影响教育指标的建构。在具体内容上，教育指标建构包括指标领域、具体指标、指标权重等内容的选择与研制。其中，指标领域具体指所关注的问题及其分析维度和要素，具体指标是对应指标领域的具体描述，指标权重则是对指标量化和重要程度的表达。在此过程中，教育指标领域数量适度，提取出关键性领域都是非常关键的。[2]

鉴于此，乡村教师激励指标体系建构就是一个指标领域扩展和关键指标提取的过程。其中，乡村教师激励的指标领域，亦即其所关注的问题及其分析维度和要素，包括乡村教师激励对象、乡村教师激励因素、乡村教师激励措施和乡村教师激励表现四个方面，具体可参见依据理论模型建构而形成的图3-2。图3-2勾勒出了乡村教师激励问题系统，也给出部分的分析维度和要素，但在单个问题内部和具体指标描述上均有待进一步加强。一方面是各个问题内部的分析维度和要素还有待进一步扩展，另一方面是如何建构起问题分析维度与具体指标之间的关系，以及把分析维度转化为具体指标。

以此为基础，确立乡村教师激励指标体系的思路。首先是需要再系统化和丰富性，每个大类问题内部的相关维度和要素需要在再丰富，尽量穷尽问题所指和客观描述问题；其次是需要精简指标，依照指标编制的逻辑合并精简指标；最后是关键指标的提取，结合已有研究和问题实际，确立关键性指标。依据上述分析和综合已有研究成果，我们把乡村教师激励政策分为薪酬待遇激励、考核评价激励、晋升发展激励、工作内容激励和尊重与关怀激励五大方面。然而，乡村教师激励政策一方面对应着乡村教师激励需要，即激励需要的各大要素均是激励政策的内容，另一方面指向乡村教师激励表现，即激励表现是激励政策的效应评价。

---

[1] 张乐天：《新时代我国教育发展与教育指标的新建构》，《南京师大学报》（社会科学版）2019年第4期。

[2] 邬志辉等：《学校教育现代化指标研究》，东北师范大学出版社2008年版，第14页。

因此，激励政策在整个环节中发挥着联结作用，但实质性的研究内容是体现在激励需要和激励表现上，最终也确定乡村教师激励指标体系分为两大部分：激励需要和激励表现。以此为基础，细化和确立具体指标，从而建构指标体系，并给出了指标描述，参见表 3-2。激励需要反映的是激励对象的需要，结合需要层次理论、双因素理论、期望理论和公平理论等把激励需要分为个体性需要、职业性需要和社会性需要三大部分。个体性需要体现的是乡村教师作为普通个体的需要，包括四个三级指标：生活保障、照顾家庭、子女教育和社交关系。职业性需要体现的是乡村教师作为职业人员对职业中包含要素的需要和诉求，包括十个三级指标：薪酬待遇、职称晋升、专业发展、专业教学、工作对象、日常工作量、工作稳定性、工作挑战性、学校工作环境和学校管理方式等。社会性需要体现的是乡村教师作为社会成员并有一定的社会关系而产生特定的社会性需要，包括三个三级指标：社会地位、工作认可和乡村社会环境。

激励表现既是激励行为的结果，也是指激励的实际状态，结合激励理论与教师工作实际把其分为满意度、归属感、积极性、活力感、成就感、倦怠感和荣誉感七大方面。其中，满意度包括三个三级指标：职业提供满意度、学校环境满意度和乡村环境满意度；归属感包括三个三级指标：职业归属感、学校归属感和乡村归属感；积极性包括两个三级指标教育教学积极性和专业发展积极性；活力感有三个三级指标：课堂教学活力、专业发展活力和工作状态活力。

102 / 乡村教师激励问题研究

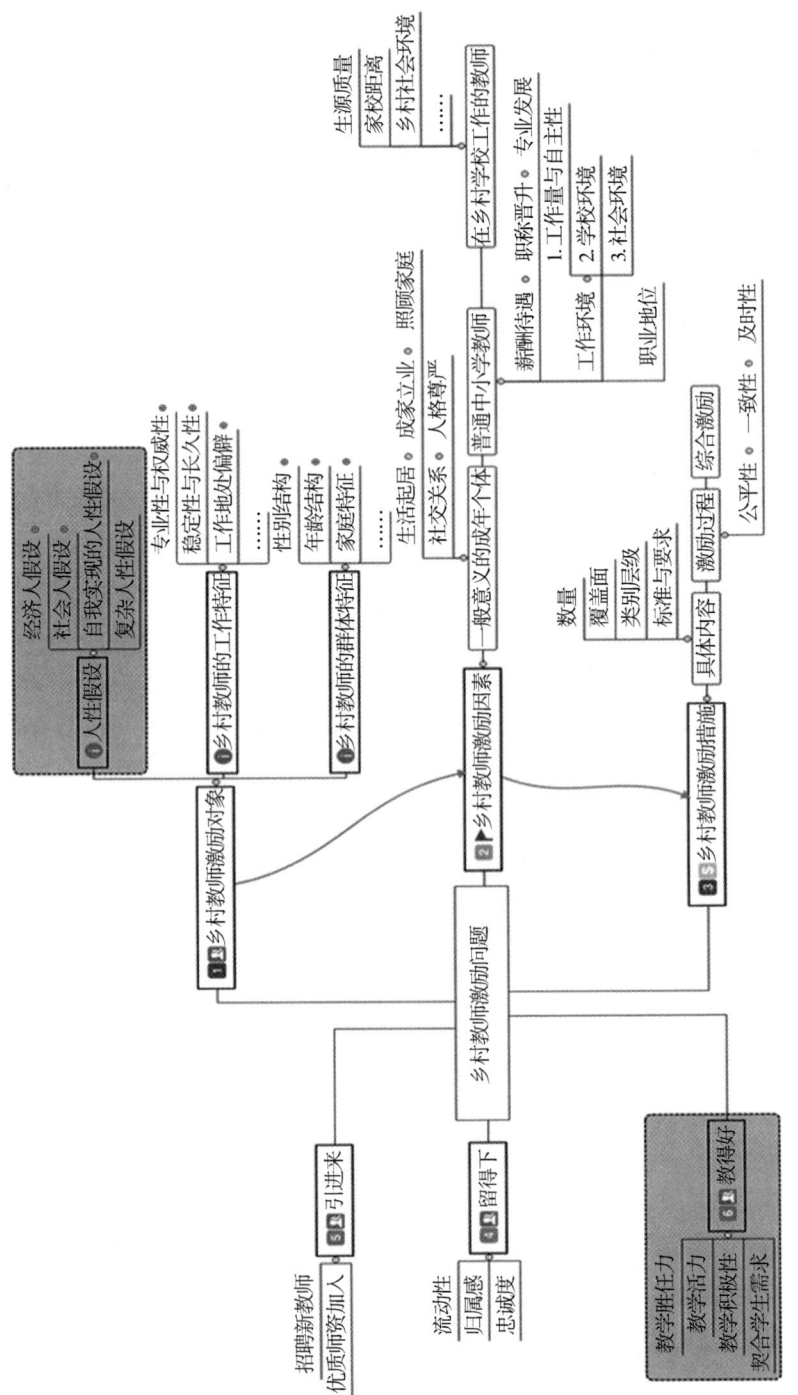

图3-2 乡村教师激励问题系统

表 3-2　　　　　　　　　　乡村教师激励指标体系

一级指标	二级指标	三级指标	指标描述
A. 激励需要	A1. 个体性需要	A1-1. 生活保障	日常生活的经济支付能力
		A1-2. 照顾家庭	照顾父母、照顾子女
		A1-3 子女教育	子女受教育质量、子女升学
		A1-4. 社交关系	维护亲朋联系、结交新朋友
	A2. 职业性需要	A2-1. 薪酬待遇	工资水平、绩效工资、津补贴额度、周转房等
		A2-2. 职称晋升	职称晋升机会、职称晋升空间
		A2-3. 专业发展	专业发展机会、专业发展空间
		A2-4. 专业教学	教学自主性、教学权威性
		A2-5. 工作对象	生源质量、学生家长、教学内容
		A2-6. 日常工作量	备课、上课、辅导学生、学生管理、迎接检查等
		A2-7. 工作稳定性	编制身份、工作年限、工作内容的稳定性
		A2-8. 工作挑战性	工作丰富程度、工作难易程度
		A2-9. 学校工作环境	办公条件、人际关系、教学氛围、学校文化、学校发展前景
		A2-10. 学校管理方式	考核与评价方式、教师参与管理程度
	A3. 社会性需要	A3-1. 社会地位	荣誉地位、经济地位
		A3-2. 工作认可	社会认可，领导认可、家长认可
		A3-3. 乡村社会环境	交通便捷、与县城交通距离、教育发展水平、经济发展水平
B. 激励表现	B1. 满意度	B1-1. 职业提供满意度	对工资水平、绩效工资、津补贴额度、职称晋升机会等的满意度
		B1-2. 学校环境满意度	对办公条件、人际关系等满意度
		B1-3. 乡村环境满意度	对交通便捷等的满意度
	B2. 归属感	B2-1. 职业归属感	—
		B2-2. 学校归属感	—
		B2-3. 乡村归属感	—

续表

一级指标	二级指标	三级指标	指标描述
B. 激励表现	B3. 积极性	B3-1. 教育教学积极性	—
		B3-2. 专业发展积极性	—
	B4. 活力感	B4-1. 课堂教学活力	—
		B4-2. 专业发展活力	—
		B4-3. 工作状态活力	—
	B5. 成就感	B5-1. 教学成就感	—
	B6. 倦怠感	B6-1. 工作倦怠感	—
	B7. 荣誉感	B7-1. 职业荣誉感	—

第四章

研究设计

资料与方法是开展研究的两翼，此二者缺一均会使问题研究陷入困境和出现偏差。因此，占有特定的研究资料和使用适切的研究方法是推动研究和实现创新的重要前提与支撑。研究设计旨在统筹研究资料与研究方法，使之在设定的研究框架下发挥作用，共同服务于问题研究，确保研究过程的一致性与规范性，即一个思路一以贯之。乡村教师激励问题研究的难点之一即是一手资料的获得与分析，故而整个研究设计也是主要围绕"研究问题+实证研究"来展开。

第一节 研究框架

本书核心问题讨论是乡村教师激励的实践现状、政策效应及其改进对策。具体在于，确定好乡村教师激励问题"是什么—为什么—怎么办"的一般性研究逻辑，以此为问题背景，着重挖掘乡村教师激励机制的问题重心：如何才能有效激励乡村教师。围绕这个重心，主要采取"实证—理论—实证"的研究路线。

首先是通过前期实证调研与相关文献整理，建构分析框架；其次是设计指标体系，确定研究维度与具体变量，开发系统的调研工具，推进三大研究问题的实证调查研究；最后是对问题做诊断分析和有效性分析，以"政策调适"和"政策评价"为切入点，回应"优化乡村教师激励机制"和"完善乡村教师政策供给制度"两大研究立足点。（见图4-1）

总体上，本研究有"理论研究"和"实证研究"两大主线，以及三大研究问题和两个研究立足点。其中，三大研究问题贯穿于研究的始终，

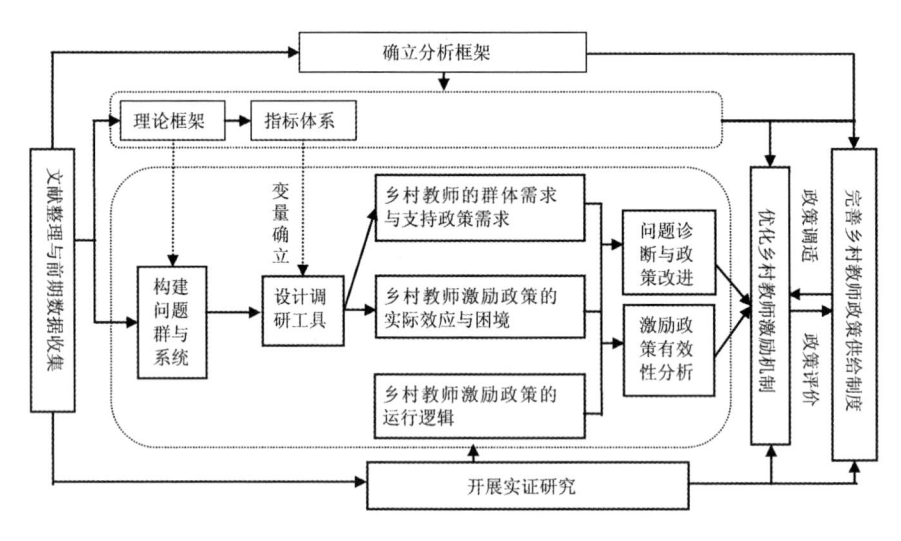

图4-1　研究框架

并融合"理论研究"和"实证研究"路线。其具体包括，一是乡村教师的群体需求与支持政策需求，在教师激励视角下考察乡村教师的工作状态、专业发展与支持政策的需求；二是乡村教师激励政策的实际效应与困境，基于既有乡村教师激励政策，审视其实践效果以及存在的政策困境；三是乡村教师激励政策的运行逻辑，剖析现有激励政策的实施、落实与作用的实践理路。进而在实证研究的基础上，优化乡村教师激励机制，推进乡村教师支持政策的精确供给。

第二节　研究方法

为收集整理资料和确保后续研究的一致性，本研究主要采用文献分析法和调查研究法。此两个研究方法是教育学术领域常见的研究方法，主要侧重于对文本数据的"收集—分析"，能够比较好地满足研究需要和实现研究目的。

一　文献分析法

文献分析法的本质在于对已有文献资料的整理分析，从中挖掘提炼所研究问题的相关内容。在此过程中，一方面需要对文献资料筛选和分类处理，判断与研究的相关性、重要性和前沿性程度，厘清其研究方法、理论内容和研究结论，另一方面对已有文献资料进行结构化研究，转化为问题研究的理论支撑。

本书主要借助所在省市和高校图书馆馆藏资源、中国知网、Google学术、教育部门官网和调研时收集的文本资料开展文献分析。首先是框定和梳理学术文献，以"乡村教师激励""教师工作积极性"和"学校办学活力"等为主题词进行学术著作和期刊论文的检索，以此确定重要的学术文献、教育学者，以及了解本研究的常用研究方法和理论范式；其次是分析已有研究的重难点和理论体系，归纳出本课题的分析框架与指标体系；最后是整理分析国内外（乡村）教师激励政策文本与研究文献，以及调研收集的文本资料，总结具体的政策实践经验及其启示。

二 调查研究法

调查研究法主要是通过研究者设计好问题而研究样本回答问题的方式收集研究资料，极为注重过程的操作性与准确性。但是，社会研究者常常面临这样一个事实，他们不可能向研究对象中各个类别里的每个人去收集资料。[①] 因此，问题的设计和样本的回答直接关系到调查质量。

本书在参考学习既有研究基础上确立理论基础和建构指标体系，以此为基础自主设计调研工具，包括教师问卷和访谈提纲、校长问卷和访谈提纲，并通过多次的试调研，不断调整问卷和访谈提纲，确保问题陈述和形式的科学性。综合地方和学校义务教育和乡村教师队伍建设情况依次选取好县区、学校和教师（校长）样本，依据设计的抽样原则进行样本选取。原则上，以县区为调研单位，以学校为调研联系点。以县区内的社会经济教育发展作为背景选取学校样本，在确定的学校样本内，全抽教师作为教师问卷的样本，校长作为校长问卷的样本，问卷填写主要采用教师集体填写和校长单独填写的方式。教师访谈样本则要兼顾到教龄、学科和教师身份等因素，并主要采取一对一访谈和座谈方式。

---

① ［英］马丁·登斯库姆：《怎样做好一项研究：小规模社会研究指南》（第三版），陶保平等译，上海教育出版社2011年版，第10页。

第三节 研究工具

为获得第一手数据资料,力求描述和分析好当前乡村教师激励问题实际及其困境,本书设计了两套四个研究工具:一是针对教师,包括教师问卷和对应的访谈提纲,见附录一;二是针对校长,结合教师问卷和访谈提纲设计了校长的问卷和访谈提纲。

设计过程中,首先是依据研究目的确定了研究内容,以此为前提建构了分析维度和指标体系,以及明确了具体的研究对象——校长和教师。其次是根据已建构的分析维度和指标体系,通过对已有研究的分析和专家小组讨论,细化了三级指标的描述性解释,进而把其转化为可定义和可操作的问卷题目和选项,参见表4-1,也设计了相应的访谈提纲。问卷基本包括三大部分内容,一是个体自然信息,包括年龄、性别、婚姻、学历、家庭住址和父母家庭住址等;二是个体工作信息,包括教师身份、职称、职务、荣誉称号、工资收入、学校所在地、教学年级和教学科目等;三是教师激励需要与表现信息,包括个体性需要、职业性需要、满意度和归属感等。其中,教师问卷共34题,访谈提纲共7题;校长问卷32题,访谈提纲7题。

再次是经过三次小范围的工具试测,包括两次线下发放问卷与访谈,一次线上发放问卷和访谈,结合试测数据分析、试测对象和调研组成员的反馈,不断调整问卷题目数量、题型分布和整体排序、修改问卷题目的具体表述、编排与合并选项内容,以及精简访谈提纲,最大化提高问卷的信度与效度,以使资料数据收集的完整性和科学性。最后是对问卷做了信效度分析,其中教师问卷的克隆巴赫系数(Cronbach's Alpha)为0.913,教师问卷中量表题的KMO值为0.923且Bartlett检验结果P值<0.05;校长问卷的克隆巴赫系数(Cronbach's Alpha)为0.943,校长问卷中量表题的KMO值为0.938且Bartlett检验结果P值<0.05,这表明教师问卷和校长问卷的信效度较高,所收集数据可用于相关分析。

表4-1　　教师激励指标体系下教师问卷题目分布情况

一级指标	二级指标	三级指标	教师问卷
A. 激励需要	A1. 个体性需要	A1-1. 生活保障	31.1题, 31.13题
		A1-2. 照顾家庭	14题, 15题, 20题, 21题, 32题
		A1-3 子女教育	20题, 32题
		A1-4. 社交关系	7题, 20题, 29.16题, 32题
	A2. 职业性需要	A2-1. 薪酬待遇	16题, 17题, 23.2题, 26.9题, 27题, 29. 30题, 31题, 32题
		A2-2. 职称晋升	10题, 20题, 29.8题, 30题, 31.7题, 32题
		A2-3. 专业发展	20题, 26题, 29题, 30题, 32题
		A2-4. 专业教学	26题, 28题, 30题
		A2-5. 工作对象	5题, 20题, 26.4题, 28题,
		A2-6. 日常工作量	18题, 19题, 24题, 25题, 29.12题, 29.13题, 33题
		A2-7. 工作稳定性	21题, 29.14题
		A2-8. 工作挑战性	28题, 26.8题
		A2-9. 学校工作环境	26.6题, 29题, 30题, 32题
		A2-10. 学校管理方式	28题, 32题
	A3. 社会性需要	A3-1. 社会地位	23.1题, 26题, 29题
		A3-2. 工作认可	26题, 29题, 32题
		A3-3. 乡村社会环境	21题, 27题, 29题, 32题
B. 激励表现	B1. 满意度	B1-1. 职业提供满意度	29题
		B1-2. 学校环境满意度	
		B1-3. 乡村环境满意度	
	B2. 归属感	B2-1. 职业归属感	20题, 21题
		B2-2. 学校归属感	
		B2-3. 乡村归属感	
	B3. 积极性	B3-1. 教育教学积极性	22题, 26.2题
		B3-2. 专业发展积极性	22题, 26.1题
	B4. 活力感	B4-1. 课堂教学活力	26.8题, 28题
		B4-2. 专业发展活力	26.3题
		B4-3. 工作状态活力	26.5题, 26.8题

续表

一级指标	二级指标	三级指标	指标描述
B. 激励表现	B5. 成就感	B5-1. 教学成就感	26.10 题
	B6. 倦怠感	B6-1. 工作倦怠感	26.11 题, 26.14 题
	B7. 荣誉感	B7-1. 职业荣誉感	13 题, 26.7 题, 31.8 题

第四节 样本选择

为尽可能选取适切的样本和收集确切的资料数据,让样本具有充分的代表性与丰富性,以使调研信息的完整性。在此过程中,本书的样本选择有两大要求:一是需要城乡学校和城乡教师样本,并以乡镇和村屯教师样本为主;二是问卷调查学校处于义务教育段,尽量有教师或者校长访谈样本。据此,本书做了取样设计,并依此选取了调研样本。

一 取样设计

主要依据层级式抽样模式设计取样,主要包括县区选择、学校选择和教师选择三个部分。

(一) 县区的选择

在以县为主的教育管理体系下,县区是我国基础教育发展的基本单位,也是开展基础教育调研样本选择的首要单位。同时,教师激励问题深受其工作所处的空间环境影响。这主要体现在两个方面,一方面是众所周知的学校空间,其蕴含的学校文化、工作氛围、管理方式和人际关系均是影响教师工作状态的不确定性因素,另一方面是工作学校所处的社会空间,其中的诸多特定因素,诸如社会经济环境、交通便捷程度、教育管理架构方式、尊师重教程度等,在教师工作选择和努力表现中发挥着重要的影响作用,甚至超越了学校对教师职业选择的影响,这尤其在社会经济发展极化地区的表现显著,例如在东西部地区、城乡地区。乡村教师因其工作在乡村这一特殊的社会空间,相关问题的呈现形态更为多元复杂。因此,调研取样首先在于社会空间的选择。

针对此,本书主要采取两个原则。一是县区分层,结合经济发达程度和交通远近程度为维度,地级市中选出三个区县;二是在每个区县内部,结合经济发达程度和交通远近程度为维度,按照"1+2+3"方式选出6个街道/乡镇,其中"1"代表区政府所在街道或者县政府所在城关镇,"2"代表当地交通和经济发展中等程度的街道/乡镇,"3"代表交通偏远和经济偏落后的街道/乡镇。如果调研县区的街道/乡镇数量没有超过6个,至少确保按照"1+1+1"方式抽选。

(二)学校的选择

在确定调研的街道/乡镇内部,按照1所初中和至少1所小学"1+X"模式,或者1所初中、1所中心校和1所村小/教学点的"1+1+1"模式选择学校。具体学校的选择要考虑到教学质量、学校类型、交通便捷程度等因素,让学校样本体现学校办学和教师工作样态的丰富性。

(三)教师/校长的选择

教师样本的选择包括普通教师和校长两个部分,并兼顾到问卷调查和访谈调查。问卷样本方面,全抽调研学校教师作为样本,以及1个主管学校事务的校长;在访谈样本方面,采取"1+3模式",即1个主管学校事务的校长和3个教师,其中3个教师的选择,主要依据教龄选取学校的老中青教师各1名,同时结合学校实际情况和了解重难点问题的需要,灵活兼顾到教师样本的学科年级、编制身份和在校工作年限等。

二 样本说明

按照取样设计的要求,在与调研地联系接洽后,依次选取了县区、学校和教师/校长样本。根据研究方案、研究内容和研究方法,本研究选取了在义务教育教师激励问题和做法方面具有代表性的T市和H县。课题组分别于2021年4月12日至4月15日在T市,和2021年5月24日至5月26在H县开展调查研究,选取了34所义务教育阶段学校,共发送教师问卷983份,回收问卷936份,剔除无效问卷后有效问卷为861份,有效率为91.99%;发放校长问卷34份,回收问卷31份,有效问卷为29份,有效率为93.55%。另外,在调研过程中,结合访谈样本的抽样原则和到校后学校教师和校长的时间安排,共安排访谈了教师75位(包括一对一访谈和集体座谈）和校长 43 位（包括学校党委书记、学校校长、副校长、教导主任和办公室主任）。

（一）县区样本说明

1. T 市样本说明。该市位于陕西省中部和黄土高原南缘，境内地理地貌结构比较复杂，分布有山、原、梁、峁、沟谷和河川等。目前该市下辖 3 区 1 县 1 个经济技术开发区，21 个乡镇、17 个街道办事处。该市历史上矿产资源丰富，并以能源经济为主，随着矿产资源开发与减少，发展思路也在不断转型之中。据《T 市 2020 年国民经济和社会发展统计公报》显示，该市居民人均可支配收入 2.5 万元，其中城镇常住居民是 3.4 万元，农村常住居民是 1.1 万元。受此影响，该市人口以流出为主，在 2017 年年底，该市常住人口 83 万人左右，而据第七次人口普查数据，至 2020 年年底，该市常住人口为 70 万人左右。加之该市临近省会城市和教育发展区域不平衡，劳动力人口和教育人口向省会城市流动趋势明显。针对此，该市一方面落实央省政策，大力推动当地义务教育发展，同时促进乡村教育质量的提升，切实办好家门口的学校，在 2019 年该市财政教育投入约 22 亿元，占其生产总值的 7% 左右；另一方面结合当地实际，大胆创新义务教育教师队伍政策，优化教师队伍结构，激励各级教师安心从教和积极工作，并取得了较好的成效。

在具体教师政策层面，首先是教师培训制度改革，2017 年颁布了《T 市中小学校长和教师培训管理暂行办法》，深化培训管理和推动校长与教师的专业素养提升；其次是依据国家的教师政策，制定地方性新时代教师队伍建设的纲领性文件，在 2019 年发布《中共 T 市委 T 市人民政府关于全面深化新时代教师队伍建设改革的实施意见》，同年实践教师职称制度改革，出台了《T 市深化中小学教师职称制度改革相关规定》（T 市职改办发〔2019〕64 号），规范了教师职称评选程序、标准和破格条件；再次是保障乡村教师生活补助发放，在 2020 年颁布了《T 市财政局、T 市教育局关于下达 2020 年学校运转保障专项资金（乡村教师生活补助奖补）的通知》[T 市财教（2020）60 号]，规定了补助金额和分担方式，加大市财政对改善乡村教师经济待遇的供给力度；最后是开展教师职薪绩效改革，实现优绩优酬来激发教师活力，在 2019 年制定了《T 市公办中小学幼儿园职薪绩效改革试点工作方案》，对学校党的建设、管理制度、办学模式、编制管理、教师进转机制和保障经费做了规定，明确提出"学校要从师德、工作量、教学常规、教学质量、教师职称、获奖情况等方面科学制定绩效考核方案，拉开等次，向教学一线倾斜，体现多劳多得、优劳优酬"。并在 2020 年选取 17 所学校做试点改革，计划在 2021 年以区县为主全面开展。

2. H 县样本说明。H 县位于关中平原东北部，自然地理呈阶梯地形，自东南向西北逐渐升高，人口 51 万。目前该县下辖 11 个镇和 1 个街道办事处。该县历史文化和生态资源丰富，现代农业发展态势良好，但经济总量在该地区处于靠后位置。据《H 县 2020 年国民经济和社会发展统计公报》显示，H 县 2020 年全县居民人均可支配收入 2.1 万元，城镇居民是 3.5 万元，农村居民是 1.3 万元。在人口向所属地级市和省会城市流动的背景下，该县在大力推动三大产业经济发展的同时，着力提升县域内的基础教育质量提升。据 H 县官方网站介绍，该县教育驰名三秦，是国家义务教育发展基本均衡县、国家农村职业教育和成人教育示范县和陕西省教育强县。

该县教育发展成就的取得，一方面在于当地社会各界重视教育和政府管理方式得当，出台了《H 县提高教育教学质量实施意见》，统领全县中小学办学质量的提升；另一方面在于采取系统性措施促进教师队伍建设和激发教师工作动力。具体而言，一是早在 2017 年就启动开展"三评议两提升一淘汰"教师评价机制改革，探索教师末位淘汰机制，灵活处理好教师工作的压力、动力和活力问题；二是实行"双向选择、公开竞聘、指令性交流、跟岗挂职"四种校长、教师轮岗交流形式，盘活全县教师资源；三是改革教学名师、教学能手、教学新秀的选拔培养管理机制，做好优质师资培育工作，充分发挥名师能手的引领作用，增强内生式发展能力；四是制定《H 县校长职级工资考核发放办法》，稳健落实校长职级制，发挥中小校长职级工资的正向激励作用。

（二）学校样本说明

学校样本选择综合考虑了教学质量、办学类型和交通远近等因素。据此，结合 T 市各区县社会经济和义务教育发展格局，分别在该市 Y 区选取了 14 所学校,在 T 区选取了 5 所学校,在 W 区选取了 4 所学校。①依此逻辑,在 H 县的城关镇选取了 3 所学校,F 镇选取了 2 所学校,Z 镇选取了 2 所学校,H 镇选取 3 所学校,L 镇选取了 1 所学校。同时,这些又集中反映在学段和学校所在地的两个背景性变量上。根据 T 市和 H 县义务教育发展实际,本书的学校样本在学段上有 14 所小学、10 所初中和 10 所九年一贯制学校,其中村屯学校 4 所,乡镇学校 15 所,县城学校 7 所和地级城市学校 8 所,见表 4-2。

表 4-2　　　　　　　　学校样本的类型分布　　　　　　　　单位:所

	学校所在地				合计
	村屯	乡镇	县城	地级城市	
小学	3	6	1	4	14
初中	1	4	3	2	10
九年一贯制	0	5	3	2	10
合计	4	15	7	8	34

(三) 教师/校长问卷样本说明

教师/校长样本说明主要在于性别、年龄、婚姻、学历、职称、教师身份、职务、学校所在地、学校学段和学校类型等方面信息的呈现。这些个体和工作信息,一方面反映样本的丰富性和完整性,另一方面作为背景性信息,在问题研究中也是影响教师工作努力和职业选择的变量。需要说明的是,考虑到校长作为学校管理者,其婚姻情况在教师激励问题研究中不构成变量因素,校长问卷设计时未纳入问卷。另外,在各个信息的统计中,缺失值未在列表中呈现,但有效数值和百分比的统计仍能完整地体现样本信息。

---

① 随着城镇化的推进与行政区划的调整,T 市内的县和乡镇被提升为区和街道,但远郊城镇的社会经济文化属性仍没有实质性改变,义务教育学校的发展形态还处于乡村教育范畴,在调研取样和后期统计中把其归类为乡镇学校。

1. 教师问卷样本说明

在所收集到的有效的教师问卷样本中，在性别方面，男性教师数为219个，占25.6%，女性教师数为635个，占74.4%；在年龄方面，"24岁及以下""25—29岁""30—34岁""35—39岁""40—44岁""45—49岁""50—54岁"和"55—59岁"的教师样本数分别是23个（2.7%）、103个（12.1%）、107个（12.5%）、141个（16.5%）、180个（21.1%）、137个（16.1%）、125个（14.7%）和37个（4.3%），样本包括了教师群体的各个年龄阶段，又以中青年教师为主；在婚姻方面，仅设计了"已婚"和"未婚"两个统计量，分别为741个（87.8%）和103个（12.2%）。在学历方面，"研究生""本科""大专"和"中师/中专/高中"的教师样本数分别是11个（1.3%）、701个（82.1%）、135个（15.8%）和7个（0.8%），以本科学历为主。具体参见表4-3。

另外，在职称方面，"正高级""中学高级""中学一级""中学二级""中学三级""小学高级""小学一级""小学二级""小学三级"和"未评职称"的教师样本数分别是1个（0.1%）、143个（17.1%）、250个（29.9%）、73个（8.7%）、1个（0.1%）、98个（11.7%）、109个（13%）、94个（11.2%）、2个（0.2%）和65个（7.8%），占多数的是"中学高级""中学一级""小学高级"和"小学一级"职称的教师；在教师身份方面，以"本校在编教师"为主，有744个样本，占87.7%，其他数量依次为"特岗教师""临聘教师""支教教师""轮岗交流教师"和"退休返聘教师"；在职务方面，除去未担任具体职务的"普通教师"样本530个，担任"班主任"的最多，有265个，占31.9%，其次是"年级/教研组长"，有98个（11.8%），此外有"科室主任""生活教师"和"校长"的教师样本。在学校所在地方面，"村屯""乡镇""县城"和"地级城市"的教师样本数分别是83个（9.6%）、444个（51.6%）、142个（16.5%）和192个（22.3%），乡镇教师样本数占多数；在学校学段上，"小学""初中"和"九年一贯制"的教师样本数分别是407个（47.3%）、208个（24.2%）和246个（28.6%），小学教师样本占多数；在学校类型上，"寄宿制学校"教师样本数是500个（58.1%），"非寄宿制学校"是361个（41.9%）。

表4-3　　　　　　　　　教师样本主要的个体和工作信息

	统计量	频率	百分比	有效百分比	累积百分比
性别	男	219	25.4	25.6	25.6
	女	635	73.8	74.4	100.0
	合计	854	99.2	100.0	
年龄	24岁及以下	23	2.7	2.7	2.7
	25—29岁	103	12.0	12.1	14.8
	30—34岁	107	12.4	12.5	27.3
	35—39岁	141	16.4	16.5	43.8
	40—44岁	180	20.9	21.1	64.9
	45—49岁	137	15.9	16.1	81.0
	50—54岁	125	14.5	14.7	95.7
	55—59岁	37	4.3	4.3	100.0
	合计	853	99.1	100.0	
婚姻	已婚	741	86.1	87.8	87.8
	未婚	103	12.0	12.2	100.0
	合计	844	98.0	100.0	
学历	研究生	11	1.3	1.3	1.3
	本科	701	81.4	82.1	83.4
	大专	135	15.7	15.8	99.2
	中师/中专/高中	7	0.8	0.8	100.0
	合计	854	99.2	100.0	
职称	正高级	1	0.1	0.1	0.1
	中学高级	143	16.6	17.1	17.2
	中学一级	250	29.0	29.9	47.1
	中学二级	73	8.5	8.7	55.9
	中学三级	1	0.1	0.1	56.0
	小学高级	98	11.4	11.7	67.7
	小学一级	109	12.7	13.0	80.7
	小学二级	94	10.9	11.2	92.0
	小学三级	2	0.2	0.2	92.2
	未评职称	65	7.5	7.8	100.0
	合计	836	97.1	100.0	

续表

统计量		频率	百分比	有效百分比	累积百分比
教师身份	本校在编教师	744	86.4	87.7	87.7
	特岗教师	68	7.9	8.0	95.8
	临聘教师	16	1.9	1.9	97.6
	支教教师	16	1.9	1.9	99.5
	轮岗交流教师	2	0.2	0.2	99.8
	退休返聘教师	1	0.1	0.1	99.9
	其他	1	0.1	0.1	100.0
	合计	848	98.5	100.0	
职务①	校长	4	0.5	0.5	
	科室主任	48	5.6	5.8	
	年级/教研组长	98	11.4	11.8	
	班主任	265	30.8	31.9	—
	生活教师	10	1.2	1.2	
	普通教师	530	61.6	62.6	
	其他	7	0.8	1.1	
学校所在地	村屯	83	9.6	9.6	9.6
	乡镇	444	51.6	51.6	61.2
	县城	142	16.5	16.5	77.7
	地级城市	192	22.3	22.3	100.0
	合计	861	100.0	100.0	
学校学段	小学	407	47.3	47.3	47.3
	初中	208	24.2	24.2	71.4
	九年一贯制	246	28.6	28.6	100.0
	合计	861	100.0	100.0	
学校类型	寄宿制学校	500	58.1	58.1	58.1
	非寄宿制学校	361	41.9	41.9	100.0
	合计	861	100.0	100.0	

---

① 考虑到教师群体中存在单个教师担任多个职务的实际，问卷中"职务"一题设计为多选题，在数据统计中主要是以单项统计和单项占比的方式呈现，无法呈现"累计百分比"。

2. 校长问卷样本说明

本研究共收集到29个有效的校长问卷样本。在性别方面，男性校长样本数是21个（75%），女性为7个（25%）；在年龄方面，"25—29岁""35—39岁""40—44岁""45—49岁""50—54岁"和"55—59岁"的校长样本数分别是1个（3.4%）、6个（20.7%）、6个（20.7%）、5个（17.2%）、10个（34.5%）和1个（3.4%），年龄在"50—54岁"占多数；在学历方面，主要分布在本科和大专学历，其中"本科"占多数，有25个（86.2%），大专为4个（13.8%）。具体参见表4-4。

在职称方面，校长问卷样本主要分布在"正高级""中学高级""中学一级""小学高级""小学一级"和"小学二级"，分别是1个（3.4%）、13个（44.8%）、5个（17.2%）、6个（20.7%）、2个（6.9%）和2个（6.9%）；在教师身份方面，均为"本校在编教师"；在学校所在地方面，"村屯""乡镇""县城"和"地级城市"的校长样本数分别是1个（3.6%）、12个（42.9%）、7个（25%）和8个（28.6%），"地级城市"校长样本占多数；在学校学段方面，"小学""初中"和"九年一贯制"的样本数大体一致，分别是9个（31%）、10个（34.5%）和10个（34.5%）；在学校类型方面，"寄宿制学校"占多数，样本数是19个（65.5%），"非寄宿制学校"是10个（34.5%）。

表4-4　　　　　　校长样本主要的个体和工作信息

	统计量	频率	百分比	有效百分比	累积百分比
性别	男	21	72.4	75.0	75.0
	女	7	24.1	25.0	100.0
	合计	28	96.6	100.0	
年龄	25—29岁	1	3.4	3.4	3.4
	35—39岁	6	20.7	20.7	24.1
	40—44岁	6	20.7	20.7	44.8
	45—49岁	5	17.2	17.2	62.1
	50—54岁	10	34.5	34.5	96.6
	55—59岁	1	3.4	3.4	100.0
	合计	29	100.0	100.0	

续表

统计量		频率	百分比	有效百分比	累积百分比
学历	本科	25	86.2	86.2	86.2
	大专	4	13.8	13.8	100.0
	合计	29	100.0	100.0	
职称	正高级	1	3.4	3.4	3.4
	中学高级	13	44.8	44.8	48.3
	中学一级	5	17.2	17.2	65.5
	小学高级	6	20.7	20.7	86.2
	小学一级	2	6.9	6.9	93.1
	小学二级	2	6.9	6.9	100.0
	合计	29	100.0	100.0	
教师身份	本校在编教师	29	100.0	100.0	100.0
学校所在地	村屯	1	3.4	3.6	3.6
	乡镇	12	41.4	42.9	46.4
	县城	7	24.1	25.0	71.4
	地级城市	8	27.6	28.6	100.0
	合计	28	96.6	100.0	
学校学段	小学	9	31.0	31.0	31.0
	初中	10	34.5	34.5	65.5
	九年一贯制	10	34.5	34.5	100.0
	合计	29	100.0	100.0	
学校类型	寄宿制学校	19	65.5	65.5	65.5
	非寄宿制学校	10	34.5	34.5	100.0
	合计	29	100.0	100.0	

（四）教师/校长访谈样本说明

根据教师和校长访谈抽样原则，调研组在进入学校后开展访谈样本抽样，同时结合调研学校当时在校教师数、教师上课时间和全校工作安排等情况，与学校协调确定好访谈样本和访谈形式。因此，在各个调研学校的所访谈教师数和校长数存在差异，其中，在县城小学"CGP小学"、县城初中"SZ中学"和县城九年一贯制学校"LJZ中小学"未收集到教师访谈资料，在乡镇中心校"FZ中心小学""ZB中心小学"

"HCZ 中心小学"、乡镇初中"FZ 中学"和乡镇九年一贯制学校"HCZ 九年制学校"未收集到校长访谈资料。但最大化地确保了访谈样本的多样性和整体性，一方面在各个学校类型上收集到教师和校长访谈资料，另一方面在访谈数量上尽可能符合抽样设计的要求，具体参见表 4-5。总体上，本研究共访谈教师 75 位，具体样本说明及其编码，见附录三；访谈校长共 43 位，具体样本说明及其编码，见附录四。

表 4-5　　　　　　　教师和校长访谈样本分布

学校类型	访谈教师数	访谈校长数
村屯小学	6	4
村屯初中	3	2
乡镇中心校	15	5
乡镇初中	1	3
乡镇九年一贯制学校	15	6
县城小学	0	2
县城初中	6	5
县城九年一贯制学校	6	3
地级城市小学	10	7
地级城市初中	7	2
地级城市九年一贯制学校	6	4

第五节　数据处理与分析

本研究主要运用 Spss 19、Spss26 和 Excel 2007 进行数据处理和分析。

首先是问卷数据的录入和筛选。结合统计软件的数据分析特性和问卷题目分布，对问卷选项做了量化定义，问卷数据先录入 Excel，并在 Excel 完成数据筛选和无效问卷的剔除，此后，Excel 数据导入 Spss 中，并对其进行变量定义，再运用 Spss 对数据进行筛选和无效问卷的剔除。其次是问卷数据的统计分析。在乡村教师工作状态、激励程度、激励需要等方面采用频率、百分比、均值和标准差、方差分析等开展描述性分析和差异性检验分析。在乡村教师激励政策满意度和作用程度分析、乡村教师激励问题的原因分析和探讨乡村教师激励维度关系等方面使用相关与回归分析。

第五章

乡村教师工作满意度与问题表现

工作满意度是职员对工作的付出与报酬的满意程度，包含心理学意义上的主观认知、政策学层面的获得感受和组织行为学的行为经验。而教师工作满意度是诸多教育要素和教师政策要素作用于教师需求，以及教师自我期待实现与否的价值投射，是集中反映教师对薪酬待遇、工作环境和整体职业的满意程度的衡量指标，也是实现教师激励的重要前提与实践体现之一。提高教师工作满意度是维系教师队伍稳定性的必要条件，也是增强教师职业吸引力和保障教育教学质量的重要支撑。[1] 现有乡村教师政策的实施重点是让乡村教师安心、静心从教，显然，这需要让乡村教师对实际工作拥有一定的满意度方可实现。作为一个宽泛的学术概念，工作满意度常以口头表述的形式出现，同时也兼具个体意义和群体意义。针对此，乡村教师工作满意度研究定义在乡村教师职业群体意义上，并在借鉴已有研究的基础上，细化为总体性职业满意度、职业提供满意度、学校工作环境满意度和乡村社会环境满意度来论述，期以精准地描述出乡村教师工作满意度的实际状况和问题表现。

第一节 乡村教师总体性职业满意度

任何职业均存在自身的职业特质，包括入职标准、薪酬待遇和职业吸引力等，这些也促成人们对不同职业存有不同的"刻板印象"，或是总

---

[1] 陈纯槿：《中学教师工作满意度影响因素的实证研究》，《教师教育研究》2017年第2期。

体性认知。乡村教师总体性职业满意度体现在乡村教师对所从事的教师职业、具体的工作岗位、目前社会地位和工作认可程度四大方面的满意程度，反映的是乡村教师对工作现状的宏观性、整体性的价值判断。

一 乡村教师对所从事教师职业满意度最高，且呈现出从"地级城市"到"村屯"递增的态势

基于调研数据分析可以看出，一是城乡教师对教师职业的满意度总体较高。其满意度主要分布在"一般"（41%）和"比较满意"（38.9%），另外"非常满意"比例为12.4%，而在"比较不满意"和"非常不满意"部分占比很低。二是城乡教师对教师职业满意度呈现从"地级城市"到"村屯"教师依次提高的态势，村屯教师的满意度最高。城乡各类教师对从事教师职业满意度主要分布在"一般"和"比较满意"，但在具体比值存在较大差异。城市教师的满意度在"一般"的占54.1%，"比较满意"是28.6%，并在"比较不满意"占9.2%，县城教师的"一般"占42.9%，"比较满意"占38.3%，乡镇教师则分别是36.30%和43.00%，而村屯教师的满意度主要分布在"比较满意"（41%）和"一般"（33.7%），并且在"非常满意"方面占21.7%，是所有教师类型中在此项的比例最高。参见表5-1和图5-1。

表5-1　　城乡教师对从事教师职业的满意度　　单位:%

	非常不满意	比较不满意	一般	比较满意	非常满意
村屯	1.20	2.40	33.70	41.00	21.70
乡镇	1.90	4.40	36.30	43.00	14.40
县城	3.00	5.30	42.90	38.30	10.50
地级城市	3.20	9.20	54.10	28.60	4.90
合计	2.30	5.40	41.00	38.90	12.40

由此可见，尽管工作环境和薪酬待遇存在比较性劣势和亟待提升，村屯和乡镇教师对从事教师职业满意度仍持有较高的肯定态度。一方面表明工作在一线的乡村教师保持着从事教师职业的初心，另一方面反映乡村教师对教师职业的热爱，并未因实际的工作处境而在情感上排斥教

师职业。但是，调研数据也显示，城乡教师对从事教师职业的满意度占比重心在"一般"和"比较满意"层面，"非常满意"的比例不高，这后续需要政策跟进，以提升教师的职业满意度。

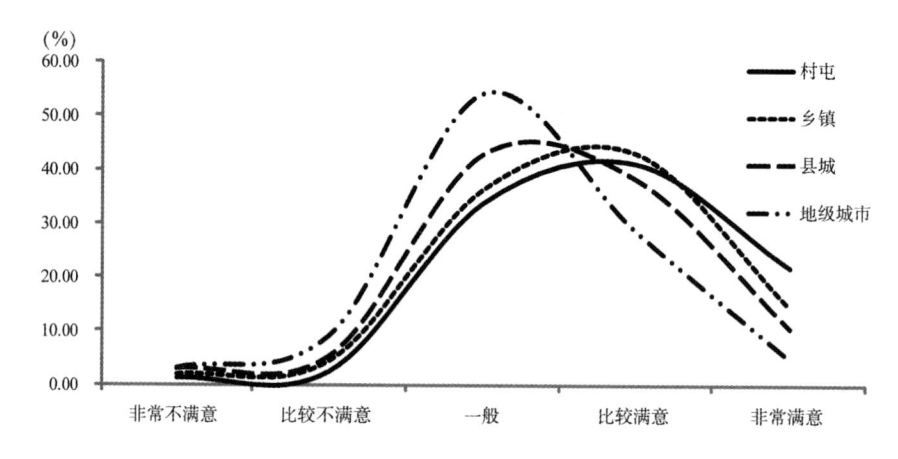

图 5-1　城乡教师对从事教师职业的满意度分布

二　乡村教师对工作岗位和稳定性的比较满意，城乡教师满意度有差异但具体比值趋近

"工作岗位"是教师日常从事教育教学工作的具体岗位，而"工作稳定性"则是教师职业和岗位的特殊性之一，也是人们常说教师是"铁饭碗"的文字表述。无论在计划经济时代，还是在市场经济的当下，教师岗位的专门性和工作的稳定性，是构成教师职业区别于其他类别职业的两大重要指标。通过数据分析发现，在"工作岗位"方面，城乡教师在"一般"和"比较满意"的比例均达到40%左右。但在内部存在差异，城乡教师满意度的比例呈现"剪刀差"分布，村屯教师在"一般"比例为32.5%，"比较满意"为50.6%，"非常满意"为12%，而地级城市教师在"一般"的比例为60.1%，"比较满意"为26.8%和"比较不满意"为7.7%。在"对工作稳定性"方面，城乡教师满意度占比的具体数值趋近，主要在"一般"和"比较满意"，均在40%左右。具体见表5-2。

表5-2　　　　城乡教师对目前工作岗位和工作稳定性的满意度　　　单位:%

		非常不满意	比较不满意	一般	比较满意	非常满意
工作岗位	村屯	0.00	4.80	32.50	50.60	12.00
	乡镇	1.60	6.60	37.30	45.50	8.90
	县城	5.20	4.50	44.80	35.80	9.70
	地级城市	2.20	7.70	60.10	26.80	3.30
	合计	2.20	6.30	43.10	40.30	8.10
工作稳定性	村屯	2.40	3.70	41.50	42.70	9.80
	乡镇	1.20	2.80	45.30	42.20	8.50
	县城	3.10	5.40	43.40	40.30	7.80
	地级城市	1.60	4.90	45.90	39.30	8.20
	合计	1.70	3.80	44.70	41.30	8.40

三　乡村教师对目前的社会地位满意度不高,地级城市教师"不满意"占比达到四成

社会地位是群体或个人在社会分层中所处的位置,反映了群体或个人所拥有经济资源、文化资源和社会资源等在社会体系中比较性结果,既是一种客观性的社会实际,也是群体或个人自我感受的主观判断。通过对社会地位满意度的调研,可以得知群体或个人对当前社会地位的比较性认知,以此来推测该群体社会地位的概况。

表5-3　　　　　城乡教师对目前社会地位的满意度　　　　　单位:%

	非常不满意	比较不满意	一般	比较满意	非常满意
村屯	6.00	12.00	54.20	25.30	2.40
乡镇	9.50	20.30	49.40	16.70	4.10
县城	8.90	14.10	51.10	23.70	2.20
地级城市	13.70	29.50	49.70	5.50	1.60
合计	10.00	20.50	50.20	16.20	3.00

数据分析发现,城乡教师对目前的社会地位满意度不高,"非常满意"占比仅是3%,"比较满意"也只有16.2%,而"一般"的比例是

50.2%,"比较不满意"达到20.5%,"非常不满意"也有10%。比较之下,乡镇教师和地级城市教师的不满意度高于满意度,尤其是地级城市教师对当前社会地位的不满意率占比远高于满意率的占比,"比较满意"为5.5%,"非常满意"仅有"1.6%",而"比较不满意"是29.5%,"非常不满意"是13.7%。村屯教师和县城教师的满意度略高于不满意度,其中村屯教师的"比较满意"为25.3%,"非常满意"是2.4%,但"比较不满意"是12%,"非常不满意"是6%。由此可以看出,教师对目前的社会地位的满意度偏低,但村屯教师的满意度是城乡教师中比值最高的。参见表5-3和图5-2。

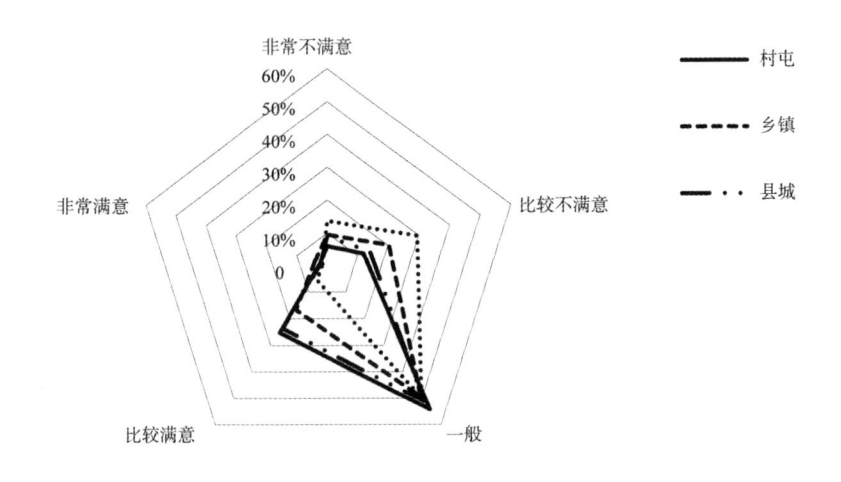

图5-2 城乡教师对目前社会地位的满意度分布

四 城乡教师对工作被认可程度的满意度较高,比较之下被社会认可的满意度最低

工作被认可程度向来是职业价值和工作动力的重要基础。有别于其他职业,教师是道德荣誉感较高的职业群体,并被赋予各项精神符号,加之其劳动价值体现的延后性,以致一方面教师工作被社会各界所期待和依赖,希望教师能高质量地开展教育教学工作,培养出优秀学生,另一方教师也期待工作能被社会各界认可和支持配合,以促成学生培养的教化系统性和自我价值感提升。一般而言,教师工作被认可主要来自大

系统"社会"和小系统"学校",以及工作对象"家长"和"学生"。数据分析发现,城乡教师对工作被认可程度的满意度从高到低依次是"工作被学生认可"("比较满意"是42.7%,"非常满意"是10.7%)、"工作被家长认可"("比较满意"是34.8%,"非常满意"是7.1%)、"工作被学校领导认可"("比较满意"是29.6%,"非常满意"是5.1%)和"工作被社会认可"("比较满意"是24.4%,"非常满意"是3.4%)。由此可见,城乡教师认为日常工作被工作对象认可的满意度较高,而被大小系统认可的满意度偏低些。参见表5-4和图5-3。

表5-4　　　　城乡教师对工作被认可程度的满意度　　　　单位:%

		非常不满意	比较不满意	一般	比较满意	非常满意
工作被社会认可	村屯	1.20	15.90	36.60	42.70	3.70
	乡镇	5.50	15.90	46.80	27.30	4.50
	县城	3.80	15.00	52.60	27.80	0.80
	地级城市	6.00	26.90	57.10	7.10	2.70
	合计	4.90	18.20	49.00	24.40	3.40
工作被学校领导认可	村屯	1.20	7.30	31.70	52.40	7.30
	乡镇	3.80	9.00	50.00	31.80	5.50
	县城	2.30	11.30	53.40	26.30	6.80
	地级城市	4.90	14.80	61.20	16.90	2.20
	合计	3.50	10.50	51.20	29.60	5.10
工作被家长认可	村屯	0.00	8.50	29.30	51.20	11.00
	乡镇	4.30	8.50	42.30	37.80	7.10
	县城	3.80	6.80	50.40	32.30	6.80
	地级城市	1.10	10.50	60.70	22.10	5.50
	合计	3.10	8.70	46.40	34.80	7.10
工作被学生认可	村屯	0.00	6.20	30.90	49.40	13.60
	乡镇	2.40	6.20	37.00	43.80	10.70
	县城	2.30	4.50	43.60	40.60	9.00
	地级城市	0.00	5.50	44.80	38.80	10.90
	合计	1.60	5.70	39.20	42.70	10.70

另外发现，在工作被认可的满意度上，城乡教师的满意度分布也呈现明显的乡高城低的特征。在"工作被学生认可"方面，城乡教师的满意度均比较高，在50%左右，地级城市教师为49.7%，县城是49.6%，乡镇是54.5%，而村屯达到63%。在"工作被家长认可"方面，地级城市教师仅为27.6%，县城是39.1%，乡镇是44.9%，而村屯是62.2%。在"工作被学校领导认可"方面，地级城市教师仅为19.1%，县城是33.1%，乡镇是37.3%而村屯是59.7%。在"工作被社会认可"方面，地级城市教师的满意度较低，仅为9.8%，县城是28.6%，乡镇是31.8%，而村屯是46.4%。

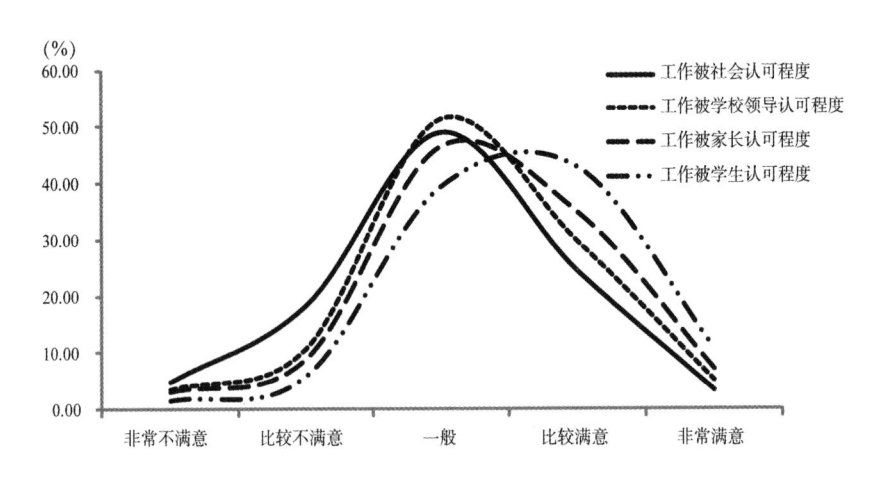

图5-3 教师对工作被认可程度的满意度分布

由上可知，城乡教师对教师职业总体性满意度比较高，但在具体项目中存在较大差异。从数据比率来看，城乡教师对教师职业的各项满意率从低到高依次是：目前的社会地位（19.2%），"工作被社会认可"（27.8%），"工作被学校领导认可"（34.7%），"工作被家长认可"（41.9%），"工作岗位"（48.4%），"工作稳定性"（49.7%），"从事教师职业"（51.3%）和"工作被学生认可"（53.4%）。其中又呈现出城乡之间的层级式分布，村屯教师在各项的满意率最高，其次是乡镇教师和县城教师，再次是地级城市教师。可见，城乡教师对教师职业宏观性背景因素的满意率偏低，而对具体和微观的背景要素的满意率偏高。

第二节　乡村教师职业提供满意度

职业提供是某个职业基于工作强度、技能要求和市场竞争而提供给职员的报酬，尤其是正式制度层面给予职员的全面薪酬待遇，包括工资、福利和职称等方面。在社会分工和市场供给的"工作—生活"的工薪模式下，职业供给是职员的主要薪酬来源，故而是影响职业发展和职员稳定的核心因素。比较而言，职业供给是作为全职性工作和单一性职业群体的乡村教师的唯一薪酬来源。因此，对职业提供满意度直接体现了乡村教师对职业的情感体验和行为表现。

一　乡村教师对物质性职业提供的满意程度偏低，城乡教师均明显地对物质性提供表达出明显的不满率

物质性职业提供是反映职业待遇和竞争力最直接的信号。对于教师而言，一方面体现在货币性的职业提供，主要是工资水平、绩效工资和津补贴，另一方面体现在为便利教师在校工作和解决家校距离问题的周转房。

表5-5　　　　城乡教师对物质性职业提供的满意度　　　　单位:%

		非常不满意	比较不满意	一般	比较满意	非常满意
工资水平	村屯	7.20	20.50	54.20	15.70	2.40
	乡镇	9.00	25.30	52.20	12.30	1.20
	县城	9.80	21.10	56.40	10.50	2.30
	地级城市	26.30	25.80	43.00	2.70	2.20
	合计	12.80	24.20	51.00	10.20	1.70
绩效工资	村屯	12.30	23.50	48.10	13.60	2.50
	乡镇	11.00	27.30	49.90	10.70	1.20
	县城	15.60	25.90	45.90	11.90	0.70
	地级城市	37.50	26.10	32.10	2.70	1.60
	合计	17.70	26.40	45.10	9.40	1.30

续表

		非常不满意	比较不满意	一般	比较满意	非常满意
生活补助/艰苦津贴	村屯	13.30	31.30	41.00	13.30	1.20
	乡镇	13.60	22.10	45.10	17.60	1.60
	县城	28.60	20.00	41.90	8.60	1.00
	地级城市	35.00	25.80	35.00	2.50	1.80
	合计	20.10	23.60	42.10	12.70	1.50
班主任津贴	村屯	14.50	30.30	44.70	10.50	0.00
	乡镇	17.50	24.90	45.80	9.80	2.10
	县城	18.40	28.10	42.10	10.50	0.90
	地级城市	35.70	24.20	36.30	2.50	1.30
	合计	21.20	25.80	43.10	8.40	1.50
周转房	村屯	24.30	16.20	35.10	20.30	4.10
	乡镇	20.50	13.60	35.40	24.00	6.60
	县城	30.20	20.80	37.50	10.40	1.00
	地级城市	37.80	21.50	36.30	3.70	0.70
	合计	25.50	16.40	35.80	17.80	4.40

数据分析显示，城乡教师对物质性职业提供的满意率偏低，而不满意率较高，在40%左右。在"工资水平"方面，满意率为11.9%，不满意率为37%。在"绩效工资"方面，满意率为10.7%，不满意率为44.3%。在"生活补助/艰苦津贴"方面，满意率为14.2%，不满意率为43.7%。在"班主任津贴"方面，满意率为9.9%，不满意率为47%。在"周转房"方面，满意率为22.2%，不满意率为41.9%。可见，城乡教师对物质性职业提供表达出不满意的意见，对"班主任津贴"的不满意率接近50%，对"绩效工资""生活补助/艰苦津贴"和"周转房"的不满意率超过40%，见表5-5和图5-4。

具体而言，乡村教师对物质性职业提供的满意度偏低，城市教师则是不满意率更高。在"工资水平"方面，地级城市教师的满意率仅为4.9%，不满意率达到52.1%；县城教师的满意率为12.8%，不满意率为30.9%；乡镇教师的满意率为13.5%，不满意率为34.3%；村屯教师的满意率为18.1%，不满意率为27.7%。在"绩效工资"方面，地级城市

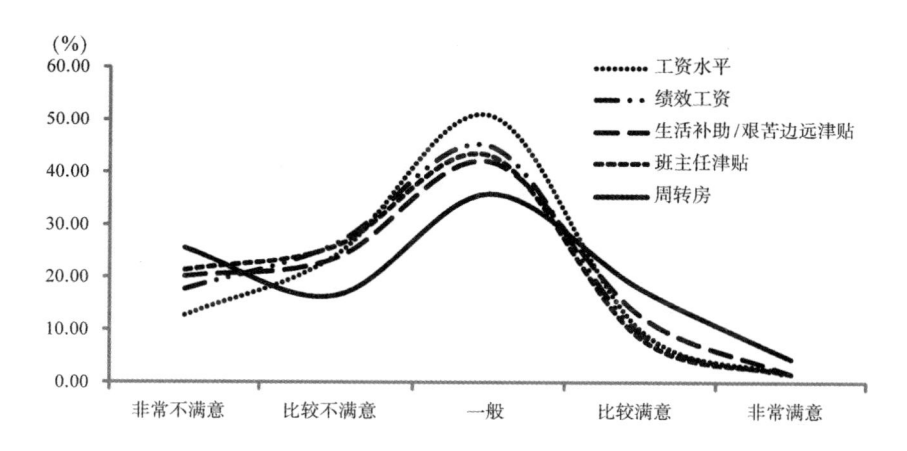

图 5-4 教师对物质性职业提供满意程度分布

教师的满意率为 4.3%，不满意率达到 63.6%；县城教师的满意率为 12.6%，不满意率为 41.5%；乡镇教师的满意率为 11.9%，不满意率为 38.3%；村屯教师的满意率为 16.1%，不满意率为 35.8%。在"生活补助/艰苦津贴"方面，地级城市教师的满意率仅为 4.3%，不满意率则达到 60.8%；县城教师的满意率为 9.6%，不满意率为 48.6%；乡镇教师的满意率为 19.2%，不满意率为 35.7%；村屯教师的满意率为 14.5%，不满意率为 44.6%。在"班主任津贴"方面，地级城市教师的满意率为 3.8%，不满意率为 59.9%；县城教师的满意率为 11.4%，不满意率为 46.5%；乡镇教师的满意率为 11.9%，不满意率为 42.4%；村屯教师的满意率为 10.5%，不满意率为 44.8%。在"周转房"方面，地级城市、县城、乡镇和村屯教师均表达出明显的不满意率，"非常不满意"的比值均在 20% 以上，同时乡镇和村屯教师对"周转房"的满意率也超过 20%。具体而言，地级城市教师的满意率仅为 4.4%，不满意率达到 59.3%；县城教师的满意率为 11.4%，不满意率为 51%；乡镇教师的满意率为 30.6%，不满意率为 34.1%；村屯教师的满意率为 24.5%，不满意率为 40.5%。

有乡村教师提道：

我的工资现在是4400元，然后再加上890元的乡镇补贴，这就5000多元了，再就是年底有一个绩效，去年是每个老师平均9000元，但是有部分老师可能拿不到9000元，有的老师可能9000元要拿多一点，差不多就是平均9000元。我个人感觉还好，我知道有其他老师来抱怨，其实我个人感觉真的还可以是吧？我已经比较满足了。(2021412XZXXJ5)

待遇还行，待遇反正去年也涨了，乡村教师补贴提高了，反正待遇还可以。像我们的话有1200多块钱的补贴，再加学校还有绩效这一部分，还有工资。基本结构就是这三部分。相比之下反正觉得还可以。(2021415XZXXJ8)

现在不是说不低于嘛，在提升之后就可能差不多。公务员的话可能补贴什么，年底的奖金比我们要高，但是其他的可能还好。总体来说，已经是提高了，但是提高到哪个度我也不知道，反正就是说不低于公务员，但是具体我也不是很了解。(2021414XZJNYGZJ9)

咱们这个工资，去年开始执行绩效改革之后，工资是提高了。但是跟工资提高的同时，工作量也增加了。我举个例子，例如作为班主任，我以前从来没拿到过班主任费，具体啥原因发不下来。现在工资涨了之后，有绩效200多块钱，再加几十块钱其他，不会超过300块钱。我每个月给家长联系的电话费在150块钱左右，然后给班级文化建设买的乱七八糟的东西，都是我个人出资的。咱就不说这些，完了之后班主任的工作量是很大的，就要填很多的表格，工作量本身就很大，然后加了这个，额外的一些工作量也有了。以前没有这些工作，现在读书活动、德育工作、心理健康辅导，等等，咱也不是专业的，也没学过心理的，就得重新自己再学习，就是说花了更多时间。(2021414XZJNYGZJ10)

由此可见，城乡教师对物质性职业提供的满意率也是从村屯到地级城市依次降低。这反映出在倾斜性乡村教师政策的支持下，村屯和乡镇教师的物质性职业提供有所改善，在与地级城市和县城教师相比较之下，相关项目的满意率较高而不满意率较低，同时也发现乡镇和村屯教师在"班主任津贴"的不满意率均超过40%，而村屯教师对"生活补助/艰苦津贴""周转房"的不满意率超过40%。另外，地级城市和县城教师对物质性职业提供的各项的不满意率均比较高，尤其是地级城市教师对各项的不满意率均超过50%。这些充分反映出：一是义务教育段教师的物质性职业提供有待进一步提高；二是地级城市和县城教师对物质性职业提供的不满意率比较高，而村屯和乡镇教师对"班主任津贴""生活补助/艰苦津贴"和"周转房"不满意率偏高；三是相关施策方向应依据对应的实际开展针对性政策供给。

二 城乡教师对"职称晋升"的不满意率高于"进修培训"，乡村教师对"进修培训"的满意率高于不满意率，县城教师对专业发展性职业提供的不满意率最高

教师专业发展是中小学教师提升专业水平和维持专业发展积极性的主要途径。职称晋升和进修培训是教师专业发展最常见的两种职业提供，也是当前教师政策的关注重点。

数据分析说明，城乡教师对专业发展性职业提供的不满意率高于满意率，而且对"职称晋升"的不满意率为43.2%，高于"进修培训"的23.8%。具体而言，在"职称晋升"方面，地级城市的满意率仅为8.4%，不满意率为48.1%；县城教师的满意率为13.3%，不满意率则达到54.7%；乡镇教师的满意率为18.9%，不满意率为39.9%；村屯教师的满意率为13.8%，不满意率为31.3%。在"进修培训"方面，地级城市的满意率为25.3%，不满意率为28%；县城教师的满意率为16.4%，不满意率为35.2%；乡镇教师的满意率为27.3%，不满意率为20.2%；村屯教师的满意率为18.5%，不满意率为14.8%，见表5-6。可见，乡村教师对"进修培训"的满意率高于不满意率，对"职称晋升"的不满意率高于满意率，而县城教师对专业发展性职业提供的不满意率最高。

表 5-6　　城乡教师对专业发展性职业提供的满意度　　　　单位:%

		非常不满意	比较不满意	一般	比较满意	非常满意
职称晋升	村屯	13.80	17.50	55.00	12.50	1.30
	乡镇	17.00	22.90	41.10	16.80	2.10
	县城	28.90	25.80	32.00	11.70	1.60
	地级城市	28.50	19.60	43.60	6.70	1.70
	合计	21.10	22.10	41.60	13.30	1.90
进修培训	村屯	3.70	11.10	66.70	17.30	1.20
	乡镇	6.40	13.80	52.50	24.00	3.30
	县城	12.50	22.70	48.40	13.30	3.10
	地级城市	6.70	21.30	46.60	16.30	9.00
	合计	7.20	16.60	52.00	19.90	4.30

第三节　乡村教师学校工作环境满意度

学校场域是教师开展教育教学工作的特定场域，是学校硬件建设、精神文化和教学气象等方面的集合体。鉴于多数是以围墙为界而构建起相对独立封闭的学校场域，以致教师日常在校工作的起点和终点分别是以进出校门为判断。学校工作环境是学校为教师工作所提供的条件，承载着教师的工作对象、人际关系和教学氛围等内容，其自然成为教师与学校产生工作体验、情感联接和学校归属感的重要媒介。

一　城乡教师对生源情况的不满意率高于满意率，且对"家长的配合程度"的不满意率高于"生源质量"

教师工作的主要对象是学生及其家长，此二者也构成了学校工作环境的生源情况。在强调教育合力和家校合作的背景下，家校互动以及家长的配合程度越发凸显教师工作开展的顺畅性。通过调研发现，城乡教师对"生源质量"的满意率为13.8%，不满意率为44.8%，对"家长的配合程度"的满意率为13.7%，不满意率为43.8%。可见，城乡教师对生源情况的不满意率高于满意率，且对"家长的配合程度"的不满意率高于"生源质量"。

另外，在城乡内部对于生源情况的满意度存在较大差异。在"生源质量"方面，地级城市教师的满意率仅为4.9%，不满意率为57.4%；县城教师的满意率为12.7%，不满意率为44.8%；乡镇教师的满意率为17.1%，不满意率为40.8%；村屯教师的满意率为18.3%，不满意率为37.8%。在"家长的配合程度"方面，地级城市的满意率为5.4%，不满意率为49.8%；县城教师的满意率为12.8%，不满意率为40.6%；乡镇教师的满意率为15.4%，不满意率为43.4%；村屯教师的满意率为24.4%，不满意率为37.8%，见表5-7。可见，相比于乡村教师，城市教师对生源情况的不满意率更高，尤其对"生源质量"的不满意率比较高。

有村屯教师提道：

> 咱们学校离异家庭的子女比较多一点，大概都占到一半了。有单亲的，还有父母出去打工的，爷爷奶奶管的留守儿童比较多。可能有些家庭教育的影响，学生有些行为、说话或者做事的时候，他有时候说的那个话，就不像学生说的，有时候说话比较成熟，有时候说话不注意，脏话就出来了。咱们还经常制止，但是我觉得他可能养成那种习惯了，在家里面可能就说那些话。其实这对孩子发展或者心理成长还是很不好的。咱们老师尤其是班主任平常会格外关注这些学生，或者会给一些专门的指导。（2021525CTXXJ1）

> 学生纪律是低年段差一点，高年段比较好。因为他们太小了，是控制不住自己的。（父母不在身边的这种情况）最大的影响就有些事情跟学生说了也没有用。比如说，给他们留作业，不在纸上记，他们就会忘，他们第二天就没有写作业，有的爷爷奶奶不会玩微信。还有，有些家长说直白点就是明摆着不讲理，就跟他说不通。有些事情就跟他没办法沟通，就是这样。因为我们的地方比较特殊，就是在村里，而且他们的文化程度不高，其实有时候是很难沟通的，尤其是爷爷奶奶上了年纪的，他们又听不懂你在说什么，就很难沟通。因为单亲家庭特别多，他们的爷爷奶奶就会觉得他们的娃特别可怜，永远就是心疼他，哪怕他就是做错了，也就是因为他是单亲，

所以他造成了这样的错误,但是从来不在孩子身上找原因,就是这样,一味地护着孩子。一件事你告诉他是不对的,奶奶告诉他是对的,就是一个教育的冲突。(2021412CTXXJ4)

有乡镇教师提道:

家庭配合方面大部分家长还是配合,但是也有个别家长不配合情况。这边主要是离异家庭太多,单亲家庭太多,还有留守儿童的。如果是他爷爷给看的话,你让他给你配合,可能弄不了这些事情,所以重点还是在老师身上。你说他父母能在这儿在这一块能接着的话,天天能看娃辅导娃学习那就比较好。不像城里的,你还天天回去,不管谁接,晚上都跟父母在一块。(2021415XZXXJ6)

表5-7　　　　　　城乡教师对生源情况满意度　　　　　　单位:%

		非常不满意	比较不满意	一般	比较满意	非常满意
生源质量	村屯	9.80	28.00	43.90	15.90	2.40
	乡镇	20.40	20.40	42.20	15.20	1.90
	县城	19.40	25.40	42.50	11.20	1.50
	地级城市	27.30	30.10	37.70	4.90	0.00
	合计	20.70	24.10	41.40	12.30	1.50
家长的配合程度	村屯	12.20	25.60	37.80	22.00	2.40
	乡镇	17.50	25.90	41.30	12.80	2.60
	县城	11.30	29.30	46.60	12.00	0.80
	地级城市	16.80	33.00	44.90	3.80	1.60
	合计	15.80	28.00	42.60	11.60	2.10

二　超过四成教师对非教学工作量的不满意,另外,村屯教师对"教学工作量"的不满意率略高于其他教师,而乡镇教师对此满意率略高于其他教师

工作量是教师工作劳动强度的直接体现。随着学校办学形态和管理方式的变化,教师的角色日益多元化,其具体工作除了承担日常的教学

工作，还担负着一些非教学性工作，例如学生安全管理、上级部门的行政摊派任务。在不同场域和岗位的教师承担的工作量有不同，但非教学性工作偏多成为干扰教师工作的重要因素之一。为此，国家也出台了给教师减负的政策，旨在让教师安心从教。

表5-8　　　　　　　　城乡教师对日常工作量满意度　　　　　　单位:%

		非常不满意	比较不满意	一般	比较满意	非常满意
教学工作量	村屯	6.10	17.10	48.80	25.60	2.40
	乡镇	5.00	10.60	53.50	25.90	5.00
	县城	0.80	17.30	53.40	21.10	7.50
	地级城市	6.00	13.70	59.60	16.90	3.80
	合计	4.60	13.00	54.40	23.10	4.90
非教学工作量	村屯	14.60	30.50	32.90	19.50	2.40
	乡镇	14.90	27.00	42.30	13.00	2.80
	县城	13.20	27.10	42.60	13.20	3.90
	地级城市	17.70	30.90	39.20	8.80	3.30
	合计	15.20	28.20	40.70	12.80	3.10

数据分析发现，城乡教师对"教学工作量"比较满意，满意率为28%，不满意率为17.6%，而对"非教学工作量"则不满意率比较高，满意率为15.9%，不满意率为43.4%。具体上，在"教学工作量"方面，地级城市的满意率为20.7%，不满意率为19.7%；县城教师的满意率为28.6%，不满意率为18.1%；乡镇教师的满意率为30.9%，不满意率为15.6%；村屯教师的满意率为28%，不满意率为23.2%。在"非教学工作量"方面，地级城市教师的满意率为12.1%，不满意率为48.6%；县城教师的满意率为17.1%，不满意率为40.3%；乡镇教师的满意率为15.8%，不满意率为41.9%；村屯教师的满意率为21.9%，不满意率为45.1%。可见，超过四成的教师对当前的非教学工作量不满意，并且村屯教师对"教学工作量"的不满意率略高于其他教师，而乡镇教师对此满意率略高于其他教师，具体见表5-8。

> 我感觉到学校现在的地位特别低,上面管理的部门特别多。有些给你感觉,和学校无关的一些工作特别多,都让学校参与这些东西,科技进校园,戏曲进校园,中医药进校园等多得很。(2021412XZXXJ5)

> 学校这一块就是行政干涉还是太多了。如果行政把这块放开,我们老师就安安稳稳地上课,现在感觉各种是乱七八糟的,教学上面这样就没多少时间。另外,行政部门它不歇,他不歇呢我都歇不成,我就是各种任务。(2021414XZJNYGZJ2)

> 其实年轻教师,像在教学这方面,不管是现代信息化技术,还有微课,接受能力都比较快,我觉得问题都不大。现在就说是一些外来的额外的一些资料,填表工作,给学校摊派的这些活动、任务,确实现在是比较多。(2021525XCJNYGZJ1)

三 乡村教师对学校考核评价和参与学校管理的满意率较高,但地级城市教师对学校考核评价的不满意率超过四成

学校考核与评价、让教师参与学校管理体现的是学校的教师管理方式和理念。长期以来,教师对考核评价和参与管理均存在不同程度的意见。实际调研表明,乡村教师对学校考核评价和参与学校管理的满意率较高,但地级城市教师对学校考核评价的不满意率超过四成。具体而言,在"学校的考核与评价"方面,地级城市教师的满意率为12%,不满意率达到44%;县城教师的满意率为32.3%,不满意率为21.8%;乡镇教师的满意率为28%,不满意率为17.9%;村屯教师的满意率为41.5%。在"参与学校管理程度"方面,地级城市教师的满意度为13.4%,不满意率为24.8%;县城教师的满意率为24.3%,不满意率为14.4%;乡镇教师的满意率为27.9%,不满意率为12.2%;村屯教师的满意率为42.7%,不满意率为19.5%,见表5-9。

四 村屯教师对学校办公条件和工作氛围的满意率比较高,乡镇教师对学校教研氛围的满意率比较低,村屯和地级城市教师对学校发展前景的不满意率比较高

创设良好的工作环境是让优质师资引进来、留得下和教得好的路径之一。一方面是依据实际,改善学校的办公条件,另一方面是营造学校

人际关系、教研氛围，创设良好的工作氛围，同时确立发展目标，为教师提供可期待的发展前景。数据分析表明，城乡教师对学校办公条件、工作氛围和发展前景的满意率比较高，相对而言，村屯教师对学校办公条件和工作氛围的满意率比较高，乡镇教师对学校教研氛围的满意率比较低，并且村屯和地级城市教师对学校发展前景的不满意率比较高。

表5-9　　　　　　城乡教师对学校管理与评价满意度　　　　单位:%

		非常不满意	比较不满意	一般	比较满意	非常满意
学校的考核与评价	村屯	1.20	14.60	42.70	36.60	4.90
	乡镇	5.20	12.70	54.10	23.50	4.50
	县城	6.00	15.80	45.90	24.80	7.50
	地级城市	21.20	22.80	44.00	10.90	1.10
	合计	8.50	15.70	49.40	22.20	4.20
参与学校管理程度	村屯	1.20	18.30	37.80	39.00	3.70
	乡镇	3.80	8.40	59.90	23.40	4.50
	县城	5.30	9.10	61.40	22.00	2.30
	地级城市	9.60	15.20	61.80	11.20	2.20
	合计	5.10	11.00	58.30	22.10	3.60

在"学校办公条件"方面，地级城市教师的满意率为28.1%，不满意率为26.5%；县城教师的满意率为45.8%，不满意率为11.6%；乡镇教师的满意率为41.1%，不满意率为14%；村屯教师的满意率为43.3%，不满意率为10.8%。在"学校人际关系"方面，地级城市教师的满意率为47.5%，不满意率为12.5%；县城教师的满意率为56%，不满意率为6%；乡镇教师的满意率为54.3%，不满意率为5.7%；村屯教师的满意率为61%。在"学校教研氛围"方面，地级城市的满意率为48.1%，不满意率为9.2%；县城教师的满意率为52.6%，不满意率为6.6%；乡镇教师的满意率为40.3%，不满意率11%；村屯教师的满意率为56.1%，不满意率为8.5%。在"学校发展前景"方面，地级城市教师的满意率为36.5%，不满意率为24.5%；县城教师的满意率为50.4%，不满意率为10.6%；乡镇教师的满意率

为 36.8%，不满意率为 14.8%；村屯教师的满意率为 51.2%，不满意率为 23.2%，见表 5-10。

表 5-10　城乡教师对学校办公条件、工作氛围和发展前景的满意度　　单位:%

		非常不满意	比较不满意	一般	比较满意	非常满意
学校办公条件	村屯	2.40	8.40	45.80	36.10	7.20
	乡镇	3.50	10.50	44.90	33.00	8.10
	县城	5.40	6.20	42.60	35.70	10.10
	地级城市	9.70	16.80	45.40	25.40	2.70
	合计	5.10	11.00	44.70	32.00	7.10
学校人际关系	村屯	1.20	3.70	34.10	45.10	15.90
	乡镇	1.20	4.50	40.00	45.30	9.00
	县城	1.50	4.50	38.10	38.80	17.20
	地级城市	2.20	10.30	40.00	38.90	8.60
	合计	1.50	5.70	39.10	42.80	10.90
学校教研氛围	村屯	0.00	8.50	35.40	50.00	6.10
	乡镇	3.50	7.50	48.70	33.30	7.00
	县城	0.70	5.90	40.70	40.70	11.90
	地级城市	2.70	6.50	42.70	42.20	5.90
	合计	2.50	7.10	44.80	38.10	7.50
学校发展前景	村屯	4.90	18.30	25.60	43.90	7.30
	乡镇	4.70	10.10	48.40	29.80	7.00
	县城	0.80	9.80	39.10	37.60	12.80
	地级城市	12.00	12.50	39.10	28.30	8.20
	合计	5.70	11.40	42.50	32.10	8.20

第四节　乡村教师乡村社会环境满意度

东西部地区之间、城乡社会之间和县域之间的发展不平衡强化了不同社会发展空间之间在经济、交通、医疗和教育等方面的差距，也加剧了人们在择业、工作和居住地时对社会空间的选择，也促发了劳动人口和教育人口在不同社会空间的流动。受制于既往的城乡二元政策和现代化发展模式的影响，乡村社会发展处于劣势，乡村人口也不断向城市流动。作为乡村社会中少有的编制性职业群体，乡村教师对乡村社会环境的满意度体现了其对工作地的价值理解。本研究则主要从"学校的交通便捷程度"和"学校周边的经济发展"两个指标维度来分析乡村教师对乡村社会环境的满意度。

表 5–11　　　　　城乡教师对学校所处社会环境满意度　　　　　单位：%

		非常不满意	比较不满意	一般	比较满意	非常满意
学校的交通便捷	村屯	7.40	21.00	40.70	28.40	2.50
	乡镇	8.30	12.00	44.30	29.20	6.10
	县城	1.50	4.50	42.10	42.90	9.00
	地级城市	2.20	6.50	54.30	29.60	7.50
	合计	5.70	10.40	45.90	31.40	6.60
学校周边的经济发展	村屯	14.50	30.10	41.00	12.00	2.40
	乡镇	10.10	14.80	54.60	17.20	3.30
	县城	0.70	13.40	50.70	32.80	2.20
	地级城市	8.60	16.10	62.90	10.80	1.60
	合计	8.70	16.40	54.50	17.80	2.70

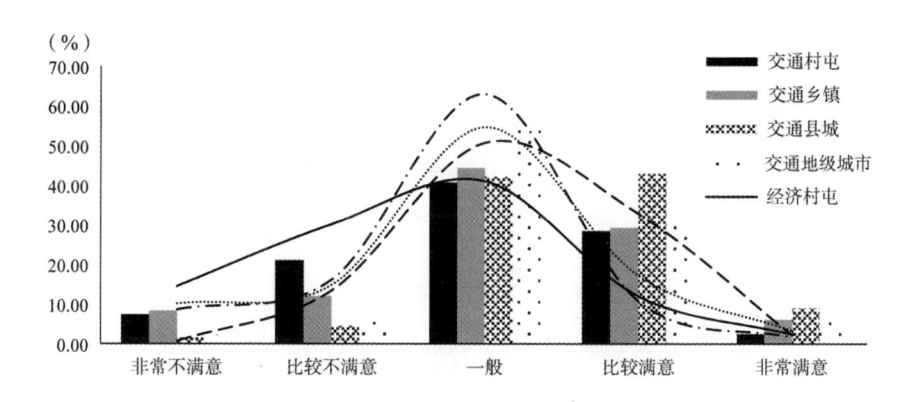

图 5–5　教师对学校所处社会环境满意度分布

调研数据显示，乡村教师对"学校的交通便捷"和"学校周边的经济发展"的不满意率较高，城市教师对学校所处社会环境比较满意，但比较而言，地级城市教师的满意率比县城低。具体而言，在"学校的交通便捷"方面，地级城市教师的满意率为37.1%，不满意率为8.7%；县城教师的满意率为51.9%，不满意率为6%；乡镇教师的35.3%，不满意率为20.3%；村屯教师的满意率为30.9%，不满意率为28.4%。在"学校周边的经济发展"方面，地级城市教师的满意率为12.4%，不满意率也达到24.7%；县城教师的满意率为35%，不满意率为14.1%；乡镇教师的满意率为20.5%，不满意率为24.9%；村屯教师的满意率为14.4%，不满意率为44.6%。见表5-11和图5-5。

有乡镇教师提道：

> 生源越来越少，有时候就是流失的。城里硬件设施好，虽然农村也在赶，但也是一直是在赶，人家现在有一个什么，农村追赶有什么。农村教学设备还是落后的。再加上现在这已经是一个潮流了，比如说有一家送孩子去（城里）了，另一家他跟着就想送着去，不送好像就显得家里不重视小孩似的。家长也觉得在城里各方面条件要比农村要好一些。实际上，农村和城市的差距还是越来越大。我刚来的时候，这个叫乡，过了几年之后它变成镇了。那个时候这个镇上它还有网吧，有一些餐厅餐馆什么的，还有好几家，虽然说不方便，但是有时候有一个急用的时候，至少你还有个吃饭的地方，但是现在一家都没有。咱们没有发展得越来越好，人也越来越少了，所以说那些做生意的也不会在这里。我感觉（城乡）差距，好像反而比以前更大了。(2021414XZJNYGZJ4)

第五节　乡村教师工作满意度倾向及其问题

由上可知，城乡教师在工作满意度的各个项目上的满意率和不满意率的具体比值有不同，这也反映了其对工作期待、职业需求和政策供给之间比较之后的判断和态度。在城乡比较视野下，乡村教师的各项的满意度倾向于满意率高于不满意率。这一方面证明既有乡村教师支持政策实践的有效性，提升了乡村教师的政策获得感和工作满意度，另一方面不满意率比值较高的项目为后续乡村教师政策提供了着力方向。基于此，选用平均值、30%和50%为参照分界值①，来进一步从总体上厘清村屯、乡镇、县城和地级城市教师的工作满意度倾向及其问题。

一 村屯教师工作满意度倾向及其问题

从图5-6和表5-12中可以看出，村屯教师对"学校办公条件""学校交通便捷"的满意率超过30%，对"工作被社会认可""学校的考核与评价"和"参与学校管理程度"的"满意率在30%—49.99%，也超过平均值"，对"从事教师职业""工作岗位""工作稳定性""工作被学校领导认可""工作被家长认可""工作被学生认可""学校人际关系""学校教研氛围"和"学校发展前景"的"满意率既超过50%，也超过平均值"。

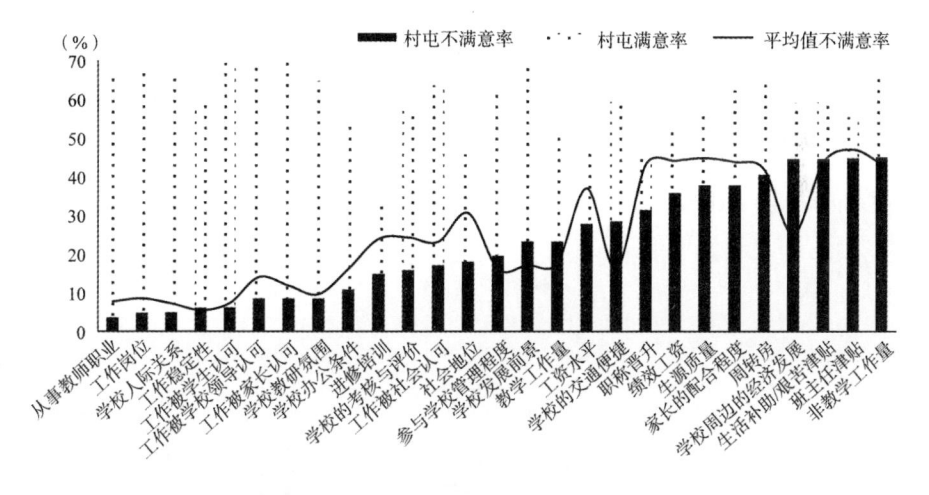

图5-6 村屯教师工作满意度倾向分布

---

① 平均值是城乡教师满意度的比值；本次研究把满意度分为5个测量值：非常不满意、比较不满意、一般、比较满意和非常满意，实质上反映的是三个态度：不满意、一般和满意，因此假定均衡下的满意度分布是各为30%左右，而50%的比值意味着该项态度在群体占有较强的态度倾向。

而对"绩效工资""生活补助/艰苦津贴""班主任津贴""周转房""职称晋升""生源质量""家长的配合程度""非教学工作量"和"学校周边经济发展"的不满意率比较高。其中,"参与学校管理程度""学校发展前景""教学工作量""学校的交通便捷"和"学校周边的经济发展"的不满意率高于平均值。总体上,村屯教师在总体性职业满意度和学校工作环境满意度方面的满意率比较高,而在职业提供满意度和学校社会环境满意的不满意率比较高,尤其对"学校周边的经济发展"的"不满意率在30%—49.99%,同时超过平均值"。

二 乡镇教师工作满意度倾向及其问题

从图5-7和表5-12中可以得到,乡镇教师对"工作被社会认可""工作被学校领导认可""工作被家长认可""学校办公条件""学校教研氛围""学校发展前景"和"学校的交通便捷"的满意率超过30%,对"从事教师职业""工作岗位""工作稳定性""工作被学生认可"和"学校人际关系"的满意率超过50%,对"周转房"的"满意率在30%—49.99%,同时超过平均值"。总体上,乡镇教师在总体性职业满意度和学校工作环境满意度方面的满意率比较高,而在职业提供满意度的不满意率比较高,与村屯教师的满意度倾向大体一致。

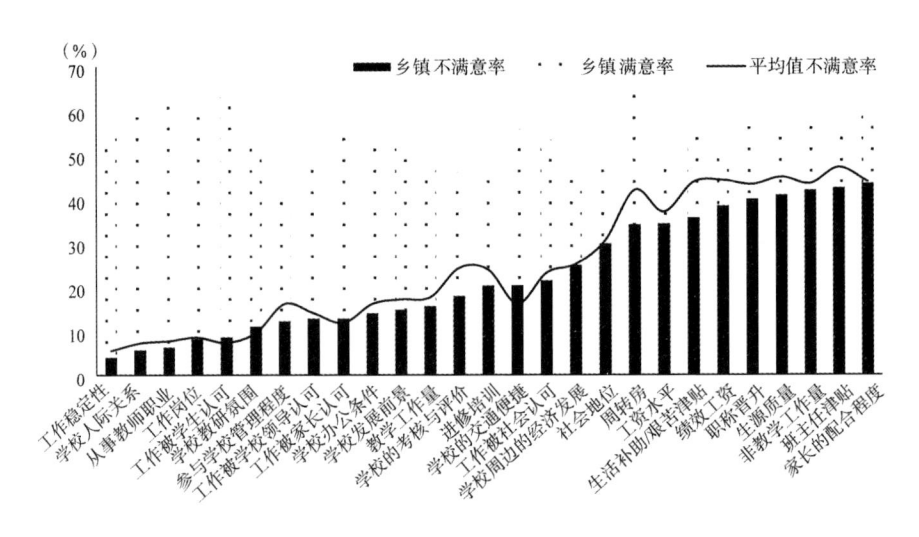

图5-7 乡镇教师工作满意度倾向分布

三 县城教师工作满意度倾向及其问题

从图 5-8 和表 5-12 中可以发现,县城教师对"从事教师职业""工作岗位""工作稳定性""工作被学校领导认可""工作被家长认可""工作被学生认可"和"学校的考核与评价"的"满意率在 30%—49.99%",对"学校办公条件"和"学校周边经济发展"的"满意率在 30%—49.99%,同时高于平均值",对的"学校人际关系""学校教研氛围"和"学校发展前景"的"满意率高于 50%",对"学校的交通便捷"的"满意率高于 50%,同时高于平均值"。而对"工资水平""绩效工资""生活补助/艰苦津贴""班主任津贴""生源质量""家长的配合程度"和"非教学工作量"的"不满意率在 30%—49.99%",对"进修培训"的"不满意率在 30%—49.99%,同时高于平均值",对"周转房"的"不满意率高于 50%",对"职称晋升"的"不满意率高于 50%,同时高于平均值"。可见,县城教师在总体性职业满意度方面的满意率较高,在学校工作环境满意度和学校社会环境满意度方面的满意率比较高,但在职业提供满意度方面的不满意率比较低,尤其对"周转房"和"职称晋升"的不满意率很高。

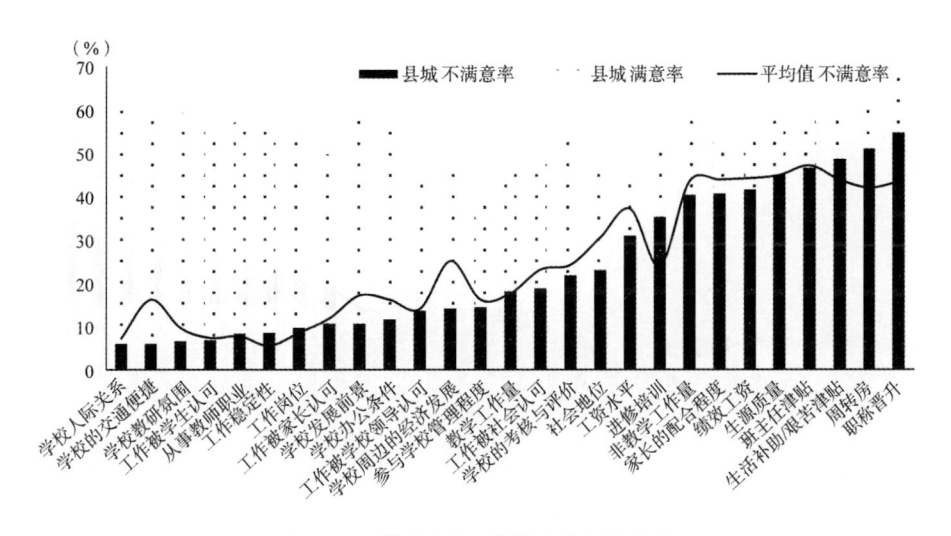

图 5-8 县城教师工作满意度倾向分布

有县城教师提道：

> 今年名额分配下来之后，每个学校只有一个名额，或者是几乎没有名额。有时候看着职称够了的老师，条件或者时间够了，但其实基本上也轮不到。它这方面职称晋升和绩效工资方面对老师还是调动不起来，积极性调动不起来。（2021525XCJNYGZJ2）

四 地级城市教师工作满意倾向及其问题

比较而言，地级城市教师对"从事教师职业""工作岗位""工作稳定性""工作被学生认可""学校人际关系""学校教研氛围""学校发展前景"和"学校的交通便捷"的"满意率在30%—49.99%"。而对"职称晋升"的"不满意率在30%—49.99%"，对"社会地位""工作被社会认可""家长的配合程度""非教学工作量"和"学校的考核与评价"的"不满意率在30%—49.99%，同时高于平均值"，对"工资水平""绩效工资""生活补助/艰苦津贴""班主任津贴""周转房"和"生源质量"的"不满意率高于50%，同时高于平均值"，参见图5-9和表5-12。可见，地级城市教师的工作满意度普遍不高，而在职业提供满意度方面，以及对"生源质量"的不满意率很高。

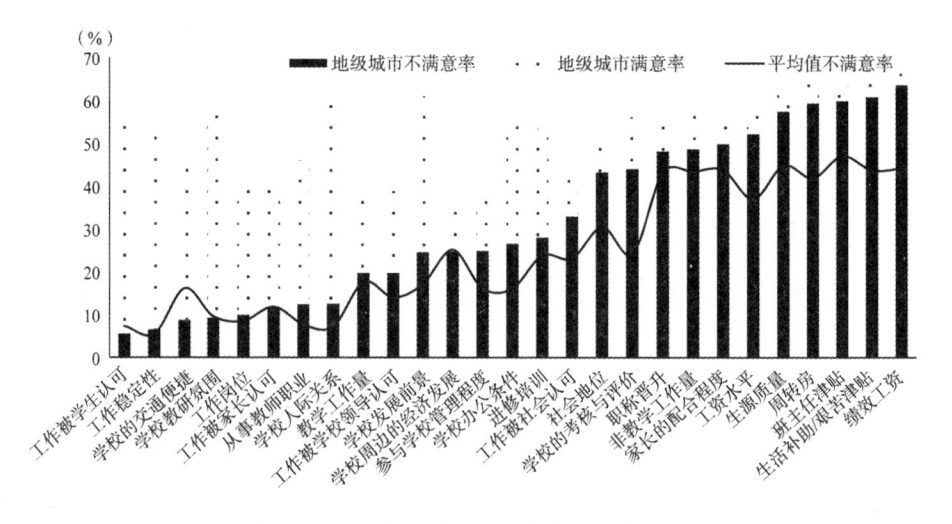

图5-9 地级城市教师工作满意度倾向分布

总体上，城乡教师的工作满意率呈现城低乡高的态势，或者不满意率呈现城高乡低的分布特征，并且在总体性职业满意度、学校工作环境满意度和学校社会环境满意度方面的满意率较高，而在职业提供满意度方面的不满意率较高。

表 5 – 12　　　　　　　　城乡教师工作满意度倾向性分布

		村屯		乡镇		县城		地级城市	
		不满意率	满意率	不满意率	满意率	不满意率	满意率	不满意率	满意率
总体性职业满意度	从事教师职业		√√√		√√√		√		√
	工作岗位		√√√		√√√		√		√
	工作稳定性		√√√√		√√√		√		√
	社会地位							**	
	工作被社会认可		√√		√			**	
	工作被学校领导认可		√√√		√		√		
	工作被家长认可		√√√		√√		√		
	工作被学生认可		√√√		√√√		√		√
职业提供满意度	工资水平			*		*		****	
	绩效工资	*		*		*		****	
	生活补助/艰苦津贴	*		*		*		****	
	班主任津贴	*		*		*		****	
	周转房	*		*	√√	***		****	
	职称晋升	*		*		****		*	
	进修培训					**			
学校工作环境满意度	生源质量	*		*		*		****	
	家长的配合程度	*		*		*		**	
	教学工作量				√√				
	非教学工作量	*		*		*		**	
	学校的考核与评价		√√				√	**	
	参与学校管理程度		√√						
	学校办公条件		√		√		√√		
	学校人际关系		√√√		√√√		√√√		√
	学校教研氛围		√√√√		√		√√√		√
	学校发展前景		√√√		√		√√		√

续表

		村屯		乡镇		县城		地级城市	
		不满意率	满意率	不满意率	满意率	不满意率	满意率	不满意率	满意率
学校社会环境满意度	学校的交通便捷		√		√		√√√		√
	学校周边经济发展	**					√√		

注：1. *：不满意率在30%—49.99%；**：不满意率在30%—49.99%，同时高于平均值；

：不满意率高于50%；*：不满意率高于50%，同时高于平均值。

2. √：满意率在30%—49.99%；√√：满意率在30%—49.99%，同时高于平均值；

√√√：满意率高于50%；√√√√：满意率高于50%，同时高于平均值。

第 六 章

乡村教师的成就感、荣誉感和归属感与问题表现

众所周知，教师被赋予不同的标签符号，例如园丁、春蚕、蜡烛和人梯等。这一方面体现了社会对教师劳动及其价值的高度认可，同时既有的师道文化与教师的标签符号相互强化，提升了教师在我国文化道德系统中的地位；另一方面这些标签符号也会内化成为教师职业的自我认知，进而转化为其认真工作的动力。然而，随着社会发展，社会各界包括教师自身对教师的职业认知和动力机制也在发生变化。在市场经济和社会分工精细化的背景下，传统标签符号的精神价值和道德约束性已然下降，而教师职业提供、学校工作环境和教学工作质量成为教师职业理解和身份建构的新依据、新路径。概言之，教师工作动力的职业理解和身份建构总体上由他者形塑转变为自我形塑。乡村教师激励问题治理的难题之一是如何让乡村教师在日常的教育教学工作中感受到工作成就感、职业荣誉感和归属感，让其对工作价值、职业认知和身份认同的理解与具体的教学工作和职业心理比较紧密联系起来，让其对工作和职业发展的疑惑在日常活动中能够自我找到正向的解答，从而提升乡村教师持续积极从教的动力和韧性。比较而言，乡村教师所面对的工作对象，所处的工作和社会环境，以及所要协调平衡的教学问题和工作关系有别于城市教师。这也使得乡村教师的教学成就感、职业荣誉感和归属感问题更为复杂，其问题体现不仅在于日常教学工作，还在于乡村社会发展环境。

第一节 乡村教师教学成就感与问题表现

教师激励的重心之一是激励教师认真积极地开展教学工作，让教师获得教学成就感。这一方面需要外在政策的刺激驱动，另一方面需要教师自身具备的工作责任心和教学勇气。鉴于工作条件等因素考虑，拥有教学成就感实际境况可能成为乡村教师职业倦怠乃至离职的动因之一。然而，实际调研在证伪先前的研究假设同时显示，乡村教师教学成就感好于城市教师。

一 教师教学成就感的理论内涵

工作成就感是员工实现自我激励的前提之一。众所周知，任何职业均遵循"劳动—产出"的工作逻辑，区别在于有的职业侧重于工作过程评价，有的则是侧重于结果评价。对于员工而言，自我工作评价或者获得工作成就感的主要依据有两个：一是所从事工作的薪酬待遇的配置逻辑，即是否获得与劳动付出相匹配和工作期待的薪酬待遇为参照来生成工作成就感；二是所从事工作的完成度和良好程度，即劳动付出是否完成和达成预期的目标。因此，员工工作成就感的获得一方面来自薪酬待遇或工作完成度的情况，另一方面来自对薪酬待遇或工作完成度的自我判断。

教书育人是教师的本职工作。教学作为教师的核心工作之一，其存在"目标预设—教学过程—目标检验"的工作逻辑。换言之，无论是一节课，还是一个学期，还是整个职业生涯，教师均预设一定的教学目标和实现期待。当预设的目标最终得到实现时，教师的教学成就感就会极大地提升，主观上的工作努力和教学效能也会得到维持或者增强，同时会降低工作挫折感和延缓职业倦怠。因此，无论是教师个体，还是学生家长、学校和教育行政部门，都希望教师拥有较好的教学成就感。但是，教学成就感具有个体属性，既受学生质量、课程教材和评价方式等方面的影响，更受制于教师个人的教学能力、教学目标期待和自我要求的影响。不同教师在不同环境下工作，其教学成就感差异较大。

作为群体而言，城乡教师所处的课堂、学校和社会环境分殊迥异，并且城乡师资的毕业院校来源、职称和荣誉称号等也存在结构性差别。作为个体而言,城乡教师在教学性知识和教学经验积累上有一定距离。这些在不同程度上促使城乡教师在教学成就感获得过程中面临着不同的挑战。对于乡村教师而言,由于入职时间、生源、教学质量和学校教学支持力量等限制性条件的存在,其获得教学成就感的挑战更多更大。

二 乡村教师教学成就感的问题表现

基于教师问卷中"我对目前的教学工作有成就感"一题的数据统计分析发现,中小学教师总体上"对目前具有教学工作成就感"的持正向评价,其中的正向比例为42.6%,负向比例为10.8%。具体而言,教师中有13.8%表示"非常符合",28.8%表示"符合",46.6%表示"一般",仅有8%表示"不符合"和2.8%表示"非常不符合"。

表6-1　　　　　　　　城乡教师教学成就感分布　　　　　　　单位:%

	非常不符合	不符合	一般	符合	非常符合
村屯	2.40	3.60	34.90	39.80	19.30
乡镇	2.40	7.10	42.70	32.50	15.30
县城	1.40	8.70	52.20	23.20	14.50
地级城市	5.00	11.70	57.00	19.00	7.30
总计	2.80	8.00	46.60	28.80	13.80

城乡比较而言,教师教学成就感比例从地级市教师到村屯依次递增。其中,地级城市教师仅有26.3%表示"符合"或者"非常符合"目前的教学工作有成就感,有16.7%表示"不符合"或者"非常不符合";县城教师的对应比例是37.7%和10.1%;乡镇教师的对应比例是47.8%和9.5%;而村屯教师对应比例,前者则高达59.1%,后者则仅为6%。具体参见表6-1和图6-1。可见,村屯和乡镇教师"对目前教学工作的成就感"的正向比例远高于县城和地级城市教师,最大差值达到32.8%,并且地级城市教师不到30%的正向比例。这说明在目前的工作氛围下,乡村教师的拥有教学成就感比例高于城市教师。

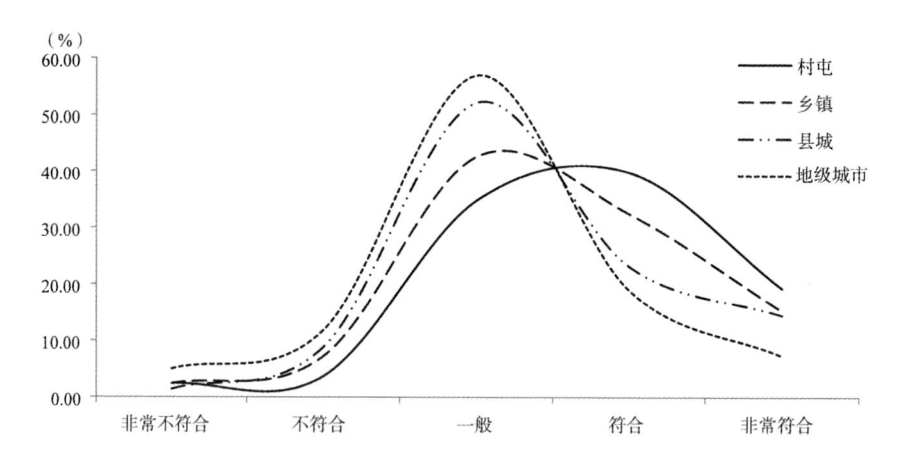

图 6-1　城乡教师教学成就感分布

也有乡村教师提道：

> 我走不进人家（学生）心里，不知道人家真正的需求在哪里，一看那乖乖地在教室里面坐着，没有听你讲课，你看班里几个娃都乖着嘞，但是没有听你讲课，而且这些娃不是极个别的而是很大一部分的。就是现在最大的一个困惑，其他的都不怕。但是你走不进娃心里，就是你说什么，你说一个简单的问题，人家就不听你的，你讲啥都不听。（2021412CTZXJ1）

> 咱们学校这五、六年级，你像这数学不及格，一个班几乎少一半都不及格，但是在城里那些学校，人家数学成绩猛得很。你问人家考咋样，人家说六七十分，人家说没考好，人家最起码八九十分七八十分，差也就相差五六分、七八分，没有说差得特别远，这种现象咱们这一差就特别远。现在，基本上条件好的学生就走了，然后给咱们留下这些生源也不太好。你想，一个是留守儿童，再加上父母离异的，几乎都占到了班级的 1/3 了。肯定对咱们老师的教学这块的负担比较重，你像英语听力，学生回家就没有条件听这个录音什么的，课堂上就那么点时间，从口语表达各个方面来说都跟不上。（2021415XZXXJ8）

当时我是统一分配到这个地方。其实我觉得不管在哪，分配到这儿，我就是待着，也没什么特别要求。在这啊，背景比较简单一些，起码要奖励我们一些，就更好啊。一般人调动可能是想做得更好的想法，我觉得在这山村里面有山村的好处，花销也能少一些，自己好好发展。一开始工作，当时我这个人还比较朴实，孩子也比较朴实，所以那个时候我觉得工作还有一些成效，虽然赶不上城里的，但是起码孩子有这种感恩的心噢。但是后来普九以后，慢慢地整个风气也变了。家长对学校的信任，好像老师不好好教一样。其实，我觉得老师还是原来的那个样子，该怎么样教还是怎么样教，但风气变以后，尤其是这几年，好的学生基本上都转走，剩下的这个生源质量，所以说，老师再努力已经没有什么收效，事实上就是感觉到这几年很失望，就一直想盼着退休了。因为原来起码是一个班，一年考几个人还觉得有个成就感。现在就有一些问题，这两年我们这儿生源质量慢慢地跟不上，这里面也有一些家庭环境的影响，所以老师再努力成绩也上不来。（2021414XZJNYGZJ3）

（现在学校）把这些学生成绩提到跟城里那样肯定难，大家也认为农村学校教育质量不好。实际上是因为优质的、能够带动的学生都流走了，没有办法。我们有一个老师，他到城市去，人家就说了一句话。他说，这儿的学生随便一教都考得可好了，这是原话。这儿的老师你费劲教，成天跟着也不行。老师还是会很卖力，只不过最后的效果，可能不能让所有人都满意。老师再怎么样，应对这些行政方面工作，和钱再多什么的，他上课还必须对学生要有个交代。（2021414XZJNYGZJ4）

第二节　乡村教师职业荣誉感与问题表现

教育行业应该说是精神回报最多且最具成就感、令人振奋的职业之一。[1] 而在我国的文化语境中，教师是极具职业荣誉感的职业。同时，提

---

[1] ［美］托马斯·戈登：《T. E. T. 教师效能训练：一个已被证明能让所有年龄学生做到好的培训项目》，李明霞译，中国青年出版社2017年版，第34页。

升中小学教师职业荣誉感是提高中小学教师职业吸引力、加强教师队伍建设的重要内容。① 长期以来，乡村教师职业吸引力处于较低水平。尽管如此，社会各界也通过多种方式提高乡村教师的职业声誉和社会地位，以维护处境不利的乡村教师的职业荣誉。通过实地调研发现，乡村教师职业荣誉感的自我认同水平总体较高。

一 教师职业荣誉感的具体内涵

职业荣誉感是从业人员对职业的主观价值上的积极认知和道德荣誉上的自我认同，"是每个职业人，在自己职业范围内做好自己职业范围内的事情的那种职业责任感及做好职业之后在社会上获得的尊敬、自尊及感到光荣的那种感觉"②。这一方面来自社会对职业的工作岗位、劳动价值和社会贡献给予的正向肯定，包括赋予较高的社会地位，授予相关的荣誉称号和营造良好的舆论导向等，另一方面是从业人员对本职业的自我荣誉感，包括价值理解、身份认同和尊严维护等。正因如此，职业荣誉感是从业人员、职业群体和社会大众互为作用的结果，也是衡量职业社会地位、职业吸引力和从业人员的职业认知的尺度之一，更是从业人员工作动力和积极性的源泉之一。

在我国的传统文化中，教师有其独特的文化和道德内涵。无论是作为职业群体，还是从业人员个人，教师均被赋予"文化先知"和"道德圣人"的符号意蕴。在文化和社会层面，我国教师有着天然的荣誉属性。随着"文字下移"和道德体系的变迁，社会对教师职业的评价方式趋向于以教学水平和职业收入论高低，并在舆论层面对教师略显严苛，但教师职业的道德荣光依然存在，尊师重教的社会风尚尚存。在此背景下，我国教师职业荣誉感的实际状况，一方面反映了教师群体的职业认同和职业尊严，另一方面检视我国对教师职业的尊重和维护情况。

作为教师队伍中的特殊群体，在社会转型背景下乡村教师获得职业荣

---

① 梁红梅、高梦解：《中小学教师职业荣誉感的现实困境与涵育路径》，《华南师范大学学报》（社会科学版）2020 年第 6 期。

② 《职业荣誉感》，https：//baike.baidu.com/item/%E8%81%8C%E4%B8%9A%E8%8D%A3%E8%AA%89%E6%84%9F/8326957？fr=aladdin。

誉感更具挑战。首先是在过去较长一段时间内,乡村职业提供水平一直处于较低的状态,受此影响,处于资源配置末端的乡村教师本身和社会各界对乡村教师的职业认知并不看好,乡村教师的工作价值并没有在职业提供上得到认可和褒扬。尽管近前,乡村教师职业提供问题进入到教师政策关注的核心领域,薪酬配置方式和教师荣誉制度明确向乡村教师倾斜,但要改变既往形成的职业荣誉格局还须相关政策的持续加持。其次是传统上支撑乡村教师的师道文化在乡村社会日渐式微,在当下的语境下,相应的文化标签和道德符号在某种程度上反而成了乡村教师的道德负重,成为乡村教师论及职业荣誉时的负面资产。最后是教学工作的客观条件较差,让乡村教师很难在与其他教师群体关于教育质量、职业提供和道德评价的比较之下获得较高的职业荣誉感。显然,当前极为有必要了解乡村教师职业荣誉感的自我认知情况,以便掌握在倾斜性教师政策支持下的乡村教师职业荣誉感的具体状况,以及乡村教师职业与社会互动的效果如何,为后续明确乡村教师激励政策的具体内容提供证据。

二 乡村教师职业荣誉感的问题表现

(一) 乡村教师职业荣誉感的总体感知

针对"教师职业给我带来荣誉感"一题的调研数据显示,中小学教师对"教师职业给我带来荣誉感"持正向评价,其中正向比例为46.2%,负向比例14.8%。具体而言,教师中有17.8%表示"非常符合",28.4%表示"符合",39.1%表示"一般",仅有10.7%表示"不符合"和4.1%表示"非常不符合"。

表6-2　　　　　　　　城乡教师职业荣誉感分布　　　　　　　　单位:%

	非常不符合	不符合	一般	符合	非常符合
村屯	2.40	8.50	29.30	34.10	25.60
乡镇	3.20	8.30	39.10	29.20	20.10
县城	5.90	6.60	43.40	24.30	19.90
地级城市	5.50	20.30	40.10	26.90	7.10
总计	4.10	10.70	39.10	28.40	17.80

城乡比较而言,教师职业荣誉感比例从地级市教师到村屯教师也是呈现依次递增的特征。其中,地级城市教师有34%表示"符合"或者"非常不符合"教师职业给我带来荣誉感,但也有25.8%表示"不符合"或者"非常不符合";县城教师的对应比例是44.2%和12.5%;乡镇教师的对应比例是49.3%和11.5%;而村屯教师对应比例,前者则高达59.7%,后者为10.9%,具体参见表6-2和图6-2。可见,村屯和乡镇教师"教师职业给我带来荣誉感"的正向比例也是高于县城和地级城市教师,最大差值达到25.7%。此外,地级城市教师超过20%对职业荣誉感表示了负向评价,远高于县城、乡镇和村屯教师。这说明在目前的工作氛围下,乡村教师的拥有职业荣誉感比例高于城市教师,并且地级城市教师在职业荣誉感获得水平并不高。

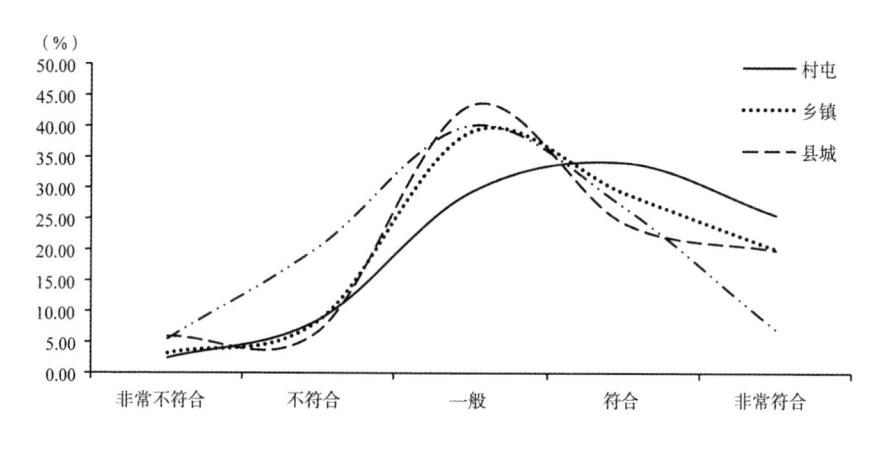

图6-2 城乡教师职业荣誉感分布

有乡镇教师提道:

咱们拿到省级荣誉不容易,就是可遇不可求,对于我来说稀里糊涂的,当时也没有抱这样的心。确实自己当时也是努力了,但是没有想到真的能拿到省级这个荣誉。当时拿到荣誉的那一刻,感觉挺高兴的。有荣誉之后,你培训的机会就比较多,然后你就经过学习,你就真的是能体会到你责任也就更大了。比方说,你之后讲的每一堂课,说这个是省级教学能手,对自己就有要求。再一个,你要能引领，上面对你有要求，你必须要起到引领的作用。也会去当一些评委，比如说市里推教学能手的时候，也会去当评委，还有教师资格证的评委什么的。可能我在农村，大家知道的机会更少一点。比如说，你在一个名校，老师是省级教学能手，是不是联系这个老师更方便一些，反正一般乡村老师这种机会更少一些。（2021414XZJNYGZJ4）

（二）"最高荣誉称号"分类下乡村教师职业荣誉感感知

由上可知，中小学教师的职业荣誉感持正向态度处于中等水平，城乡教师的正向态度也相差不大。鉴于此，作为与职业荣誉联系最直接、信号最显著的"荣誉称号"，在"最高荣誉称号"分类下，教师的职业荣誉感是否有所提升？

表6-3　　"最高荣誉称号"分类下城乡教师职业荣誉感分布　　单位:%

	分类项目 最高荣誉称号	非常不符合	不符合	一般	符合	非常符合
乡村	没有	2.20	7.80	36.70	31.10	22.20
	校级	3.30	11.00	38.50	29.70	17.60
	县区级	3.60	8.90	36.90	33.90	16.70
	市级	1.50	10.80	35.40	20.00	32.30
	省级	1.80	1.80	52.70	23.60	20.00
	国家级	9.10	3.00	30.30	36.40	21.20
城市	没有	6.10	9.10	39.40	33.30	12.10
	校级	2.90	11.40	37.10	31.40	17.10
	县区级	8.40	17.90	36.80	28.40	8.40
	市级	5.30	17.30	41.30	24.00	12.00
	省级	4.40	15.60	42.20	20.00	17.80
	国家级	3.30	3.30	66.70	10.00	16.70

续表

最高荣誉称号	分类项目	非常不符合	不符合	一般	符合	非常符合
总计	没有	3.30	8.10	37.40	31.70	19.50
	校级	3.20	11.10	38.10	30.20	17.50
	县区级	5.30	12.20	36.90	31.90	13.70
	市级	3.60	14.30	38.60	22.10	21.40
	省级	3.00	8.00	48.00	22.00	19.00
	国家级	6.30	3.20	47.60	23.80	19.00

从表6-3和图6-3中可以发现，一是在各个"最高荣誉称号"段的城乡教师对职业荣誉的正向比例高于负向比例；二是乡村教师在各个"最高荣誉称号"段的正向态度比例高于城市教师，对应的负向态度则低于城市教师；三是获得"最高荣誉称号"各段的乡村教师对职业荣誉的正向态度比例差异不大，其中最高比例是获得"国家级"的57.6%；四是城市教师中随着获得"最高荣誉称号"级别的提高，反而对职业荣誉的正向态度降低；五是总体上，教师获得"最高荣誉称号"越高，对职业荣誉的正向态度比例越低，获得"最高荣誉称号"为"县区级"和"市级"的教师对职业荣誉的负向态度较高。具体而言，获得"最高荣誉称号"中"没有""校级""县区级""市级""省级"和"国家级"的乡村教师对职业荣誉持正向态度的比例分别为53.3%、47.3%、50.6%、52.3%、43.6%和57.6%，持负向态度的比例分别为10%、14.3%、12.5%、12.3%、3.6%和12.1%。获得"最高荣誉称号"的城市教师中对职业荣誉持正向态度的对应比例是45.4%、48.5%、36.8%、36%、37.8%和26.7%，持负向态度的对应比例是15.2%、14.3%、26.3%、22.6%、20%和6.6%。获得"最高荣誉称号"的中小学教师中对职业荣誉持正向态度的对应比例是51.2%、47.7%、45.6%、43.5%、41%和42.8%，持负向态度的对应比例是11.4%、14.3%、17.5%、17.9%、11%和9.5%。

另外，通过与上述表6-2和图6-2的教师对职业荣誉感的具体比例数值的比较可知，一方面是城乡教师"获得最高荣誉称号"本身及其层级并没有直接提升其对职业荣誉感的正向态度;另一方面是与乡村教师相比,获得"最高荣誉称号"各段的城市教师对职业荣誉感的正向态度比例偏低,并且随着获得荣誉称号的层级提高反而在降低,最低比例是获得"国家级"荣誉称号为26.7%。

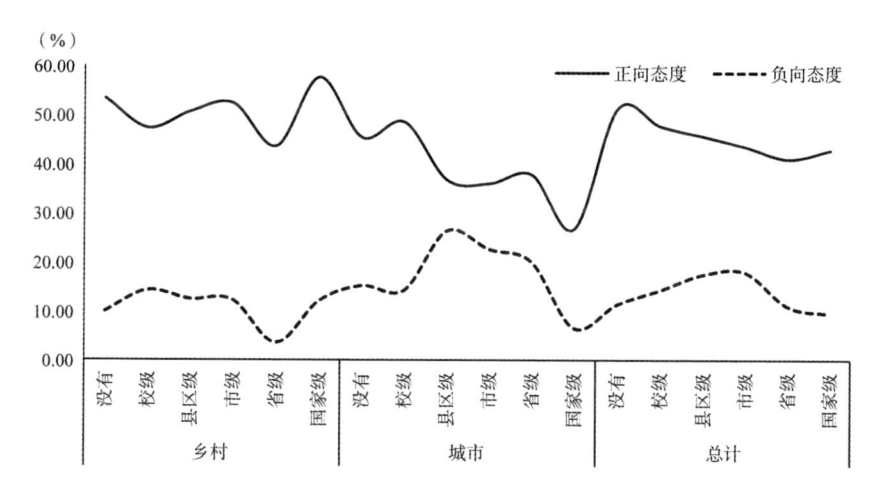

图6-3 "最高荣誉称号"分类下城乡教师职业荣誉感的正负向态度分布

(三)乡村教师对社会"尊师重教"的态度分析

教师职业荣誉具有高度的社会属性,是社会对教师职业的尊重态度和程度的体现。传统上,尊师重教的文教文化是我国教师职业荣誉的社会支撑。作为传统文化的保存较好的乡村,其对教师职业荣誉的支撑是否有别于城市。基于此,研究中以教师视角下来探讨"尊师重教"的社会氛围,期以佐证城乡教师职业荣誉的现状及其差异性。

从表6-4和图6-4中可以看出,在"社会有重视教育的氛围"方面,中小学教师持相对保守的看法,其中有32.7%,不到三分之一的认为是"符合"或者"非常符合",但有20.7%表示"不符合"或者"非常不符合"。比较而言,乡村教师关于此问题的正向比例高于城市教师。其中,地级城市教师认为"社会有重视教育的氛围"的正向比例仅有16.6%,而负向比例达到33.2%;县城教师的对应比例是27%和16.8%;乡镇教师的对应比例是39.6%和18.5%;村屯教师的对应比例是42.1%和12%。可见，40%左右的乡村教师认为社会有重视教育的氛围，低于20%的不赞同此看法，而有城市教师20%左右持正向看法，其中地级城市超过三分之一的持负向看法。

表6-4　　　　　教师视角下社会"尊师重教"态度分布　　　　单位:%

		非常不符合	不符合	一般	符合	非常符合
社会有重视教育的氛围	村屯	1.20	10.80	45.80	32.50	9.60
	乡镇	4.70	13.80	42.00	27.50	12.10
	县城	8.00	8.80	56.20	18.20	8.80
	地级城市	12.20	21.00	50.30	14.90	1.70
	总计	6.50	14.20	46.50	23.70	9.00
社会有尊敬教师的氛围	村屯	3.60	16.90	48.20	22.90	8.40
	乡镇	6.30	15.00	46.90	20.40	11.30
	县城	6.70	12.60	61.50	12.60	6.70
	地级城市	14.20	24.60	52.50	7.10	1.60
	总计	7.90	16.90	50.70	16.40	8.10

也有乡镇教师提道：

教师子女都不想当教师了，教师也不想让他的子女当教师，你现在看是不敢批评学生，什么都不敢干，老师如果把学生打了或者怎么样了，这种舆论是一片谴责教师，反过来学生把老师怎么样了但却没人提。虽然国家一直在提倡的全都是地位的，但是出台的这些政策感觉到好像都不太能落实。(2021414XZJNYGZJ5)

在"社会有尊敬教师的氛围"，中小学教师对此持相对悲观的看法，其中仅有24.5%，不到三成的认为是"符合"或者"非常符合"，并且有24.8%表示"不符合"或者"非常不符合"，负向看法比例超过正向比例。比较而言，乡村教师关于此问题的正向比例是高于城市教师，但是城乡教师均持较低水平的正向比例和较高水平的负向比例，并且地级城市教师有近40%认为"社会有尊敬教师的氛围"此现象不太符合实际。

具体而言，地级城市教师认为"社会有尊敬教师的氛围"的正向比例仅有 8.7%，不超过 10%，而负向比例高达 38.8%，城市教师的负向看法比例高出正向比例 30%；县城教师的对应比例是 19.3% 和 19.3%，正负向比例持平；乡镇教师的对应比例是 31.7% 和 21.3%；村屯教师的对应比例是 31.3% 和 20.4%。

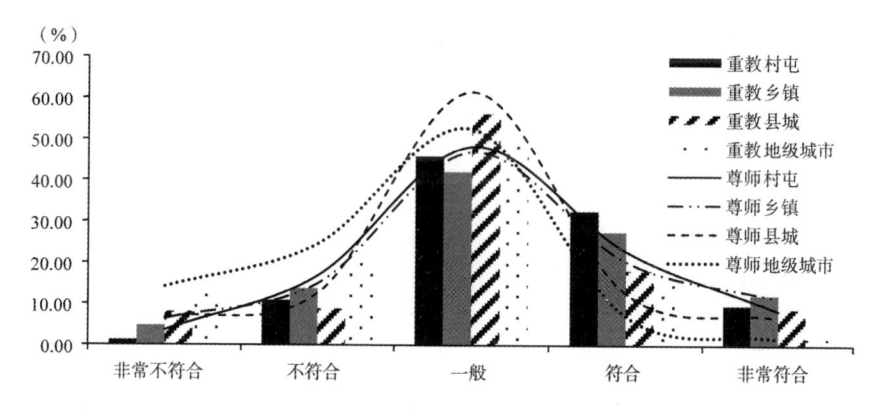

图 6-4 教师视角下社会"尊师重教"态度分布

第三节 乡村教师的归属感与问题表现

关注内在心理、求学经历、工作经历和生活史是教师专业发展研究的新动态新趋势。其主要在于把个体教师放置于社会发展的背景下来思考个体教师的专业发展历程和动机，建构起个体教师的个体经验与教师专业发展的理论联系，从而探寻教师专业发展的规律性要素和内在机理。教师归属感是教师基于个体经验对职业和学校情感的集中表达。在政策支持下，乡村教师对职业和学校的情感表达和教育情怀如何，是否因应政策供给而持续增强，这亟待予以厘清。

一 教师归属感的具体内涵

员工激励有三种取向：偏向于对员工工作效能进行评价与激发的员工个体激励，侧重于单位平台搭建、组织资源整合和团队建设的单位组织激励,和注重员工与单位融合共生发展的"员工—单位"同构互动激励。在强调效率和绩效管理的背景下,员工个体激励最为简单实用,也能够较为直接地回应员工和单位诉求。相应的问题是员工的个体性意味着其诉求的不一致与多变性,这种不一致与多变性也会因员工数量的增加而增加,而以效益为考虑的单位则较难及时因应员工诉求的变化,以致带来员工个体激励的后续乏力。相对而言,单位组织激励则以组织团体为激励方向,以组织制度建设、组织发展愿景和组织整体发展为理念来促成员工自我激励与组织发展结合起来,引导员工以单位发展为动力驱动。

可见,无论是员工个体激励,还是单位组织激励,都在于让员工认真积极工作以服务于特定的工作目标,问题在于特定工作目标的设定与完成是否契合员工个体诉求与期待。这在社会个体化时代充满挑战。一方面个体变得更加强大,个体所拥有的知识、能力、信息以及独立的程度,使得个体更加明确地了解到自己的需求和价值;另一方面组织变得更加强大,组织所拥有的资源、平台、机会以及聚合影响力的程度,使得组织更加明确地了解到自己的属性与价值。[1] 鉴于此,员工激励的理想模型是"员工—单位"同构互动激励。此种激励实现的前提是互为转换员工与单位的角色认知和功能,架构员工与单位的利益关系。简言之,员工激励问题的核心是如何处理员工个体与单位组织的关系。

这种关系除了体现在具体利益诉求,还在于员工与单位的归属关系。一般而言,归属关系既包括政治法律层面的权责隶属关系,也包括文化心理层面的地缘情感关系。前者是客观明晰,而后者相对模糊动态。我国传统文化和职场文化历来重视归属感——这不仅代表着忠诚度,也表达着员工之于工作的全身心投入。而当前市场人力资源充沛与适用性人才紧张、市场工作不确定性增加与社会分工精细化,以及社会关系情感连结弱化与个体情感体验感的增强的相互矛盾紧张,单位组织愈发重视员工的归属感及其所体现的地缘情感关系。因此,员工归属感集中反映了员工与单位之间的推拉关系,是员工激励的重要指标之一。

鉴于此,教师归属感是教师与学校之间的推拉关系和情感关系。因

---

[1] 陈春花:《激活组织:从个体价值到集合智慧》,机械工业出版社2017年版,第9页。

工作的长期性和稳定性，工作对象包括了学生及其家长，工作内容涉及学校之外社区环境等，教师归属感不仅与职业本身和学校组织产生情感联结，还包括当地社区。因此，教师归属感也可进一步细分为教师职业归属感、学校单位归属感和学校所在地的地缘归属感。因入职的学历门槛较高，需要相关的教师资格认证，教育教学工作职责明确，以县为主的属地管理和学校主导人事评价等，教师的职业归属感和学校归属感较容易得到确认。相对而言，在人口高速流动、家校异地和地缘关系减弱的当下，教师的地缘归属感较难得到确认和维持。长期以来，教师政策制定也偏重于提升教师的职业归属感和学校归属感，而较为轻视提升教师的地缘归属感。

　　目前，乡村教师政策致力于让乡村教师"引进来、留得住和教得好"，其宗旨归一就是提升其对职业、学校和乡村社会的归属感。由于乡村教师、乡村教育和乡村社会在我国学术领域中蕴含着特定的文化意义，教育学界一直以来试图建立起乡村教师与乡村社会的文化联系，例如强调乡村教师对乡村社会的风俗习惯、生活方式和文化理念的认同与参与，形塑乡村教师作为乡村社会知识分子的角色功能，以及突出乡村教师在乡村社会发展的中坚作用等。凡此种种，既有基于传统乡村教师形象的现代想象，也有依据不同学术理论对乡村教师队伍建设的政策阐释。在具体政策层面，除了常规的公开招聘，乡村师资来源和补充渠道主要经历了"民办教师""代课（临聘）教师"、公费师范生和定向师范生等的变迁，培养层级也由"高中或中专"提升到"本科"，其内在逻辑也由师资本地化到师资市场化，再到师资本地化的转变。师资本地化意味着乡村教师政策试图打破学校围墙的自我束缚，加强乡村教师与当地社区的地缘、文化乃至血缘的联系，强化乡村教师的乡村社会归属感，进而提升乡村教师的队伍稳定性和工作积极性。随着问题研究和政策实践的推进，理论和政策领域在推动乡村教师本地化方面趋于一致，然而其理论假设和实践效应需要进一步加以验证。

　　二　乡村教师归属感的问题表现

　　（一）"有机会调动工作"视角下的乡村教师归属感分析

　　我们的调研发现，中小学教师归属感中学校归属感较低，偏向于属地归属感，即教师更愿意选择离家就近工作。具体而言，针对"如果有机会调动工作"的问题，中小学教师中有26.2%选择"选择离家更近的学校"，24.6%选择"继续留在本校工作"，19%选择"选择离开教师职业"，15.8%选择"选择教育质量更好的学校"，13%选择"选择社会环境更好的学校"，还有1.4%选择"其他"。参见表6-5。

有县城教师提道：

> 待在这儿最主要一个原因是我老公在隔壁学校，我们家就在这儿，这个是方便。另外就是虽然我们也在县里住，陪读那年也在市里住，但是我觉得住哪儿不重要，如果是工作环境的话，我觉得还是喜欢这里。一定人生在哪儿就在哪儿嘛。另外一个就觉着咱们这个地方，相对来讲，不管是家长还是同事之间的关系简单一点，淳朴一点。（2021413XCJNYGZJ3）

有地级城市教师提道：

> 一开始我是分了乡镇，在乡镇待了三年，然后是调了这个学校。当时师范毕业以后，教育局统一分配到了乡镇。因为年轻老师，人家也不让你到城里学校，然后，我在乡镇待了三年。因为我们家不是离这学校近，上下班、回家都比较方便，所以就调到这了。（2021415DJCSXXJ7）

表6-5　城乡教师针对"如果有机会调动工作"的选择分布　　单位：%

	继续留在本校工作	选择教育质量更好的学校	选择离家更近的学校	选择离开教师职业	选择社会环境更好的学校	其他
村屯	24.40	9.80	42.70	17.10	6.10	0.00
乡镇	23.80	19.00	32.40	12.30	12.30	0.20
县城	29.60	8.90	15.60	31.90	11.90	2.20
地级城市	22.80	16.30	12.00	26.10	18.50	4.30
总计	24.60	15.80	26.20	19.00	13.00	1.40

从表6-5和图6-5中可以看出，城乡教师在职业归属感、学校归属感和社会归属感上存在较大差异：县城和地级城市教师偏向"选择离开教师职业"；村屯和乡镇教师偏向属地归属，在条件允许下选择在家就近工作。具体而言，地级城市教师有26.1%"选择离开教师职业"，22.8%"继续留在本校工作"，18.5%"选择社会环境更好的学校"，16.3%"选择教育质量更好的学校"，12%"选择离家更近的学校"，和4.3%选择"其他"；县城教师有31.9%"选择离开教师职业"，29.6%"继续留在本校工作"，15.6%"选择离家更近的学校"，11.9%"选择社会环境更好的学校"，8.9%"选择教育质量更好的学校"，和2.2%选择"其他"；乡镇教师有32.4%"选择离家更近的学校"，23.8%"继续留在本校工作"，19%"选择教育质量更好的学校"，12.3%"选择离开教师职业"和"选择社会环境更好的学校"，和0.2%选择"其他"；村屯教师有42.7%"选择离家更近的学校"，24.4%"继续留在本校工作"，17.1%"选择离开教师职业"，9.8%"选择教育质量更好的学校"，和6.1%"选择社会环境更好的学校"。

有乡镇教师提道：

> 我刚才不是说我一心就想当老师，我刚来那样确确实实想好好地就是把这个工作当成事业。但是，现在我感觉一定我要这个工作谋生的话，这个工资不足以让我谋生，我要辞了吧，我就在想好像没有别的一技之长，就没有办法了。刚一来这个地方作为一个年轻人，我当时来这个地方22岁，只要一来年轻人，学校年长的老师就会说赶紧找机会离开这里，它不存在像你说的，如果哪个条件改变了，你愿意留在这，没有人愿意留在这。能够在这里的就是附近的附近村子的老师，而且年龄大了就在这里养老而已。（2021414XZJNYGZJ6）

> 年轻人到了学校干不了几年，就想办法通过关系都走。像我们这家在这，我们这方面还得需要照顾家里。这样对学校就是考验了，本来师资力量就薄弱，剩下年龄大的都上不了多少课。年轻老师有活力，走了，主要还是啥呢？是待遇。（2021414XZJNYGZJ2）

由此可见，在职业归属感方面，乡村教师高于城市教师，并且城市教师有较高的离开教师职业的倾向；在学校归属感方面，城乡教师均呈现较弱的态势，相对而言，县城教师的学校归属感是最高；在社会归属感方面，乡村教师高于城市教师，并且乡村教师表现出较强的家庭属地归属感，以及乡镇教师和地级城市则对学校教育质量和所在社会环境要素的追求更强烈。

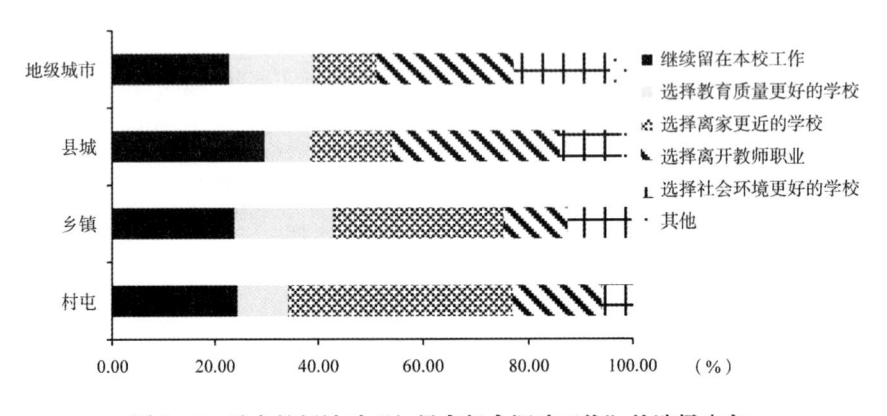

图 6-5 城乡教师针对"如果有机会调动工作"的选择分布

（二）乡村教师选择当前任教的主要原因分析

此外，基于"您选择在当前学校任教的主要原因"的调研发现，中小学教师的主要原因占比从高到低分别是"教育局招聘分配""照顾家庭""学校所处环境""子女教育""专业发展""薪酬待遇"、学校发展前景""工作压力""职称晋升""其他""生源质量"和"绩效考核方式"。其中，"教育局招聘分配"是主要原因的主导因素，占比达到62.7%，"照顾家庭"和"学校所处环境"也是教师选择学校的次要性主要原因，占比分别是24.7%和10.9%，其他原因均低于10%，参见表6-6。总体上，除了"教育局招聘分配"属于行政性客观的不可抗原因，中小学教师对工作单位的选择偏向于"照顾家庭""学校所处环境"和"子女教育"等家庭环境的属地归属，而对职业条件的选择较弱。而在法国，希望从事或已经从事这一职业者为这一选择提出的理由首先归结于其固有的特征，对在职小学教师们所作的调查中，他们最常提起的从事这一职业的理由是照顾孩子（62%）和喜欢教书（62%）。[①]

有乡镇教师提道：

> 老师留在这里，要说比市里老师挣得多一点，但是你看周围的环境，就老师们下个班想去买个东西、吃个饭干啥都不方便。另外，学校里面这个环境现在虽然在盖新的教学楼，但它没盖好，老师就住在4楼，两个人一个宿舍，你要洗个澡干什么都不方便，所以我就说让你们（参与调研访谈的研究生）来，你们肯定都不愿意来。就我们作为本地人，我们也觉得就是如果学校的环境再能好一点，对年轻人的照顾再多一些，我们也希望留一些年轻的人在教，毕竟就一个学校来几个年轻人马上就带起来了。身边有一些年轻人，我也很愿意跟他们学，毕竟人都不愿意老嘛。就我希望来讲，我希望这个学校能留住学生。那留住学生的前提是必须要留住老师。如果像我这种父母在这里，一家人都在这里，在这就安心，但是大部分人只要有机会都会走。（2021414XZJNYGZJ2）

> （继续留在本学校工作）特别重要的原因，我们学校环境啥的还是算比较好。我知道市里的学校，其实节奏比较快。然后，我们学校周边环境也较好，各方面还都可以。现在交通也算是比较发达，我们学校（教师）基本上都有车，每周回去（县里的家）不存在什么问题。如果说是在市里上班的话，其实路程是一样的。在这里，回去路上也比较方便。其实很明显，在农村工作有很多的不方便。你想每个老师都有家庭嘛，人有家庭之后有孩子，他肯定是更多关注自己的孩子家庭，想去照顾他们。像我们在这儿，那就一周才回去。小孩就一周见不到妈妈，心里肯定是空落落的。大家都不希望这样子，为了孩子可能不想去做这样一个工作。虽然说一直在加大乡村老师的补贴，但是实际上也没有太多，一般老师不会说是为了挣到三四百块钱的乡村补贴，就待在乡村。（2021414XZJNYGZJ4）

[①] ［法］玛丽·杜里-柏拉、阿涅斯·冯·让丹：《学校社会学（第2版）》，汪凌译，华东师范大学出版社2001年版，第150页。

表6-6　　　城乡教师选择在当前学校任教的主要原因分布　　　单位:%

	村屯	乡镇	县城	地级城市	总计
教育局招聘分配	61.40	62.10	57.20	69.30	62.70
照顾家庭	20.50	20.40	31.90	32.90	24.70
其他	16.70	3.60	0.00	6.20	3.90
学校发展前景	9.60	4.50	3.60	4.60	4.90
工作压力	8.40	6.10	2.20	2.00	4.90
学校所处环境	7.20	8.60	20.30	11.30	10.90
子女教育	7.20	4.30	18.80	18.50	9.70
职称晋升	6.00	5.20	1.40	2.60	4.20
专业发展	6.00	8.20	7.20	6.00	7.40
薪酬待遇	4.80	7.50	2.20	3.30	5.50
生源质量	1.20	1.80	1.40	2.00	1.70
绩效考核方式	1.20	0.90	0.00	2.70	1.10

比较之下,乡村教师"选择在当前学校任教的主要原因"是"教育局招聘分配"(村屯和乡镇分别占比61.4%和62.1%)和"照顾家庭"(分别占比20.5%和20.4%),村屯还有其他原因,占比16.7%;城市教师的主要原因是"教育局招聘分配"(县城和地级城市分别占比57.2%和69.3%)、"照顾家庭"(分别占比31.9%和32.9%)、"学校所处环境"(分别占比20.3%和11.3%)和"子女教育"(分别占比18.8%和18.5%),参见表6-6和图6-6。除了共同之处,乡村教师内部存在部分差异,村屯教师注重于"学校发展前景",占比9.6%,和"工作压力",占比8.4%,而乡镇教师则注重于"学校所处环境",占比8.6%,和"专业发展",占比8.2%。

　　家庭当然影响工作,毕竟学校离市区还是有一定距离的,就开车也要一个小时。家校距离肯定是一个困难因素,肯定谁都希望离家越近越好,所以说有这方面的想法,想去离家近一点的学校,当然有这种想法。(2021414XZJNYGZJ7)

　　农村教师的工资比城里更高一些,但是没有人愿意来农村,大家还是愿意低就低一些。我在城里面，能顾得上家，能顾得上孩子的教育，然后你的人际关系也是不一样。(2021414XZJNYGZJ10)

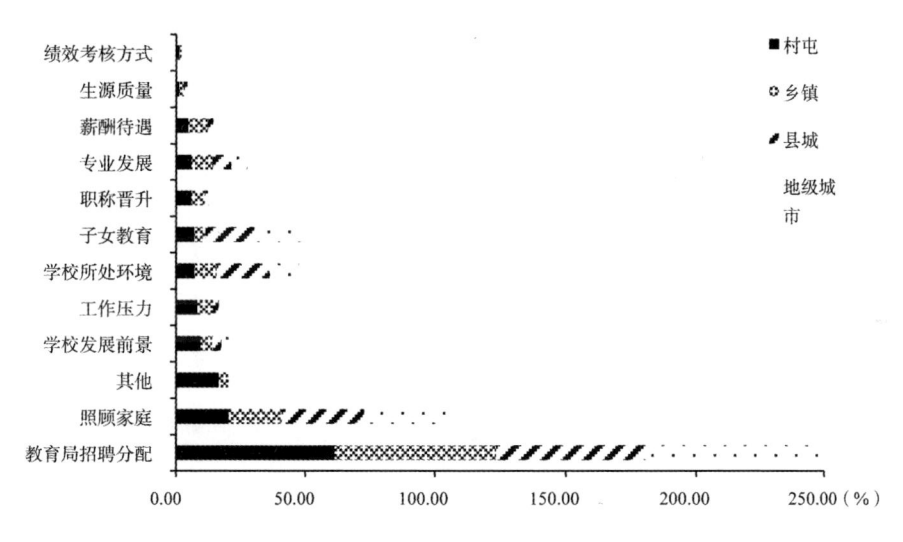

图 6-6　城乡教师选择在当前学校任教的主要原因分布

由此可知，"照顾家庭"是村屯、乡镇、县城和地级城市教师选择任教学校共同的主要原因，即中小学教师具有很强的家庭属地归属。在此基础上，村屯教师偏重于"学校发展前景"和"工作压力"，乡镇教师偏重于"学校所处环境"和"专业发展"，县城教师和城市教师均偏重于"学校所处环境"和"子女教育"。其他研究也表明，其（教师）工作变动归因于他们希望回到故乡或跟随自己的伴侣，靠近城市或阳光更充足的地区，为子女找到最好的社会和教育环境。[①]

（三）在家庭所在地和学校所在地共同影响下的乡村教师归属感分析

从表 6-7 中可以发现，一是自己家庭所在地与学校所在地同属一地或者区域，教师继续留在本校工作的比例就极大地提升，不在一地或者区域的情况下，教师选择离家更近的比例也会提升；二是在"家庭所在地"因素下，乡镇教师在学校流动和离开教师职业方面的倾向更为明显；

---

① ［法］玛丽·杜里-柏拉、阿涅斯·冯·让丹:《学校社会学（第2版）》，汪凌译，华东师范大学出版社 2001 年版，第 158 页。

三是家庭所在地在县城和地级城市但学校所在地在乡镇的教师"继续留在本校工作"的倾向较低，离开学校的倾向更高。

调研中，与一个乡镇中心校的特岗教师了解到：

Q：老师您是不是刚来？您是特岗？

T：对，我是特岗来的，我是2019年来的。

Q：您是有三年服务期，有什么打算吗？

T：目前还没想法，想着期满再做考虑。其实感觉现在考虑的无非就是往外考，现在做考虑那无非就提前做准备往外考。

Q：那您是本地人吗？

T：离得很近的，我当时选这个学校就是离市区也差不多。我家也是在矿上，这边也是一个矿，所以是两边距离都差不多。然后，我就选的是矿区，因为我对矿区生活很熟悉，不管是人文环境还是啥，就能相对熟悉，我觉得适应度比较快一点。如果说我去单方面的乡镇，我可能还有点接受不了，因为这个地方相对来说，因为有矿区的带动，它还是能比其他乡镇的条件各方面都好一些。

（2021415XZXXJ8）

表6-7　　　　城乡教师家庭所在地、学校所在地和"有机会调动的选择"的分布

项目	学校所在地＼家庭所在地	数量	村屯	乡镇	县城	地级城市
继续留在本校工作	村屯	计数	8	20	1	0
		占比（%）	27.60	69.00	3.40	0.00
	乡镇	计数	4	46	2	0
		占比（%）	7.70	88.50	3.80	0.00
	县城	计数	7	24	34	9
		占比（%）	9.50	32.40	45.90	12.20
	地级城市	计数	0	8	2	33
		占比（%）	0.00	18.60	4.70	76.70

续表

项目	学校所在地 家庭所在地	数量	村屯	乡镇	县城	地级城市
选择教育质量更好的学校	村屯	计数	5	19	1	2
		占比（%）	18.50	70.40	3.70	7.40
	乡镇	计数	2	20	1	0
		占比（%）	8.70	87.00	4.30	0.00
	县城	计数	1	24	8	4
		占比（%）	2.70	64.90	21.60	10.80
	地级城市	计数	0	17	2	24
		占比（%）	0.00	39.50	4.70	55.80
选择离家更近的学校	村屯	计数	5	22	1	0
		占比（%）	17.90	78.60	3.60	0.00
	乡镇	计数	0	20	1	0
		占比（%）	0.00	95.20	4.80	0.00
	县城	计数	18	55	11	1
		占比（%）	21.20	64.70	12.90	1.20
	地级城市	计数	11	39	8	21
		占比（%）	13.90	49.40	10.10	26.60
选择离开教师职业	村屯	计数	4	13	3	0
		占比（%）	20.00	65.00	15.00	0.00
	乡镇	计数	1	8	5	1
		占比（%）	6.70	53.30	33.30	6.70
	县城	计数	7	24	26	11
		占比（%）	10.30	35.30	38.20	16.20
	地级城市	计数	2	7	8	34
		占比（%）	3.90	13.70	15.70	66.70

续表

项目	学校所在地\家庭所在地	数量	村屯	乡镇	县城	地级城市
选择社会环境更好的学校	村屯	计数	3	13	1	1
		占比（%）	16.70	72.20	5.60	5.60
	乡镇	计数	0	12	1	2
		占比（%）	0.00	80.00	6.70	13.30
	县城	计数	2	21	12	6
		占比（%）	4.90	51.20	29.30	14.60
	地级城市	计数	0	4	0	25
		占比（%）	0.00	13.80	0.00	86.20

具体来看，在"继续留在本校工作"方面，家庭所在地和学校所在地分别同属"村屯""乡镇""县城"和"地级城市"的比例依次是27.6%、88.5%、45.9%和76.7%，另外家庭所在地在"村屯"而学校所在地在"乡镇"的教师占比是69%。在"选择离家更近的学校"方面，占比最高的是学校所在地在乡镇而家庭所在地是"村屯""乡镇""县城"和"地级城市"的教师，分别是78.6%、95.2%、64.7%和49.4%。在"选择教育质量更好的学校"方面，占比最高的是学校所在地在乡镇而家庭所在地是"村屯""乡镇"和"县城"的教师，分别是70.4%、87.%和64.9%，以及家庭所在地和学校所在地同属地级城市的教师，占比是55.8%。在"选择社会环境更好的学校"方面，占比最高的是学校所在地在乡镇而家庭所在地是"村屯""乡镇"和"县城"的教师，分别是72.2%、80%和51.2%，以及家庭所在地和学校所在地同属地级城市的教师，占比是86.2%。在"选择离开教师职业"方面，占比最高的是学校所在地在乡镇而家庭所在地是"村屯"和"乡镇"，分别是65%和53.3%，以及家庭所在地和学校所在地分别同属于"县城"和"地级城市"的教师，其占比分别是38.2%和66.7%。

第七章

乡村教师工作活力感和积极性与问题表现

学校办学要办出活力关键在于教师的工作活力，而教育质量的提升则有赖于教师的工作积极性。作为教师管理者，教育行政部门和学校都着力于提升教师的工作活力感和积极性，从而更好地优化教师工作氛围和提高学校教育教学效能。作为教师的工作对象，学生及其家长也希望教师在工作中活力充足和工作积极，以为形塑学生健康积极的心理品质和精神面貌。长期以来，增强教师的工作活力感和积极性是教师政策制定的逻辑起点之一。然而，已有政策的实施与教师工作活力感和积极性的实际之间的落差表明，该项问题较难得到解决。这一方面在于教师的工作活力感和积极性是非常个体性和私己性问题，从激发、延续到适时调整都在于教师自我的认知和行为的作用，宏观性教师政策显然无法精准地对接到教师个体性问题。这就需要教师依据实际情况做出自我调适，尤其需要在专业能力、心理素养和职业道德上能够巧妙地处理平衡好工作与生活关系和问题，能够把对问题的克服转化为工作的动能，从而让自己处于活力和积极状态。

另一方面在于教师的工作活力感和积极性需要教学工作关系最密切的学校和教研组营造具有活力和积极的工作氛围，进而形成团队力量和持续效应。教师团体充满活力，学校才有发展的希望和力量，教师团体持续充满活力，学校才能满足社会越来越高的教育需求。[1] 因此，教师政

---

[1] 黄文龙：《学校应使教师团体始终充满活力》，《教学与管理》2013年第20期。

策的靶向不能仅仅停留在具体问题的解决，还应聚焦于学校组织和教师团队工作氛围的建设，譬如，依据教师专业发展和学校课程建设来引领教师获得工作活力感和积极性。教师的专业发展不单单具有相对于学校课程改革或学校改进等目标的工具价值，它本身就具有重要的内在价值：唤醒教师的专业自觉，促进教师的职业认同，提升教师的追求，激发教师的动机。[①] 鉴于此，如何弥合激发教师动力积极性的政策制定与实践之间的差距，以及适切地调整教师政策的聚焦点，是当前教师激励政策理论与实践领域亟待思考的问题。

在具体的实践中，教师的工作量大，任务繁重，还要应对来自学校、家长和社会各方的压力，很难保证自己的工作热情，教师如何正确对待这一问题并进行积极的心理调适得到了人们的高度重视。[②] 教师工作量繁重且工作内容类型多样与期待教师工作有活力和积极性之间的矛盾，一方面让教师自身陷入专业发展和工作无序乏力的困境——总有忙不完的工作，但本职工作没做好，似乎忙得没有目标和重点；另一方面非教学性工作量和压力的增加压缩了教师教育教学和专业发展的时间，降低了教师活力和积极性自我激发的可能，并且教育政策陆续实施可能成为教师新的非教学性工作量，从而陷入"教育政策—非教学性工作—压缩教育教学时间"的循环困境。

除受激励政策、专业发展和工作压力等因素影响，乡村教师的工作活力感和积极性还受到薪酬待遇、学校工作氛围、工作对象、工作地经济条件和工作地交通便捷程度等因素影响。一般而言，因工作环境的先天劣势，乡村教师活力感和积极性程度被认为偏低。另有基于乡村自然环境较好和工作氛围宽松等角度出发，认为乡村教师该项程度较高。基于此，本研究通过实证调研来对此问题加以厘清证实。

[①] 李希贵等：《学校转型：北京十一学校创新育人模式的探索》，教育科学出版社 2014 年版，第 157 页。

[②] 北京师范大学中国基础教育质量监测协同创新中心，"中国好老师"公益行动计划办公室：《让教师获得教育的美好》，北京师范大学出版社 2019 年版，第 70 页。

第一节　乡村教师的工作活力感与问题表现

Spreitzer 等于 2005 年首先提出了工作活力感的概念，它是工作精力和学习能力的心理感知状态综合体。[①] 作为积极心理学中的重要概念，工作活力感常被用于解释个体在工作中拥有活力的精神状态和心理感知。因其工作特性和工作激励的考虑，中小学教师活力感更应得到关注。一方面是中小学教师工作最大的特点是工作对象是未成年的学生，由此而形成的师生关系，在生物年龄上就存在生命的活力差距。据此，中小学教师应基于良善的工作目的而主动提升自我的工作活力感。另一方面是教师教育教学工作也是情感劳动的过程，工作活力感决定了教师情感劳动的质量。内在情感和精神丰富并保持开放性教师，能够关注学生的情感（包括情绪）的表达，敏锐地发现学生沉默、对抗等消极情绪背后的精神活动，并创造性地寻找到转化学生的消极情绪为积极的行为动机的契机。[②] 准确理解中小学教师内心情感世界，帮助其把情感动能转化为教学能力是推动教师教学质量提升的新路径。由此可见，工作活力感之于教师激励问题的理论价值和解释力。以此为基础，本研究把工作活力感的理论分析简化为教师对自身工作活力感的认知判断，主要是从教学活力感、专业发展活力感和工作状态活力感三个方面中选取对应的指标来开展城乡教师比较，进而突显远离城市喧嚣和世事烦恼的乡村教师的工作活力感的实际样态。

一　乡村教师教学活力感与问题表现

教学活力感是教师在教学及其教研过程中所体现出的活力状态，是教师工作活力感的首要前提和表现，其贯穿于教师"教书育人"的整个环节。在研究过程时，主要设计了"应对教学、教研事务时充满了动力"一题来收集教师教学活力感的数据。通过数据分析发现，超过 60% 的乡

[①] 肖诚：《XN 石油大学科研人员工作活力感的影响因素研究》，硕士学位论文，电子科技大学，2018 年，第 8 页。

[②] 刘胡权：《教师专业发展的情感基础研究》，北京师范大学出版社 2019 年版，第 13 页。

村教师自我认为具有教学活力感,并且呈现出不同的群体特征。

(一) 六成乡村教师认为具有教学活力感,且高于城市教师

总体上,超过半数的教师认为自己在"应对教学、教研事务时充满了动力",仅有 6.3% 的认为"不符合"或"非常不符合",具体见表 7-1。

表 7-1　城乡教师"应对教学、教研事务时充满了动力"分布　单位:%

	非常不符合	不符合	一般	符合	非常符合
村屯	1.20	1.20	30.10	41.00	26.50
乡镇	1.20	4.40	31.80	42.90	19.70
县城	1.50	6.60	40.10	34.30	17.50
地级城市	1.60	7.10	42.90	35.20	13.20
总计	1.30	5.00	35.40	39.60	18.60

从表 7-1 和图 7-1 中可以发现,超过六成的乡村教师在"应对教学、教研事务时充满了动力"时持正向态度,其高出城市教师约 10%,并呈现由地级城市教师到村屯教师依次递增的态势。具体来看,地级城市教师认为自己"符合"或者"非常符合"在"应对教学、教研事务时充满了动力"时的比例仅有 48.4%,低于总体平均值,认为"不符合"或者"非常不符合"的比例有 8.7%,高于总体平均值;县城城市教师的对应比例是 51.8% 和 8.1%;乡镇教师的对应比例是 62.6% 和 5.6%;村屯教师的对应比例是 66.5% 和 2.4%。

(二) 乡村教师教学活力感的群体特征

从表 7-2 中可以看出,在性别方面是女教师认为自己在"应对教学、教研事务时充满了动力"的正向比例高于男教师,其女教师的正向比例为 66.50%,高于男教师的 57.3%。在婚姻方面是未婚教师高于已婚教师,未婚教师的正向比例是 73%,高于已婚教师的 61.1%。在年龄方面是年轻教师高于年老教师,其正向比例最高的是"24 岁及以下"教师的 81%,其次是"30—34 岁"的 71.4%,处在中间状态的是"25—29 岁"的 67%、"35—39 岁"的 67.7%、"40—44 岁"的 61.5%、"50—54 岁"的 58.5% 以及"45—49 岁"的 50%,最低的是"55—59 岁"的 41.2%。在学历方

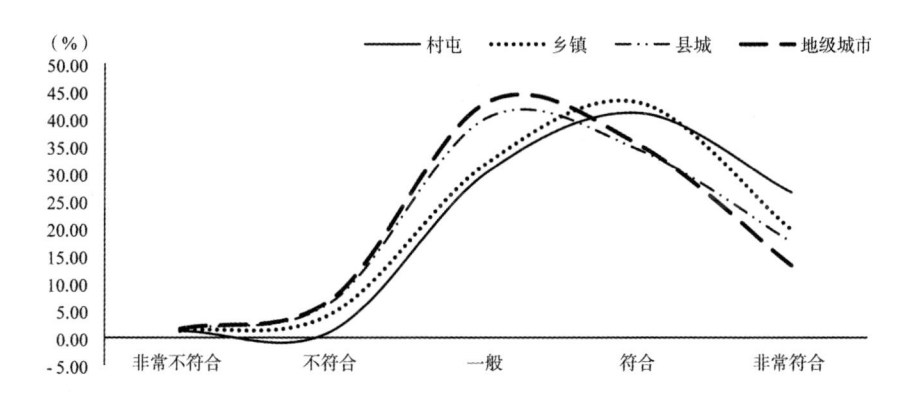

图 7-1　城乡教师"应对教学、教研事务时充满了动力"分布

面是研究生学历教师高于其他学历，其正向比例最高的是"研究生"教师的 87.5%，其次是"大专"的 67% 和"本科"的 62.3%，最低的是"中师/中专/高中"的 60%。在职称方面是呈现两边高中间低的态势，其正向比例最高的是"中学二级"教师的 73%，其次是"未评职称"的 72.4%，再次是"小学二级"的 71.1%，随后依次是"小学高级"的 67.8%、"中学高级"的 63.2%、"小学一级"的 63.1% 和"中学一级"的 49.6%。在年均工资收入方面是收入低的教师高于收入高的，其正向比例最高的是"2.1 万—4 万"教师的 68.4%，其次是"2 万及以下"的 67.7%，随后依次是"4.1 万—6 万"的 62%、"6.1 万—8 万"的 58.2% 和"8.1 万—10 万"的 28.6%。在自己家庭住址方面是正向比例呈现由村屯到城市依次递减的态势，分别是 65.4%、64.9%、62%、61.6% 和 50%。

表 7-2　　　　乡村教师"应对教学、教研事务时
　　　　　　　充满了动力"的群体分布① 　　　　　　单位:%

		非常不符合	不符合	一般	符合	非常符合
性别	男	1.90	6.40	34.40	31.80	25.50
	女	0.60	2.80	30.10	47.60	18.90

---

① 数据统计得知，乡村教师中工资年收入"10 万以上"仅有 2 人，职称为"正高级"和"中学三级"的分别仅有 1 人，为"小学三级"的仅有 2 人。上述各项人数过低，无法在 5 个分析维度中统计出具有分析意义的数值，故这几项统计数据未列出。下同。

续表

		非常不符合	不符合	一般	符合	非常符合
婚姻	已婚	1.40	4.10	33.30	41.00	20.10
	未婚	0.00	3.50	23.50	50.60	22.40
年龄	24岁及以下	0.00	0.00	19.00	66.70	14.30
	25—29岁	1.10	1.10	30.70	42.00	25.00
	30—34岁	0.00	3.60	25.00	47.60	23.80
	35—39岁	0.00	6.70	25.60	43.30	24.40
	40—44岁	1.00	4.20	33.30	39.60	21.90
	45—49岁	4.70	3.10	42.20	35.90	14.10
	50—54岁	1.90	5.70	34.00	43.40	15.10
	55—59岁	0.00	5.90	52.90	29.40	11.80
学历	研究生	0.00	0.00	12.50	25.00	62.50
	本科	1.20	3.40	33.00	41.40	20.90
	大专	1.10	6.40	25.50	48.90	18.10
	中师/中专/高中	0.00	0.00	40.00	60.00	0.00
职称	中学高级	0.00	2.90	33.80	33.80	29.40
	中学一级	2.70	3.40	44.30	36.20	13.40
	中学二级	0.00	4.80	22.20	47.60	25.40
	小学高级	0.00	6.50	25.80	58.10	9.70
	小学一级	1.80	5.30	29.80	36.80	26.30
	小学二级	1.30	3.90	23.70	50.00	21.10
	未评职称	0.00	3.40	24.10	48.30	24.10
年均工资收入	2万及以下	0.00	2.90	29.40	47.10	20.60
	2.1万—4万	3.50	4.40	23.70	49.10	19.30
	4.1万—6万	0.70	4.10	33.20	40.40	21.60
	6.1万—8万	0.00	1.80	40.00	41.80	16.40
	8.1万—10万	0.00	0.00	71.40	28.60	0.00
自己家庭所在地	村屯	0.90	3.60	30.00	40.90	24.50
	乡镇	2.60	5.30	27.20	38.60	26.30
	县城	0.50	2.70	34.80	42.40	19.60
	地级城市	0.00	5.50	33.00	48.40	13.20
	省会城市	12.50	0.00	37.50	37.50	12.50

二 乡村教师专业发展活力感与问题表现

专业素养是当前乡村教师队伍建设的短板之一。除开展培训，乡村教师提升专业素养的路径还在于自我具有专业发展的主动性和积极性。基于此，在问卷量表中设计了"总是主动提高专业水平和保持教学热情"一题来测量教师的专业发展活力感的比例数值。数据分析发现，乡村教师具有很高的专业发展活力感，并且呈现出女教师高于男教师、已婚教师略高于未婚教师、壮年教师的专业发展活力感最强而年轻和年老教师较弱等群体特征。

（一）乡村教师专业发展活力感很高，并呈现"城低乡高"的态势

调研发现，中小学教师总体上拥有很高的专业发展的主动性和活力感，有88.4%的教师认为自己"符合"或者"非常符合""总是主动提高专业水平和保持教学热情"，并且在最高肯定的"非常符合"的比例也达到了44.4%，而认为"不符合"或者"非常不符合"仅有2.5%。可见，中小学教师很高的专业自主发展的活力，参见表7-3。

表7-3 城乡教师"总是主动提高专业水平和保持教学热情"分布　　单位:%

	非常不符合	不符合	一般	符合	非常符合
村屯	1.20	2.40	4.80	45.80	45.80
乡镇	0.50	0.50	11.20	46.50	41.40
县城	4.40	0.70	8.00	32.80	54.00
地级城市	3.30	0.60	6.70	45.60	43.90
总计	1.80	0.70	9.10	44.00	44.40

从表7-3和图7-2中可以看出，城乡教师在"总是主动提高专业水平和保持教学热情"呈现出很高的正向态度比例，也显现出"城低乡高"的态势，但内部也存在略微差距，显示出村屯和地级城市教师高于乡镇和县城教师，而其中"非常符合"的比例最高值是县城教师。具体而言，地级城市教师认为自己"符合"或者"非常符合""总是主动提高专业水平和保持教学热情"的比例是89.5%，认为"不符合"或者"非常不符合"的比例是3.9%；县城教师对应的比例是86.8%和5.1%；乡镇教师对应的

比例是 87.9% 和 1%；村屯教师对应的比例是 91.6% 和 3.6%。

有县城教师提道：

> 2005 年之前，那个时候孩子还小，我个人在工作上是特别上进的，跟你们年轻人一样特别上进。那时候我获得的最高荣誉是市级教学能手，省级的教学新秀。后来紧接着十几年的时间就一直是在陪读，照顾孩子。然后就是学校和市里两头跑，不停地跑，到现在孩子上大学了，然后我又回来了。回来之后本来我想着说就这样子，等 10 来年就退休了嘛，想着就这样干好本职工作，慢慢稳稳地把父母照顾好就行了。但是过了有几个月之后，我觉得并不是特别满意，对自己的状态不是很满意，所以我又开始新的学习，我觉得还年轻嘛，并不老，也不想就这样子给自己画个句号，想再提高一下试一试，看能不能再有所突破。其实做老师，我还是挺喜欢的，干这么久我并不后悔选择这个工作。（2021413XCJNYGZJ3）

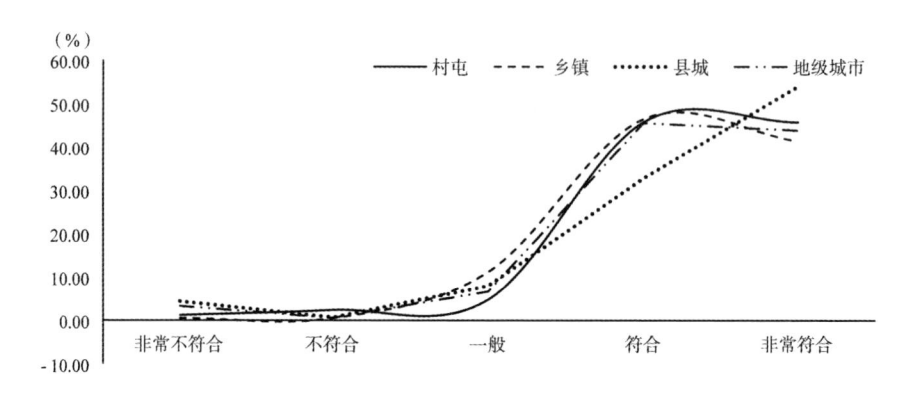

图 7-2　城乡教师"总是主动提高专业水平和保持教学热情"分布

（二）乡村教师专业发展活力感的群体特征

从表 7-4 中可以看出，在性别方面是女教师认为自己在"总是主动提高专业水平和保持教学热情"的正向比例高于男教师，其女教师的正向比例为 90.7%，高于男教师的 83.2%；在婚姻方面是已婚教师略高于未婚教师，已婚教师的正向比例是 88.6%，略高于未婚教师的 87%；在年龄方面是"中间高两边低"，即壮年教师的专业发展活力感最强，而年轻和年老教师较弱，但年老比年轻教师高些，其正向比例最高的是"35—39 岁"教师的 94.5%，其次是"45—49 岁"的 88.7%、"40—44 岁"的 88.5% 和"55—59 岁"的 88.2%，随后依次是"30—34 岁"的 87.8%、"25—29 岁"的 87.7%、"50—54 岁"的 86.5% 和"24 岁及以下"的 71.5%。在学历方面是"研究生""本科"和"大专"三个学历的教师之间差别不大，分别为 87.50%、88.50% 和 88.30%，最低的是"中师/中专/高中"的 80%。在职称方面是中学职称中是"两边高中间低"，其正向比例最高的是"中学二级"教师的 92.1%，其次是"中学高级"的 92.5%，最低的是"中学一级"的 84.4%；在小学职称中是"中间高两边低"，其正向比例最高的是"小学二级"的 93.5%，其次是"小学一级"的 91.1%，随后是"小学高级"的 83.9% 和"未评职称"的 82.5%。

在年均工资收入方面其正向比例最高的是"6.1 万—8 万"的教师的94.4%，其次是"2 万及以下"的 94.1%，随后依次是"4.1 万—6 万"的 89.6%、"8.1 万—10 万"的 83.3% 和"2.1 万—4 万"的 80.7%。在自己家庭住址方面是正向比例总体呈现由村屯到城市依次递减的态势，分别是 90%、88.7%、88.5%、87.5% 和 87.5%。

表 7-4　　　　乡村教师"总是主动提高专业水平和
　　　　　　　保持教学热情"的群体分布　　　　　单位:%

		非常不符合	不符合	一般	符合	非常符合
性别	男	1.30	1.30	14.20	40.60	42.60
	女	0.30	0.60	8.50	48.90	41.80
婚姻	已婚	0.70	0.50	10.10	44.90	43.70
	未婚	0.00	1.20	11.80	54.10	32.90
年龄	24 岁及以下	0.00	0.00	28.60	42.90	28.60
	25—29 岁	1.10	2.20	9.00	51.70	36.00
	30—34 岁	0.00	1.20	11.00	50.00	37.80
	35—39 岁	0.00	0.00	5.50	53.80	40.70
	40—44 岁	1.00	0.00	10.40	37.50	51.00
	45—49 岁	0.00	0.00	11.30	38.70	50.00
	50—54 岁	1.90	1.90	9.60	42.30	44.20
	55—59 岁	0.00	0.00	11.80	58.80	29.40

续表

		非常不符合	不符合	一般	符合	非常符合
学历	研究生	0.00	12.50	0.00	25.00	62.50
	本科	0.70	0.70	9.90	47.60	40.90
	大专	0.00	0.00	11.70	43.60	44.70
	中师/中专/高中	0.00	0.00	20.00	40.00	40.00
职称	中学高级	0.00	1.50	6.00	40.30	52.20
	中学一级	1.40	1.40	12.80	43.90	40.50
	中学二级	0.00	0.00	7.90	50.80	41.30
	小学高级	0.00	0.00	16.10	45.20	38.70
	小学一级	0.00	1.80	7.10	42.90	48.20
	小学二级	1.30	0.00	5.20	54.50	39.00
	未评职称	0.00	0.00	17.50	47.40	35.10
年均工资收入	2万及以下	0.00	0.00	5.90	64.70	29.40
	2.1万—4万	2.60	0.00	16.70	49.10	31.60
	4.1万—6万	0.00	1.40	8.90	43.60	46.00
	6.1万—8万	0.00	0.00	5.60	48.10	46.30
	8.1万—10万	0.00	0.00	16.70	50.00	33.30
自己家庭所在地	村屯	0.90	0.90	8.20	45.50	44.50
	乡镇	1.70	0.00	9.60	47.00	41.70
	县城	0.00	1.60	9.80	49.20	39.30
	地级城市	0.00	0.00	12.50	39.80	47.70
	省会城市	0.00	0.00	12.50	37.50	50.00

三 乡村教师工作状态活力感与问题表现

工作状态活力感主要是指在日常工作过程中所体现出来的精神面貌和工作活力认知。关于乡村教师工作状态活力感的数据收集，在问卷量表中设计了"在工作中感到自己充满活力、精力旺盛"一题。数据分析发现，乡村教师自我认为的工作状态活力感较高，并且呈现出女性教师高于男性教师、因年龄提高而变弱和由家在村屯到城市依次递减的群体特征。

(一) 近八成村屯教师认为拥有工作状态活力感，且呈现由村屯向地级城市递减的分布特征

从表 7-5 中可知，中小学教师总体的工作状态活力感的自我认知水平较高，接近六成认为自己"在工作中感到自己充满活力、精力旺盛"，有 59.6% 的教师对此持正向态度，仅有 6.9% 的持负向态度。

表 7-5　城乡教师"在工作中感到自己充满活力、精力旺盛"分布　　单位:%

	非常不符合	不符合	一般	符合	非常符合
村屯	1.20	4.90	14.80	51.90	27.20
乡镇	2.10	3.20	32.30	39.40	23.00
县城	2.20	2.90	40.90	32.80	21.20
地级城市	2.20	10.40	38.50	33.00	15.90
总计	2.00	4.90	33.30	38.10	21.50

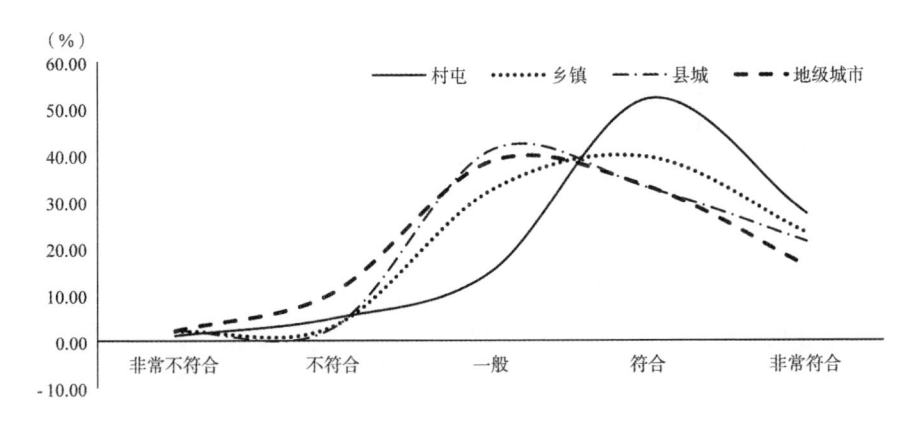

图 7-3　城乡教师"在工作中感到自己充满活力、精力旺盛"分布

从表 7-5 和图 7-3 中发现，城乡教师的工作状态活力感自我认知比例显示出层次分明的由地级城市教师向村屯教师递增的分布特征，并且村屯教师的正向态度比例接近 80%，远高于乡镇、县城和地级城市教师，而地级城市教师的正向态度比例低于 50%，负向态度比例超过 10%。具体是，地级城市教师认为自己"符合"或者"非常符合""在工作中感到自己充满活力、精力旺盛"的比例是 48.9%，认为"不符合"或者"非常不符合"的比例高

达 12.6%；县城教师对应的比例是 54% 和 5.1%；乡镇教师对应的比例是 62.4% 和 5.3%；村屯教师对应的比例是 79.1% 和 6.1%。

（二）乡村教师工作状态活力感的群体特征

从表 7-6 中可以看出，在性别方面是女教师认为自己在"在工作中感到自己充满活力、精力旺盛"的正向比例高于男教师，其女教师的正向比例为 67%，高于男教师的 61.5%。在婚姻方面是已婚教师和未婚教师的正向比例相差不大，分别为 65.2% 和 65.5%。在年龄方面是总体上呈现因年龄提高而变弱的态势，其正向比例依次是"24 岁及以下"教师的 71.4%、"25—29 岁"的 65.9%、"30—34 岁"的 66.7%、"35—39 岁"的 64.5%、"40—44 岁"的 65.7%、"45—49 岁"的 68.3%、"50—54 岁"的 59.7% 和"55—59 岁"的 52.9%。在学历方面是正向比例最高的是"中师/中专/高中"教师的 100%，"研究生""本科"和"大专"三个学历的依次是 75%、63.4% 和 69.1%。在职称方面是中学职称中是"两边高中间低"，其正向比例最高的是"中学二级"教师的 73%，其次是"中学高级"的 67.60%，最低的是"中学一级"的 57.2%；在小学职称中是"中间高两边低"，其正向比例最高的是"小学一级"的 71.9%，其次是"小学二级"的 65%，最低的是"小学高级"的 45.1%，而"未评职称"的为 73.7%。在年均工资收入方面其正向比例最高的是"8.1 万—10 万"教师的 71.4%，其次是"2 万及以下"的 67.7%，随后依次是"4.1 万—6 万"的 66.1%、"2.1 万—4 万"的 62.5% 和"6.1 万—8 万"的 56.4%。在自己家庭住址方面是正向比例总体上呈现由村屯到城市依次递减的态势，分别是 71.6%、61.8%、66.1%、58.9% 和 50%。

表 7-6　　　　乡村教师"在工作中感到自己充满活力、
　　　　　　　精力旺盛"的群体分布　　　　　　　单位:%

		非常不符合	不符合	一般	符合	非常符合
性别	男	3.80	4.50	30.10	35.90	25.60
	女	0.80	3.10	29.10	44.10	22.90
婚姻	已婚	2.20	3.80	28.80	42.10	23.10
	未婚	1.20	2.40	31.00	40.50	25.00

续表

		非常不符合	不符合	一般	符合	非常符合
年龄	24 岁及以下	0.00	0.00	28.60	61.90	9.50
	25—29 岁	2.30	3.40	28.40	42.00	23.90
	30—34 岁	1.20	2.40	29.80	38.10	28.60
	35—39 岁	2.20	2.20	31.10	37.80	26.70
	40—44 岁	2.10	2.10	30.20	41.70	24.00
	45—49 岁	3.20	3.20	25.40	41.30	27.00
	50—54 岁	1.90	9.60	28.80	46.20	13.50
	55—59 岁	0.00	11.80	35.30	35.30	17.60
学历	研究生	0.00	0.00	25.00	37.50	37.50
	本科	2.20	3.00	31.40	39.90	23.50
	大专	1.10	6.40	23.40	45.70	23.40
	中师/中专/高中	0.00	0.00	0.00	80.00	20.00
职称	中学高级	0.00	1.50	30.90	33.80	33.80
	中学一级	2.70	4.80	35.40	39.50	17.70
	中学二级	1.60	1.60	23.80	49.20	23.80
	小学高级	0.00	12.90	41.90	29.00	16.10
	小学一级	3.50	1.80	22.80	42.10	29.80
	小学二级	3.90	3.90	27.30	45.50	19.50
	未评职称	0.00	1.80	24.60	43.90	29.80
年均工资收入	2 万及以下	2.90	2.90	26.50	41.20	26.50
	2.1 万—4 万	6.30	1.80	29.50	45.50	17.00
	4.1 万—6 万	0.70	4.50	28.80	39.00	27.10
	6.1 万—8 万	0.00	1.80	41.80	45.50	10.90
	8.1 万—10 万	0.00	0.00	28.60	57.10	14.30
自己家庭所在地	村屯	2.80	0.90	24.80	47.70	23.90
	乡镇	1.70	7.00	29.60	34.80	27.00
	县城	1.10	3.30	29.50	47.00	19.10
	地级城市	2.20	3.30	35.60	31.10	27.80
	省会城市	12.50	0.00	37.50	25.00	25.00

第二节 乡村教师工作积极性与问题表现

在传统语境中，教师常被以"经师"与"人师"的分类来加以讨论，其中核心在于教师人格对学生品质的影响。这一方面反映了人们追求优秀师资和育人成才的美好愿望，另一方面证明拥有高尚人格和高水平职业素养的教师对学生影响的过程性和长期性。优秀教师之所以伟大，其实并不是因为他们使学生的考试分数令人瞩目——尽管这的确非常重要，而是因为他们用火热的心温暖了每一个孩子的心，尤其是那些处于学业不利状况和受到家庭问题困扰的孩子，让孩子们切实感受到老师们是一视同仁的。[1] 这些均说明教师工作的过程与结果同等重要，二者均需要长时间的积极地投入工作和对工作认真负责，其中，工作过程表现更能折射出教师的职业热情和教育情怀。然而，在当下的工作压力和条件下，教师面对工作过程和结果时维持积极状态已经越来越难。我们（1994—1995年北京大学社会学人类学研究所和加拿大蒙特利尔大学合作研究课题组）发现内蒙古地区乡村中小学教师的社会地位、经济收入普遍偏低，教师中普遍存在厌教情绪，纷纷改行、辞职或调往山东等沿海经济发达地区。[2] 2005年全国各地进行了有关教师职业倦怠的调查，结果也是令人担忧：四成教师生存状况不佳，近半教师压力很大，10个教师有3个倦怠工作，心理健康教师不足三成。[3] 有学者采用《中小学教师职业倦怠问卷》对全国5672名教师进行问卷调查后发现，中小学教师的情绪衰竭和个人成就感水平较高，非人性化水平较低，呈现出"两高一低"的特点。[4] 在印度有将近一半的教师遭遇了职业倦怠，约旦南部的教师，无论男女，有一半遭受了与职业倦怠相关的情绪耗竭。[5] 因此，如何提升和维

---

[1] 胡乐乐：《美国人心中最好的老师》，中国人民大学出版社2015年版，第3页。
[2] 马戎、[加拿大]龙山：《中国农村教育问题研究》，福建教育出版社2000年版，第130页。
[3] 张昕：《教师职业倦怠不容忽视》，《文汇报》2007年8月27日第12版。
[4] 伍新春、齐亚静、臧伟伟：《中国中小学教师职业倦怠的总体特点与差异表现》，《华南师范大学学报》（社会科学版）2019年第1期。
[5] [美]珍妮·格兰特·兰金：《教师的急救箱：迅速消除你的职业倦怠》，杨博雅译，中国人民大学出版社2020年版，第8页。

护教师工作积极性是教师激励的核心问题。有学者通过对山东、安徽两省 8 所乡村学校教师职业倦怠水平进行调查研究发现,乡村教师的职业倦怠总体上并不严重。① 那么,在乡村学校和社会的工作环境下,乡村教师的工作积极性状态具体是何种形态?对此,本书从专业发展积极性、教育教学积极性和总体工作积极性三个方面选取相应指标来开展城乡比较分析。

一 乡村教师专业发展积极性与问题表现

与专业发展活力感不同,专业发展积极性主要体现在积极学习和运用专业理论与方法的具体行为表现和意愿倾向。受困于日常工作中远离教育理论与实践的中心和前沿,以及教学工作评价形式不同,乡村教师的专业发展积极性,抑或是对新教学理念和方法的行为表现和选择是否有别于城市教师。调研发现,乡村教师的专业发展积极性低于城市,并且呈现出女教师高于男教师、因年龄提高而变弱和随工资提升而降低的群体特征。

(一) 八成乡村教师认为有专业发展积极性,但低于城市教师

数据分析可知,中小学教师的专业发展积极性非常高,超过八成的教师在"愿意在教学中运用新教学理念和方法"持正向态度,其中有 36.7% 的认为"非常符合",46.6% 认为"符合",14.5% 认为"一般",仅有 0.2% 认为"不符合"和 1.9% 认为"非常不符合",参见表 7-7。

表 7-7　城乡教师"愿意在教学中运用新教学理念和方法"分布　　单位:%

	非常不符合	不符合	一般	符合	非常符合
村屯	1.20	0.00	21.70	47.00	30.10
乡镇	0.70	0.20	15.30	48.40	35.40
县城	3.70	0.70	15.40	34.60	45.60
地级城市	3.80	0.00	8.80	51.10	36.30
总计	1.90	0.20	14.50	46.60	36.70

---

① 车丽娜、闫巧:《乡村教师职业倦怠的现状分析与建议》,《沈阳师范大学学报》(社会科学版) 2017 年第 5 期。

而城乡比较则发现，城市教师的专业发展积极性总体上高于乡村教师，其中，地级城市教师的专业发展积极性最高，其次是乡镇教师，再次是县城教师，最后是村屯教师。另外，县城教师本项中的"非常符合"比例最高，远高于其他教师。具体来看，地级城市教师认为自己"符合"和"非常符合""愿意在教学中运用新教学理念和方法"的比例高达87.4%，"不符合"和"非常不符合"的比例仅为3.8%；县城教师对应的比例是80%和4.4%；乡镇教师对应的比例是83.8%和0.9%；村屯教师对应的比例是77.1%和1.2%，参见表7-7和图7-4。

有乡镇教师提道：

> 培训方面要说这几年培训还挺多的，反正一直都参加着。就是骨干教师培训，还有最近信息技术2.0培训都是一直都是参加。培训这方面，你是学习人家那个方法去了，你不能把人家原封不动的照搬过来。你是学习理念去了对吧？对不对？人家教学理念是怎么样的，咱把他的理念掌握了，就等于说掌握了教学的精髓，然后你再把它运用到你的教学中，肯定提高了。反正我觉得收益还是挺大的。想着我去市里小学交流的那两年，当时我带的是五年级跟六年级，然后人家老师全都是名教师，市级以上的教学能手，人家最次也是县级以上的教学能手，当时就我不是。我就感觉到在那里学习很多知识，比听名师的课长进要更快一些，提高更快一些，你不用琢磨你就直接可以搬来了。但是名师的课，你就不能那样去听了，你只能听他那个理念，然后用来指导你的教学，咱就可以听人家的学习方法和教法这两块。（2021415XZXXJ8）

（二）乡村教师专业发展积极性的群体特征

在性别方面是女教师认为自己在"愿意在教学中运用新教学理念和方法"的正向比例高于男教师，其女教师的正向比例为86%，高于男教师的75.7%。在婚姻方面是未婚教师高于已婚教师，其比例分别为88.2%和81.4%。在年龄方面是总体上呈现因年龄提高而变弱的态势，其正向比例依次是"24岁及以下"教师的76.2%、"25—29岁"的88.8%、"30—34岁"的88%、"35—39岁"的86.7%、"40—44岁"

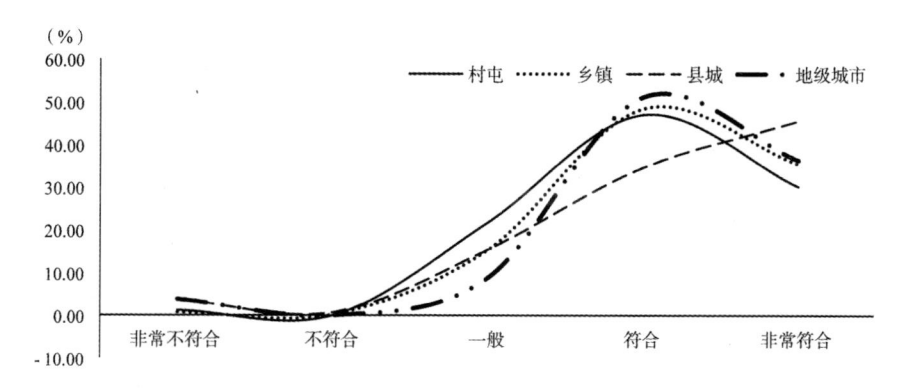

图7-4 城乡教师"愿意在教学中运用新教学理念和方法"分布

的83.4%、"45—49岁"的74.6%、"50—54岁"的76%和"55—59岁"的58.8%。在学历方面是正向比例最高的是"中师/中专/高中"教师的100%，其次是"本科"的84.2%，随后是"研究生"的75%和"大专"的75.6%。在职称方面是中学职称中是"两边高中间低"，其正向比例最高的是"中学二级"教师的87.3%，其次是"中学高级"的82.6%，最低的是"中学一级"的78.4%；在小学职称中是呈现随职称升高而降低的态势，其正向比例最高的是"小学二级"的92.2%，其次是"小学一级"的80.8%，最低的是"小学高级"的74.2%，而"未评职称"的为82.8%。在年均工资收入方面是总体呈现随工资提升而降低的态势，其正向比例依次是"2万及以下"的88.2%、"2.1万—4万"的81.60%、"4.1万—6万"的83.6%、"6.1万—8万"的78.20%和"8.1万—10万"的62.50%。在自己家庭住址方面是其正向比例最高的是"县城"教师的86.3%，其次是"村屯"的81.8%、"乡镇"的81%和"地级城市"的80.3%，最低的是"省会城市"的75.%，参见表7-8。

表7-8 乡村教师"愿意在教学中运用新教学理念和方法"的群体分布　　　　单位:%

		非常不符合	不符合	一般	符合	非常符合
性别	男	1.30	0.60	22.30	43.90	31.80
	女	0.30	0.00	13.80	50.00	36.00

续表

		非常不符合	不符合	一般	符合	非常符合
婚姻	已婚	1.00	0.20	17.50	47.40	34.00
	未婚	0.00	0.00	11.80	54.10	34.10
年龄	24岁及以下	0.00	0.00	23.80	42.90	33.30
	25—29岁	1.10	0.00	10.10	55.10	33.70
	30—34岁	0.00	0.00	11.90	44.00	44.00
	35—39岁	0.00	0.00	13.30	51.10	35.60
	40—44岁	1.00	0.00	15.60	41.70	41.70
	45—49岁	1.60	1.60	22.20	44.40	30.20
	50—54岁	1.90	0.00	22.20	59.30	16.70
	55—59岁	0.00	0.00	41.20	35.30	23.50
学历	研究生	0.00	0.00	25.00	25.00	50.00
	本科	0.70	0.00	15.00	49.60	34.60
	大专	1.10	1.10	22.30	42.60	33.00
	中师/中专/高中	0.00	0.00	0.00	60.00	40.00
职称	中学高级	0.00	0.00	17.40	42.00	40.60
	中学一级	1.40	0.70	19.60	46.60	31.80
	中学二级	0.00	0.00	12.70	49.20	38.10
	小学高级	0.00	0.00	25.80	45.20	29.00
	小学一级	1.80	0.00	17.50	40.40	40.40
	小学二级	1.30	0.00	6.50	58.40	33.80
	未评职称	0.00	0.00	17.20	50.00	32.80
年均工资收入	2万及以下	0.00	0.00	11.80	67.60	20.60
	2.1万—4万	3.50	0.00	14.90	54.40	27.20
	4.1万—6万	0.00	0.30	16.10	44.20	39.40
	6.1万—8万	0.00	0.00	21.80	50.90	27.30
	8.1万—10万	0.00	0.00	37.50	25.00	37.50
自己家庭所在地	村屯	0.90	0.90	16.40	48.20	33.60
	乡镇	1.70	0.00	17.20	43.10	37.90
	县城	0.00	0.00	13.70	53.00	33.30
	地级城市	0.00	0.00	19.80	46.20	34.10
	省会城市	12.50	0.00	12.50	37.50	37.50

二 乡村教师教育教学积极性与问题表现

（一）超过九成乡村教师认为具有教育教学积极性，且略高于城市教师

通过调研得知，中小学教师的教育教学积极性很高，超过90%的教师认为自己"总是想办法激发学生的学习动力"。其中，有48.3%的教师非常肯定地认为自己"非常符合"，另外有43.4%认为"符合"，6.5%认为"一般"，仅有1.8%认为"非常不符合"，参见表7-9。

表7-9　城乡教师"总是想办法激发学生的学习动力"分布　　　单位：%

	非常不符合	不符合	一般	符合	非常符合
村屯	1.20	0.00	1.20	42.20	55.40
乡镇	0.50	0.00	8.40	46.20	45.00
县城	4.40	0.00	6.60	33.60	55.50
地级城市	3.30	0.00	4.40	44.80	47.50
总计	1.80	0.00	6.50	43.40	48.30

从表7-9和图7-5中可以发现，城乡中小学教师的教育教学积极性均很高，并且乡村教师的比例水平略高于城市教师。地级城市教师认为自己"符合"和"非常符合""总是想办法激发学生的学习动力"的比例高达92.3%，"不符合"和"非常不符合"的比例仅为3.3%；县城教师对应的比例是89.1%和4.4%；乡镇教师对应的比例是91.2%和0.5%；村屯教师对应的比例是97.6%和1.2%。相比之下，村屯教师对此持正向比例最高，其次是地级城市教师，再次是乡镇教师，最后是县城教师，并且在"非常符合"的比例中，城乡教师的比例水平超过40%，而村屯和县城教师则超过50%。由此可见，城乡教师表现出很强的教育教学积极性，和体现出对努力激发学生学习的认真态度。

有县城教师提道：

我感觉我积极性比较高，积极性还比较高，我就比较喜欢这个职业。工作比较稳定，我也比较喜欢小孩。（2021413XCJNYGZJ4）

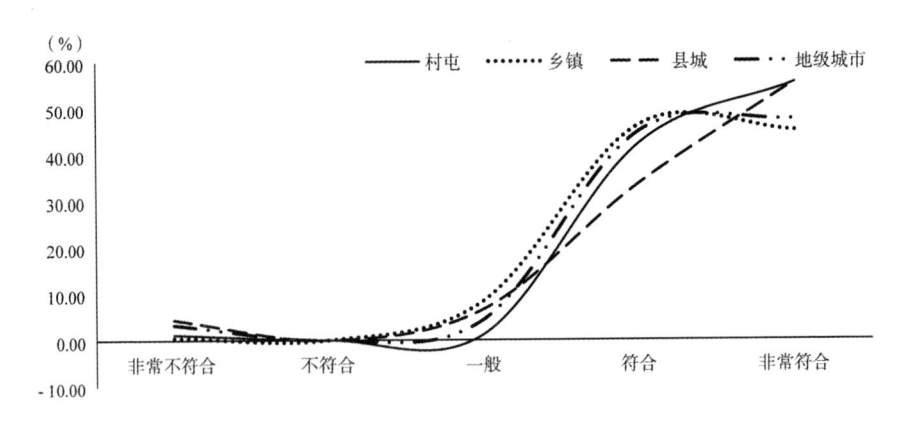

图 7-5 城乡教师"总是想办法激发学生的学习动力"分布

(二) 乡村教师教育教学积极性的群体特征

在性别方面是女教师认为自己在"总是想办法激发学生的学习动力"的正向比例高于男教师,其女教师的正向比例为93.8%,高于男教师的88.5%。在婚姻方面是未婚教师略高于已婚教师,其正向比例分别为95.30%和92.1%。在年龄方面是总体上呈现出因年龄提高而变弱的态势,其正向比例依次是"24岁及以下"教师的90.5%、"25—29岁"的95.5%、"30—34岁"的92.8%、"35—39岁"的90.2%、"40—44岁"的91.7%、"45—49岁"的90.5%、"50—54岁"的94.2%和"55—59岁"的88.2%。在学历方面呈现出"两边高中间低"的态势,其正向比例最高的是"中师/中专/高中"和"研究生"教师,均为100%,而"本科"和"大专"分别是92.2%和91.5%。在职称方面是中学职称中是"两边高中间低",其正向比例最高的是"中学高级"的95.5%,其次是"中学二级"的90.5%,最低的是"中学一级"的87.3%;在小学职称中呈现出高级职称教师偏低而中级职称较高的态势,其正向比例最高的是"小学一级"的96.5%,其次是"小学二级"的94.9%,最低的是"小学高级"的90.4%,而"未评职称"的为94.9%。在年均工资收入方面是随着工资的提升而提升,其正向比例分别是"2万及以下"的85.3%、"2.1万—4万"的89.5%、"4.1万—6万"的92.8%、"6.1万—8万"的98.2%和"8.1万—10万"的100%。在自己家庭住址方面总体呈现"两边高中间低"的态势,其正向比例比较高的是"省会城市"的100%和"村屯"的96.4%,比较低的是"乡镇"的90.4%、"县城"的91.9%和"地级城市"的91.1%。具体参见表7-10。

表7-10 乡村教师"总是想办法激发学生的学习动力"的群体分布　　单位:%

		非常不符合	不符合	一般	符合	非常符合
性别	男	1.30	0.00	10.20	43.30	45.20
	女	0.30	0.00	5.90	46.50	47.30
婚姻	已婚	0.70	0.00	7.20	44.60	47.50
	未婚	0.00	0.00	4.70	55.30	40.00
年龄	24岁及以下	0.00	0.00	9.50	61.90	28.60
	25—29岁	1.10	0.00	3.40	50.60	44.90
	30—34岁	0.00	0.00	7.10	48.80	44.00
	35—39岁	0.00	0.00	9.90	46.20	44.00
	40—44岁	1.00	0.00	7.30	37.50	54.20
	45—49岁	0.00	0.00	9.50	38.10	52.40
	50—54岁	1.90	0.00	3.80	42.30	51.90
	55—59岁	0.00	0.00	11.80	64.70	23.50
学历	研究生	0.00	0.00	0.00	50.00	50.00
	本科	0.70	0.00	7.10	46.60	45.60
	大专	0.00	0.00	8.50	39.40	52.10
	中师/中专/高中	0.00	0.00	0.00	60.00	40.00
职称	中学高级	0.00	0.00	4.50	43.30	52.20
	中学一级	1.30	0.00	11.40	43.00	44.30
	中学二级	0.00	0.00	9.50	49.20	41.30
	小学高级	0.00	0.00	9.70	32.30	58.10
	小学一级	0.00	0.00	3.50	43.90	52.60
	小学二级	1.30	0.00	3.90	48.10	46.80
	未评职称	0.00	0.00	5.20	55.20	39.70

续表

		非常不符合	不符合	一般	符合	非常符合
年均工资收入	2万及以下	0.00	0.00	14.70	52.90	32.40
	2.1万—4万	2.60	0.00	7.90	50.90	38.60
	4.1万—6万	0.00	0.00	7.20	40.40	52.40
	6.1万—8万	0.00	0.00	1.80	58.20	40.00
	8.1万—10万	0.00	0.00	0.00	57.10	42.90
自己家庭所在地	村屯	0.90	0.00	2.70	49.10	47.30
	乡镇	1.70	0.00	7.80	46.10	44.30
	县城	0.00	0.00	8.20	43.50	48.40
	地级城市	0.00	0.00	8.90	46.70	44.40
	省会城市	0.00	0.00	0.00	50.00	50.00

三 乡村教师总体工作积极性与问题表现

随着城镇化推进，因生源和学校的减少，乡村教育生态悄然发生转变，并衍生出优质生源和师资流失等问题。与此同时，为力求城乡教育均衡发展和"办好家门口学校"，系列针对性教育政策落地实施，其中重点之一是提升乡村教师的薪酬待遇和改善教学工作环境。在此背景下，社会各界担心乡村教师工作积极性下降和陷入职业倦怠的困境之中，"热情而忠诚的教师最可能产生倦怠，他们热情而努力的工作却得不到回报，幻想便破灭了，热情被绝望所代替"[1]，另一方面深知教师工作积极性是世界性难题，"55%的美国教师认为他们的工作积极性低或非常低，69%的美国教师认为他们的工作积极性下降了"[2]，因而急需了解到在系列政策下乡村教师工作积极性的具体表现。鉴于此，设计了"目前工作状态""学校教师积极工作氛围""感觉工作缺乏动力"和"一天工作后，感觉身心疲惫"指标题目来收集数据。基于数据分析发现，乡村教师认为工作状态和所在学校教师工作氛围积极，但与校长看

---

[1] [美]布洛克、格雷蒂：《重燃火焰——校长如何帮助教师摆脱职业倦怠》，刘晓明等译，中国轻工业出版社2008年版，第3页。
[2] [美]珍妮·格兰特·兰金：《教师的急救箱：迅速消除你的职业倦怠》，杨博雅译，中国人民大学出版社2020年版，第7页。

法存在偏差，同时工作动力和身心疲惫的情况好于城市教师，也呈现出一定的群体特征。

(一) 乡村教师工作积极状态与问题表现

1. 超过八成的乡村教师认为工作状态积极，且高于城市教师，但超过半数的乡镇校长认为学校教师工作积极性的比例在"20%及以下"，且总体上教师工作积极状态低于城市学校

数据分析发现，中小学教师自我判断的工作状态总体上处于积极状态，有超过80%的教师认为自己工作积极，比较肯定自己目前的工作状态。其中，有34.1%的教师认为自己"目前的工作状态""非常积极"，有47.1%认为"比较积极"，17.7%认为"一般"，仅有1%认为"比较消极"。但在城乡教师内部，乡村教师的工作积极状态的比例高于城市教师，并且乡镇和县城教师的比例相差不大，村屯和地级城市教师的比例相差较大，达到14.9%。具体而言，村屯和乡镇教师认为自己"目前的工作状态"积极的比例分别是87.5%和83.5%，而县城教师和地级城市教师的比例分别是82.4%和72.6%，参见表7-11。

表7-11　　　城乡教师自我判断"目前的工作状态"　　　单位:%

	非常积极	比较积极	一般	比较消极
村屯	37.50	50.00	12.50	0.00
乡镇	36.10	47.40	16.00	0.50
县城	35.00	47.40	16.80	0.70
地级城市	27.50	45.10	24.70	2.70
总计	34.10	47.10	17.70	1.00

有乡镇教师提道：

我们往往看到的一些负面新闻是极少的一部分，但是这影响特别大。大部分老师都很敬业，真的是很敬业。就像在山村，学校的孩子都流失成这样了，学生都这么少了，但是大部分老师都在很认真地讲。只是最后的效果，这不是靠老师一个人来决定的，对不对？你想现在城里的孩子上一个学，家长都累成什么样了，是不是？但

是咱们农村的家长根本没时间管，他们都在外面，所以说，所有的担子都压在老师身上，而城里的一大部分其实家长都承担了，对不对？农村老师其实在这块要做的工作更多。(2021414XZJNYGZJ4)

有县城教师提道：

从我们学校来说，教师年龄结构在45岁以下的达到了70%多，年轻人我觉得工作有干劲，这都挺好的。老师这个职业，大家很认真，敬业态度都是可以的。职业倦怠这块我觉得不是那么严重。(2021525XCJNYGZJ1)

由上可知，城乡教师自我判断下的工作积极性比例较高，但从学校校长的视角下的判断发现，城乡学校教师的积极工作比例并不高。在校长看来，有42.3%的校长认为学校教师积极工作的比例在"20%及以下"，38.5%认为在"21%—40%"，11.5%认为在"41%—60%"，仅有7.7%认为有"81%及以上"。可见，四成的校长认为学校积极工作的教师比例在20%及以下，而80%的校长认为学校积极工作的教师比例在40%及以下。

表7-12　　　　城乡校长视角下学校教师积极工作比例　　　　单位:%

	20%及以下	21%—40%	41%—60%	61%—80%	81%及以上
乡镇	54.50	27.30	9.10	0.00	9.10
县城	28.60	71.40	0.00	0.00	0.00
地级城市	28.60	28.60	28.60	0.00	14.30
总计	42.30	38.50	11.50	0.00	7.70

从城乡比较来看，数据分析表明，在校长视野下乡村学校教师积极工作的比例数值低于城市学校。高达54.5%的乡镇校长认为学校教师工作积极性的比例在"20%及以下"，远高于县城和地级城市学校校长的28.6%。仅有27.3%的乡镇校长认为学校教师工作积极性的比例在"21%—40%"，低于地级城市校长的28.6%，远低于县城校长的

71.4%。另外，认为学校教师工作积极比例"41%—60%"和"81%及以上"的乡镇校长均为9.1%，县城校长均为0%，但地级城市校长比例是28.6%和14.3%，参见表7-12和图7-6。由此可见，在校长视野下，城乡学校教师积极工作状态由高到低总体排序是地级城市学校、县级学校和乡镇学校。这与城乡教师的自我判断有差异。即从校长角度来看，学校教师积极工作的比例较低，并且是城市学校的比例高于乡村学校，从教师视角来看，学校教师积极工作的比例较高，并且是乡村学校的比例高于城市学校。

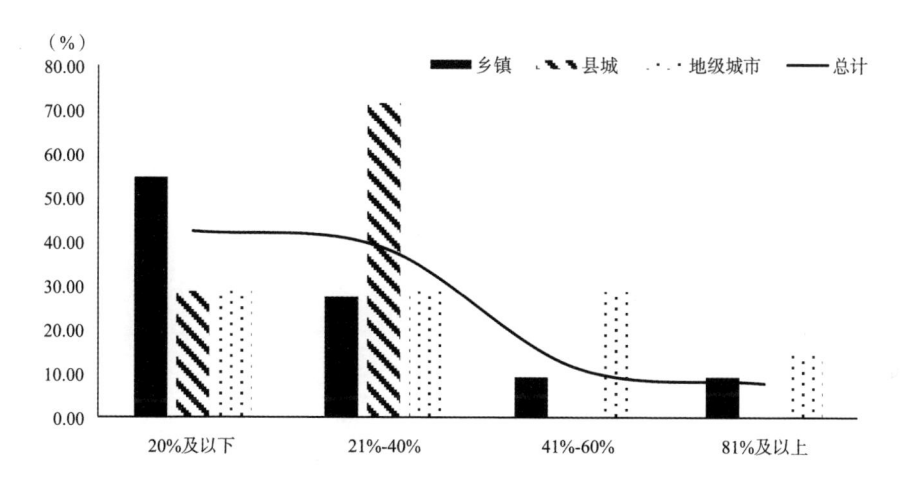

图7-6 城乡校长视角下学校教师积极工作比例分布

2. 乡村教师工作积极状态的群体特征

在性别方面是女教师认为自己"目前的工作状态"积极的比例高于男教师，其女教师的比例是86.8%，高于男教师的77.8%。在婚姻方面是未婚教师高于已婚教师，其正向比例分别为89%和83.7%。在年龄方面是总体上呈现出因年龄提高而工作积极性降低的态势，其正向比例依次是"24岁及以下"教师的90.5%、"25—29岁"的82.7%、"30—34岁"的89.9%、"35—39岁"的86.2%、"40—44岁"的81.1%、"45—49岁"的77.8%、"50—54岁"的86.8%和"55—59岁"的77.7%。在学历方面呈现出由"研究生"到"中师/中专/高中"逐步提升的态势，其正向比例依次是83.3%、83.7%、86.1%和100%。在职称方面是中学职称呈现出"两边高中间低"的态势,但三者之间的具体数值差别不大,其正向比例分别是"中学高级"的83.30%、"中学一级"的81.70%和"中学二级"的82.60%;在小学职称中呈现出"中间高两边低"的态势,其正向比例最高的是"小学一级"的87.8%,其次是"小学二级"的82.2%,最低的是"小学高级"的77.5%,而"未评职称"教师的工作积极性比例最高,为92.7%。在年均工资收入方面是呈现出"两边高中间低"的态势,其正向比例最高的是"2万及以下"的94.1%,其次是"2.1万—4万"的89.2%、"6.1万—8万"的87.3%和"8.1万—10万"的87.5%,最低的是"4.1万—6万"的80.5%。在自己家庭住址方面总体呈现"两边高中间低"的态势,其正向比例比较高的是"省会城市"的87.5%和"村屯"的87.3%,比较低的是"乡镇"的81.8%、"县城"的83.1%和"地级城市"的84.5%。具体参见表7-13。

表7-13　　乡村教师"目前的工作状态"的群体分布　　　　　　单位:%

		非常积极	比较积极	一般	比较消极	非常消极
性别	男	34.00	43.80	20.90	1.30	0.00
	女	37.40	49.40	13.20	0.00	0.00
婚姻	已婚	38.70	45.00	16.10	0.20	0.00
	未婚	25.60	63.40	11.00	0.00	0.00
年龄	24岁及以下	14.30	76.20	9.50	0.00	0.00
	25—29岁	28.70	54.00	17.20	0.00	0.00
	30—34岁	36.70	53.20	10.10	0.00	0.00
	35—39岁	35.60	50.60	12.60	1.10	0.00
	40—44岁	45.30	35.80	17.90	1.10	0.00
	45—49岁	39.70	38.10	22.20	0.00	0.00
	50—54岁	39.60	47.20	13.20	0.00	0.00
	55—59岁	33.30	44.40	22.20	0.00	0.00
学历	研究生	50.00	33.30	0.00	16.70	0.00
	本科	36.10	47.60	16.00	0.30	0.00
	大专	37.20	48.90	13.80	0.00	0.00
	中师/中专/高中	25.00	75.00	0.00	0.00	0.00

续表

		非常积极	比较积极	一般	比较消极	非常消极
职称	中学高级	39.40	43.90	13.60	3.00	0.00
	中学一级	32.00	49.70	18.40	0.00	0.00
	中学二级	39.70	42.90	17.50	0.00	0.00
	小学高级	32.30	45.20	22.60	0.00	0.00
	小学一级	47.40	40.40	12.30	0.00	0.00
	小学二级	35.60	46.60	17.80	0.00	0.00
	未评职称	34.50	58.20	7.30	0.00	0.00
年均工资收入	2万及以下	29.40	64.70	5.90	0.00	0.00
	2.1万—4万	36.90	52.30	10.80	0.00	0.00
	4.1万—6万	35.70	44.80	19.20	0.30	0.00
	6.1万—8万	38.20	49.10	12.70	0.00	0.00
	8.1万—10万	25.00	62.50	12.50	0.00	0.00
自己家庭所在地	村屯	46.80	40.50	12.60	0.00	0.00
	乡镇	40.00	41.80	18.20	0.00	0.00
	县城	30.90	52.20	15.70	1.10	0.00
	地级城市	28.90	55.60	15.60	0.00	0.00
	省会城市	37.50	50.00	12.50	0.00	0.00

有乡镇教师提道：

我觉得刚工作的老师，可能经验不太熟，但是工作态度积极性是重要的。不过，他们就是感觉到压力越来越大。这个压力可能就是住房，交通，还有经济上的。此外，我觉得更多的可能还是来自于家长和社会上，都对老师这个职业提出了非常高的要求。（2021414XZJNYGZJ3）

（二）教师和校长视角下乡村学校教师积极工作氛围与问题表现

总体上，三分之二的教师和校长认为所在学校教师工作氛围是积极的，比较肯定所在学校教师的积极工作状态，并且是校长的比例略高于教师。其中，在教师视角下，有66.6%的教师认为学校教师积极工作氛围是"符合"或者"非常符合",仅有6%认为"不符合"或者"非常不符合";在校长视角下,有67.9%的校长认为学校教师积极工作氛围是"符合"或者"非常符合",仅有7.1%认为"不符合",具体见表7-14。

表7-14　　教师和校长视角下学校教师积极工作氛围比例分布　　单位:%

		非常不符合	不符合	一般	符合	非常符合
教师视角	村屯	1.20	4.90	14.60	45.10	34.10
	乡镇	1.60	2.50	28.70	42.10	25.00
	县城	1.50	3.70	24.40	41.50	28.90
	地级城市	2.80	8.30	32.20	35.00	21.70
	总计	1.80	4.20	27.40	40.80	25.80
校长视角	乡镇	0.00	0.00	25.00	25.00	50.00
	县城	0.00	14.30	14.30	57.10	14.30
	地级城市	0.00	12.50	37.50	37.50	12.50
	总计	0.00	7.10	25.00	39.30	28.60

基于城乡比较则可以发现,在教师视角方面,村屯教师和县城教师认为所在学校工作积极氛围比例高于乡镇和地级城市,其中,地级城市学校教师积极工作氛围最弱,具体来看,村屯教师认为所在学校教师积极工作氛围是"符合"或者"非常符合"的比例高达79.2%,"不符合"和"非常不符合"的比例是6.1%;乡镇教师的对应比例是67.1%和4.1%;县城教师的对应比例是70.4%和5.2%;地级城市教师对应比例是56.7%和11.1%。

在校长视角方面,乡村校长虽然认为所在学校教师工作积极性的具体比例低于城市校长,却在整体上比较认可学校教师的工作积极性,在认为学校教师工作积极氛围比例高于城市校长。乡镇校长认为所在学校教师工作积极氛围"符合"或者"非常符合"的比例是75%,认为"不符合"或者"非常不符合"的比例是0;县城校长对应的比例是71.4%和14.3%;地级城市对应的比例是50%和12.5%,参见表7-14和图7-7。

第七章 乡村教师工作活力感和积极性与问题表现 / 201

有乡镇校长提道：

　　学校现在中青年老师占一大部分，老教师剩了一小部分，所以从年轻老师来的时候，我们整个的风气已经向好的在发展了。当年轻老师到学校的时候，老教师慢慢也被那种气氛带动起来了，他只能会更好，没有那些懈怠。但像个别的有问题的老年人，现在我们也几乎都没有这样问题，就是一两个有时候可能思想上还有点懈怠的，年轻人一出办公室，他在那里也坐不住，现在就是我们年轻的老师也把老教师也带动起来了，所以我觉我们整体还是挺好的，老师团队也没有一点问题，基本上还比较均衡。（2021412XZXXX2）

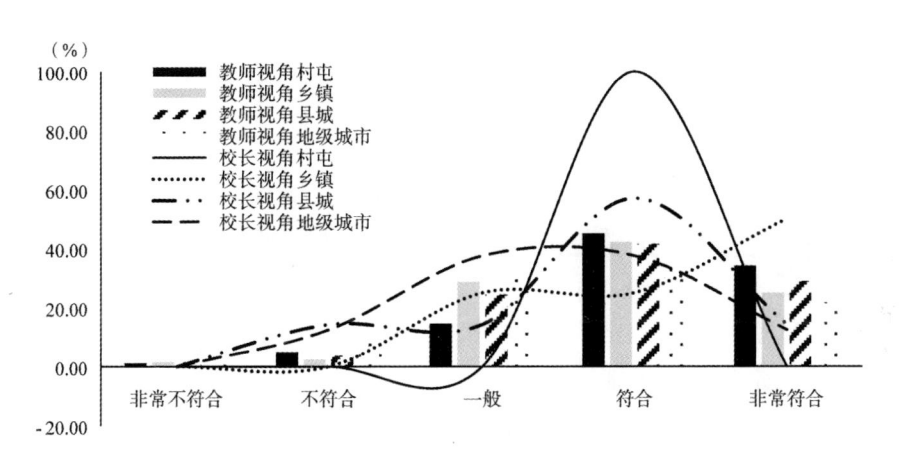

图 7-7　教师和校长视角下学校教师积极工作氛围比例分布

有地级城市校长提道：

　　我觉得老师现在的积极性热情都非常的高，我们今年不是还承办了一个市上的教研活动的展示，展示的里头有市级教学能手，我们4个老师4节课有市级教学能手，还有今年和去年刚参加工作的两位老师，课上完了以后，评价都相当不错，那就说我们老师确实是通过一轮的培训，成长是非常大的，但是我觉得老师的成长也罢，学生的需要也罢，有一个过程，不是一蹴而就的。要给老师这个时间，给老师时间，让他们去吸收，去转化去提升。我觉得上级不要把这个事情弄得跟什么样揠苗助长，我觉得这个是不好的。老师确实有成长的心意，他也有动力，现在这一点都挺好的。（2021415DJCSJNYGZX2）

由此可见，首先是总体上乡村教师和校长认为所在学校教师工作积极氛围的比例高于城市教师和校长，其中地级城市的比例最低，在50%左右；其次是城乡校长比教师更认为所在学校教师工作积极氛围，但地级城市的相反；最后是村屯教师认为所在学校教师工作积极氛围的比例最高，接近80%。

（三）乡村教师工作动力与身心疲惫情况与问题表现

1. 乡村教师"感觉工作缺乏动力"的比例低于城市教师，其中工作动力缺乏问题最严重的是县城教师，而在身心疲惫方面呈现出城强乡弱的态势，其中又是县城教师的身心疲惫感最强

在工作动力方面，接近三成（29%）教师认为自己"符合"或者"非常符合""感觉工作缺乏动力"，四成（41.5%）教师认为"一般"，另外三成（29.5%）教师认为"不符合"和"非常不符合"。从城乡比较来看，"感觉工作缺乏动力"比例最低的是村屯教师，其次是地级城市教师，再次是乡镇教师，最后是县城教师，而认为自己"不符合"或者"非常不符合"的比例最高的是村屯教师，其次是乡镇教师，再次是地级城市教师，最后是县城教师。具体而言，村屯教师认为自己"符合"或者"非常符合""感觉工作缺乏动力"的比例是16.9%，认为"不符合"或者"非常不符合"的比例是44.6%；乡镇教师对应的比例是32.1%和29.5%；县城教师的对应比例是32.5%和20.5%；地级城市教师的对应比例是24.7%和29.1%，参见表7-15和图7-8。可见，总体上，乡村教师"感觉工作缺乏动力"的比例低于城市教师，并且工作动力缺乏问题最严重的是县城教师。

有乡镇教师提道：

我觉得这个职业倦怠我在前两年已经出现了，但是后来一块慢慢地自己调整了，但实际这种情况的时候需要调整自己，慢慢地适应，你不适应这个环境可能也不行。因为我目前的现状，我们的学生就是这样一个情况，但是从上到下不让我说学生的问题，但是确实虽然班小学生少，但是实际上问题还是很多的。（2021414XZJNYGZJ5）

表 7-15　　城乡教师工作动力与身心疲惫情况　　单位:%

		非常不符合	不符合	一般	符合	非常符合
感觉工作缺乏动力	村屯	13.30	31.30	38.60	13.30	3.60
	乡镇	7.70	21.80	38.40	22.50	9.60
	县城	3.80	16.70	47.00	22.70	9.80
	地级城市	6.00	23.10	46.20	19.80	4.90
	总计	7.30	22.20	41.50	21.00	8.00
一天工作后，感觉身心疲惫	村屯	1.20	4.80	27.70	39.80	26.50
	乡镇	2.30	2.10	22.50	30.90	42.20
	县城	0.70	1.40	18.00	33.80	46.00
	地级城市	1.10	3.30	22.50	30.20	42.90
	总计	1.70	2.50	22.30	32.10	41.40

在身心疲惫方面，教师在一天工作后的身心疲惫感比较高。超过七成（73.5%）的教师认为自己"一天工作后，感觉身心疲惫"，22.3%认为"一般"，仅有4.2%认为自己"不符合"或者"非常不符合"。从城乡比较来看，认为自己"一天工作后，感觉身心疲惫"的比例呈现城强乡弱的态势，其中又是县城教师的身心疲惫感最强，村屯教师的身心疲惫感最弱，地级城市和乡镇教师居中。具体而言，村屯教师认为自己"符合"或者"非常符合""一天工作后，感觉身心疲惫"的比例是66.3%，认为"不符合"或者"非常不符合"的比例是6%；乡镇教师对应的比例是73.1%和4.4%；县城教师的对应比例是79.8%和2.1%；地级城市教师的对应比例是73.1%和4.4%，参见表7-15和图7-8。

有地级城市小学校长指出：

> 老师的压力非常大，我也看到我们老师经常带病工作，没办法，一方面是责任心，另一方面事情多到就是休假，但返校后得把这工作全部得重新补上。我们可以明显感觉到有的老师在心理上处于亚健康，因为有的时候跟老师沟通发现其有点爱钻牛角尖，或者说认知过于窄，长期辛苦的工作得不到宣泄，因为这个压力太大了，来自学校、来自家长、来自学生、来自社会，责任重大，所以我们也

注意给老师进行心理疏导,就是说老师其实非常需要(心理辅导)。(2021415DJCSXXX6)

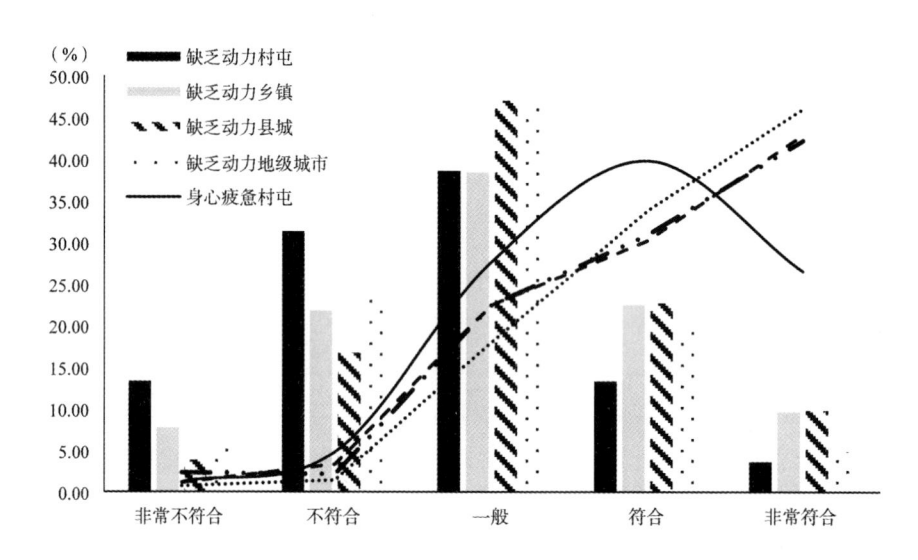

图 7-8 城乡教师工作动力与身心疲惫情况分布

2. 乡村教师工作动力与身心疲惫的群体特征

一是乡村教师工作动力的群体特征。在性别方面是男教师比女教师更认为自己工作缺乏动力,男教师"感觉工作缺乏动力"的比例为36.3%,高于女教师的26.7%。在婚姻方面是未婚教师比已婚教师更认为自己工作缺乏动力,未婚教师"感觉工作缺乏动力"的比例为35.3%,高于已婚教师的27.8%。在年龄方面是总体上呈现出"中间高两边低"的态势,其中"感觉工作缺乏动力"比例最高的是"30—34岁"教师,为38.5%,其次是"35—39岁"的35.2%、"25—29岁"的31.4%、和"50—54岁"的30.7%,再次是"40—44岁"的25.3%、"55—59岁"的22.2%和"45—49岁"的20.7%,最低的是"24岁及以下"教师的14.3%。在学历方面呈现出由"研究生"到"中师/中专/高中"依次递减的态势,其中"研究生"学历的教师有37.5%"感觉工作缺乏动力",随后依次是"本科"的30.9%、"大专"的25.5%和"中师/中专/高中"的0。在职称方面是中学和小学职称中均呈现出"两边高中间低"的态势,且拥有中学职称教师"感觉工作缺乏动力"的比例高于小学职称教师，其中，拥有"中学高级"职称教师"感觉工作缺乏动力"比例为47.8%，"中学一级"为27.5%，"中学二级"为32.2%，另外拥有"小学高级"职称教师"感觉工作缺乏动力"比例为26.6%，"小学一级"为16.3%，"小学二级"为32.5%，而"未评职称"教师"感觉工作缺乏动力"的比例为24.1%。在年均工资收入方面是总体上呈现出"中间高两边低"的态势，其中"4.1万—6万"的教师"感觉工作缺乏动力"的比例最高，为32.2%，其次是"2万及以下"的29.4%和"6.1万—8万"的25.4%，再次是"2.1万—4万"的23.9%，最低的是"8.1万—10万"的14.3%。在自己家庭住址方面是家在"乡镇"的教师"感觉工作缺乏动力"的比例最高，为38.7%，其次是"县城"的29.5%和"地级城市"的29.7%，再次是"村屯"的22.8%，最低的是"省会城市"的0。具体参见表7-16。

表7-16　　乡村教师"感觉工作缺乏动力"的群体分布　　单位:%

		非常不符合	不符合	一般	符合	非常符合
性别	男	5.70	21.00	36.90	19.10	17.20
	女	9.70	24.50	39.00	21.90	4.80
婚姻	已婚	8.70	22.70	40.80	20.30	7.50
	未婚	9.40	27.10	28.20	23.50	11.80
年龄	24岁及以下	4.80	47.60	33.30	9.50	4.80
	25—29岁	13.50	20.20	34.80	25.80	5.60
	30—34岁	7.20	24.10	30.10	26.50	12.00
	35—39岁	9.10	21.60	34.10	19.30	15.90
	40—44岁	3.20	22.10	49.40	13.70	11.60
	45—49岁	15.90	19.00	44.40	17.50	3.20
	50—54岁	7.70	23.10	38.50	28.80	1.90
	55—59岁	0.00	38.90	38.90	22.20	0.00
学历	研究生	0.00	25.00	37.50	0.00	37.50
	本科	8.20	22.10	38.80	23.40	7.50
	大专	11.70	26.60	36.20	13.80	11.70
	中师/中专/高中	0.00	60.00	40.00	0.00	0.00

续表

		非常不符合	不符合	一般	符合	非常符合
职称	中学高级	4.50	17.90	29.90	22.40	25.40
	中学一级	6.70	18.80	47.00	18.10	9.40
	中学二级	8.10	22.60	37.10	27.40	4.80
	小学高级	6.70	20.00	46.70	23.30	3.30
	小学一级	10.90	30.90	41.80	12.70	3.60
	小学二级	6.50	27.30	33.80	26.00	6.50
	未评职称	19.00	27.60	29.30	22.40	1.70
年均工资收入	2万及以下	20.60	14.70	35.30	20.60	8.80
	2.1万—4万	8.00	33.60	34.50	18.60	5.30
	4.1万—6万	7.30	19.40	41.20	21.50	10.70
	6.1万—8万	5.50	29.10	40.00	23.60	1.80
	8.1万—10万	0.00	42.90	42.90	14.30	0.00
自己家庭所在地	村屯	11.80	30.90	34.50	15.50	7.30
	乡镇	9.90	15.30	36.00	23.40	15.30
	县城	6.60	23.50	40.40	22.40	7.10
	地级城市	5.50	22.00	42.90	24.20	5.50
	省会城市	37.50	25.00	37.50	0.00	0.00

二是乡村教师身心疲惫的群体特征。在性别方面是女教师比男教师更认为自己"一天工作后，感觉身心疲惫"，女教师"一天工作后，感觉身心疲惫"的比例为73%，高于男教师的69.3%。在婚姻方面是已婚教师比未婚教师更认为自己身心疲惫，已婚教师"一天工作后，感觉身心疲惫"的比例为74.3%，远高于未婚教师的57.7%。在年龄方面是总体上呈现出"中间高两边低"的分布态势，其中"一天工作后，感觉身心疲惫"比例最高的是"35—39岁"教师，为83.6%，其次是"30—34岁"的77.1%和"40—44岁"的74.8%，再次是"45—49岁"的73.4%和"25—29岁"的66.3%，再是"50—54岁"的66.1%和"55—59岁"的64.7%，最低的是"24岁及以下"教师的28.5%。在学历方面是"一天工作后，感觉身心疲惫"比例最高的是"大专"学历的教师，为78.7%，其次是"研究生"的75%，再次是"本科"的

70.7%，最低的是"中师/中专/高中"学历教师的40%。在职称方面是中学职称中呈现职称提高而身心疲惫感降低的态势，其中"一天工作后，感觉身心疲惫"比例最高的是拥有"中学二级"职称教师，为79.4%，其次是"中学一级"的70%，最低的是"中学高级"的67.6%；在小学职称中差别不大，"一天工作后，感觉身心疲惫"的比例在80%左右，其中"小学高级"为80%，"小学一级"为80.7%，"小学二级"为79.3%，而"未评职称"教师认为"一天工作后，感觉身心疲惫"的比例为52.7%。在年均工资收入方面是总体上呈现出"中间高两边低"的分布态势，其中"4.1万—6万"的教师"一天工作后，感觉身心疲惫"的比例最高，为77%，其次"2.1万—4万"的69.3%和"6.1万—8万"的63.7%，再次是"2万及以下"的61.7%，最低的是"8.1万—10万"的28.6%。在自己家庭住址方面总体呈现出"中间高两边低"且家在乡村的高于家在城市的偏态分布，其中"一天工作后，感觉身心疲惫"比例最高的是家在"县城"的教师，为76.8%，其次是家在"乡镇"的73.7%和"村屯"的70.9%，最低的是家在"地级城市"的64.5%和"省会城市"的62.5%。具体参见表7-17。

表7-17　乡村教师"一天工作后，感觉身心疲惫"的群体分布　　单位:%

		非常不符合	不符合	一般	符合	非常符合
性别	男	1.30	1.90	27.60	32.10	37.20
	女	2.50	2.80	21.60	32.30	40.70
婚姻	已婚	2.40	1.90	21.30	34.50	39.80
	未婚	1.20	5.90	35.30	21.20	36.50
年龄	24岁及以下	4.80	9.50	57.10	19.00	9.50
	25—29岁	3.40	3.40	27.00	23.60	42.70
	30—34岁	1.20	4.80	16.90	33.70	43.40
	35—39岁	1.10	1.10	14.30	39.60	44.00
	40—44岁	1.10	1.10	23.20	33.70	41.10
	45—49岁	4.70	1.60	20.30	32.80	40.60
	50—54岁	1.90	1.90	30.20	32.10	34.00
	55—59岁	0.00	0.00	35.30	35.30	29.40

续表

		非常不符合	不符合	一般	符合	非常符合
学历	研究生	0.00	0.00	25.00	25.00	50.00
	本科	2.20	3.00	24.10	31.30	39.40
	大专	2.10	1.10	18.10	37.20	41.50
	中师/中专/高中	0.00	0.00	60.00	40.00	0.00
职称	中学高级	1.50	1.50	29.40	25.00	42.60
	中学一级	0.70	1.30	28.00	32.00	38.00
	中学二级	3.20	1.60	15.90	38.10	41.30
	小学高级	0.00	0.00	20.00	43.30	36.70
	小学一级	1.80	1.80	15.80	26.30	54.40
	小学二级	3.90	5.20	11.70	41.60	37.70
	未评职称	3.50	7.00	36.80	24.60	28.10
年均工资收入	2万及以下	8.80	5.90	23.50	17.60	44.10
	2.1万—4万	2.60	2.60	25.40	30.70	38.60
	4.1万—6万	1.70	2.10	19.20	34.90	42.10
	6.1万—8万	0.00	0.00	36.40	36.40	27.30
	8.1万—10万	0.00	0.00	71.40	14.30	14.30
自己家庭所在地	村屯	2.70	0.90	25.50	40.00	30.90
	乡镇	4.40	0.90	21.10	27.20	46.50
	县城	0.50	3.80	18.90	36.80	40.00
	地级城市	1.10	3.30	31.10	25.60	38.90
	省会城市	12.50	12.50	12.50	0.00	62.50

基于上述关于乡村教师工作活力感和积极性中九个问题的数据分析，可以综合统计出城乡教师在这九个问题中的正负向比例分布，参见图7-9。据此比较可知，城乡教师在"应对教学、教研事务时充满了动力"和"在工作中感到自己充满活力、精力旺盛"等关于工作动力的两题的正向比例最低，同时在"感觉工作缺乏动力"的正向比例偏低和负向比例最高也印证了前面两道题的判断，并且"一天工作后，感觉身心疲惫"一题的正向比例也达到70%左右。这说明城乡教师在工作动力方面问题比较严重。而上述四题数值的比较也反映城市教师的工作动力和身心疲

怠问题比乡村教师严重，并且地级城市教师尤为严重。

此外，城乡教师在"总是主动提高专业水平和保持教学热情"和"总是想办法激发学生的学习动力"两题的正向比例最高，在90%左右，这反映了城乡教师遵守职业道德和工作责任，认真开展教学。而城乡教师在"目前的工作积极状态"的正向比例在80%左右，但在"学校教师积极工作氛围"低于80%。这一方面说明城乡教师工作积极状态和氛围的正向比例处于中等水平，另一方面"目前的工作积极状态"和"学校教师积极工作氛围"的正向比例的一高一低则反映出城乡教师比较认可自己的工作积极状态，但学校积极工作氛围持更多的保留态度。并且，数值也反映出乡村教师的工作积极状态和所在学校积极工作氛围比城市教师高，其中又是地级城市教师的正向比例最低。

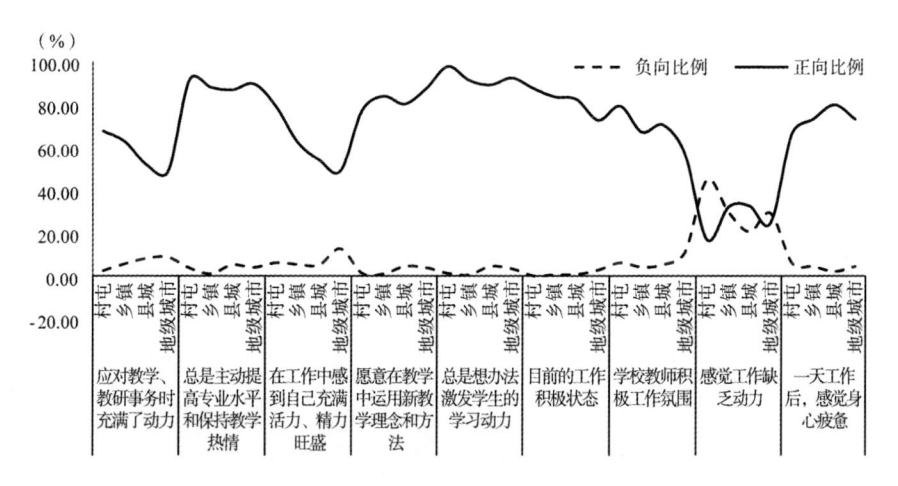

图7-9 城乡教师在工作活力感和积极性的正负向比例的总体分布

值得关注的是，城乡教师在一题的正向比例在80%左右，这反映出城乡教师在运用新教学理念和方法方面的中等状态。另外，村屯教师在"愿意在教学中运用新教学理念和方法"的正向比例为77.1%，低于乡镇的83.8%、县城的80.2%和地级城市的87.4%。这说明村屯教师在这一问题上的相对严重。

第八章

什么政策对乡村教师有激励作用

政策设计与实施总是以解决特定的问题为旨归，并且或以"成本—效益"，或以"目标设定—目标达成"等来思考和评估政策的实践作用。作为社会资源再分配的工具，政策总是被期望具有初始良善和真正能够解决问题，以避免浪费公共资源和消耗公众期待。但在实际中，很多政策实施后的效果大打折扣，甚至无疾而终，更有甚者是因政策造成旧问题未解决反而引发新的问题。为此，政策制定者和社会公众均力求确保所针对的问题能够在既定的政策设计框架下得到妥善解决，从而避免问题累积可能带来更高的社会解决成本。对社会政策学来说，问题是如何将人类社会中种种独特的身份与人性所共有的重要本质相调和；或者更简单地说，如何让特殊的要求与普遍的需要相吻合。[1] 问题因人而产生，也必将因人而得到解决。在理论上，有效政策的出发点和落脚点都在于调和问题当事人的诉求与政策目标之间的关系。问题的困境之一是，即便人们受到需求的激励，受到追求扩大与他人之间的地位差距和财富差距的激励，我们刚才所看到的那种巨大的差距也还是不足以维持这样的激励。[2] 换言之，基于人性理解的政策解决之道，还需对人性做政策上的约束性处理，让其框定合理可行的范畴。因此，政策的制定者和分析者长期以来诉诸获得三大前提性条件，一是厘清政策问题的实质；二是把握问题当事人的需求；三是掌握恰当的政策资源及其调配工具，以此为

---

[1] ［英］哈特利·迪安：《社会政策学十讲》，岳经纶等译，上海人民出版社2015年版，第111页。

[2] ［美］德博拉·斯通：《政策悖论：政治决策中的艺术》（修订版），顾建光译，中国人民大学出版社2006年版，第84页。

基础来有序推行政策的落地实施和达成政策的有效性。

　　教师激励政策设计与实施的资源成本和初始目标相对客观明确，但在教师的需求假设和激励效果上却很难运用数量化尺度来加以衡量断定。这一方面增加了缩小教师激励政策与实践之间差距的难题，但可以假定的是道德性职业特性和拥有高等教育资历的中小学教师更具"经济理性人"的理性，在人性层面能够自我约束，对政策需求和期待能够相对客观中肯；另一方面更显得教师激励政策效果评价的重要性，求证教师激励政策的初始目标与实践效应之间的关系，以为后续政策的设计与实施提供理论与数据支持。但研究者在分析现场情形的过程中，发现有五种因素影响政策实施，前面四种因素导致第五种因素的出现：一是教师从来没有真正理解过改革；二是教师不知道如何运用新的教育理念；三是缺少建立开放课堂教学所需要的材料；四是学校文化和组织机制与新政策的要求彼此冲突；五是教师失去推进政策变革的动机和热情。[①] 因此，教师政策评价分析有赖于前提条件是作为政策受众的教师对政策内容的熟悉和理解。可以确定的是，自 2010 年《国家中长期教育改革和发展规划纲要（2010—2020 年）》颁布以来，教师的政策获得感不断加强，对密切相关的政策也更为关注。

　　长期以来，无论在理论领域、政策层面，还是实践方面，均一直在探求什么政策对乡村教师有激励作用的答案。而作为一种职业，乡村教师首先被政府从社会空间上割离出来，如禁止教师改行、调动工作、对教师形象的定型及鼓励教师终身任教等政策，使得教师表现出稳定性、隔离性，成为独特的受政府控制的社会阶层。[②] 这说明一方面既定政策规范着乡村教师队伍建设，另一方面乡村师资质量提升且依赖政策资源的供给，并且政策是乡村教师发展的主要驱动力。在乡村教师政策供给数量和质量不断提升的背景下，以及前文已了解到乡村教师的满意度、成就感、荣誉感、归属感、活力感和积极性的学理逻辑下，极为有必要缕析相关政策对乡村教师的激励作用情况，以尽可能为后续政策设计规避

---

① ［美］弗朗西斯·C. 福勒：《教育政策学导论（第二版）》，许庆豫译，江苏教育出版社 2007 年版，第 250 页。
② 马戎、［加拿大］龙山：《中国农村教育问题研究》，福建教育出版社 2000 年版，第 159 页。

风险。而政策分析处理一些带有主观性议题时，必须依赖于结果的解释。① 因此，主要调查了作为政策受众的乡村教师和校长对相关政策激励作用的主观性评价，进而开展分类分析和总结提炼。

第一节 乡村教师课堂教学水平与工作状态的影响因素

假如说学校教育是一个有机的生命体，那么基本的组成细胞就是课堂。② 课堂教学是学校教育工作的核心组成部分，也是教师专业发展的实践起点。在当下，世界顶尖的国家教育系统和学校教育系统均致力于让教师专注于课堂教学，激励教师在常规的课堂教学中成就不平凡的工作：一是改进创新和不断精细化课堂教学，提高课堂教学效能，帮助学生更快速更充分地获得知识、技能、思维和价值观等，以让学生更有信心地应对知识的更迭换代和未来的不确定性；二是引导教师回归课堂教学并以此作为专业发展的基础路径，帮助教师在实践中反思、提炼、理论化和系统化教学经验，以应对社会各界日益增长的教育质量需求和教育改进诉求；三是推动教师从普通教师向骨干教师和专家型教师转变，让其在课堂教学中获得教学成就感和职业发展上的成功。在此背景下，教育政策重心已然发生由扩大数量规模向追求质量内涵的转变，教师激励政策逐步指向教师在课堂教学中过程表现及其质量结果。与其他教师不同，乡村教师在课堂教学中"教得好"还面临着"如何让所有年轻人都能够不受限于社会经济条件而拥有学习的机会"③ 和学术考选进阶的可能的双重挑战。鉴于此，目前乡村教师的课堂教学水平提升与积极工作状态受到什么因素影响，相关激励政策又应如何让乡村教师安心专注于课堂教学和学校教育工作。

---

① ［美］托马斯·R. 戴伊：《理解公共政策（第十二版）》，谢明译，中国人民大学出版社 2011 年版，第 7 页。

② 汪瑞林：《教师自我突围的秘诀》，华东师范大学出版社 2019 年版，第 35 页。

③ ［芬兰］帕思·萨尔伯格：《芬兰道路：世界可以从芬兰教育改革中学到什么》，林晓钦译，江苏凤凰科学技术出版社 2015 年版，第 2 页。

一 乡村教师课堂教学状态的影响因素分析

课堂教学状态是教师在日常课堂教学过程中行为表现和精神状态的总称，具体反映在教师在课堂教学中言行举止、教学进度和师生互动等方面与教学设计和要求的契合程度，以及教师精神状态的饱满程度。在课堂上，教师应当竭尽全力，使教学活动触及所有或者绝大多数学生。[①] 正因为此，教师的课堂教学状态是实现教学质量提升的前提。在向课堂要质量的当下，教师激励政策的重点之一就是努力盘活教师的课堂教学状态。那什么影响着教师的课堂教学状态？一般而言，教师的课堂教学状态受到多方面因素影响：一是人的因素，包括教师自身和工作对象学生；二是物的因素，包括教学设备和教学内容；三是事的因素，包括考核评价等。而在具体实践中，教师和校长认为的最主要因素又是什么？

（一）教师认为生源质量是影响课堂教学状态的最主要因素，此外的最主要因素中乡村教师认为是教学方式，而城市教师认为是学生数量和考核评价

调研发现，教师认为学生质量是影响课堂教学状态的最主要因素。具体而言，教师认为影响课堂教学状态的最主要影响因素依次是："生源质量"，占比为74.3%；"学生数量"，占比为30.9%；"考核评价"，占比为29.7%；"教学方式"，占比为26.5%；"课前准备"，占比为22.8%；"教学设备"，占比为22.2%；其他的因素均占比均低于20%，见表8-1。由此可见，教师总体上认为影响课堂教学状态的最主要因素是学生因素，尤其是生源质量，其所占比重远高于其他因素，其次是考核评价，再次是教师自身因素，包括教学方式和课前准备，最后才是物的因素。

[①] ［加］迈克尔·富兰：《变革的力量——深度变革》，中央教育科学研究所、加拿大多伦国际学院译，教育科学出版社2004年版，第18页。

表 8-1　城乡教师认为影响课堂教学状态的最主要影响因素分布　　单位:%

	村屯	乡镇	县城	地级城市	总计
其他	3.70	1.80	1.50	4.60	2.50
教学内容	10.80	13.90	6.50	12.30	12.00
个人状态	12.00	20.70	23.20	10.80	18.30
师生关系	10.80	20.90	20.30	15.30	18.70
考核评价	26.50	27.50	32.80	34.60	29.70
课前准备	27.70	23.20	24.60	17.20	22.80
学生数量	31.30	23.40	47.10	37.20	30.90
教学方式	32.50	29.10	19.60	22.20	26.50
教学设备	36.10	23.00	8.70	24.30	22.20
生源质量	66.30	70.50	76.10	86.00	74.30

基于城乡比较发现，在村屯教师看来，影响课堂教学状态的三大最主要因素依次是"生源质量"，占比66.3%，"教学设备"，占比36.1%，和"教学方式"，占比32.5%。在乡镇教师看来，影响课堂教学状态的三个最主要因素依次是"生源质量"，占比70.5%，"教学方式"，占比29.1%，和"考核评价"，占比27.5%。在县城教师看来，影响课堂教学状态的三个最主要因素依次是"生源质量"，占比76.1%，"学生数量"，占比47.1%，和"考核评价"，占比32.8%。在地级城市教师看来，影响课堂教学状态的三个最主要因素依次是"生源质量"，占比86%，"学生数量"，占比37.2%，和"考核评价"，占比34.6%，参见表8-1和图8-1。

有教师提道：

　　就是说不同层次的学生，你所设计的教学方案是不一样的，你比如说他们的认知，之前认知在哪里，然后你在这个层次上才能提升。如果说他们知道都已经非常高了，那你在讲的时候，你的高度就要提高一些。如果说他们只知道一些浅显的，那你在这里设计的时候就不能太难，所以还是和学生是有关系的。我们学校虽然在城市中心，但是本学区的人不是很多，大部分都是外来的，可以说

70%以上吧,是各个乡镇来的。父母在城里打工或者干啥,就把小孩带到城里来上学。我们学校人也多起来,就是这个原因。(2021413DJCSXXJ1)

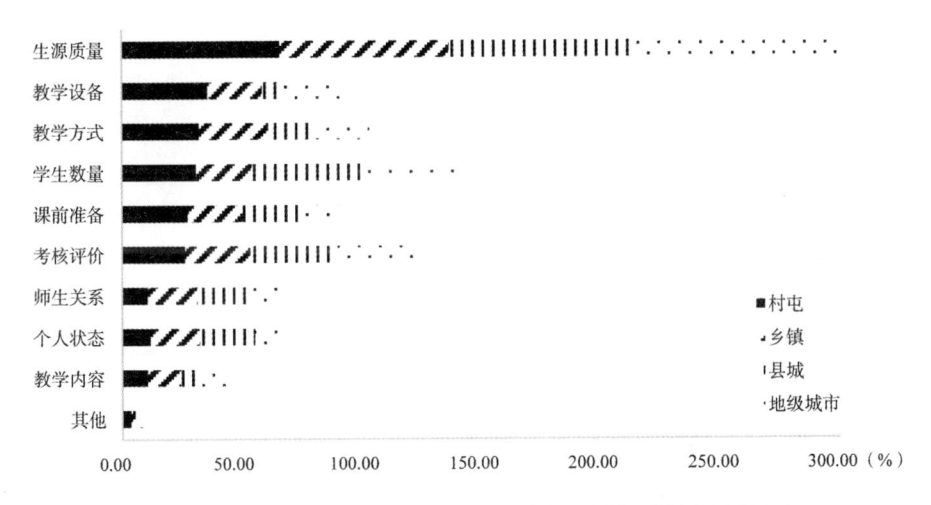

图8-1 城乡教师认为影响课堂教学状态的最主要影响因素分布

可见,城乡教师均认为生源质量是影响课堂教学状态的最主要因素。但也存在城乡差异,乡村教师一致认为教学方式是主要因素之一,此外村屯教师还认为的因素是教学设备,乡镇教师还认为的因素是考核评价,而城市教师一致认为学生数量和考核评价是另外两个最重要因素。

(二)城乡校长均认为生源质量和教学方式是影响学校教师课堂教学状态的最主要因素,并且乡镇校长认为还包括个人状态,但城市校长认为包括人状态、学生数量和考核评价

数据分析可知,总体上校长认为生源质量是影响学校教师课堂教学状态的最主要因素。在影响因素中,有85.2%的校长认为是"生源质量",55.6%认为"教学方式",40.7%认为"个人状态",分别有25.9%认为时"考核评价"和"教学设备",22.2%认为"学生数量",其他的因素则低于20%。参见表8-2。可见,在校长看来,影响学校教师课堂教学状态的最主要三大因素是生源质量、教学方式和个人状态,即除生源质量之外,教师的教学工作及其状态也是主要因素。

表8-2 校长认为"影响学校教师课堂教学状态的最主要因素"分布　　单位:%

	乡镇	县城	地级城市	总计
其他	0.00	0.00	0.00	0.00
课前准备	0.00	0.00	0.00	0.00
教学内容	0.00	0.00	14.30	3.70
师生关系	16.70	14.30	28.60	18.50
学生数量	25.00	42.90	0.00	22.20
教学设备	16.70	28.60	28.60	25.90
考核评价	16.70	28.60	42.90	25.90
个人状态	50.00	42.90	28.60	40.70
教学方式	58.30	57.10	57.10	55.60
生源质量	91.70	85.70	85.70	85.20

城乡比较发现，城乡校长均认为生源质量和教学方式是影响学校教师课堂教学状态的最主要因素，此外，乡镇校长认为包括个人状态，县城校长认为包括个人状态和学生数量，地级城市校长认为包括考核评价。具体来看，乡镇校长认为影响学校教师课堂教学状态的三大最主要因素是"生源质量"，占比91.7%，"教学方式"，占比58.3%，和"个人状态"，占比50%。

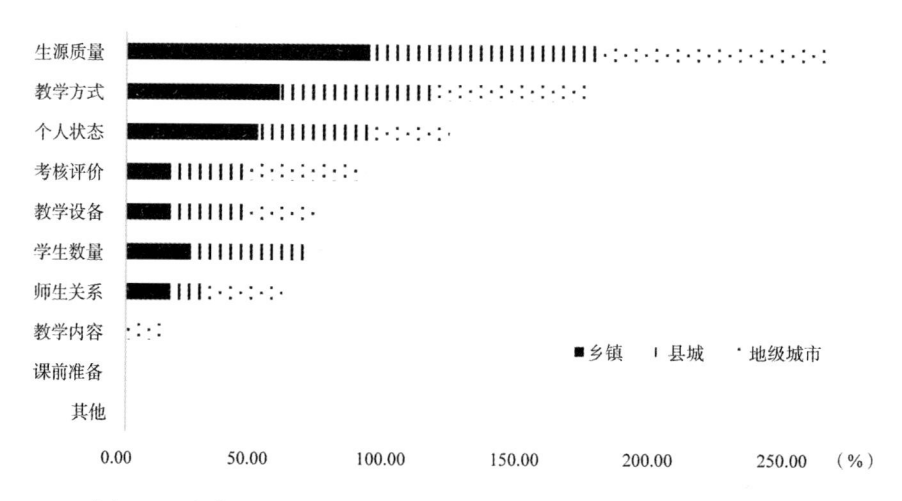

图8-2 校长认为"影响学校教师课堂教学状态的最主要因素"分布

有乡镇校长提道：

> 因为是生源好了，老师教学就有积极性，就是教学相长。教学相长的事情就是说是啥生源好了，老师这一块肯定他的很多教学实施就可以有效完成。所以真的是希望好生源。这样的话整个学校慢慢就处于良性的一个循环。（2021414XZJNYGZX2）

县城校长认为是"生源质量"，占比85.7%，"教学方式"，占比57.1%，和"个人状态"与"学生数量"，占比均为42.9%。地级城市校长认为是"生源质量"，占比85.7%，"教学方式"，占比57.1%，和"考核评价"，占比42.9%，参见表8-2和图8-2。

二　乡村教师教学水平提升的影响因素分析

教学水平是学校办学立校和教师职业发展的根基。作为一名专业的教师，你需要全心全意地致力于教学的各个方面，对自己和学生均以高标准的要求。[①] 提升教师教学水平是教育系统自始至终的工作使命和激励指向。但是，教学水平的提升受到多方面因素影响，可见的就是教师自身的专业追求和努力，以及学校和社会为其专业发展所能提供的支持。同时，教学效果需要较长时间来验证和评价标准的多元也增加了教师提升教学水平的难度。为此，从教师和校长的视角出发，了解影响乡村教师教学水平提升的最主要因素，也可从中掌握具体问题所反映具体困境，从而证实相关论断，或者提供新的学理判断。

（一）城乡教师均认为生源质量是影响其教师教学水平提升的最主要因素之一，其他因素中乡村教师倾向于"名师引领"和"教研氛围"，而城市教师则倾向于"薪酬待遇""绩效考核"和"工作压力"

调研数据显示，教师总体上认为影响其教学水平提升的最主要的三大因素是薪酬待遇、生源质量和工作压力。具体比例分布是，"薪酬待遇"为41.9%，"生源质量"为39.2%，"工作压力"为32.6%，"名师

---

① ［美］贝丝·赫斯特、金尼·雷丁：《教师的专业素养》（第三版），赵家荣译，上海教育出版社2019年版，第2页。

引领"为27.9%，"进修培训机会"为27%，"绩效考核"为25.6%，其他的因素占比均低于20%，见表8-3。可见，教师认为非教学理念和技能性因素的薪酬待遇和工作压力，以及客观性因素生源质量是影响其教学水平提升的最主要的三大因素。除此之外，教学水平提升的支持性因素名师引领、进修培训机会和绩效考核也占比在25%—30%。

有乡镇中心学校教师提道：

> 我自认为我的活太多了，感觉自己的付出与收获就不成正比。一样的付出，那（学生）基础不一样对不对？英语的确也不是咱自己的语言，数学的确要娃的理解力、逻辑思维能力。刚来那时候还挺热情的，这学期明显心态就跟以前不一样了。主要是我之前带的是三、四年级和一个班班主任，后来我没带班主任，我带的是五、六年级。五六年级肯定没有三、四年级好带，这本身就有一个压力了，加上孩子高年级了，真的是让你够伤心的，其实平常处的都挺好的，但是一到成绩一个作业，我都已经自我怀疑了。（2021415XZXXJ8）

表8-3　城乡教师认为影响教学水平提升的最主要因素分布　　单位：%

	村屯	乡镇	县城	地级城市	总计
学校领导的鼓励	6.00	7.90	5.00	11.20	8.00
其他	7.40	0.60	0.00	0.00	0.60
个人追求	8.40	10.40	9.20	6.50	9.20
绩效考核	9.60	19.00	44.50	37.10	25.60
职称晋升	10.80	15.30	27.70	13.50	16.30
教研效果	13.30	11.80	6.70	5.90	10.00
工作压力	30.10	28.00	43.70	37.60	32.60
薪酬待遇	32.50	38.90	45.00	51.80	41.90
进修培训机会	32.50	31.00	26.90	14.10	27.00
名师引领	33.70	33.30	20.20	16.50	27.90
教研氛围	37.30	25.50	16.80	15.30	23.30
生源质量	37.30	38.20	26.90	51.20	39.20

从表8-3和图8-3中可以发现，村屯教师认为影响其教学水平提升的最主要的三大因素是"生源质量""教研氛围"和"名师引领"，占比分别是37.3%，37.3%和33.7%，同时"进修培训机会""工作压力"和"薪酬待遇"的占比也超过30%，可见也极大地影响着村屯教师的教学水平提升。乡镇教师认为影响其教学水平提升的最主要的三大因素是"薪酬待遇""生源质量"和"名师引领"，占比分别是38.9%、38.2%和33.3%，同时"进修培训机会""工作压力"和"教研氛围"占比超过25%，也是影响乡镇教师教学水平提升的重要因素。

有村屯教师提道：

> 其实现在农村教师跟城里比还并不差。差的其实就是学生，学生不一样。刚才说了农村孩子跟城市孩子现在差距是越来越大，你看原来我们说农村孩子能够出去，是不是有这种特别刻苦，特别认真学。但是，现在慢慢的，农村孩子他家长也年轻，宠着孩子，爷爷奶奶也宠着孩子，他也不那么刻苦了，就要把这个优良传统都给丢掉了，所以你看现在他的知识层面越来越窄，而且现在的教育不是靠你死学，一定是你不仅要学而且会要表达，但他们的知识面就窄，到现在越来越跟不上，越来越跟不上了。所以我感觉这是农村教育那个最头痛的一个问题。（2021412CTXXJ3）

> 我们这是农村学校，学生基础比较差，然后面对这个问题比较多的学生，自己觉得非常的无奈。比如说学生家庭比较复杂，然后他学习兴趣不浓，然后身上的毛病比较多，这种而且现在对老师的要求是比较严格，就是说你在管理学生的时候，受到的限制也比较多，而这个学生的问题比较严重，有时候事实上现在这个教师我觉得都是一个弱势群体。（2021414XZJNYGZJ5）

县城教师认为影响其教学水平提升的最主要的三大因素是"薪酬待遇""绩效考核"和"工作压力"，占比分别是45%、44.5%和43.7%，同时"生源质量""进修培训机会""职称晋升"和"名师引领"占比超过20%，也是影响县城教师教学水平提升的重要因素。地级城市教师认为影响其教学水平提升的最主要因素是"薪酬待遇""生源质量""工作压力"和"绩效考核",占比分别是51.8%、51.2%、37.6%和37.1%,参见表8-3和图8-3。由此可见,在教学水平提升的影响因素的选择中,乡村教师倾向于专业发展的因素选择,例如"教研氛围""名师引领"和"进修培训机会"等,而城市教师倾向于"薪酬待遇""绩效考核"和"工作压力"等非专业发展性因素。

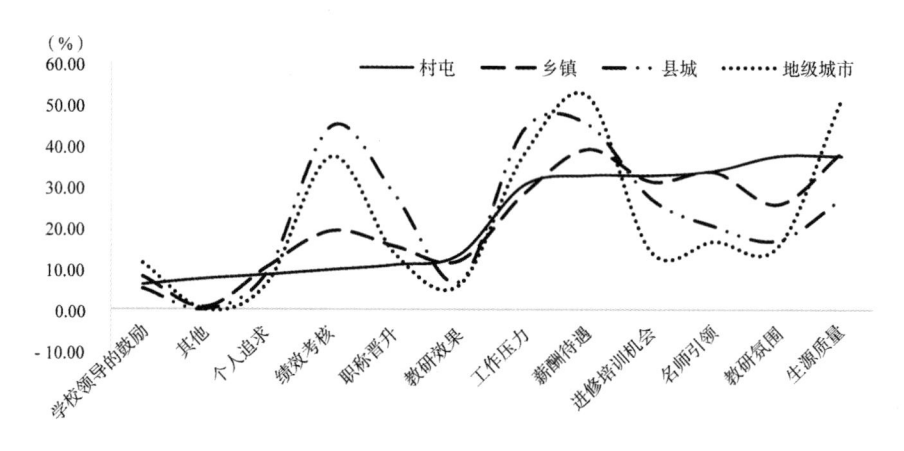

图8-3　城乡教师认为影响教学水平提升的最主要因素分布

（二）城乡校长认为影响教师教学水平提升的最主要因素是"生源质量""教研氛围"和"名师引领"等专业性因素

数据分析表明,校长总体上认为影响教师教学水平提升的最主要的三大因素是名师引领、生源质量和教研氛围。在具体占比上,"名师引领"是50%,"生源质量"是46.4%,"教研氛围"是46.4%,"进修培训机会"是25%,"薪酬待遇"是21.4%,其他的因素均低于20%。可见,在校长看来,教师教学水平提升的影响因素主要在于专业发展性因素,例如"名师引领"和"教研氛围"等,但也认为"薪酬待遇"也是重要因素。

表8-4　校长认为"影响教师教学水平提升的最主要因素"分布　　单位:%

	乡镇	县城	地级城市	总计
其他	0.00	0.00	0.00	0.00
工作压力	16.70	14.30	0.00	10.70

续表

	乡镇	县城	地级城市	总计
个人追求	25.00	14.30	0.00	14.30
学校领导鼓励	8.30	0.00	25.00	14.30
教研效果	16.70	14.30	25.00	17.90
绩效考核	16.70	14.30	25.00	17.90
职称晋升	16.70	14.30	25.00	17.90
薪酬待遇	25.00	14.30	25.00	21.40
进修培训机会	16.70	57.10	12.50	25.00
教研氛围	41.70	71.40	37.50	46.40
生源质量	50.00	28.60	50.00	46.40
名师引领	41.70	57.10	62.50	50.00

城乡比较则发现，乡镇校长认为影响教师教学水平提升的最主要的三大因素是"生源质量""教研氛围"和"名师引领"，占比分别是50%、41.7%和41.7%，同时"个人追求"和"薪酬待遇"的占比为25%，也是乡镇校长认为的重要影响因素。县城校长认为影响教师教学水平提升的最主要的三大因素是"教研氛围""进修培训机会"和"名师引领"，占比分别是71.4%、57.1%和57.1%，同时"生源质量"占比为28.6%，也是县城校长认为的重要因素。地级城市校长认为影响教师教学水平提升的最主要的三大因素是"名师引领""生源质量"和"教研氛围"，占比分别是62.5%、50%和37.5%，同时"学校领导鼓励""教研效果""绩效考核""职称晋升"和"薪酬待遇"的占比均为25%，也是地级城市校长认为的重要因素。参见表8-4和图8-4。

可见，城乡校长在教师教学水平提升的最主要影响因素选择上存在比值差异，但均认为"生源质量""教研氛围"和"名师引领"是最主要因素，同时也认为"薪酬待遇"是重要因素。总体上，除了生源质量的因素，城乡校长认为影响教师教学水平提升的最主要还在于专业性因素。

三 乡村教师工作积极性的影响因素分析

当今教育要求教师成为高水平的知识工作者，他们需要不断地补充

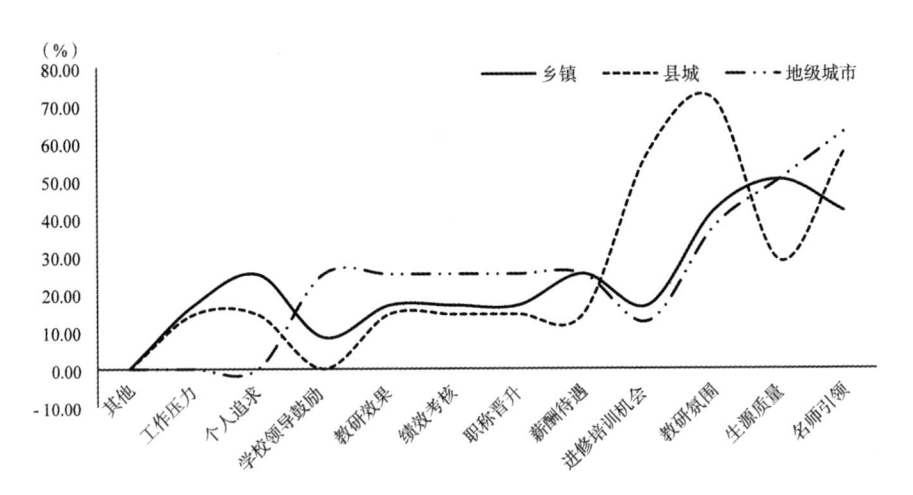

图 8-4　校长认为"影响教师教学水平提升的最主要因素"分布

专业知识，促进自身的专业发展，教师需要成为创新者，因为创新才能提高效率和生产力，才能最终带来新的增长。[①] 为应对社会发展带来的教育教学挑战、学生成长过程中产生的新问题以及开展自我专业学习的动力难题，教师只有拥有和维续工作积极性，才能更好地在专业和职业发展上取得成功，更好地摆脱因职业稳定性而带来的工作懈怠。当然，作为兼具个体努力和组织氛围的特性，教师的工作积极性受到个体、组织和政策等多方面因素影响。相对而言，乡村教师面临的问题与挑战较多，在专业和职业发展上更需要持续保持积极性和热情，社会各界也较为忧心乡村教师的工作积极性。那么，影响乡村教师工作积极性的最主要因素具体是什么？

（一）城乡教师均认为目前影响工作积极性的最主要因素是薪酬待遇，另外的最主要因素中村屯教师认为是"非教学性工作量"和"学校管理方式"，乡镇教师认为是"职称晋升"和"生源质量"，城市教师认为是"职称晋升"和"绩效考核方式"

调研数据显示，教师总体上认为目前影响工作积极性的最主要因素

---

① ［德］安德烈亚斯·施莱歇：《培养卓越校长和教师——来自 PISA 的建议》，胡惠平等译，教育科学出版社 2016 年版，第 52 页。

是薪酬待遇、职称晋升、绩效考核方式、生源质量和学校管理方式。在具体占比上，"薪酬待遇"为66.1%，"职称晋升"为40%，"绩效考核方式"为33.8%，"生源质量"为33%和"学校管理方式"为32.8%，参见表8-5。同时显示，"非教学性工作量"和"教学工作量"的占比均在28%左右，也是影响教师工作积极性的重要因素。可见，在教师看来，"薪酬待遇"因素占比66.1%远超过其他因素，是最为主要的因素，此外职称晋升、绩效考核和学校管理等教师评价与管理性因素，以及工作量因素也很大程度上影响着工作积极性。

表8-5 城乡教师认为"目前影响工作积极性的最主要因素"分布　　单位:%

	村屯	乡镇	县城	地级城市	总计
人际关系	2.40	5.70	0.90	1.70	3.80
工作年限	4.80	8.00	12.10	10.50	8.80
子女教育	10.80	12.10	7.70	7.00	10.20
照顾家庭	15.70	16.80	4.30	3.50	11.90
学校发展前景	16.90	18.70	4.30	12.20	15.00
绩效考核方式	18.10	27.70	44.40	49.40	33.80
学校领导认可程度	19.30	18.90	18.80	20.90	19.40
教学工作量	22.90	27.70	39.30	23.80	28.10
社会与家长认可	22.90	25.80	15.40	22.10	23.10
职称晋升	24.10	35.50	53.80	49.40	40.00
家校距离	24.10	12.80	6.80	6.40	11.70
进修培训	25.30	9.90	13.70	3.50	10.70
学校所处环境	25.30	14.20	3.40	5.80	11.90
生源质量	26.50	33.60	26.50	39.00	33.00
学校管理方式	34.90	29.80	36.80	36.60	32.80
非教学性工作量	34.90	24.80	18.80	42.40	28.80
薪酬待遇	54.20	64.50	69.00	73.80	66.10

比较而言，村屯教师认为目前影响工作积极性的最主要的三大因素是"薪酬待遇""非教学性工作量"和"学校管理方式"，占比分别是54.2%、34.9%和34.9%，同时"教学工作量""社会与家长认可""职

称晋升""家校距离""进修培训""学校所处环境"和"生源质量"的占比均超过20%，也是村屯教师认为的重要因素。乡镇教师认为目前影响工作积极性的最主要的三大因素是"薪酬待遇""职称晋升"和"生源质量"，占比分别是64.5%、35.5%和33.6%，同时"学校管理方式""非教学性工作量""教学工作量""社会与家长认可"和"绩效考核方式"的占比也都超过20%，也是乡镇教师认为的重要因素，参见表8-5和图8-5。

有村屯教师提道：

> 首先我刚才说到农村孩子，在知识层面，这个很多都是留守，爷爷奶奶在家，在城里学校是家校共赢，家长和孩子一起成长，跟学校一起去辅导孩子，但是在农村这个完全是不能实现的，全部靠老师，所以农村教师付出的更多。不仅是孩子的学习，教他们知识，还有生活上帮孩子，我真的就跟孩子家长，跟妈妈一样。我感觉如果工资待遇这块，如果能够加大对农村教师这个工资的能提高一点，我相信很多人还是愿意本着对教育的这个热情，这个信念还愿意留在这，要不然那个流失太大了。（2021412CTXXJ3）

有乡镇教师提道：

> 我原来之所以报师范，是本身也喜欢当老师。当时就是喜欢，工作也没什么痛苦，这个高兴。现在压力太大，受不了。学生嘛不听话，像现在的学生，尤其上初中以后，刚好到青春期嘛，就比较难管一点。不仅是难管，原来的学生也有调皮的，但是调皮了大道理都懂，你给他讲道理，说一说就行了，现在（学生）就是不需要你再说，我不需要你讲道理，我懂道理，我就是不学。这里面与家庭环境有关，也可能与各科老师对他的态度也有关系。孩子本身的自信心不足，已经自己放弃了自己。所以，老师给他讲了这个道理，他不是真的不懂，他是放弃了自己，他反倒觉得老师说的可能是多余的，他还嫌麻烦。现在又不能打，又不能骂，也不能把他撵出去。（2021414XZJNYGZJ3）

而县城教师认为目前影响工作积极性的最主要因素是"薪酬待遇""职称晋升"和"绩效考核方式",占比分别是69%、53.8%和44.4%,同时"教学工作量"和"学校管理方式"占比超过30%,"生源质量"占比为26.5%,这些也是县城教师认为的重要因素。地级城市教师认为目前影响工作积极性的最主要的三大因素是"薪酬待遇""职称晋升"和"绩效考核方式",占比分别是73.8%、49.4%和49.4%,同时"生源质量"和"学校管理方式"的占比超过30%,"学校领导认可程度""教学工作量"和"社会与家长认可"的占比超过20%,这些也是地级城市教师认为的重要因素。

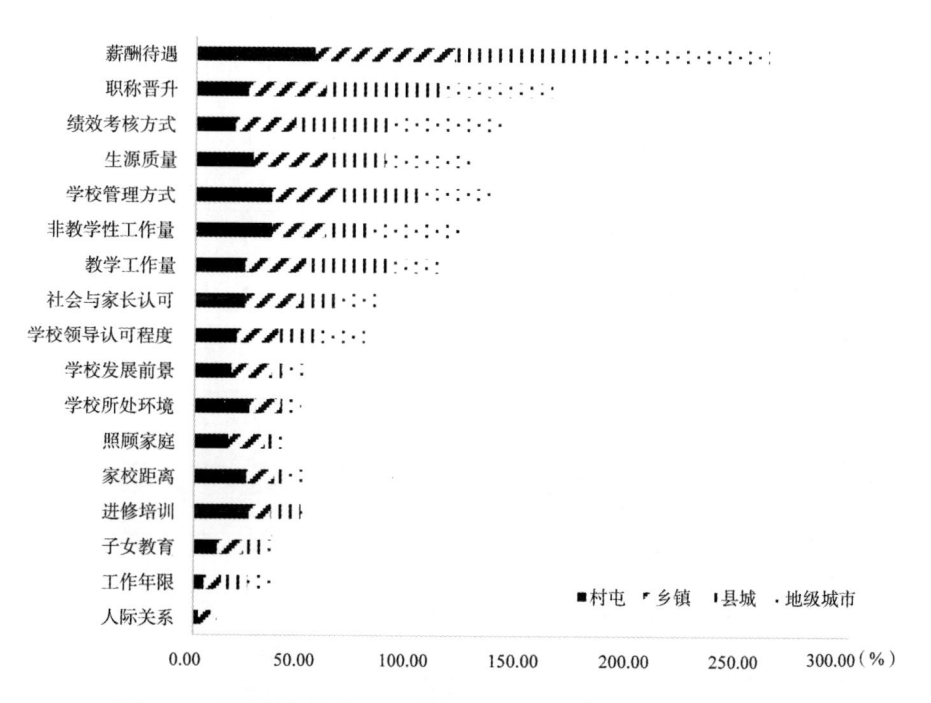

图8-5 城乡教师认为"目前影响工作积极性的最主要因素"分布

(二)城乡校长均认为薪酬待遇和职称晋升是目前影响学校教师工作积极性的最主要因素,另外的最主要因素中乡镇校长认为是生源质量,城市校长一致认为是上级领导认可程度

数据分析表明,校长总体上认为目前影响学校教师工作积极性的最

主要的三大因素是薪酬待遇、职称晋升和上级领导认可程度。各因素的具体占比是，"薪酬待遇"为63%，"职称晋升"为48.1%，"上级领导认可程度"为33.3%，"非教学性工作量"为29.6%，"生源质量"为29.6%，"照顾家庭"为25.9%，"绩效考核方式"为22.2%，"学校所处环境"为22.2%，"家校距离"为22.2%，而其他的因素占比低于20%，并且"教职工认可程度""进修培训"和"社会或家长认可程度"的占比均为0%，参见表8-6。

表8-6　　　　校长认为"目前影响学校教师工作积极性的最主要因素"分布　　　　单位:%

	乡镇	县城	地级城市	总计
薪酬待遇	50.00	71.40	85.70	63.00
职称晋升	50.00	42.90	57.10	48.10
上级领导认可程度	8.30	42.90	71.40	33.30
非教学性工作量	25.00	57.10	14.30	29.60
生源质量	41.70	28.60	14.30	29.60
照顾家庭	16.70	42.90	28.60	25.90
绩效考核方式	16.70	14.30	42.90	22.20
学校所处环境	16.70	28.60	28.60	22.20
家校距离	25.00	0.00	42.90	22.20
教学工作量	16.70	28.60	14.30	18.50
工作年限	25.00	28.60	0.00	18.50
子女教育	16.70	14.30	14.30	14.80
学校发展前景	8.30	0.00	28.60	11.10
学校管理方式	16.70	0.00	14.30	11.10
人际关系	16.70	14.30	0.00	11.10
教职工认可程度	0.00	0.00	0.00	0.00
进修培训	0.00	0.00	0.00	0.00
社会或家长认可程度	0.00	0.00	0.00	0.00

城乡比较而言，乡镇校长认为目前影响学校教师工作积极性的最主要的三大因素是"薪酬待遇""职称晋升"和"生源质量"，占比分别是

50%、50%和41.7%，同时"非教学性工作量""家校距离"和"工作年限"占比均为25%，也是乡镇校长认为的重要因素。

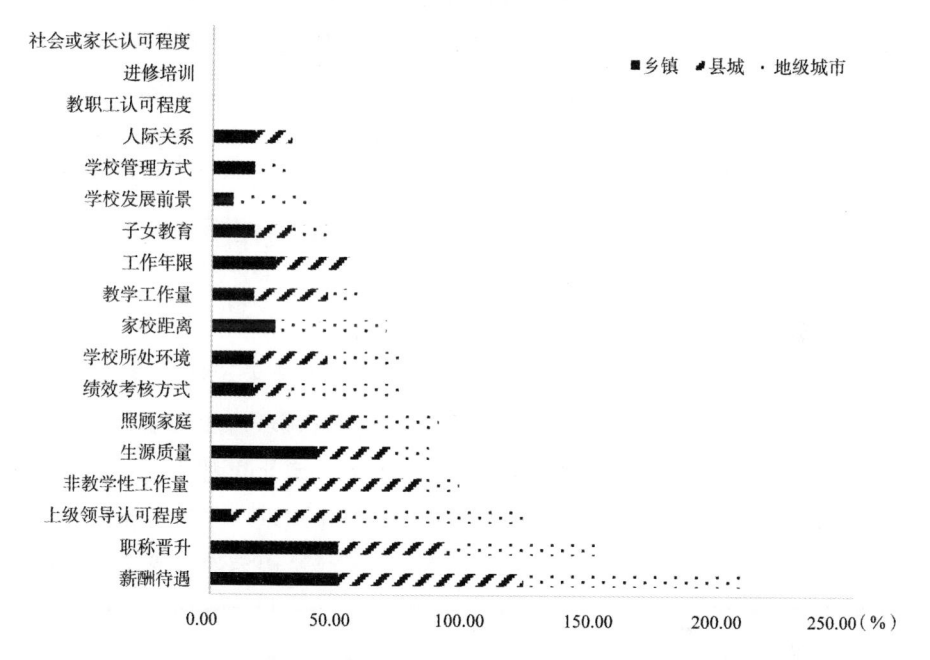

图8-6 校长认为"目前影响学校教师工作积极性的最主要因素"分布

有乡镇教师提道：

学生质量一定会影响到老师的教学积极性的，没有是骗人的。纪律是一方面，另一方面是教师的责任心，我们年轻老师特别少，相对年龄比较大。年龄比较大的老师，特别有责任心的人，他不是说你不会我就不教，你学习好我就教你。他那是长期的作风，从那个时代过来。看着学生坐在那里不会，老师也很着急，但急也没用。（2021414XZJNYGZX1）

县城校长认为目前影响学校教师工作积极性的最主要因素包括"薪酬待遇""非教学性工作量""职称晋升""上级领导认可程度"和"照顾家庭"，占比分别是71.4%、57.1%、42.9%、42.9%和42.9%，同时

"生源质量""学校所处环境""教学工作量"和"工作年限"占比均为28.6%，也是县城校长认为的重要因素。地级城市校长认为目前影响学校教师工作积极性的最主要的三大因素是"薪酬待遇""上级领导认可程度"和"职称晋升"，占比分别是85.7%、71.4%和57.1%，同时"照顾家庭""学校所处环境"和"学校发展前景"的占比均为28.6%，也是地级城市校长认为的重要因素，参见表8-6和图8-6。

第二节 乡村教师激励政策的实践作用

改革开放以来，我国教育政策发生了较为明显的范式变迁，即由"效率理性"范式转向"市场选择"范式，进入新世纪以来逐渐形成"公共治理"范式，"公共治理"范式追求在教育领域形成国家力量、市场力量和公民社会力量相互博弈和均衡的体制，其价值逻辑是重建良好教育生态。[①] 同时，社会各界对教育政策的呼吁由追求"平等与效率"转向"质量与政策获得感"的关系处理，对教育政策内容的要求由数量规模供给转向群体精准获得供给，对教育政策实施的期待提高为不仅能够及时地针对教育问题提供有效的解决之道，而且是在兼顾各方诉求下解决教育问题。换言之，教育政策从设计到实施可能进入"群想共治"的舆论和制度阶段。而在社会各界的共同努力下，乡村教师队伍建设生态渐显趋好态势。但在提质增效的教育发展背景下，极为有必要审视已有乡村教师激励政策的实践作用，以协调好乡村教师、教育行政管理部门和国家政策制定部门之间的政策供求关系，从而规划好未来政策的实践指向和优化配置乡村教师政策资源。众所周知，教育政策执行需要消耗一定的人力、物力、财力资源，需要有相应的资源保障，如果实施政策所需的资源不足与缺乏，或者教育资源分配不合理，必然会使执行过程出现问题、发生困难。[②] 鉴于此，本研究主要基于政策诉求当事方的教师和校长的政策感知和城乡比较的分析路径，来考察人力、物力和财力等

---

① 孟繁华、张爽、王天晓：《我国教育政策的范式转换》，《教育研究》2019年第3期。
② 张乐天：《教育政策法规的理论与实践》（第三版），华东师范大学出版社2015年版，第81页。

方面的乡村教师激励政策的实践作用。

一 乡村教师激励政策的总体性激励作用

作为一种个体状态和政策靶向,教师激励的难题之一是实施政策很难对应每个教师的政策诉求,从而无法产生实践效应。为此,基于对众多教师个体和校长个体的调研,通过他们个体对教师激励政策的激励作用评价,进而形成对乡村教师乃至城乡教师激励政策的总体性激励作用的分析。

(一)教师认为已实施政策中对工作激励"作用较大"或者"作用最大"的前三项是师德师风建设政策、学校硬件设施改善和重大疾病救助政策,"作用较小"或者"没有作用"的前三项是"教师周转房政策""绩效工资政策"和"教师减负政策"

调研数据显示,教师认为已实施政策中对工作激励"作用较大"或者"作用最大",首先是"师德师风建设政策""学校硬件设施改善"和"重大疾病救助政策",占比分别为40.6%、43.4%和38.3%;其次是"教师编制政策""生活补助艰苦边远津贴""工资水平总体提高"和"教师荣誉政策",占比分别为36.7%、36.6%、36%和36%;再次是"教师减负政策""进修培训政策""职称晋升政策""教师周转房政策"和"绩效工资政策",占比分别是35.7%、34%、31.9%、31.6%和30.5%;最后是"班主任津贴政策""学校考核评价的做法"和"教师交流轮岗政策",占比分别是29.5%、27%和22.6%,参见表8-7和图8-7。

当然也有乡镇教师提道:

> 我们现在一个月工资就3800多块钱。这3800块钱里面,包括你的各种东西,各种都加起来,就是每个月到手就是那么多。你看我们在这么偏远的地方,交通不方便,而且这地方这个不管哪一方面都一般,收入甚至就是中下层。(2021414XZJNYGZJ6)
>
> 如果说给的工资低了的话,那就没有人愿意做了。如果说高的话,好多人都来做了。好比之前一直说的有老师考公务员的,见过公务员考老师的吗,这是什么?现在这一次公务员考试你看多少教

师都去考了，我再年轻20岁的话，我可能就不干这个了，但是我可能改行的话难度比较大，而且我自己也没有其他的特长。所以，有些事情现在就这样过吧。（2021414XZJNYGZJ5）

（留住教师）学校能做的很少，从校长来说，他们做的都很少，学校能有什么钱，是不是？尤其是农村学校哪有什么钱呢，他除非人文关怀一下，是不是嘴上关怀，说学校能有什么方法？老师一个月4000多块钱，4000多块钱对于现在的人的生活水平来说，能起到什么样的作用？像咱们乡村教师，没进职称的话，也就3000多块。（2021414XZJNYGZJ4）

表8-7　　教师视角下已实施政策对工作激励作用分布　　单位：%

	没有作用	作用较小	中等	作用较大	作用很大
工资水平总体提高	7.60	19.70	36.80	24.40	11.60
生活补助/艰苦边远津贴	15.00	16.30	32.10	25.60	11.00
班主任津贴政策	13.30	19.70	37.60	20.60	8.90
绩效工资政策	11.10	23.10	35.40	20.90	9.60
教师周转房政策	23.30	13.40	31.70	20.40	11.20
进修培训政策	6.60	17.10	42.30	24.30	9.70
职称晋升政策	10.10	18.60	39.40	20.50	11.40
教师荣誉政策	7.30	17.90	38.90	25.20	10.80
教师减负政策	14.10	19.90	30.20	23.90	11.80
教师编制政策	6.20	14.00	43.10	24.60	12.10
师德师风建设政策	3.50	9.90	42.80	30.00	13.70
教师交流轮岗政策	12.70	19.40	45.30	17.20	5.40
重大疾病救助政策	8.50	15.80	37.40	26.50	11.80
学校考核评价的做法	10.10	17.00	45.80	20.00	7.00
学校硬件设施改善	6.00	13.60	39.80	29.20	11.40

而教师认为已实施政策中对工作激励"作用较小"或者"没有作用"，首先是"教师周转房政策""绩效工资政策"和"教师减负政策"，占比分别是36.7%、34.2%和34%；其次是"班主任津贴政策""教师交流轮岗政策"和"生活补助艰苦边远津贴"，占比分别是33%、32.1%和31.3%；

再次是"职称晋升政策""工资水平总体提高""学校考核评价的做法""教师荣誉政策""重大疾病救助政策""进修培训政策"和"教师编制政策",占比分别是 28.7%、27.3%、27.1%、25.2%、24.3%、23.7% 和 20.2%;最后是"学校硬件设施改善"和"师德师风建设政策",占比分别是 19.6% 和 13.4%,参见表 8-7 和图 8-7。

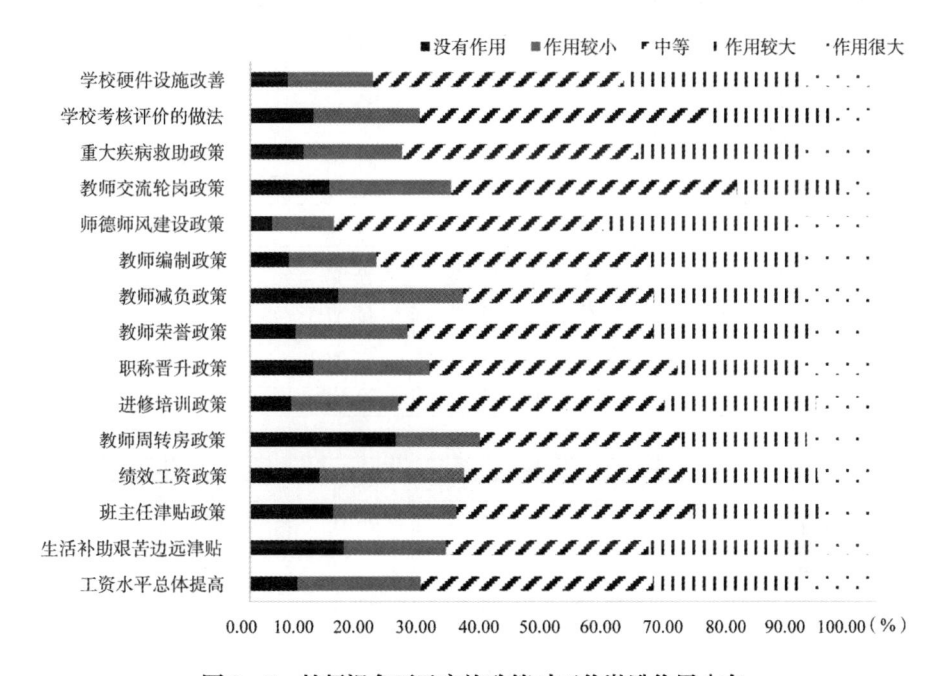

图 8-7 教师视角下已实施政策对工作激励作用分布

(二)校长认为已实施政策中对工作激励"作用较大"或者"作用最大"的前三项是师德师风建设政策、学校考核评价的做法和学校硬件设施的改善,而"作用较小"或者"没有作用"的前三项是教师周转房政策、教师交流轮岗政策和教师编制政策

由表 8-8 和图 8-8 可知,校长认为已实施政策中对教师工作激励"作用较大"或者"作用最大",首先是"师德师风建设政策""学校考核评价的做法"和"学校硬件设施的改善",占比分别是 69.2%、66.7% 和 66.7%;其次是"职称晋升政策""教师荣誉政策"和"重大疾病救助政策",占比分别是 59.2%、59.2% 和 55.5%;再次是"工资水平的

总体提高""教师减负政策""教师编制政策""绩效工资政策"和"生活补助艰苦边远津贴政策",占比分别是48.1%、48.1%、42.3%、42.3%和41.7%;最后是"教师周转房政策""班主任津贴政策"和"教师交流轮岗政策",占比分别是38.1%、37%和37%。

表8-8　校长视角下已实施政策对教师工作激励作用分布　　单位:%

	没有作用	作用较小	中等	作用较大	作用很大
工资水平的总体提高	0.00	7.40	44.40	29.60	18.50
生活补助/艰苦边远津贴政策	4.20	20.80	33.30	25.00	16.70
班主任津贴政策	3.70	18.50	40.70	25.90	11.10
绩效工资政策	3.80	15.40	38.50	23.10	19.20
教师周转房政策	23.80	14.30	23.80	23.80	14.30
进修培训政策	3.70	18.50	29.60	37.00	11.10
职称晋升政策	0.00	11.10	29.60	44.40	14.80
教师荣誉政策	3.70	18.50	18.50	48.10	11.10
教师减负政策	7.40	18.50	25.90	29.60	18.50
教师编制政策	7.70	23.10	26.90	34.60	7.70
师德师风建设政策	0.00	0.00	30.80	53.80	15.40
教师交流轮岗政策	11.10	22.20	29.60	18.50	18.50
重大疾病救助政策	0.00	18.50	25.90	40.70	14.80
学校考核评价的做法	0.00	3.70	29.60	51.90	14.80
学校硬件设施的改善	0.00	7.40	25.90	51.90	14.80

而校长认为已实施政策中对工作激励"作用较小"或者"没有作用",首先是"教师周转房政策""教师交流轮岗政策"和"教师编制政策",占比分别是38.1%、33.3%和30.8%;其次是"教师减负政策""生活补助艰苦边远津贴政策""班主任津贴政策"和"进修培训政策",占比分别是25.9%、25%、22.2%和22.2%;再次是"绩效工资政策""重大疾病救助政策"和"职称晋升政策",占比分别是19.2%、18.5%和11.1%;最后是"工资水平的总体提高""学校硬件设施的改善""学校考核评价的做法"和"师德师风建设政策",占比分别是7.4%、

7.4%、3.7%和0%。

有乡镇校长提道：

> 这两年的班主任费就没有给老师放，之前班主任费也是几十块钱，现在又开始实行绩效，反正老师的意见比较大。今年，我们这不是和公务员之间有个补差，就是一年8400块钱，但它把补差变成教师的绩效考核的工资的一部分，我觉得不合理，是吧？你既然是补差，就是要弥补和公务员之间的一个差距。把这个补差作为教师的绩效工资，现在要文件还没有。文件就是要强行把它弄到那一块，老师的意见可能就比较大。今年才试点，就是补差这个，就叫各校拿方案，最后就是出了一些问题，实际上落实中间的意见比较大。我觉得是上面的没有担当吧？最起码这个政策，你不能说是一校一策吧？虽然说各校里头的情况不一样，但是我觉得一个大的政策都让学校制定的话，肯定引起一些老师的不满，是不是？所以说，我觉得还是上面的一些做法不太对。等于说上面只给你方向，但是具体的话都是让你各校在这弄呢。在这里头，像（学校）中层和一线教师就是付出的比较多，但是现在中层这一块，大部分学校出现中层没有人干，像主任了，找不下人，没有人愿意干，领导岗位的津贴没有，啥都没有。平时这个荣誉啥的，要向一线教师倾斜，这些人（学校中层）肯定相对来说荣誉就要少一些，所以现在没有人愿意干。另外，现在的事儿比较多，就像平时下来这个事（上面派下来的工作），我基本上也叫上中层去看看，有些事跟教学无关，有些事情肯定得办公室来办，但是这些人没有津贴，也没有相应的一些荣誉啥的，老师肯定不愿意干。（2021414XZJNYGZX4）

二 乡村教师薪酬待遇政策的激励作用

众所周知，薪酬待遇既是教师最为关心的问题，也是当前最为核心的教师政策杠杆。已实施的绩效工资政策、津补贴政策和教师周转房政策，一方面在于提升乡村教师整体的薪酬待遇水平，另一方面在于期以发挥激励教师的作用。有研究指出，随着绩效工资政策的逐步实施，教师工资水平和结构越来越与教师的工作岗位和教学业绩相关，体现了这

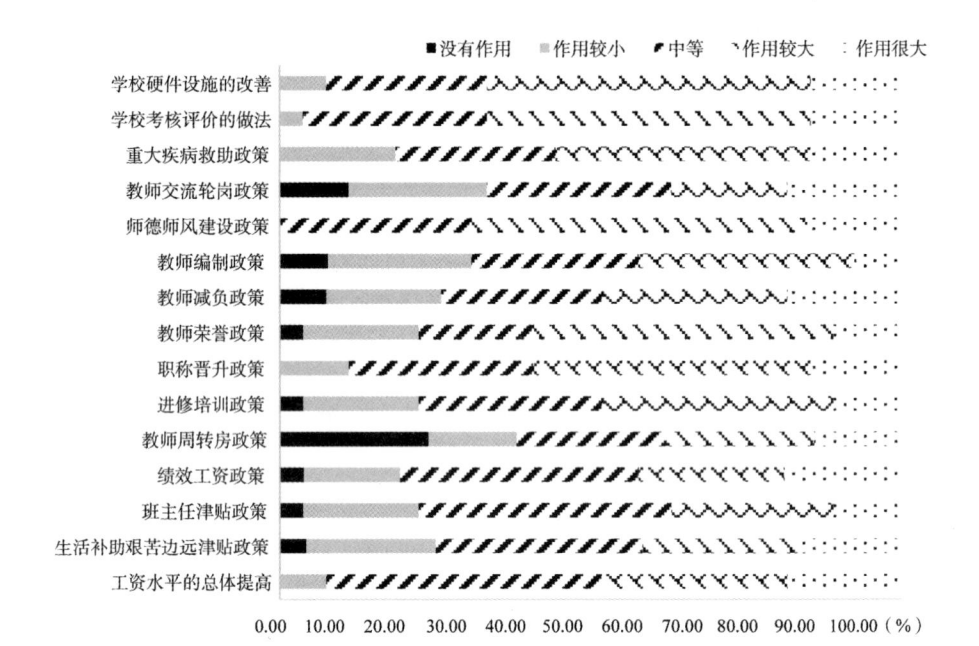

图 8-8　校长视角下已实施政策对教师工作激励作用分布

一政策对教师的激励作用。[1] 另有调查显示，大部分教师认为绩效考核制度实施有激励效果，但效果不显著。[2] 各项薪酬待遇政策对教师激励作用如何，调研中的一线中小学教师和校长给予了答案。

（一）城乡教师均认可工资水平总体提高的激励作用，不太认可教师周转房政策的激励作用，同时乡村教师还认为生活补助艰苦边远津贴的激励作用较大，并且城市教师对薪酬待遇政策的激励作用的负向比例总体高于正向比例

通过数据分析可知，村屯教师认为薪酬待遇政策中激励"作用较大"或者"作用很大"的依次是"工资水平总体提高""生活补助艰苦边远津贴""班主任津贴政策""绩效工资政策"和"教师周转房政策"，占比分别是 43.4%、38.5%、32.6%、32.5% 和 31.3%，而认为激励"作用较小"或者"没有作用"的依次是"教师周转房政策""生活补助艰

---

[1] 安雪慧：《中小学教师工资政策研究》，人民教育出版社 2020 年版，第 192 页。
[2] 周国明：《教师绩效工资制度设计与实施调研》，教育科学出版社 2016 年版，第 132 页。

苦边远津贴""班主任津贴政策""绩效工资政策"和"工资水平总体提高",占比分别是43.8%、29%、26.3%、25.3%和21.7%。乡镇教师认为薪酬待遇政策中激励"作用较大"或者"作用很大"的依次是"生活补助艰苦边远津贴""工资水平总体提高""教师周转房政策""绩效工资政策"和"班主任津贴政策",占比分别是45.3%、40.8%、39.3%、37.2%和33.4%,而认为激励"作用较小"或者"没有作用"的依次是"班主任津贴政策""绩效工资政策""教师周转房政策""工资水平总体提高"和"生活补助艰苦边远津贴",占比分别是30.8%、28.3%、28.3%、22.3%和21.7%。参见表8-9和图8-9。

有乡镇教师提道:

> 从外面来的人,短期工作的老师,包括乡镇(政府)里面的人,他就是住房问题。以前学校里面没有公寓房,包括现在有些学校有房子住,现在老师都在外面(县城/市里)买房子,就是来来回回跑。这实际上是无形中等于生活开支比较高。我们现在就是那种宿办合一的,还没有周转房,可能将来有。这应该也是留不住年轻老师一个原因。确实,一天两天可以,时间一长,再加上有了孩子以后,再怎么跑,到那时候就不方便了。(2021414XZJNYGZJ3)

> 比较支持现在的这个绩效工资。因为之前的话,虽然各种都是固定的,也没有什么奖励性的。现在也有年底奖金,就是有奖励性,那肯定是积极性比较高一点,对于教学质量方面就是非常有帮助。(2021414XZJNYGZJ9)

表8-9 教师视角下已实施薪酬待遇政策对城乡教师激励作用分布 单位:%

		没有作用	作用较小	中等	作用较大	作用很大
工资水平总体提高	村屯	6.00	15.70	34.90	28.90	14.50
	乡镇	3.30	19.00	36.90	29.10	11.70
	县城	11.10	17.00	42.20	17.80	11.90
	地级城市	15.70	24.90	33.50	16.20	9.70

续表

		没有作用	作用较小	中等	作用较大	作用很大
生活补助/艰苦边远津贴	村屯	15.70	13.30	32.50	28.90	9.60
	乡镇	5.50	16.20	33.00	32.50	12.80
	县城	19.00	20.70	35.30	14.70	10.30
	地级城市	36.90	15.00	26.90	13.80	7.50
班主任津贴政策	村屯	8.80	17.50	41.30	26.30	6.30
	乡镇	8.70	22.10	35.90	24.20	9.20
	县城	17.20	14.80	39.30	18.00	10.70
	地级城市	24.10	18.40	38.60	10.80	8.20
绩效工资政策	村屯	9.60	15.70	42.20	26.50	6.00
	乡镇	6.00	22.30	34.50	26.40	10.80
	县城	13.40	21.60	44.00	11.20	9.70
	地级城市	21.70	29.40	27.80	12.80	8.30
教师周转房政策	村屯	32.50	11.30	25.00	25.00	6.30
	乡镇	15.50	12.80	32.50	25.30	14.00
	县城	22.90	18.30	33.00	14.70	11.00
	地级城市	40.00	12.40	32.40	9.00	6.20

县城教师认为薪酬待遇政策中激励"作用较大"或者"作用很大"的依次是"工资水平总体提高""班主任津贴政策""教师周转房政策""生活补助艰苦边远津贴"和"绩效工资政策",占比分别是29.7%、28.7%、25.7%、25%和20.9%,而认为激励"作用较小"或者"没有作用"的依次是"教师周转房政策""生活补助艰苦边远津贴""绩效工资政策""班主任津贴政策"和"工资水平总体提高",占比分别是41.2%、39.7%、35%、32%和28.1%。

有县城教师提道:

绩效工资改革大方向都是好的,初衷都是好的,但是要到具体实施中,可能在不断探索中吧,可能就是给一个新的东西,要去不断的去实验,目前只能说是在探索阶段。说实话,公办学校和私立学校最大的区别就是这个,私立学校为什么老师会这么拼命去干,因为它确实是多劳多得。我们可能还不是特别明显。但是现在，虽然说看起来是有钱了，但它差别不是太大。所以说给人感觉激励效果不是太大。也不像高中，高中人家上班，你干得多，你就挣得多，我们是差别不大。（2021525XCJNYGZJ1）

地级城市教师认为薪酬待遇政策中激励"作用较大"或者"作用很大"的依次是"工资水平总体提高""生活补助艰苦边远津贴""绩效工资政策""班主任津贴政策"和"教师周转房政策"，占比分别是25.9%、21.3%、21.1%、19%和15.2%，而认为激励"作用较小"或者"没有作用"的依次是"教师周转房政策""生活补助艰苦边远津贴""绩效工资政策""班主任津贴政策"和"工资水平总体提高"，占比分别是52.4%、51.9%、51.1%、42.5%和40.6%。

（二）乡镇和县城校长比较认可薪酬待遇政策对教师的激励作用，而地级城市不太认可，其中乡镇和县城校长均认可工资水平的总体提高和班主任津贴政策的激励作用，此外乡镇校长认为"生活补助艰苦边远津贴政策"而县城校长认为"绩效工资政策"的激励作用大

调研数据显示，乡镇校长薪酬待遇政策中对教师激励"作用较大"或者"作用很大"的依次是"工资水平的总体提高""生活补助艰苦边远津贴政策""班主任津贴政策""绩效工资政策"和"教师周转房政策"，占比分别是66.7%、63.7%、50%、41.7%和40%，而认为激励"作用较小"或者"没有作用"的依次是"教师周转房政策""班主任津贴政策""工资水平的总体提高""绩效工资政策"和"生活补助艰苦边远津贴政策"，占比分别是30%、16.7%、8.3%、8.3%和0%。

我们老师现在感到最欣慰就是生活补助和相关补助，原来是200元起步，从去年涨到550元起步。像年龄大的老师，补助都上1500元了，小2000元了那种。所以说，这方面我感觉对老师激励还挺大的。有些老师说，上面工作这边还得要我，我还有价值。乡村老师背井离乡来到这儿，而且还有很多，你像这两年新招的老师，都年轻老师，离家那就更远了，是别的县，别的市，还有外省的，背井离乡来到这个地方，离家那么远，你想工资如果再挣不多，再没有

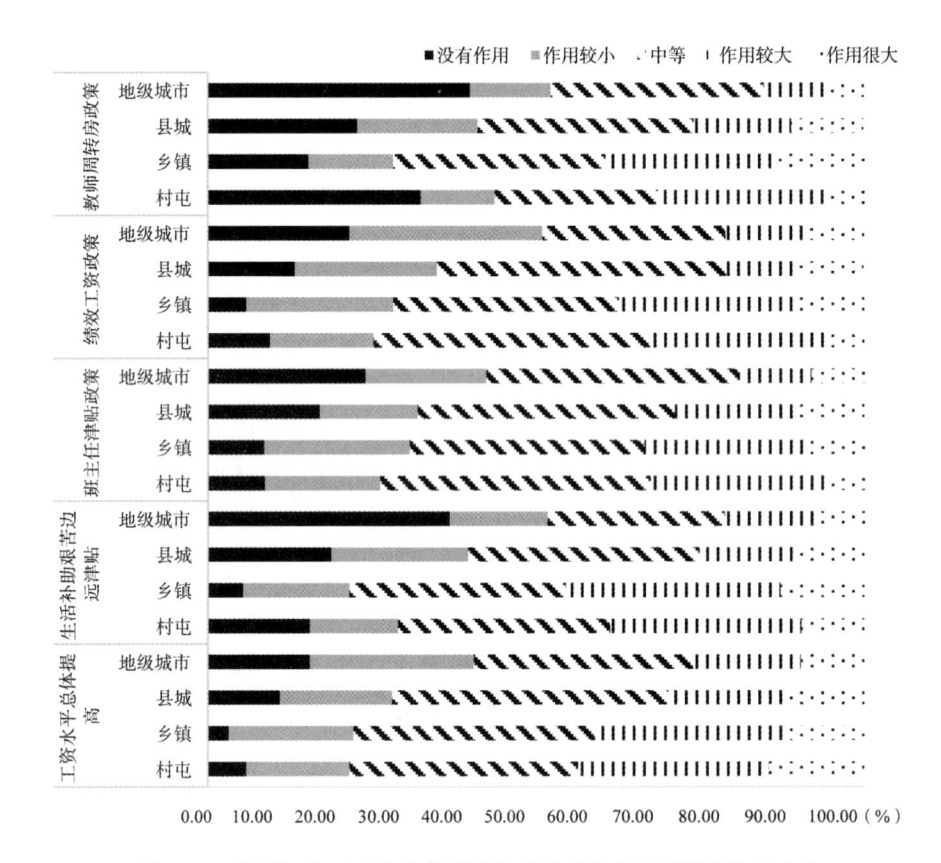

图 8-9　教师视角下已实施薪酬待遇政策对城乡教师激励作用分布

一些额外的倾斜政策的话，老师时间长的话，绝对心里思想上多一点变动。(2021414XZJNYGZX5)

县城校长认为薪酬待遇政策中激励"作用较大"或者"作用很大"的依次是"工资水平的总体提高""绩效工资政策""班主任津贴政策""生活补助艰苦边远津贴政策"和"教师周转房政策"，占比分别是71.4%、71.4%、57.1%、40%和40%，而认为激励"作用较小"或者"没有作用"的依次是"教师周转房政策""绩效工资政策""生活补助艰苦边远津贴政策""班主任津贴政策"和"工资水平的总体提高"，占比分别是40%、28.6%、20%、14.3%和0。地级城市校长认为薪酬待遇政策中激励"作用较大"或者"作用很大"的依次是"教师周转房政策""生活补助艰苦边远津贴政策""工资水平的总体提高""班主任津贴政策",占比分别是20%、14.3%、0%、0%和0%,并且认为"工资水平的总体提高""绩效工资政策"和"班主任津贴政策"的激励作用为"中等"的比例分别达到85.7%、66.7%和57.1%,而认为激励"作用较小"或者"没有作用"的依次是"生活补助艰苦边远津贴政策""教师周转房政策""班主任津贴政策""绩效工资政策"和"工资水平的总体提高",占比分别是71.4%、60%、42.9%、33.4%和14.3%。参见表8-10。

表8-10 校长视角下已实施薪酬待遇政策对城乡教师激励作用分布 单位:%

		没有作用	作用较小	中等	作用较大	作用很大
工资水平的总体提高	乡镇	0.00	8.30	25.00	25.00	41.70
	县城	0.00	0.00	28.60	71.40	0.00
	地级城市	0.00	14.30	85.70	0.00	0.00
生活补助艰苦边远津贴政策	乡镇	0.00	0.00	36.40	27.30	36.40
	县城	20.00	0.00	40.00	40.00	0.00
	地级城市	0.00	71.40	14.30	14.30	0.00
班主任津贴政策	乡镇	0.00	16.70	33.30	25.00	25.00
	县城	0.00	14.30	28.60	57.10	0.00
	地级城市	14.30	28.60	57.10	0.00	0.00
绩效工资政策	乡镇	0.00	8.30	50.00	0.00	41.70
	县城	0.00	28.60	0.00	71.40	0.00
	地级城市	16.70	16.70	66.70	0.00	0.00
教师周转房政策	乡镇	10.00	20.00	30.00	20.00	20.00
	县城	40.00	0.00	20.00	40.00	0.00
	地级城市	40.00	20.00	20.00	0.00	20.00

三 乡村教师专业发展政策的激励作用

专业发展问题是乡村教师队伍建设中的沉疴痼疾。此中原因,一是城乡教师人才流动中市场竞聘和行政调动的综合结果,二是城乡教育发展不均衡和城乡师资建设不均衡的互为作用的结果,三是推动乡村教师专业发展政策的针对性有待加强。社会各界也深知该问题的解决之道，目前又以"进修培训政策"和"职称晋升政策"的向农倾斜力度最大。然而，这两项政策对推动乡村教师发展的作用又是如何呢？

（一）城乡教师对专业发展政策激励作用的评价总体偏低，但乡村教师高于城市教师

由表8-11和图8-10可知，村屯教师认为"进修培训政策"和"职称晋升政策"激励"作用较大"或者"作用很大"的占比分别为37.3%和36.1%，认为其激励"作用较小"或者"没有作用"的占比分别为28.9%和18%。乡镇教师认为"进修培训政策"和"职称晋升政策"激励"作用较大"或者"作用很大"的占比分别为37.7%和36.2%，认为其激励"作用较小"或者"没有作用"的占比分别为22.3%和30.5%。

有乡镇教师提道：

> 我们也经常参加培训，我个人认为至少有一半的培训没用。有一些是名师，尤其是那些有名的一线的教师，或者说，中考出题的那些人，他能讲好多有用的东西。我就觉得有些时候你去听这些东西，收获很大。（2021414XZJNYGZJ5）

表8-11　教师视角下已实施专业发展政策对城乡教师激励作用分布　　单位：%

		没有作用	作用较小	中等	作用较大	作用很大
进修培训政策	村屯	9.60	19.30	33.70	26.50	10.80
	乡镇	4.30	18.00	40.00	28.30	9.40
	县城	12.80	15.80	39.80	21.10	10.50
	地级城市	6.00	14.80	53.30	16.50	9.30
职称晋升政策	村屯	7.20	10.80	45.80	24.10	12.00
	乡镇	7.90	22.60	33.30	25.20	11.00
	县城	14.80	16.30	37.80	17.00	14.10
	地级城市	13.30	14.40	51.90	10.50	9.90

而县城教师认为"进修培训政策"和"职称晋升政策"激励"作用较大"或者"作用很大"的占比分别为31.6%和31.1%，认为其激励

"作用较小"或者"没有作用"的占比分别为28.6%和31.1%。地级城市教师认为"进修培训政策"和"职称晋升政策"激励"作用较大"或者"作用很大"的占比分别为25.8%和20.4%，认为其激励"作用较小"或者"没有作用"的占比分别为20.8%和27.7%。

有地级城市教师提道：

> 职称这方面有弊端，比如说制定这些政策的时候，现在评职称都是看你有多少本本，就是看荣誉证书。这个就是踏踏实实实地在一线上工作，是好像把教育的本真有时候给忽略掉，这应该是最重要的评价标准。这都没有了，你还有心给学生认真上课。（2021413DJCSXXJ2）

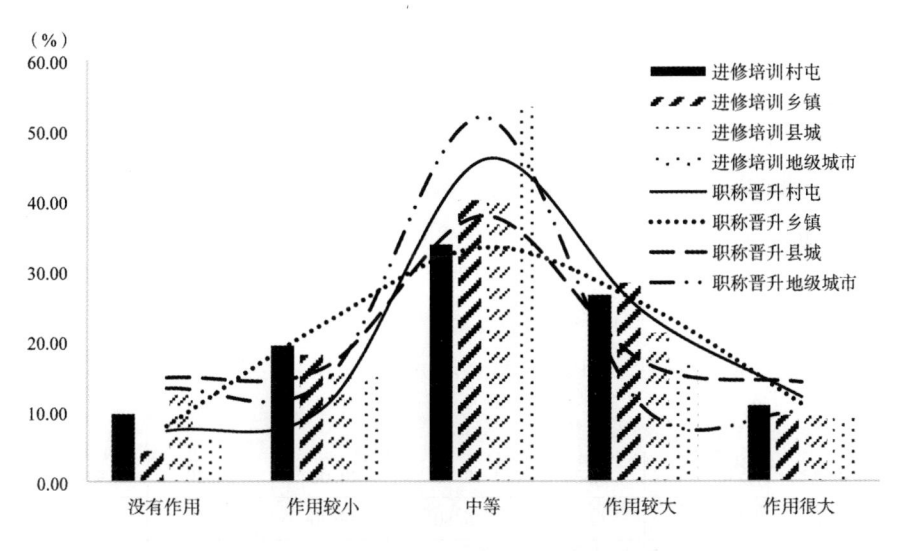

图 8-10　教师视角下已实施专业发展政策对城乡教师工作激励作用分布

（二）乡镇和县城校长比较认可专业发展政策的激励作用，并且是"职称晋升政策"的占比高于"进修培训政策"，但地级城市校长普遍认为专业发展政策的激励作用为"中等""作用较小"或者"没有作用"

调研表明，乡镇校长认为"进修培训政策"和"职称晋升政策"激励"作用较大"或者"作用很大"的占比分别为58.3%和75%，认为其激励"作用较小"或者"没有作用"的占比分别为33.3%和8.3%。

> 以前没人去参加这个活动（教学赛课和进修培训）。因为这里的人对评职称、晋升职称是很淡漠的，他们认为好像轮不到他，没有机会，我最后通过不断地培训，进行思想理论引领。但是这一次我说了一下，一个人参加赛教，同组的人全部要参与，同步的人他们晚上加班到2点，他把那个课题出来以后，他们所有的老师坐在那就研课磨课，我说一定要打上，你这个人获奖等于你这个团队全部获奖，我就通过这个活动来凝聚他们，这种共同参与，结果是4科入围，其中3科都是小组第一名出现。咱们学校确实有人才，只是缺少一个魂。如果有这个魂，把大家能凝聚一起的，这个时候绝对是，成绩很快就能走向辉煌。我们现在老师，现在以前上课是铃打了，他们迟迟不进教室，学生也一样，对铃声比较淡漠，但现在不一样。（2021412CTCZX2）

县城校长认为"进修培训政策"和"职称晋升政策"激励"作用较大"或者"作用很大"的占比分别为71.4%和85.7%，认为其激励"作用较小"或者"没有作用"的占比分别为14.3%和0%。地级城市校长认为"进修培训政策"和"职称晋升政策"激励"作用较大"或者"作用很大"的占比分别为0%和0%，认为其激励"作用较小"或者"没有作用"的占比分别为14.3%和28.6%。参见表8-12。

> 学校之前10年没有什么变化，导致老师的业务水平是下降的，教学理念是比较陈旧，对于老师来说，也没有说教学合适不合适的问题。现在学校生源增加，突然一个班变成了50个学生，工作量增加很多，老师方面肯定是有一些情绪。但从2016年开始到现在已经好了很多，也是经过这么多培训，然后也让他们走出去，他们接触到以后，他才知道原来的变化是这样。（2021526XCXXX2）

另有地级城市校长提道：

> 从2015年教育局开始，大量的给学校投资开始，（学校）就好

像是进入了一个加速度，各方面确实是有变化，特别是今年又分了新人，评职称，又照顾了我们"70后"的一些老教师，他们到现在还是二级教师，中小学二级教师，等于是一分来的时候是三级，下来是二级就是最低档的。咱们现在招的教师基本是以本科为主，但是"70后"就是中师毕业，本科都是后续学历，所以今年算是大家很多新的变化，新的尝试新的变化，但是从教师个人利益上来说，看到希望了，等了很多年的职称，终于有人动了，就像那车堵了好长，终于现在大家慢慢往前走了。虽然你还没排到，但是你觉得开始动了。所以干劲儿就又起来了。（2021413DJCSXXX2）

还有地级城市校长提道：

我说实话，我们现在还没有评一级教师的年龄最大的是1971年出生的，50岁他还没有评到中级职称。按道理是40左右就应该对，他已经有50。他现在的状态就是不强求了。反正我把我的工作干掉，领导挑不出毛病就行。就是这样还算好的还算好的，他没有最起码没有撂挑子。现在我们有一大批工作已经20多年都没有评职称，是因为名额限制。我们现在的一级教师比例将近51%，如果达到51%的话，可以说这几年都可以不给我们。我们2021年退休的是两个人，下来就是逐年退休也都是一个两个。按照这个比例的话，这些老师如果还不给职称的，这还要等若干年。新教师这两年才补充进来，问题还不是很大，还不突出。（2021415DJCSJNYGZX2）

表8-12　校长视角下已实施专业发展政策对城乡教师激励作用分布　　单位：%

		没有作用	作用较小	中等	作用较大	作用很大
进修培训政策	乡镇	0.00	33.30	8.30	33.30	25.00
	县城	0.00	14.30	14.30	71.40	0.00
	地级城市	14.30	0.00	85.70	0.00	0.00
职称晋升政策	乡镇	0.00	8.30	16.70	50.00	25.00
	县城	0.00	0.00	14.30	71.40	14.30
	地级城市	0.00	28.60	71.40	0.00	0.00

四 乡村教师管理与评价政策的激励作用

教师管理的任务主要是合理组织教师队伍，提高教师素质，为教师工作学习提供服务，调动教师工作的积极性。[1] 乡村教师激励既需要国家和地方政府的宏观管理政策引导，也需要学校微观评价政策的推动。通过调研发现，在城乡比较视角下，乡村教师和校长对教师管理与评价政策的激励作用的看法有别。

（一）乡村教师比较认可师德师风建设政策、教师编制政策和教师减负政策的激励作用，而县城教师比较认可师德师风建设政策的激励作用，城市教师尤其是地级城市教师不太认可教师管理与评价政策的激励作用

通过数据分析可知，村屯教师认为教师管理与评价政策中激励"作用较大"或者"作用很大"的依次是"师德师风建设政策""教师编制政策""教师减负政策""学校考核评价的做法"和"教师交流轮岗政策"，占比分别是62.7%、47.6%、44.6%、38.5%和30.1%，而认为激励"作用较小"或者"没有作用"的依次是"教师减负政策""教师交流轮岗政策""教师编制政策""学校考核评价的做法"和"师德师风建设政策"，占比分别是32.5%、25.3%、19.5%、14.4%和12%。乡镇教师认为教师管理与评价政策中激励"作用较大"或者"作用很大"的依次是"师德师风建设政策""教师编制政策""教师减负政策""学校考核评价的做法"和"教师交流轮岗政策"，占比分别是46.4%、41.6%、39.7%、32%和27.5%，而认为激励"作用较小"或者"没有作用"的依次是"教师交流轮岗政策""教师减负政策""学校考核评价的做法""教师编制政策"和"师德师风建设政策"，占比分别是31%、28.9%、24.3%、17.5%和13.3%。参见表8-13和图8-11。

有乡镇教师提道：

> 我觉得现在的负担，老师都是能承受的，大家就不喜欢什么表格，要填表格之类的，大家都愁这些事情，但又是让老师干这干那的，反正有时候就有点不情愿。我觉得咱们的工作量比以前还是有

---

[1] 萧宗六：《学校管理学》（第五版），人民教育出版社2018年版，第199页。

所增加一些，尤其疫情来了以后。新冠疫情来了以后，每天的体检，每天教室里通风，每天要通风三次，咱必须做到，也必须记好。然后给教室消毒，也是咱老师完成的。(2021525XZXXJ2)

表8-13 教师视角下已实施教师管理与评价政策对城乡教师激励作用分布　　　　　　单位:%

		没有作用	作用较小	中等	作用较大	作用很大
教师减负政策	村屯	9.60	22.90	22.90	28.90	15.70
	乡镇	8.10	20.80	31.30	26.30	13.40
	县城	15.60	20.00	28.90	25.90	9.60
	地级城市	28.80	16.30	32.10	14.70	8.20
教师编制政策	村屯	8.50	11.00	32.90	36.60	11.00
	乡镇	4.30	13.20	40.90	27.00	14.60
	县城	6.00	22.60	36.80	24.10	10.50
	地级城市	9.50	11.20	57.50	14.00	7.80
师德师风建设政策	村屯	2.40	9.60	25.30	47.00	15.70
	乡镇	2.60	10.70	40.20	32.10	14.30
	县城	3.70	8.90	43.00	30.40	14.10
	地级城市	6.00	8.70	56.50	17.40	11.40
教师交流轮岗政策	村屯	12.00	13.30	44.60	21.70	8.40
	乡镇	10.60	20.40	41.50	21.30	6.20
	县城	10.00	19.20	50.00	15.40	5.40
	地级城市	20.00	20.00	51.10	6.70	2.20
学校考核评价的做法	村屯	3.60	10.80	47.00	31.30	7.20
	乡镇	6.40	17.90	43.70	23.90	8.10
	县城	11.30	15.80	46.60	16.50	9.80
	地级城市	20.80	18.60	49.70	8.70	2.20

而县城教师认为教师管理与评价政策中激励"作用较大"或者"作用很大"的依次是"师德师风建设政策""教师减负政策""教师编制政策""学校考核评价的做法"和"教师交流轮岗政策"，占比分别是44.5%、35.5%、34.6%、26.3%和20.8%，并且认为"教师交流轮岗

政策"激励作用为"中等"的占比达到50%，而认为激励"作用较小"或者"没有作用"的依次是"教师减负政策""教师交流轮岗政策""教师编制政策""学校考核评价的做法"和"师德师风建设政策"，占比分别是35.6%、29.2%、28.6%、27.1%和12.6%。

有县城教师提道：

> 你想人家刚去乡镇，不管结婚成家，还是小孩，人家肯定都要有这方面的考虑，不可能说是要求人家在那一直奉献。这个也因人而异，不可能说是都能达到。但是我觉得这个职业，这个工作，对环境的一个要求。现在为什么要招特岗呢？就是说要让你在农村服务三年或者是服务几年，就是农村教师的稳定性确实不够好。招特岗教师的想法很好，出发点很好，但是咱说实话，我周围有很多同学朋友，把特岗就当做一个跳板，这个确实是。我先有个工作，一去的话，调动呀流动呀，或者其他的，不干教学的也很多，这是一个现实。这是一种情况，什么行业都有个别的。国家花了很大的财力物力，说实话，我觉得这个政策确实没有留住（教师）。我觉得没有留住的最关键问题，还是年轻人看中这个环境问题，就是很现实的问题，例如年轻人找对象呀。所以，导致乡村教育一直就跟不上，娃人家就可能转走，就是这一连串的问题。（2021525XCJNYGZJ1）

地级城市教师认为教师管理与评价政策中激励"作用较大"或者"作用很大"的依次是"师德师风建设政策""教师减负政策""教师编制政策""学校考核评价的做法"和"教师交流轮岗政策"，占比分别是28.8%、22.9%、21.8%、10.9%和8.9%，并且认为"教师编制政策""师德师风建设政策""教师交流轮岗政策"和"学校考核评价的做法"的激励作用为"中等"的占比分别为57.5%、56.5%、51.1%和49.7%，而认为激励"作用较小"或者"没有作用"的依次是"教师减负政策""教师交流轮岗政策""学校考核评价的做法""教师编制政策"和"师德师风建设政策"，占比分别是45.1%、40%、39.4%、20.7%和14.7%。

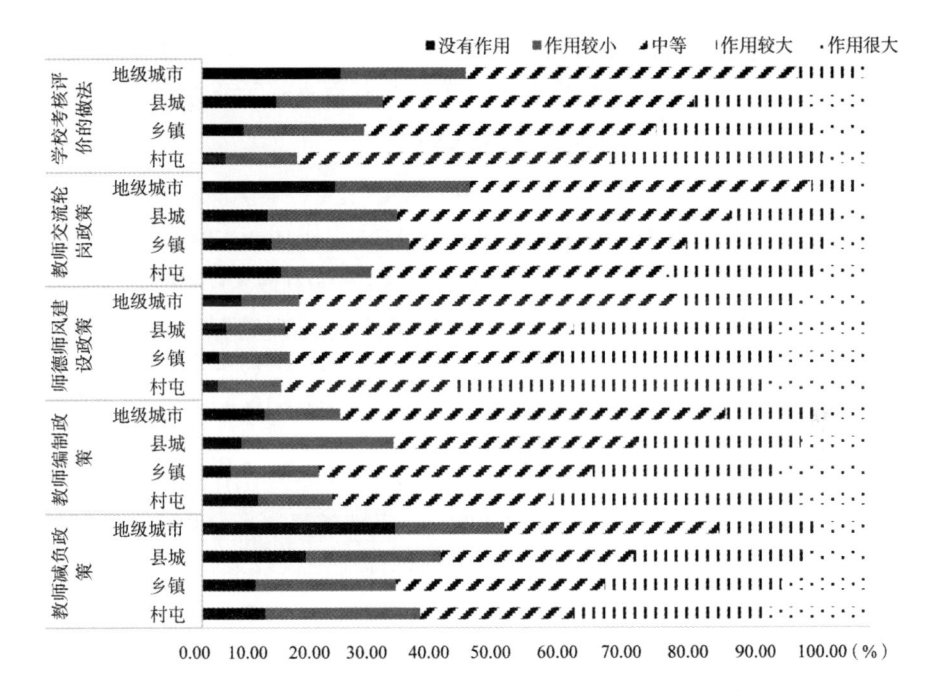

图 8-11　教师视角下已实施教师管理与评价政策对城乡教师激励作用分布

（二）乡镇和县城校长比较认可已实施的教师管理与评价政策对教师的激励作用，而地级城市校长仅比较认可师德师风建设政策和学校考核评价的做法的激励作用

从表 8-14 中可以发现，乡镇校长认为教师管理与评价政策中激励"作用较大"或者"作用很大"的依次是"学校考核评价的做法""师德师风建设政策""教师减负政策""教师交流轮岗政策"和"教师编制政策"，占比分别是 75%、72.8%、66.7%、58.4% 和 50%，而认为激励"作用较小"或者"没有作用"的依次是"教师减负政策""教师编制政策""教师交流轮岗政策""学校考核评价的做法"和"师德师风建设政策"，占比分别是 16.6%、16.6%、16.6%、8.3% 和 0。

> 我们对教学这块还比较重视，就是我们一年一学期我们要有考核，每一考我们都要亮成绩，然后我们要进行我们内部有一个排队，老师也会有一个对比，一系列的这种方法之下，就是能够敦促老师

他从思想上先去重视了，最起码就说老师思想上重视了，他的工作态度，他对学生的教学各个方面，他首先是抓紧的，不像以前我们公办老师整体来说，真的思想上还是那种有点混的比较多，但是现在这种几乎没有了。(2021412XZXXX2)

县城校长认为教师管理与评价政策中激励"作用较大"或者"作用很大"的依次是"学校考核评价的做法""教师编制政策""师德师风建设政策""教师减负政策"和"教师交流轮岗政策"，占比分别是85.7%、66.7%、42.9%、42.9%和28.6%，同时认为"师德师风建设政策""教师减负政策"和"教师交流轮岗政策"激励作用为"中等"的占比分别是57.1%、42.9%和42.9%，而认为激励"作用较小"或者"没有作用"的依次是"教师编制政策""教师交流轮岗政策""教师减负政策""学校考核评价的做法"和"师德师风建设政策"，占比分别是33.3%、28.6%、14.3%、0和0。地级城市校长认为教师管理与评价政策中激励"作用较大"或者"作用很大"的依次是"师德师风建设政策""学校考核评价的做法""教师减负政策""教师交流轮岗政策"和"教师编制政策"，占比分别是85.7%、28.6%、14.3%、0和0，同时认为"学校考核评价的做法"和"教师编制政策"激励作用为"中等"的占比分别为71.4%和42.9%，而认为激励"作用较小"或者"没有作用"的依次是"教师交流轮岗政策""教师编制政策""教师减负政策""师德师风建设政策"和"学校考核评价的做法"，占比分别是71.4%、57.2%、57.2%、0和0。

有地级城市校长提道：

我们的制度越能够以奖励为主，越能够激发老师的这种积极性和创造性。对奖励不在多少。其实有的时候你可能就奖了一个10块钱，5块钱，但是它都是一种奖，就像我们在会上跟老师说的，奖的不是钱，奖的是荣誉，罚的也不是钱，罚的是你的面子，这句话非常好。所以我们这个制度里面除了钱的发放，我们还有就是荣誉证书。每年的学年末，学期末都会有大型的表彰会，很隆重，很重视，老师就会有一种认可被尊重的感觉。(2021415DJCSXXX7)

同时也有地级城市校长认可教师编制供给,尤其是新进教师加入对学校活力提升的作用。

> 我们学校在 2018 年以前教师的平均队伍是 47 岁,相对比较老。这两年进来了 12 位老师,平均年龄就在 30 多岁了。2018 年来了 2 个,2019 年来了 2 位老师,去年来了 8 位老师,所以一下就 12 位老师。年轻力量马上输入新鲜血液以后,学校马上就感觉到有活力了。同时,我们对老教师和新教师的培养其实是其互动同进的,因为有了新鲜的力量,老教师他有干劲了,为啥?年轻的去干了,我们给他配了有师傅,就是青蓝工程师傅结队,所以老的也得进步,你怎么去指导年轻教师,其实这是一个互补的。(2021415DJCSJNYGZX4)

表 8-14　　校长视角下已实施教师管理与评价政策对城乡教师激励作用分布　　单位:%

		没有作用	作用较小	中等	作用较大	作用很大
教师减负政策	乡镇	8.30	8.30	16.70	25.00	41.70
	县城	0.00	14.30	42.90	42.90	0.00
	地级城市	14.30	42.90	28.60	14.30	0.00
教师编制政策	乡镇	8.30	8.30	33.30	33.30	16.70
	县城	0.00	33.30	0.00	66.70	0.00
	地级城市	14.30	42.90	42.90	0.00	0.00
师德师风建设政策	乡镇	0.00	0.00	27.30	36.40	36.40
	县城	0.00	0.00	57.10	42.90	0.00
	地级城市	0.00	0.00	14.30	85.70	0.00
教师交流轮岗政策	乡镇	8.30	8.30	25.00	16.70	41.70
	县城	14.30	14.30	42.90	28.60	0.00
	地级城市	14.30	57.10	28.60	0.00	0.00
学校考核评价的做法	乡镇	0.00	8.30	16.70	41.70	33.30
	县城	0.00	0.00	14.30	85.70	0.00
	地级城市	0.00	0.00	71.40	28.60	0.00

五 乡村教师从教环境改善政策的激励作用

如果员工所处的工作环境不舒适,那么生产率就会受损,不理想的工作环境会使生产率降低,更会削弱工作满意度,导致员工出错率和事故率的增加,旷工率和人员流动率也会提高。① 工作环境一方面是硬件工作环境,例如办工场地,另一方面是软件工作环境,例如工作氛围。改善教师工作环境是长期以来的政策议题,而在近些年的"学校硬件设施改善""教师荣誉政策"和"重大疾病救助政策"等政策支持下,我国中小学校的硬件和软件环境改善大幅提升。对此,这些政策对乡村教师的激励作用处于何种状态呢?

（一）乡村教师和县城教师比较认可从教环境改善政策的激励作用,而地级城市教师不太认可,尤其在"重大疾病救助政策"的占比最低

数据分析表明,村屯认为"学校硬件设施改善""教师荣誉政策"和"重大疾病救助政策"激励"作用较大"或者"作用很大"的占比分别为49.4%、46.4%和45.8%,而认为其激励"作用较小"或者"没有作用"的占比分别为15.7%、17.1%和22.9%。乡镇教师认为"学校硬件设施改善""教师荣誉政策"和"重大疾病救助政策"激励"作用较大"或者"作用很大"的占比分别为44.9%、41.7%和43.6%,而认为其激励"作用较小"或者"没有作用"的占比分别为16.9%、24.2%和22.7%。参见表8-15和图8-12。有校长提到在优化师资队伍的同时,还需持续改善好学校硬件设施建设。

有村屯教师提道:

> 一个是年轻老师,下个就是校园环境要改善一下,你像今年刚开学,假期我们住幼儿园上动员了一年新生,就在这入学,结果有4个家长看了一下环境,进来看了一下比较破烂不满意,就把娃转走了。(2021412CTXXX4)

---

① ［美］杜安·P. 舒尔茨、悉尼·埃伦·舒尔茨:《工业与组织心理学》(第10版),孟慧等译,上海人民出版社2014年版,第256页。

有乡镇教师提道：

> 我觉得老师们在办荣誉证书的时候都特别的兴奋，后面我觉得这个里面有一些实质性的奖励，比如说老师取得从教 30 年的荣誉证书之后，在退休工资里面，每个人能多 1000 块钱，或者其他的，对老师就是一个实质性的激励。有一个荣誉证书当然是很好，我觉得在工资上也要有点体现。（2021525XZXXJ2）

表 8-15　　教师视角下已实施从教环境改善政策对城乡教师激励作用分布　　单位:%

		没有作用	作用较小	中等	作用较大	作用很大
学校硬件设施改善	村屯	2.40	13.30	34.90	36.10	13.30
	乡镇	4.30	12.60	38.20	33.20	11.70
	县城	4.50	9.00	41.00	28.40	17.20
	地级城市	12.80	19.40	45.00	17.20	5.60
教师荣誉政策	村屯	4.90	12.20	36.60	35.40	11.00
	乡镇	5.70	18.50	34.10	29.60	12.10
	县城	10.40	17.00	39.30	22.20	11.10
	地级城市	9.80	19.60	50.50	12.50	7.60
重大疾病救助政策	村屯	8.40	14.50	31.30	32.50	13.30
	乡镇	6.90	15.80	33.70	31.60	12.00
	县城	3.00	19.70	34.80	27.30	15.20
	地级城市	16.60	13.70	50.90	10.90	8.00

县城教师认为"学校硬件设施改善""教师荣誉政策"和"重大疾病救助政策"激励"作用较大"或者"作用很大"的占比分别为 45.6%、33.3% 和 42.5%，而认为其激励"作用较小"或者"没有作用"的占比分别为 13.5%、27.4% 和 22.7%。地级城市教师认为"学校硬件设施改善""教师荣誉政策"和"重大疾病救助政策"激励"作用较大"或者"作用很大"的占比分别为 22.8%、20.1% 和 18.9%，同时认为其激励作用"中等"的占比分别为 45%、50.5% 和 50.9%，而认为其激励"作用较小"或者"没有作用"的占比分别为 32.2%、29.4% 和 30.3%。

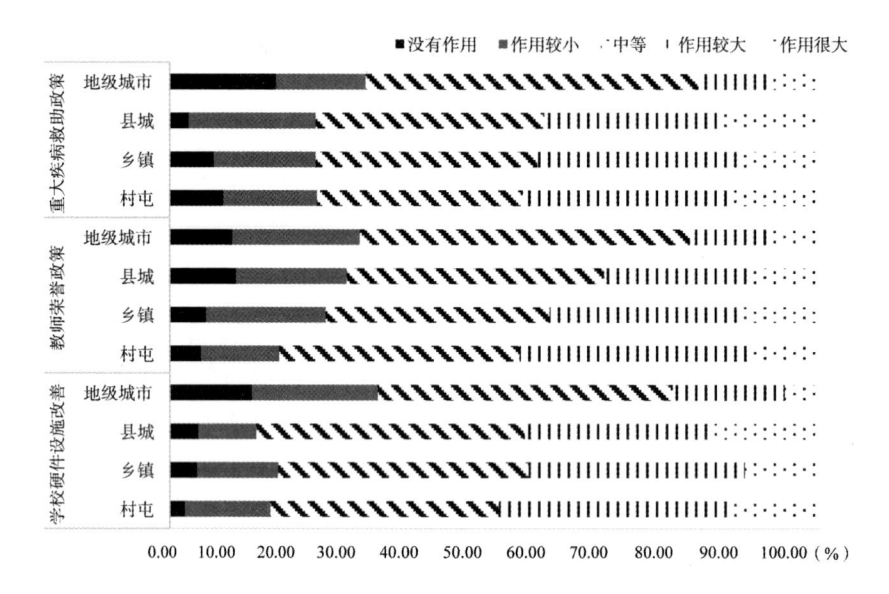

图 8-12　教师视角下已实施从教环境改善
政策对城乡教师激励作用分布

（二）乡镇和县城校长认可学校硬件设施改善和教师荣誉政策，以及比较认可重大疾病救助政策的激励作用，而地级城市校长不太认可教师荣誉政策的激励作用，并在学校硬件设施改善和重大疾病救助政策的激励作用中持有相对矛盾的态度

从表 8-16 中可知，乡镇校长认为"学校硬件设施改善""教师荣誉政策"和"重大疾病救助政策"激励"作用较大"或者"作用很大"的占比分别为 75%、75% 和 58.3%，而认为其激励"作用较小"或者"没有作用"的占比分别为 0、8.3% 和 8.3%。

有乡镇校长提道：

> 咱乡村教师应该再额外有一些荣誉，毕竟在乡村干 30 年，那是真不容易。你如果在乡村能干 30 年，对家庭、对老人、对孩子，估计都照顾不到。再一个就是从教 30 年，这个时间我就算一下我 26 岁上班的。工作 30 年就刚好退休了，如果是女老师，如果是 55 岁退休的话，很多人可能就赶退休都达不到 30 年。咱原来老师中师毕业，可能十几岁，20 岁左右就上班了。所以，赶他退休能达到 30 年。现

在你看上个大学,再上个研究生,上班估计都快30了,那就达不到30年。所以说这将来对后面的老师来说,实际上来说可能就有点不公平。咱也再灵活考虑一下这个,工作年限再调一调,或者给乡村教师一些额外的荣誉。(2021414XZJNYGZX5)

县城校长认为"学校硬件设施改善""教师荣誉政策"和"重大疾病救助政策"激励"作用较大"或者"作用很大"的占比分别为85.7%、71.4%和57.1%,而认为其激励"作用较小"或者"没有作用"的占比分别为0、0和14.3%。地级城市校长认为"学校硬件设施改善""教师荣誉政策"和"重大疾病救助政策"激励"作用较大"或者"作用很大"的占比分别为28.6%、14.3%和42.9%,同时认为其激励作用"中等"的占比分别为42.9%、28.6%和14.3%,而认为其激励"作用较小"或者"没有作用"的占比分别为28.6%、57.2%和42.9%。

表8-16　　　校长视角下已实施从教环境改善政策对城乡教师激励作用分布　　　单位:%

		没有作用	作用较小	中等	作用较大	作用很大
学校硬件设施的改善	乡镇	0.00	0.00	25.00	41.70	33.30
	县城	0.00	0.00	14.30	85.70	0.00
	地级城市	0.00	28.60	42.90	28.60	0.00
教师荣誉政策	乡镇	0.00	8.30	16.70	50.00	25.00
	县城	0.00	14.30	14.30	71.40	0.00
	地级城市	14.30	42.90	28.60	14.30	0.00
重大疾病救助政策	乡镇	0.00	8.30	33.30	25.00	33.30
	县城	0.00	14.30	28.60	57.10	0.00
	地级城市	0.00	42.90	14.30	42.90	0.00

六　城乡教师和校长对教师政策激励作用评价的总体性分析

基于上述基于城乡教师和校长对"薪酬待遇政策""专业发展政策""管理与评价政策"和"从教环境改善政策"的激励作用评价的占比分析,可以综合整理得到城乡教师和校长对教师政策激励作用评价的正负向比例分布，参见表8-17和见图8-13，从中可以得到如下发现。

村屯教师最认可师德师风建设政策的激励作用，正向比例达到62.7%，而负向比例仅为12%；其次是比较认可学校硬件设施改善、教师荣誉政策、重大疾病救助政策、教师减负政策、教师编制政策和工资水平的总体提高的激励作用，各项的正向比例超过40%；再次是相对认可生活补助艰苦边远津贴政策、班主任津贴政策、绩效工资政策、进修培训政策、职称晋升政策、教师交流轮岗政策和学校考核评价的做法的激励作用，各项的正向比例在30%—39%；最后是不太认可教师周转房政策的激励作用，其负向比例43.8%高于对应的正向比例31.3%。可见，村屯教师比较认可当前已实施的从教环境改善政策和管理与评价政策的激励作用，而对薪酬待遇政策和专业发展政策的激励作用的正向评价比例较低。同时，村屯教师对生活补助艰苦边远津贴政策、班主任津贴政策、绩效工资政策、教师减负政策和教师交流轮岗政策的激励作用的正负向评价比例接近，反映出对这些政策的矛盾心态。

乡镇教师也是最认可师德师风建设政策的激励作用，但正向比例为46.4%，负向比例为13.3%；其次是比较认可学校硬件设施改善、教师荣誉政策、重大疾病救助政策、教师编制政策、生活补助艰苦边远津贴政策和工资水平的总体提高的激励作用，各项的正向比例也超过40%；再次是相对认可班主任津贴政策、绩效工资政策、教师周转房政策、进修培训政策、职称晋升政策、教师减负政策和学校考核评价的做法的激励作用，各项的正向比例在30%—40%，同时各项的负向比例也超过20%；最后是不太认可教师交流轮岗政策的激励作用，其负向比例31%高于对应的正向比例27.5%。可见，乡镇教师比较认可当前已实施的从教环境改善政策的激励作用，而对薪酬待遇政策、专业发展政策和管理与评价政策的激励作用的正向评价在具体政策上存在差异。同时，乡镇教师对班主任津贴政策、职称晋升政策和学校考核评价的做法的激励作用的正负向评价比例接近，反映出对这些政策的矛盾心态。

有乡镇教师提道：

> 举个例子，中考考得好的话，（学校）会给代课老师，包括班主任，是有奖励的。原来有，后来不是不允许乱发东西，现在就不敢。

县里会给学校,还有市里会给学校发一些奖励,但是那个奖励只能说是留作学校经费,就是不能发到老师手里。包括大前年县里教师节慰问教师的时候,慰问金都没发到我手里,都做了经费。我们这个地方就是因为财政紧张,所以很多奖励都没有。老师也有点意见,不过这个习惯了,这么多年了,习惯了。这个政策要能落实,老师的积极性,对工作的态度决心会有一定的提升。(2021414XZJNYGZJ3)

县城教师最认可学校硬件设施的改善和师德师风建设政策的激励作用,其正向比例分别为45.6%和44.5%,对应的负向比例分别为13.5%和12.6%;其次是对教师编制政策、教师荣誉政策、进修培训政策、职称晋升政策、教师减负政策和工资水平的总体提高的激励作用相对认可的同时也持有矛盾态度,各项的正向比例分别是34.6%、33.3%、31.6%、31.1%、35.5%和29.7%,而对应的负向比例分别达到28.6%、27.4%、28.6%、31.1%、35.6%和28.1%;最后是不太认可教师周转房政策、生活补助艰苦边远津贴政策、班主任津贴政策、绩效工资政策、教师交流轮岗政策和学校考核评价的做法的激励作用,各项的负向比例高于正向比例,尤其是对教师周转房政策激励作用评价的负向比例41.2%远高于正向比例25.7%。可见,县城教师也是比较认可当前已实施的从教环境改善政策和师德师风建设政策的激励作用,而对其他政策的激励作用持保留乃至不认可态度。

地级城市教师相对认可师德师风建设政策、教师编制政策和进修培训政策的激励作用,但也表现出矛盾状态,各项的正负向比例接近,而对其他政策的激励作用不太认可,尤其很不认可教师周转房政策、生活补助艰苦边远津贴政策、教师交流轮岗政策和绩效工资政策的激励作用,各项的负向比例分别是52.4%、51.9%、51.1%和40%,而对应的正向比例仅为15.2%、21.3%、21.1%和8.9%,各项的正负向比例均相差30%。

乡镇校长最认可职称晋升政策、学校考核评价的做法、学校硬件设施的改善和教师荣誉政策对教师的激励作用,其正向比例均为75%;其次是比较认可师德师风建设政策、教师减负政策、工资水平的总体提高、生活补助艰苦边远津贴政策、教师交流轮岗政策、重大疾病救助政策、进修培训政策、教师编制政策和班主任津贴政策的激励作用,其正向比例均在 50% 以上；最后是相对认可绩效工资政策和教师周转房政策的激励作用，其正向比例在 40%—50%，其中教师周转房政策的正负向比例相差 10%，也表明乡镇校长对其激励作用的矛盾态度。

县城校长非常认可职称晋升政策、学校考核评价的做法和学校硬件设施的改善对教师的激励作用，各项的正向比例均为 85.7%；其次是认可工资水平的总体提高、绩效工资政策、进修培训政策、教师荣誉政策和教师编制政策的激励作用，各项的正向比例均超过为 60%；再次是比较认可重大疾病救助政策、班主任津贴政策、教师减负政策和师德师风建设政策的激励作用；最后是对生活补助艰苦边远津贴政策和教师减负政策的激励作用的正向评价较低，尤其是对教师周转房政策和教师交流轮岗政策的正向评价较低且正负向比例接近，反应县级校长不太认可这些政策的激励作用。

地级城市校长非常认可师德师风建设政策对教师的激励作用，其正向比例达到 85.7%，负向比例仅为 0，相对认可学校考核评价的做法的激励作用，其正向比例仅为 28.6%，负向比例为 0，但对其他已实施教师政策的激励作用则不太认可。其中，地级城市校长首先对重大疾病救助政策和学校硬件设施的改善的激励作用持保留和矛盾态度，其正负向比例均接近；其次相对不认可工资水平的总体提高、进修培训政策和职称晋升政策的激励作用，其负向比例分别是 14.3%、14.3% 和 28.6%，而正向比例均为 0；最后是很不认可绩效工资政策、班主任津贴政策、教师减负政策、教师荣誉政策、教师编制政策、教师周转房政策和生活补助艰苦边远津贴政策的激励作用，其各项的负向比例分别是 33.4%、42.9%、57.2%、57.2%、57.2%、60% 和 71.4%，各项的正向比例分别为 0、0、14.3%、14.3%、0、20% 和 14.3%。

总体上，城乡教师对已实施教师政策对教师激励作用的正向评价比例不高，但呈现由村屯向地级城市递减的分布趋势，并且地级城市教师不太认可除师德师风建设政策、教师编制政策和进修培训政策之外的教师政策的激励作用；乡镇校长和县城校长认可已实施教师政策对教师激励作用，而地级城市校长认可师德师风建设政策对教师的激励作用，不认可其他政策的激励作用；乡镇校长和县城校长对已实施教师政策对教师激励作用的正向评价比例远高于村屯、乡镇和县城教师，而地级城市教师对已实施教师政策对教师激励作用的正向评价比例略好于地级城市校长。

表 8-17 城乡教师和校长对教师政策激励作用评价的正负向比例分布 单位:%

			校长		教师	
			负向	正向	负向	正向
薪酬待遇政策	工资水平的总体提高	村屯	—	—	21.70	43.40
		乡镇	8.30	66.70	22.30	40.80
		县城	0.00	71.40	28.10	29.70
		地级城市	14.30	0.00	40.60	25.90
	生活补助艰苦边远津贴政策	村屯	—	—	29.00	38.50
		乡镇	0.00	63.70	21.70	45.30
		县城	20.00	40.00	39.70	25.00
		地级城市	71.40	14.30	51.90	21.30
	班主任津贴政策	村屯	—	—	26.30	32.60
		乡镇	16.70	50.00	30.80	33.40
		县城	14.30	57.10	32.00	28.70
		地级城市	42.90	0.00	42.50	19.00
	绩效工资政策	村屯	—	—	25.30	32.50
		乡镇	8.30	41.70	28.30	37.20
		县城	28.60	71.40	35.00	20.90
		地级城市	33.40	0.00	51.10	21.10
	教师周转房政策	村屯	—	—	43.80	31.30
		乡镇	30.00	40.00	28.30	39.30
		县城	40.00	40.00	41.20	25.70
		地级城市	60.00	20.00	52.40	15.20
专业发展政策	进修培训政策	村屯	—	—	28.90	37.30
		乡镇	33.30	58.30	22.30	37.70
		县城	14.30	71.40	28.60	31.60
		地级城市	14.30	0.00	20.80	25.80
	职称晋升政策	村屯	—	—	18.00	36.10
		乡镇	8.30	75.00	30.50	36.20
		县城	0.00	85.70	31.10	31.10
		地级城市	28.60	0.00	27.70	20.40

续表

			校长 负向	校长 正向	教师 负向	教师 正向
管理与评价政策	教师减负政策	村屯	—	—	32.50	44.60
		乡镇	16.60	66.70	28.90	39.70
		县城	14.30	42.90	35.60	35.50
		地级城市	57.20	14.30	45.10	22.90
	教师编制政策	村屯	—	—	19.50	47.60
		乡镇	16.60	50.00	17.50	41.60
		县城	33.30	66.70	28.60	34.60
		地级城市	57.20	0.00	20.70	21.80
	师德师风建设政策	村屯	—	—	12.00	62.70
		乡镇	0.00	72.80	13.30	46.40
		县城	0.00	42.90	12.60	44.50
		地级城市	0.00	85.70	14.70	28.80
	教师交流轮岗政策	村屯	—	—	25.30	30.10
		乡镇	16.60	58.40	31.00	27.50
		县城	28.60	28.60	29.20	20.80
		地级城市	71.40	0.00	40.00	8.90
	学校考核评价的做法	村屯	—	—	14.40	38.50
		乡镇	8.30	75.00	24.30	32.00
		县城	0.00	85.70	27.10	26.30
		地级城市	0.00	28.60	39.40	10.90
从教环境改善政策	学校硬件设施的改善	村屯	—	—	15.70	49.40
		乡镇	0.00	75.00	16.90	44.90
		县城	0.00	85.70	13.50	45.60
		地级城市	28.60	28.60	32.20	22.80
	教师荣誉政策	村屯	—	—	17.10	46.40
		乡镇	8.30	75.00	24.20	41.70
		县城	14.30	71.40	27.40	33.30
		地级城市	57.20	14.30	29.40	20.10
	重大疾病救助政策	村屯	—	—	22.90	45.80
		乡镇	8.30	58.30	22.70	43.60
		县城	14.30	57.10	22.70	42.50
		地级城市	42.90	42.90	30.30	18.90

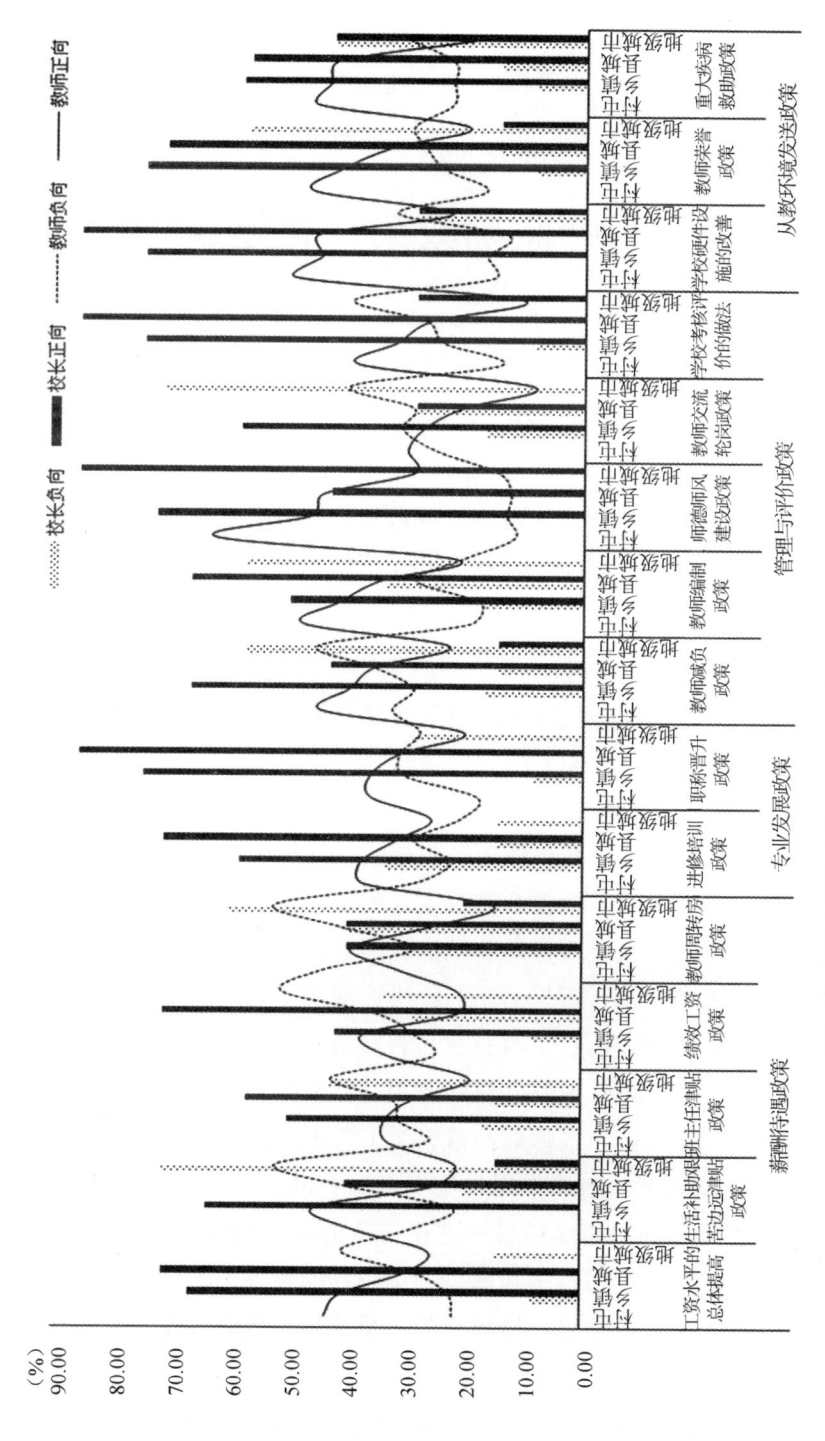

第八章 什么政策对乡村教师有激励作用 / 259

图8-13 城乡教师和校长对教师配套激励作用评价的正负向比例分布

第九章

乡村教师激励政策优化建议

人才激励是通过一定的方式，激发人才需求、动机和欲望，在追求组织目标的过程中保持高昂的情绪和持续的积极状态。[①] 作为乡村社会和教育振兴的特定人才群体，乡村教师激励机制问题应给予关注和重视。当前，乡村教师激励政策不断增加，激励机制日臻完善。然而，基于实际问题和政策分析发现：一是乡村教师对所从事职业的满意度高、对工作岗位及其稳定性比较满意，但对物质性职业提供、发展性职业提供、学校工作环境和所处社会环境等方面的满意率偏低；二是乡村教师的成就感、荣誉感和归属感总体上高于城市教师，并且体现出较高的家庭归属感倾向；三是乡村教师的工作活力感与积极性的正向占比较高，但在专业发展积极性层面低于城市教师；四是城乡教师均认为生源质量是影响课堂教学状态和教学质量提升的最主要因素，城乡教师也均认为目前影响工作积极性的最主要因素是薪酬待遇，另外的最主要因素中村屯教师认为是"非教学性工作量"和"学校管理方式"，乡镇教师认为是"职称晋升"和"生源质量"，并且乡村教师最认可师德师风建设政策的激励作用，也比较认可学校硬件设施改善、教师荣誉政策、重大疾病救助政策、教师减负政策、教师编制政策、工资水平的总体提高和生活补助艰苦边远津贴政策的激励作用。从中可以看出，在城乡比较视野下，乡村教师在教师激励的诸多项目中的正向比例和态势要好于城市教师，但这并不意味着乡村教师激励问题得到了较好的解决，此种境况产生的关键性原因在于乡村教师支持性政策的大量供给。尽管如此，乡村教育

[①] 郑其绪：《人才发展定力与活力》，中国社会科学出版社2020年版，第159页。

发展和乡村教师队伍建设困局仍未得到根本性改观，一方面是乡村教育发展生态仍未能良性循环发展，生源和教育质量情况不容乐观，这必然会降低乡村教师的教学成就感、工作活力感、工作积极性、工作满意度和职业荣誉感等，另一方面是乡村教师队伍生态建设面临巨大挑战，在现有乡村教师招聘政策的引导下，大量年轻教师被聘用到乡村学校中，从而减缓了乡村教师的老龄化，但是缺乏政策加持的乡村教师在劳动力市场中仍缺乏竞争力。换言之，提升乡村教师的教学效能、学校归属感、职业吸引力和队伍质量仍依赖于相关政策的不断加持。鉴于此，乡村教师激励政策和激励机制仍有待调整优化。一是精细化政策供给，在平衡好教育贡献与职业提供诱因的基础上，兼顾做好政策的补偿性、普惠性与激励性，并依据乡村教师在工作环境、教学水平和从教年限等结构性差异给予精准的分类供给；二是转向内涵性政策支持，在增强外在经济性支持的前提下，继续强化乡村教师的师德师风建设，培育乡村教师"能教、愿教和乐教"的师者风范；三是注重工作微环境改进，进一步改善乡村学校硬件设施和周转宿舍条件，确立以"关怀"核心、突出"尊重"的乡村教师管理制度，为乡村教师营造"专业且宽松"的工作氛围。以此，综合提升乡村教师的政策获得感、工作使命感和职业幸福感。

第一节 教师激励理念优化与应用[①]

教师激励是教师需求、职业提供与政策设计等相互作用的综合性表现。而教师个体、教师职业群体、职业工作条件和政策供给数量，以及教师激励表现等方面的多元性，无疑增加了问题分析与解决的复杂性。针对此，如何以某种教师激励理念来统筹和辨别各大主体和各类问题，进而使得复杂问题简明化，是推进教师激励问题解决的关键。

一 教师激励的两难困境

毋庸置疑，每所学校均希望自己的教学风气纯正且校园生机勃勃，

---

① 本节内容是基于《教师激励的理念转向与策略优化》一文的修改扩展，具体见周兆海、邬志辉《教师激励的理念转向与策略优化》，《教育科学》2019 年第 1 期。

也期望通过采取相关激励措施来激发教师的教学潜能与工作积极性，营造学校整体进取向上的氛围。然而，类似做法往往无法真正撬动教师激励的支点，反而易于落入"提升激励供给—激发教师工作动力—教师对激励对策无感"的循环怪圈，并会出现"无激励，教师无动力；有激励，教师在短暂亢奋之后产生消极"的"教师激励综合征"，从而极大地影响到激励目标的达成与可持续性。深究其里，正是目前相关实践陷入如下三重两难困境中，才导致问题"层出不穷"。

(一) 激励少数与激励多数的关系难题

理想的教师激励应面向全体教师，并使之产生集体激励效应，从而有助于激励目标的实现。但在中小学，尤其是城市地区，比较普遍的提高教师工作激励、工作投入程度的方法，是对所教学生学业成绩好的教师给予一定的奖金和其他福利。[①] 此种做法设置的激励前提和标准是教学成绩决定了奖励幅度，且是只有教学成绩好的教师才有奖励。其潜在的假设是只要对教学成绩好的教师给予奖励，一方面可以激发这部分教师继续努力工作，另一方面可以诱导教学成绩不好的教师努力工作，提升教学成绩。换言之，多数教师激励措施的制度逻辑为对某项既定教师措施的加持来满足对应教师群体的心理期待，从而借助部分教师的积极表现来引导全体教师向预定方向靠近。此种逻辑预设了部分教师的激励反馈，但忽略了其他多数教师的利益期待，并呈现出四大特征：一是激励措施的针对性，锁定少数几个学校发展目标作为教师激励的指向；二是激励奖励的标准性，设定不同的标准以给予不同等级的奖励；三是激励评价的量化性，以标准为依据，把各项考核转化为量化数据加以比较；四是激励受众的圈定性，仅有部分教师才能进入学校激励措施的关注视阈，并从中获益。这种措施总体依循"激励措施—少数教师激励—产生少数教师激励效应—多数教师激励的传导效应"的实施路径，这显然罔故了"少数教师激励效应"能否传导给"多数教师"的问题。实践也证明，现有学校激励常常出现"层级化"特征，并伴有"阻断"抑或"断层"现象：少数契合激励措施的教师获得激励，而多数教师则对激励无

---

① 安雪慧：《中小学教师职业生涯发展与教学工作激励》，《北京师范大学学报》（社会科学版）2008年第3期。

感，产生"少数"与"多数"对激励措施获得感存在差异的两大教师群体。这反而影响教师激励措施的整体性和良性推进。

（二）物质激励与精神激励的双向矛盾

尽管"激励机制经历了从单纯偏重精神的激励到以物质的激励为基础，精神与物质激励并重的过程"[1]，政策制定层面也意识到精神与物质激励相辅相成的重要作用，但在具体实践中仍然存在严重偏向。我们常常寄托于薪酬待遇之类的外在条件性刺激措施，期以通过工资和福利水平的提高来激励教师改进教学行为。确实，物质经济性激励措施显而易见且极具实在感，也能够在短时间内刺激教师行为，引导教师努力工作服从于激励指向。而在精神激励方面，学校虽有重视，但受制于操作性和时效性等方面的困扰，以致对教师的精神激励难以系统落实。即使存在相关的精神激励措施，也多散见在学校的工作条例和文件通告中，且表现在"口号式尊重"的低水平的精神激励，缺乏精细化的标准尺度与评价方式。正是物质与精神激励在实践中的操作难题与现实考量，教师激励的策略选择也由偏向转为依赖物质激励。然而，物质激励存在两大难题：一是物质供给的限度，物质激励主要是刺激受激者的感官与欲望，需要不断增强物质激励程度才能维持激励效应，然而对于作为事业单位的学校而言，显然无法获取和提供持续的物质支持；二是物质激励与教师职业特性调适性问题，在市场经济环境下，作为一种职业，教师获得物质激励以谋求生计无可厚非，但区别于其他职业，教师职业具有道德特性，其更需要来自精神层面的尊重、信任与支持，而非通过物质激励的方式彰显其物质特性。基于此，物质激励能触动教师的生存性需求，但也可能引起无休止的物质诉求，弱化教师职业的道德特性和教书育人的热情，而精神激励在实践中的失位，又强化了学校对物质激励的依赖。

（三）竞争排斥与激励相容的理念分歧

教师激励的过程与结果均会造成教师群体分类乃至分化。问题在于，激励措施是把教师群体的"分类""分化"转化为动力机制来激发教师的荣誉感和团队向心力，还是触动教师的资源分配不公平感。事实上，教师激励的终极理念是，采取多种措施激励教师尽职尽责，服务于教学质

---

[1] 康宁：《优化教师激励机制与约束机制的制度分析》，《教育研究》2001年第9期。

量的提升。但在教师之间，以及教师与学校之间，关于激励理念的理解与落实均存在巨大的鸿沟乃至分歧。确如有学者指出，追求自身利益最大化的原则同时影响施激者和受激者，使激励既成为促进两者目标一致的因素，又成为导致两者行为不一致的因素。[①] 一方面，教师激励措施遵从"多劳多得、优劳优得"的奖赏原则，促成"教学成效—经济收益"的直线关系，造成教师对教学改革向经济收入的关注重心的转移。另一方面，教师激励措施无法兼顾"公平"与"效率"，难以把"教师利益最大化"与"教学质量提升"耦合一起。尽管教师激励是在以"教学质量提升"目标下开展的个人激励，但"教学成效—经济收益"的奖励制度却强化了教师的自利取向。一是教师的自利行为符合"理性经济人"的假设，但其连带效应是引发竞争。竞争是遵循某些规则的一种合作性冲突，在这种形式的互动中，达到所追求的目标要比打败对手更重要。[②] 有别于其他群体，因职业的道德特性与办公室的熟人微环境，教师竞争常常致使个人工作重心的偏移和小团体内无法合作，从而影响教学生态的良性发展。二是教师自利行为诱发"挤出效应"，"损耗"激励措施和组织信誉。激励奖赏的等级化配给制度使人们产生了自我期待，会基于教学努力和奖赏获得，与他人进行比较并产生团体排斥，把工作努力定位在个体化价值实现，而懈怠于集体价值。因此，学校运行效率低下的根本原因在于，教师尽职机制不完善以及敬业激励机制不相容。[③]

二 教师激励的理念转向

当前教师激励困境的根本原因在于"激励措施—受激者教师—激励目标"三者之间的信息吻合度或者一致性程度尚存问题。只要其中一个环节存在偏差，激励效应便会出现偏向乃至"无疾而终"。这类问题的解答在本质上应回归到三大前提性条件上来：教师激励的组织背景；教师激励的需求；激励对策的供给限度。对此三方面的理解程度，决定着教

[①] 程江：《激励的本质与主体性的转化》，南开大学出版社2014年版，第8页。
[②] [美] 戴维·波谱诺：《社会学》（第11版），李强等译，中国人民大学出版社2007年版，第147页。
[③] 向祖强：《我国教师激励机制的缺失及设计》，《教师教育研究》2008年第4期。

师激励措施的供给方向与所能达到的高度。而在新的发展阶段，教师激励措施要因应时代变化，顾及多方利益诉求，及时适切地实现理念转向，以统领教师激励对策的优化改进。

（一）由激励教师个体转向激励学校组织

鉴于教学活动的组织性、计划性和目的性，以及倡导守正保旧的先天取向的双重影响，中小学校是个"超稳定"组织，倾向于寻求科层分工与确定性发展，惮于开展独立性、先锋性和极具个性的改革活动。因此，相关教师激励政策把盘活学校办学活力和实现学校教育目标的方式往往寄托于对教师个体的激励上，但在具体的策略上往往侧重于教师个体意义而忽略学校目标的达成。受此影响，相对于教师个体发展，学校发展作为集体象征很难得到普遍认可。教师个体与学校组织逐步分离，逐步细化和严苛区分开来，中小学教师也习惯于强调个体的专业发展。实践也表明，激励教师个体易于产生精英化和科层化现象，易于少数与多数之间的激励脱节，反而造成教师激励对策的"终结"。然而，强大的个体更需要嫁接在一个强大的组织平台上，才会释放出个体巨大的价值……这是个集合智慧的时代。[①] 于是，组织的生存取决于两个基本要素：一是组织用于处理外部关系体系的有效性；二是体制的内在效率，也就是该体制保证组织凝聚力、协作和具体行为上的服从能力。[②] 针对此，有效激励设计的基本前提是，设计者必须对组织激励与人们组织行为之间关系有深入了解。[③] 基于此，教师激励措施应实现把教师个体再嵌入学校组织的结构之中，由激励教师个体转向激励学校组织，让教师主动自觉地把教学努力融化到学校教学事业的发展过程中。

有校长提道：

> 从精神层面上来讲是一个学校文化，它的制度，教师的认同感，他认同这所学校的文化，认同这个学校的制度，他就会发自内心的

[①] 陈春花：《激活组织：从个体价值到集合智慧》，机械工业出版社2017年版，第9页。

[②] ［美］切斯特·巴纳德：《组织与管理》，詹正茂译，机械工业出版社2016年版，第21页。

[③] 周雪光：《中国国家治理的制度逻辑》，生活·读书·新知三联书店2017年版，第212页。

想参与到这种学校的建设当中。刚才我提到文化可能还有一种团队精神，你当领导的你要能示范，你引领你要让大家干，你得自己先干，所以他都在一种团队文化的建设里面。再就是学校的环境面貌，整体的提升也会激发老师的这种自信心。你看我们学校这么漂亮的，我在这么漂亮的环境当中，这么好的教学条件，他也很愿意去好好工作，老师有的时候真的挺简单的，他提些意见，反映一些问题，都是想那样，能不能在教学上给他多提供一些便利条件，多配备一些利于它教学的设施和设备。（2021415DJCSXXX7）

（二）由单向目标激励转向精准分类激励

当前教师激励政策着重于单向目标激励，具体表现在三个方面。一是激励措施的单一化和线性化，多数教师激励措施主要是围绕以固定的货币或是物质作为诱发激励的条件；二是激励措施注重目标结果的量化考核，以教学成绩作为享有激励的核心判断依据，把对教师的激励转嫁到对学生评价上来，而漠视作为过程的教师职业成长的激励；三是激励措施实施过程中行政管控的色彩浓重，激励资源的有限供给与学校组织的科层管理的叠加影响，甚至把资源配置的"激励"作用换为"赏罚"功能，把激励措施的"引导向上""激发潜能"的功用改换为"管控教师教学行为"，非但未能释放，反而束缚了教师的工作努力。因此，既定激励对策问题在于激励指向单一化、线性化和管控色彩浓重，以致不但未能有效呼应教师激励需要，反而在短期实施之后抑制教师的工作动机。而教师需求具有复杂性特点，教师不仅基本需要要求高，在尊重和自我实现等较高层次上的需求也非常强烈，教师的需求结构完全是一种混合交替式的需求结构。[①] 针对此，在综合考虑到教师的群体和个体属性的激励问题的前提下，学校应依据其属性差异及其多元诉求，合理划分教师的激励状态，科学框定教师的激励类别，从而精准确立激励标准和设计激励机制。

（三）由外部奖赏激励转向优势欣赏激励

在物质主义和消费主义盛行的社会背景下，人类欲望的物质性享受被极大放大，社会分工的能力划分也被工资待遇所替代，经济收入成为

[①] 朱德友：《高校教师激励机制研究》，博士学位论文，武汉大学，2010年，第53页。

丈量职业优劣与否的最重要尺度，谋职与谋生被简单地等同起来。正是如此，既定的激励措施侧重外部奖赏激励，贬抑精神层面激励。这既反映了激励政策的应急性，也体现了其刚性一面。然而，依循此种理念下的激励政策强化了受激者的某一方面诉求，并可能让受激者工作的努力范畴偏离职业要求。依靠外部奖赏将会降低动机激发的能量，而且为奖赏而工作势必造成人们受到奖赏控制的感觉，这种感觉转而影响了他们随后的表现和创造性。① 有研究指出，在教师教学管理和工资报酬相脱节的情况下，教师可能会降低教学工作的积极性和努力程度，因为信息的不对称使得教师可以降低努力程度而同样获得教学工作。② 换言之，外部奖赏能够解决激励的时效问题，但却无法维续长期激励，尤其是外部资源的有限供给更是束缚了教师激励的长期性。

> 什么还有罚，我把罚去了，我说我为什么要罚？你罚那几十块钱能不能起作用？我说我把罚改成谈，你落后了我和你谈话，我谈话不是批评，我帮助你分析这门课存在什么问题，帮助老师解决问题，还是家庭的问题，还是个人问题，还是咱上课的方法问题，还是咱的理论或者理念或者我们的知识出现了偏差，或者对学情的分析不到位。老师主要是谈，你们谈，我也谈，最后我和几个老师说这个方法特别好，原来的罚款，老师是非常非常生气，再一个就是老师不服。老师都说我这人不担心罚了，特别50多岁的人了，他带了一辈子课，他也经过辉煌时期，这里有很多是我的老师，他说这个学校确实有很多辉煌的事情，我们也非常敬业，你说到这个年龄段快退的，还每年每次考试还要罚款，我觉得我就接受不了。所以这种心理导致他们就和领导对抗，你安排啥过去的我一点都不干。所以我刚才不是说我的成效就是，老师思想稍微有点改变，就是从这方方面面都进行了改变。（2021412CTCZX2）

---

① ［美］托马斯·J.萨乔万尼：《道德领导：抵及学校改善的核心》，冯大鸣译，上海教育出版社2003年版，第31页。
② 安雪慧：《中小学教师职业生涯发展与教学工作激励》，《北京师范大学学报》（社会科学版）2008年第3期。

事实上,在当今时代,擅长独立思考的人们,不再会因金钱刺激这样的外部回报受到激励。恰恰相反,他们更倾向于因有效完成工作所带来的内心满足感而受到激励。[①] 因此,在"教师激励政策—受激者教师"结构性互动关系发生变动,外部奖赏供给既定,以及保障长效激励的新要求下,教师激励政策的设计与实施逻辑应转向优势欣赏激励。工作环境中的欣赏决定了某人或某事对你的意义和重要性,并且让这个人和其他有关的人知道他这种意义和重要性,欣赏是不断寻找、验证和提升某人某事的价值。[②]

三 教师激励的策略优化

当我们进入不同的学校,可以观察到不同学校的教学氛围和教师的"精神气"存在分殊迥异。尤其是,有些学校尽管在师资配置上存在客观条件的不足,但仍然能够做到"办学出特色,教学出灵气"。其中原因除受到学校文化、教学质量和硬件设备等宏观因素影响外,关键性原因即是教师激励的策略选择与艺术发挥。

(一)精准识别教师需求与科学设计激励标准

众所周知,教师激励并非提供了激励供给就能产生正向的教师激励,也并非所有教师能够获得激励。良好的教师激励措施应具备四大特征:一是面向全体教师,技术性均衡教师间的激励与竞争关系;二是激励内容契合不同教师的需要,每个教师均能从中获得鼓励和感受到尊重;三是发挥积极的激励传导效应,不仅能够让受激励教师呈现良好的工作状态,而且能够把受激励教师的状态传导给待定激励的教师;四是具有开放性和持续性,能够依据学校、教师和学生情况做出调适,注重教师发展"未来性"的激励。为达成上述要点,首要做好两大前提性工作:精准识别教师需求与科学设计激励标准。所谓精准识别教师需求,一是精准识别教师的激励期待,充分考虑到教师需求的多样化和复杂性,尤其

---

① [美]兰杰·古拉蒂、安东尼·J. 梅奥、尼汀·诺里亚:《管理学》,杨斌等译,机械工业出版社2014年版,第365页。

② [美]诺艾尔·C. 奈尔森:《欣赏的力量》,马欣译,中华工商联合出版社2013年版,第25—26页。

基于性别、年龄、教龄、学科、职称和职位等方面的教师群体的激励期待差异；二是厘清教师激励期待的属性归类——工作期待、生活期待、专业期待、环境期待等，并定义好不同期待的价值意义与激励权重；三是采集教师激励期待数据，并借助数据分析工具，归纳出不同属性教师的教师期待与需求，"借助权变激励措施，建立灵活的奖惩机制"[①]。所谓科学设计激励标准，一是教师激励应定位于"教师能达到的工作状态"，而非"教师已完成的工作状态"，激励的是"教师的工作努力和动力"，而非"教师的工作压迫感"；二是框定和细化激励内容和规则，兼顾物质与精神激励，保障激励措施针对性和可操作性；三是梳理和优化"教师工作表现—教师可能达到的工作要求—激励供给"的三者关系，确保教师的激励获得感。

（二）强调层级递进激励与构建全面激励体系

教师激励的本质在于改变教师现状，推动教师工作的良性发展，但其指向并非否定教师过去的工作表现和努力，而是依循教师既定工作状况，为教师专业进步提供方向和动力，以及为教师的教学工作提供"保鲜"功能。正如组织激励领域著名学者迪安·R. 斯皮策（Dean R. Sptizer）所指出，"激发动力的真正挑战，不是要在某一个特定时期调起人们的潜能，而是要将人们的热情长久地保持住"[②]。因此，良好的教师激励不应是固定静态的，而应是变化动态的，并且是依据教师期待与需要，呈现从激励到激励、再到激励的层级递进形态，不断刺激教师的工作努力，维续工作状态，促进教师激励由点状到线条的转换与联接。同时，为避免层级递进激励的线性化和短板化，还需把教师类别、学校属性、教师激励需求等内容融合进去，保证激励环节的完整性。有鉴于此，教师激励措施应充分地考虑到层级递进与全面立体这两大方面，力求建立一个"类别清晰、引导有序、持续有效、整体有感"的教师激励体系。具体而言，首先是激励的分类管理，根据教师群体特征和激励供给，学校设定不同梯度和类别的教师激励；其次是激励的分步递进，一方面依

---

① 侯浩翔：《校长领导方式可以影响教师教学创新吗?》，《教育科学》2018年第1期。
② ［美］迪安·R. 斯皮策：《完美激励：组织生机勃勃之道》，张心琴译，东方出版社2008年版，第7页。

据学校和教师双方面发展阶段，另一方面结合教师受激励进度，给予经济、假期、职称、荣誉等不同内容的激励；再次是激励的配比弹性，把教师教学努力与进步过程纳入激励评价中，确保教师教学努力与激励同比等值，并根据激励环境、进程环节和教师要求适时做出调节。

（三）学校组织激励与教师自我激励的并置同构

若把学校激励教师机制仅看作为一项工具性存在，那么其有效运行的集中体现是"激励教师个体，盘活学校组织"。据此，我们不能简单地把"教师"与"学校"割裂对立起来，也不能把二者看作激励的"双主体"，或是认为后者是前者的主导和发令方。在有效的学校激励教师机制下，"学校"与"教师"是"一体两面"的关系，"学校"是激励机制的载体，而"教师"则是激励措施的承接者。

有校长提道：

> 我觉得教师都有一种荣誉感，而作为一个校长，我觉得有些事情必须要亲力亲为，必须要让老师实实在在地感受到你的存在。你做得好，校长能看见，你出现一些问题，校长也能发现，他也有压力。现在老师可以大胆地说你是这个学校的老师，现在取得这样的成绩是大家共同努力的。从这种荣誉感激发他，我觉得这样子也是唤醒老师的一种自身动力的提升，是一种非常好的方法。（2021525XCJNYGZX1）

因此，"激励教师个体"目标的指向是"盘活学校组织"。进言之，激励教师的效度及其裁量尺度在于学校教学质量和精神气质的提升状况，但其终极价值在于教师实现自我激励——努力工作自觉服务于学校教学事业发展。

> 第一个是要留住老师，再一个是要用好老师，不能光留住。你留着他，他给你不好好工作，他不听。对，就是用好老师。激发老师的潜能动力，这种责任心，人都有责任心，那就看怎么做，谁能说我们学校老师在咱们学校怎么就好的。是不是？所以用好老师，我经常和老师谈心的。校长也很忙，一个有理念的校长，一个能够

把大家积极地团结在一起的,当时已经不是小的一个领导集体,把所有的老师、员工都团结在一起,他就做事情。(2021526CTXXX2)

具体而言,首先,弱化学校的科层化行政管理色彩及其结构,凸显教师在学校发展过程中的主体性与专业性,同时调整固化的教学分工,突出教师教学与研究的团队协同性;其次,构建教师个体与学校组织的共生关系,把教师职业成长与学校发展放在同等发展框架下,同时整合优化学校教育资源,提升教师队伍的凝聚力、向心力和竞争力,共同致力于学校整体性发展目标;最后教师激励和专业引导并重,增强教师之于学校组织的身份认同,以及自我发展的专业自信,同时通过给予针对性激励供给,挖掘教师潜能与培育专业优势,推动教师的自觉和主动进步,乃至创造性与个性化发展。

第二节 教师岗位职责的规范与落实[①]

受制于教师管理体制改革乏力、相关岗位职责模糊不清等多重因素影响,教师在日常工作中除需完成教书育人这一重要职责外,还要承受各种行政评审、评比、检查等非教学性工作压力。这不仅分散了教师的工作精力,使其工作负担过重,更严重扰乱了学校正常的教育教学秩序,成为制约教师专业成长和学校教育质量提升的症结之一。因此,为确保中小学教师能从繁杂的非教学性工作中解脱出来,并将其更多精力集中于自身师德师风建设和教育教学水平提升等本职工作上,有必要从制度层面厘清和规范其岗位职责,并据此系统优化教师评价考核的体制机制。

一 淡化对教师工作的量化管理,凸显教师职业劳动特殊性

中小学教师因其职业的特殊性与所承担的重要职责,使其工作本身成为一项既细碎繁琐又极具创造力的劳动。一方面教师在承担系列教育

[①] 本节内容是基于《从制度层面规范中小学教师岗位职责》一文修改扩展而来。具体见冯晓敏、周兆海《从制度层面规范中小学教师岗位职责》,《中国社会科学报》2019年9月5日第6版。

教学活动的背后，必须为此而做大量准备工作，这就决定了教师的工作实际上并没有明确的时间和空间限制；另一方面由于教育本身是一项周期性较长且需教师集体努力才能完成的事业，这就使教学效果的相对滞后性与成果归属的相对模糊性成为教师工作的内在特征。但当前的量化管理过于注重对教师工作结果的评价，却没能充分认识到教书育人的复杂性与长效性。显然，单一依靠以学生学业成绩为标准的量化管理，满足了人们对教育结果的习惯性期待，却忽略了对教师整体教学工作过程的系统性、深入性的关注。这不仅无法有效表达教师教育教学工作的内在特质与价值，而且其对教学效果的片面追求也使教师工作越来越与教书育人的本质相背离。因此，转变量化管理倾向，突破其现有教师工作考核评价的改革瓶颈，凸显并尊重教师职业的特殊性，为其真正回归教书育人本职工作提供更为适切的管理氛围与支持措施，则是当前改革教师管理体制机制，促进其岗位职责进一步规范化的首要着力点。

有校长提道：

> 我感觉老师的抱怨来自什么？就是说老师的本职工作就是教学工作，过去在我们那一代人教书的就教着一本书，什么教研什么课题没有接触。就这几年才接触到，从2013年咱们学校接触的校本研修课题才接触了这么多，当时老师这个就是新的名词出现以后，非常的抵触，也非常的反感。老师一天把书教好就行了，还有什么时间静下心去教研，那都是专门的教研人员搞的事情不是我们搞的事情啊。但是随着这几年慢慢地推进和职称评审也有关系，因为职称就要你的校本研修，要你的课题挂钩以后，我感觉老师好像慢慢地就接受了，慢慢的去接受。除过教学以外的其他的工作，比如说各类的创建文明校园等，那个资料我跟你说，一弄就是一大摊资料一百多盒，这些资料都来源于一些老师整理。这个工作你不搞也不行，无奈这类型的工作比较多。（2021413DJCSXXX1）

二 厘清教师管理的权责边界，减少行政部门的过度干预

受教育管理体制和办学体制的影响，在现行教育管理的层级系统中，政府和教育行政部门往往占据绝对主导地位，而广大教师则成为被管理、

被领导、被监督、被指派的对象。而迫于来自社会各界对教育改革与质量提升的种种压力,及自身行政权力和科层管理体系的不断自我强化式运行,不仅相关行政部门加紧了对学校和广大教师工作的管理力度,且中小学教师自身也认为只有依照并服从上级的工作安排才能确保岗位的稳定与职称晋升的顺畅。鉴于这种权责关系的不对等,对于上级分派的各类工作和任务,无论其是否属于教师职责范围内,学校和教师通常无法拒绝。虽然相关行政部门对学校和教师工作依照规定负有相应的监管责任,但在行政权力和学校办学自主权还没能得到有效规范的情况下,其对于教师工作的过度监管极易演变成负面干预。这不仅使教师的教育教学工作越来越缺乏自主空间,而且会使其对自我职业专业性的认同感与信任感产生质疑。教师的本职工作是教书育人,但由于教师在当前岗位职责的设定与工作任务的分派中始终位于"边缘地带",致使其在教育教学实践中并没有对岗位工作范围及其具体内容的自主权和决定权。有鉴于此,为厘清教师管理的权责边界,政府和教育行政部门应改革传统教师管理模式,从以往过度依靠行政权力的直接微观式干预,转变为对教师工作宏观层面的间接性指导,努力做到"到位不越位,尽职不越权",为教师提供一个充满活力的管理空间,也为教师工作做好"减法"提供制度支持。尤其为减轻乡村教师非教学性工作负担,应着力开展以下工作:维护和强化乡村教师作为教学专业人员的职业属性,厘清乡村学校的职责范畴,灵活配置乡村学校教辅人员,精简政策检查与督导程序,规范行政部门与乡村学校的权责关系。[①]

三 明晰教师岗位职责范畴,实现对教师支持的精准供给

由于当前对教师岗位职责的具体内容、执行边界及其制度规约等还缺乏系统规范,致使政府和教育行政部门对教师在教书育人这一宏观职责要求下究竟应在哪些方面承担何种任务与职责的认识仍混沌不清,同时也使教师群体对自身专业性的认可程度普遍偏低。在实际的教师管理过程中,日渐杂乱的工作内容、政出多门的管理结构、被忽视的专业存

---

① 周兆海:《乡村教师非教学性工作负担问题及其对策》,《教育科学研究》2021年第7期。

在感等都使得教师承担的工作量越来越负重不堪。因此，为明晰中小学教师岗位职责范围，明晰其职责清单则势在必行，特别是要立足于教师教书育人本职工作，对允许教师不需要履行和有选择性完成何种类型的工作职责及其具体内容需进一步加以明晰与规范。Price Waterhouse Coopers 的结论是，如果想要实现教育体系的目标：其中核心的环节是减少教师的工作负荷，增进教师的主体意识，创造一种可持续的管理变革的能力。①

> 大家普遍认为农村学校压力小，是不是？但是实际上有时候也不小。麻雀虽小，五脏俱全。局里面要资料的时候，学校人再少，也得给人家交上去。但是就这么多老师这么多学生，你想想每个人分摊下来任务量，农村老师就会更多一些工作量。(2021414XZJNYGZJ4)

> 我是班主任，一般还要管晚自习，一般晚上就到九点多了，如果是初三的话，原来要十点多，你光早上六点到晚上十点这要多长时间呢，而且工作时间没个准，有些还说你光上午几节课，但是你没看备课备多长时间，这隐性工作量就很大。我现在带初三，我现在要给学生讲课的时候，我要提前要做多少具体工作，现在目前应该来说确实生源不怎么样，目前手头的资料相对来说比较少，但是都要三份资料呢，这三份资料我是不是都要看完，备课的一个工作量比较大一点。(2021414XZJNYGZJ5)

具体而言，一是要明确国家关于推进基础教育教师队伍建设的总体政策要求和解决中小学教师负担过重的现实问题，以切实满足新时代中小学教师全身心投入教育教学工作及学校办学质量有效提升为逻辑前提；二是要基于不同岗位类型、不同职业发展阶段的工作特点，分别设定中小学教师岗位职责的具体内容与职责边界，注重让教师从繁重的非教学负担中解放出来，真正将其工作精力集中在学科知识、教学技艺和辅导学生等本职工作上；三是立足于"岗位工作需求＋管理模式改进＋系列

---

① ［加拿大］迈克尔·富兰：《变革的力量：深度变革》，中央教育科学研究所、加拿大多伦多国际学院译，教育科学出版社 2004 年版，第 10 页。

制度保障"的互构效应，着重探索形成相互协调、彼此支撑、内容完备的中小学教师岗位职责规范体系及教师专业提升支持体系。

总之，岗位职责作为规定相关职位在岗所必须完成的工作内容与应承担的职责范围，不仅是其职业性质、特点与地位的直接体现，更是对相关责任人进行组织考核、评价与奖励的重要依据。加强中小学教师岗位职责规范，依据其工作特点与岗位要求，深化教师管理体制机制综合改革，以确保每位教师都能有充足精力促进自身专业发展，并自觉自愿在工作岗位上充分发挥其教学智慧，是当前给中小学教师减负，加速推进新时代教师队伍建设过程中亟需关注并加以解决的重要问题。

第三节 乡村教师薪酬待遇的提升与改进

薪酬待遇是实现乡村教师激励的首要前提。如果农村学校要想吸引优秀教师任教，就必须运用市场手段，增加农村教师岗位的报酬和其他利益，以吸引优秀人才自愿自主地选择到农村任教。[1] 因此，无论是从市场经济角度，还是乡村教师作为职业人员来理解，薪酬待遇既是乡村教师工作劳动的所得，也是其安身立命的物质需要。事实上，乡村教师对薪酬待遇的提升与改进政策是最有感，也是最为期待。提供合理和满足期待的薪酬待遇，也是激发乡村教师工作积极性的主要的政策杠杆。但长期以来，薪酬待遇问题制约着乡村教师队伍建设。一方面是乡村教师的总体性薪酬待遇偏低，缺乏社会竞争力，并且过去一段时间存在拖欠教师工资问题，之后的薪酬待遇提升仍未能让既有问题得到根本性解决。从中可知，乡村教师在薪酬待遇方面显现出来的是数量问题——具体数额及其组织保障。另一方面是乡村教师薪酬待遇的结构问题，如何平衡保障性与激励工资水平，以充分发挥工资的激励效应。当前的相关政策也是依循上述两个逻辑，不断在数量和结构层面来提升乡村教师薪酬待遇。

---

[1] 邬志辉：《中国农村教育评论：教师政策与教育公正》，北京师范大学出版社2013年版，第9页。

一　乡村教师工资水平的比较性劣势

如前文所述，乡村教师对职业提供的不满意率比较高，也认为薪酬政策的激励作用比较低。其中的关键原因之一是目前乡村教师工资水平存在比较性劣势。从表9-1和图9-2中可以发现，有58.6%教师的年均工资收入是"4.1万—6万"，20.9%是"2.1万—4万"，11.8%是"6.1万—8万"，6.7%是"2万及以下"，仅有1.8%是"8.1万—10万"和0.2%是"10万以上"。由此可见，多数教师的年均工资水平处于"4.1万—6万"和"2.1万—4万"的水平。比较之下，村屯教师的年均工资收入中有53.7%是"4.1万—6万"，29.3%是"2.1万—4万"，8.5%是"2万及以下"和7.3%是"6.1万—8万"。乡镇教师的年均工资收入中有59.1%是"4.1万—6万"，21%是"2.1万—4万"，11.5%是"6.1万—8万"和6.2%是"2万及以下"。县城教师的年均工资收入中有58.6%是"4.1万—6万"，16.4%是"2.1万—4万"，11.4%是"6.1万—8万"和12.1%是"2万及以下"。地级城市教师的年均工资收入中有59.7%是"4.1万—6万"，20.4%是"2.1万—4万"，14.5%是"6.1万—8万"，2.7%是"2万及以下"和2.7%是"8.1万—10万"。由此可知，城乡教师年均工资收入的分段占比之间的差距总体上不大，但是在具体比值上呈现出由地级城市教师、乡镇教师、县城教师到村屯教师依次递减的态势。因此，城乡教师的年均工资收入主要以"4.1万—6万"为主，并且村屯教师收入处于最低。

表9-1　　　　　城乡教师和校长年均工资收入分布表　　　　单位:%

		2万及以下	2.1万—4万	4.1万—6万	6.1万—8万	8.1万—10万	10万以上
教师	村屯	8.50	29.30	53.70	7.30	1.20	0.00
	乡镇	6.20	21.00	59.10	11.50	1.60	0.50
	县城	12.10	16.40	58.60	11.40	1.40	0.00
	地级城市	2.70	20.40	59.70	14.50	2.70	0.00
	总计	6.70	20.90	58.60	11.80	1.80	0.20

续表

		2万及以下	2.1万—4万	4.1万—6万	6.1万—8万	8.1万—10万	10万以上
校长	乡镇	0.00	0.00	58.30	41.70	0.00	0.00
	县城	0.00	0.00	71.40	28.60	0.00	0.00
	地级城市	0.00	0.00	42.90	57.10	0.00	0.00
	总计	0.00	0.00	57.70	42.30	0.00	0.00

相对教师而言，城乡校长的年均工资收入的比值主要分布在"4.1万—6万"和"6.1万—8万"中。数据显示，乡镇校长的年均工资收入中有58.3%是"4.1万—6万"，41.7%是"6.1万—8万"；县城校长的年均工资收入中有71.4%是"4.1万—6万"，28.6%是"6.1万—8万"；地级城市校长的年均工资收入中有42.9%是"4.1万—6万"，57.1%是"6.1万—8万"。从比例数值来看，地级城市和乡镇校长的年均工资收入高于县城校长，但城乡校长的年均工资收入仍以"4.1万—6万"为主，总体上是在8万元以下。

据国家统计局的数据显示，在2019年，城镇单位就业人员的年均平均工资为90501元，科学研究、技术服务和地质勘查业城镇单位就业人员的年均平均工资为133459元，教育城镇单位就业人员的年均平均工资为97681元，文化、体育和娱乐业城镇单位就业人员的年均平均工资为107708元，公共管理和社会组织城镇单位就业人员的年均平均工资为94369元。[1] 在行业年均工资的比较之下可知，乡村教师工资水平处于比较性劣势。一是乡村教师年均工资收入与城市教师的差距有缩小，但仍处于最低的水平；二是乡村教师的年均平均工资远低于城镇单位就业人员；三是乡村教师的年均平均工资也远低于同等受教育程度的其他行业人员的年均工资收入。

正因为此，超过半数的教师认为目前的收入水平处于中下等，多数校长认为目前的收入水平处于中等。调研数据显示，在教师方面，有

---

[1] 国家统计局：《年度数据：按行业分城镇单位就业人员平均工资》，https://data.stats.gov.cn/easyquery.htm?cn=C01。

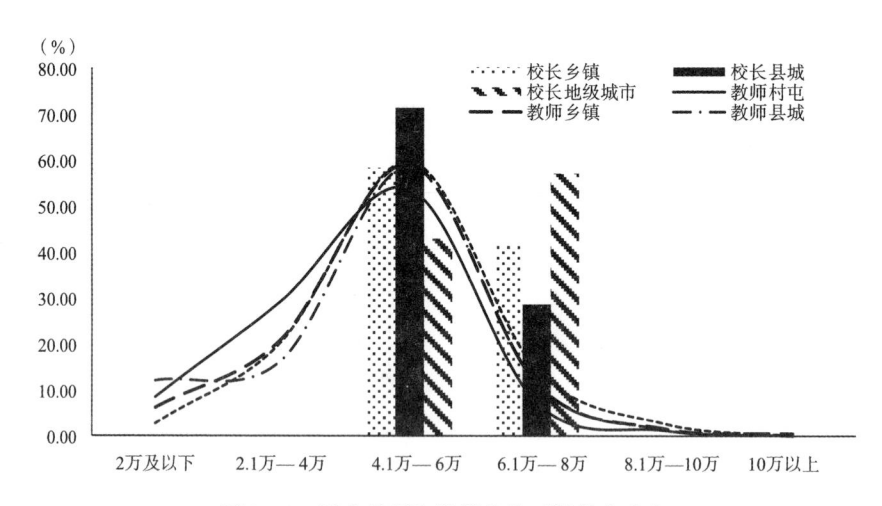

图 9-1　城乡教师和校长年均工资收入分布

44.6%的村屯教师认为目前的收入水平处于"中下等",38.6%认为是"中等",14.5%认为"下等",仅有2.4%认为是"上等";有51.7%的乡镇教师认为目前的收入水平处于"中下等",25.5%认为是"中等",20.9%认为是"下等",仅有1.8%认为是"中上等";有55.1%的县城教师认为目前的收入水平处于"中下等",23.5%认为是"下等",19.9%认为是"中等",仅有1.5%认为是"中上等";有56.9%的地级城市教师认为目前的收入水平处于"中下等",25.5%认为是"下等",17%认为是"中等",仅有0.5%认为是"中上等"。在校长方面,有83%的乡镇校长认为目前的收入水平处于"中等",认为是"中下等"和"中上等"的各有8.3%;有43.9%的县城校长认为目前的收入水平处于"中等",28.6%认为是"中上等",认为是"中下等"和"下等"的各有14.3%;有62.5%的地级城市校长认为目前的收入水平处于"中等",37.5%认为是"中下等"。参见表9-2。相对而言,乡村教师对目前收入水平的判断好于城市教师,但总体上城乡教师认为处于中等偏下,同时,虽然校长对目前收入水平的判断好于教师,但是也是主要认为处于"中等"。因此,无论是基于实际的工资收入,还是与其他行业的比较,还是基于对收入水平的自我判断,乡村教师和校长的工资收入均处于比较性劣势,同时也应关注到城市教师与校长的收入水平偏低的严峻现实。

表9-2　　　城乡教师和校长认为目前的收入水平的情况　　　单位:%

		上等	中上等	中等	中下等	下等
教师	村屯	0.00	2.40	38.60	44.60	14.50
	乡镇	0.00	1.80	25.50	51.70	20.90
	县城	0.00	1.50	19.90	55.10	23.50
	地级城市	0.00	0.50	17.00	56.90	25.50
	总计	0.00	1.50	24.00	52.70	21.70
校长	乡镇	0.00	8.30	83.30	8.30	0.00
	县城	0.00	28.60	42.90	14.30	14.30
	地级城市	0.00	0.00	62.50	37.50	0.00
	总计	0.00	10.70	64.30	17.90	7.10

有乡镇教师提道:

(2015年前在私立学校工作)我的工资能拿到4000块钱,还加班主任费,那个时候班主任一个月基础是350块钱,大概那时候接近4500了。但是我到2015年来到咱们公立学校,我工资三千多。但你要知道每一年的经济在发展,GDP在增长,物价在增长。2018年咱们去年执行绩效改革之后,我们的工资价钱还是没有私立学校高的。(2021414XZJNYGZJ10)

也有地级城市教师提道:

我现在教龄20多年,工资才4000多,就拿现在的这个房价来说,老区的房价就是3000元一平,好一点地段的可能就是4000元(一平)。像新区现在房价好,均价都在6000元(一平)了。我一个月工作,我教龄还20多年了,你说我4000多元好像不吃不喝,连一平方米的房子都买不下。(2021415DJCSXXJ7)

二 乡村教师薪酬待遇的提升方向

鉴于当前乡村教师工资收入偏低的实际,因此,极有必要提升乡村教师的薪酬待遇水平。根据"需求—激励"的理论关系,提升乡村教师的薪酬待遇,一方面需要了解到乡村教师的合理的工资需求,另一方面需要考虑到乡村教师对特定和政策性津贴和补助的诉求。理性的个人追逐自身利益的强大冲击力,既是经济衰退的原因,也是经济增长和繁荣的主要源泉,无论这种结果是好是坏,均依赖于人为的社会制度结构,这种制度结构指限制人类行为并将他们的努力导入特定渠道的正式和非正式的规则(包括法律和各种社会规范)及其实施效果。[①] 因此,诉求薪酬待遇的提升并不消解乡村教师天然具有的文化与道德属性,而是在市场经济和社会分工下获得更好的劳动报酬的理性反应,关键在于在了解到实际情况后,积极地回应乡村教师的诉求。

调研数据显示,在合理的月工资收入方面,村屯教师认为是 6354.55 元,乡镇教师认为是 7351.05 元,县城教师认为是 7763.11 元,地级城市教师认为是 8684.27 元,教师的总体平均值是 7626.68 元,而乡镇校长认为是 7818.18 元,县城校长认为是 11857.14 元,地级城市校长认为是 8500 元,校长的总体平均值是 8980.77 元,参见表 9-3。若按一年 12 个月来发放工资,村屯教师期望的年工资收入为 7.84 万元,乡镇教师是 8.82 万元,县城教师是 9.32 万元,地级城市教师是 10.42 万元,而乡镇校长期望的年工资收入是 9.38 万元,县城校长是 14.22 万元,地级城市校长是 10.2 万元。教师是典型的来自劳动力市场中受教育更高的阶层,因此,将他们的薪水和其他受教育较高的工人比较可能更恰当些。[②] 但比较而言,村屯和乡镇教师期望的年均工资收入仍低于 2019 年全国城镇单位就业人员的年均平均工资为 9.05 万元的水平,县城教师和乡镇校长期望的年均工资收入接近于 2019 年全国公共管理和社会组织城镇单位就业

[①] [冰岛]思拉恩·埃格特森:《经济行为与制度》,吴经邦等译,商务印书馆 2004 年版,第 1 页。

[②] [英]克里夫·R.贝尔菲尔德:《教育经济学:理论与实证》,曹淑江主译,中国人民大学出版社 2007 年版,第 92 页。

人员的年均平均工资为 9.44 万元的水平，地级城市教师和校长期望的年均工资收入略超过 2019 年全国文化、体育和娱乐业城镇单位就业人员的年均平均工资为 10.77 万元的水平，县城校长期望的年均工资收入超过 2019 年全国科学研究、技术服务和地质勘查业城镇单位就业人员的年均平均工资为 13.35 万元。由此可见，城乡教师和校长期望的月工资收入高于当前收入。相对而言，乡村教师期望的月工资收入在 7000 元上下，即使如此，也是低于全国城镇单位就业人员的平均工资。

表 9 – 3　　城乡教师和校长期望的月工资、津贴和补助的平均值　单位：元/月

		合理的工资收入	班主任津贴	期望的班主任津贴	乡村教师生活补助	期望的生活补助
教师	村屯	6354.55	84.86	396.97	340	870
	乡镇	7351.05	189.82	809.32	440.65	1151.46
	县城	7763.11	321.12	848.15	—	654.55
	地级城市	8684.27	227.43	830.25	—	514.43
	总计	7626.68	205.39	781.08	412.08	1076.99
校长	乡镇	7818.18	190	490.91	416.67	900
	县城	11857.14	400	690	—	300
	地级城市	8500	274.29	600	—	1020
	总计	8980.77	254.58	556.25	416.67	900

此外，在班主任津贴方面，村屯教师目前的平均值是 84.86 元，期望的平均值是 396.97 元，乡镇教师目前的是 189.82 元，期望的是 809.32 元，县城教师目前的是 321.12 元，期望的是 848.15 元，地级城市教师目前的是 227.43 元，期望的是 830.25 元，城乡教师目前的总体平均值是 205.39 元，期望的总体平均值是 781.08 元，而乡镇校长认为目前的班主任津贴平均值是 190 元，期望的平均值是 490.91 元，县城校长认为目前的是 400 元，期望的是 690 元，地级城市校长认为目前的是 274.29 元，期望的是 600 元，城乡校长认为目前的总体平均值是 254.58 元，期望的总体平均值是 556.25 元。比较而言，首先是城乡教师和校长期望的班主任津贴均高于目前的津贴值，其次是教师总体上期望班主任津贴增加到

780 元左右，比之前增加近 600 元，而校长总体上期望的班主任津贴为 556 元，比之前增加 300 元；最后是乡村教师目前的班主任津贴最低，村屯教师和乡镇校长期望多增加 300 元，而乡镇教师则期望多增加 620 元左右。

而在生活补助方面，村屯教师目前的平均值是 340 元，期望的平均值是 870 元，乡镇教师目前的是 440.65 元，期望的是 1151.46 元，乡镇校长认为目前生活补助的平均值为 416.67 元，期望的是 900 元。另外，城市教师也期望有生活补助，其中县城教师期望的生活补助是 654.55 元，地级城市教师是 514.43 元，而县城校长期望的生活补助是 300 元，地级城市校长是 1020 元。由此可知，一方面是城市教师和校长对生活补助也有诉求，另一方面是乡村教师和校长期望在现有生活补助的基础上增加 500 元左右。

三 乡村教师薪酬结构的改进

薪酬通过两种方式影响雇员的动机和行为，一种是激励效应（incentive effect），即薪酬在任何时间点影响现任雇员的个体动机和集体动机的程度，另一种是筛选效应（sorting effect），对雇员队伍结构产生间接而重要的影响，也就是说，不同类型的薪酬战略可以导致不同类型的人员投入并留在（即自我选择进入）一个组织之中。[①] 正因如此，在薪酬总量供给和结构改进过程中，应充分发挥薪酬的两种效应，以促进乡村教师队伍建设。

在薪酬总量供给方面，一方面是结合教师诉求，适当提高乡村教师的薪酬水平，确保乡村教师获得有社会竞争力的薪酬待遇，让薪酬待遇既体现乡村教师的工作付出和职业价值，也至少不低于劳动力市场上同等受教育程度的其他员工的薪酬水平，这是乡村教师队伍建设实现良性发展的前提条件；另一方面是建构乡村教师工资收入模型，建立乡村教师薪酬水平稳健提升机制，保障乡村教师薪酬待遇提升的稳定性与长效性。而从教师群体本身来看，中小学教育与企业经营不同，每个人的工

---

① ［美］乔治·米尔科维奇、杰里·纽曼、巴里·格哈特：《薪酬管理》（第 11 版），成得礼译，中国人民大学出版社 2014 年版，第 9 页。

作量和在学校中的作用,看上去没有能够衡量的重大差别……因而中小学教师之间的薪酬差距不宜过大,更不可能像公司那样悬殊。① 当然,薪酬总量的变动会影响着乡村教师在行业、区域和学校之间的变动性和竞争性,而在具体工作层面的激励更多依赖于薪酬结构的优化。换言之,让乡村教师因教学工作得到薪酬回报,也让其因认真努力、艰苦条件和卓越贡献等获得奖励性和补偿性薪酬。

> 我们这绝对不让吃大锅饭,你做出成绩了,你成绩取得了,你的学生获奖了,你的学生升学率提高了,那么我们从这一块经济上来给你体现,这就是教学成绩,或者是教育成绩,或者是教研成果,这一块是你提升了,我就要从待遇上来提升,老师们也有动力。我自己提升了,不但自己的声誉提高了,在经济上,学校还能在每年年底的奖励上,还可以给我体现,也就双丰收。(2021525XCJNYGZX1)

表9-4　　城乡教师和校长认为调整教师工资水平最主要参考依据分布　　单位:%

	教师 村屯	教师 乡镇	教师 县城	教师 地级城市	教师 总计	校长 乡镇	校长 县城	校长 地级城市	校长 总计
工作量	51.80	46.60	50.00	52.70	48.90	33.30	57.10	50.00	42.90
工作年限	48.20	45.20	68.10	67.00	53.90	16.70	42.90	25.00	25.00
物价水平	44.60	53.20	59.40	66.50	56.10	33.30	28.60	37.50	32.10
学校艰苦边远条件	44.60	43.90	4.30	13.30	31.60	41.70	0.00	50.00	32.10
当地公务员的工资收入	31.30	35.50	55.80	66.50	44.80	41.70	85.70	87.50	67.90
当地县区居民人均收入	20.50	13.20	12.30	11.30	13.40	25.00	0.00	0.00	10.70
教学质量	19.30	28.00	21.70	18.70	24.30	25.00	42.90	12.50	25.00
职称	16.90	14.30	10.20	20.60	15.10	33.30	14.30	25.00	25.00
职务	7.20	4.50	2.20	3.30	4.20	16.70	28.60	0.00	14.30
其他	0.00	0.30	1.40	1.40	0.80	0.00	0.00	0.00	0.00

---

① 李希贵:《学校如何运转》,教育科学出版社2019年版,第142页。

当前，中小学教师工资由基本工资、基础性绩效工资、奖励性绩效工资和津补贴四块组成。① 比较而言，基本工资有统一的发放标准，而后三类工资的具体数额在不同地区和学校有差异，并且标准不一和变动性较大。鉴于此，为更好地通过薪酬杠杆提高乡村教师的工作积极性，其中的关键就是优化乡村教师的薪酬结构，尤其是绩效性工资和奖励性工资的数额和比例。

调研数据显示，总体上教师认为调整教师工资水平最主要参考依据依次是"物价水平""工作年限""工作量""当地公务员的工资收入"和"学校艰苦边远条件"，其占比分别是 56.1%、53.9%、48.9%、44.8% 和 31.6%，而"当地县区居民人均收入""教学质量""职称""职务"和"其他"的占比均低于 30%。比较而言，城乡教师内部在调整教师工资水平最主要参考依据的看法上存在差异。村屯教师认为的依据依次是"工作量""工作年限""物价水平""学校艰苦边远条件"和"当地公务员的工资收入"，其占比分别是 51.8%、48.2%、44.6%、44.6% 和 31.3%；乡镇教师认为的依据依次是"物价水平""工作量""工作年限""学校艰苦边远条件"和"当地公务员的工资收入"，其占比分别是 53.2%、46.6%、45.2%、43.9% 和 35.5%；县城教师认为的依据依次是"工作年限""物价水平""当地公务员的工资收入"和"工作量"，其占比分别是 68.1%、59.4%、55.8% 和 50%；地级城市教师认为的依据依次是"工作年限""当地公务员的工资收入""物价水平"和"工作量"，其占比分别是 67%、66.7%、66.5% 和 52.7%，参见表 9-4 和图 9-2。

有教师也提道：

> 我觉得根据能力，现在我们这是事业单位，它不是说企业单位，我们现在其实也可以说是企业单位。比如说在学校里边一线老师，比如说一周的工作量，根据你的工作量，你在班级，从上课工作量、作业工作量、批改作业工作量，从各个方面的工作量，对大家我们

---

① 薛海平、唐一鹏：《理想与现实：我国中小学教师工资水平和结构研究》，《北京大学教育评论》2017 年第 2 期。

现在所说的绩效工资,对从工作量、从能力上,对每一个教师进行一个考核上,这样应该挺好的。大家也就觉得跟企业上一样公平的。(2021412CTCZX2)

而总体上校长认为调整教师工资水平最主要参考依据依次是"当地公务员的工资收入""工作量""物价水平"和"学校艰苦边远条件",其占比分别是67.9%、42.9%、32.1%和32.1%,其他各项的占比均低于30%。城乡校长之间也存在差异,乡镇校长认为的依据依次是"学校艰苦边远条件""当地公务员的工资收入""工作量""物价水平"和"职称",其占比分别是41.7%、41.7%、33.3%、33.3%和33.3%;县城校长认为的依据依次是"当地公务员的工资收入""工作量""工作年限"和"教学质量",其占比分别是85.7%、57.1%、42.9%和42.9%;地级城市校长认为的依据依次是"当地公务员的工资收入""学校艰苦边远条件""工作量"和"物价水平",其占比分别是87.5%、50%、50%和37.5%。

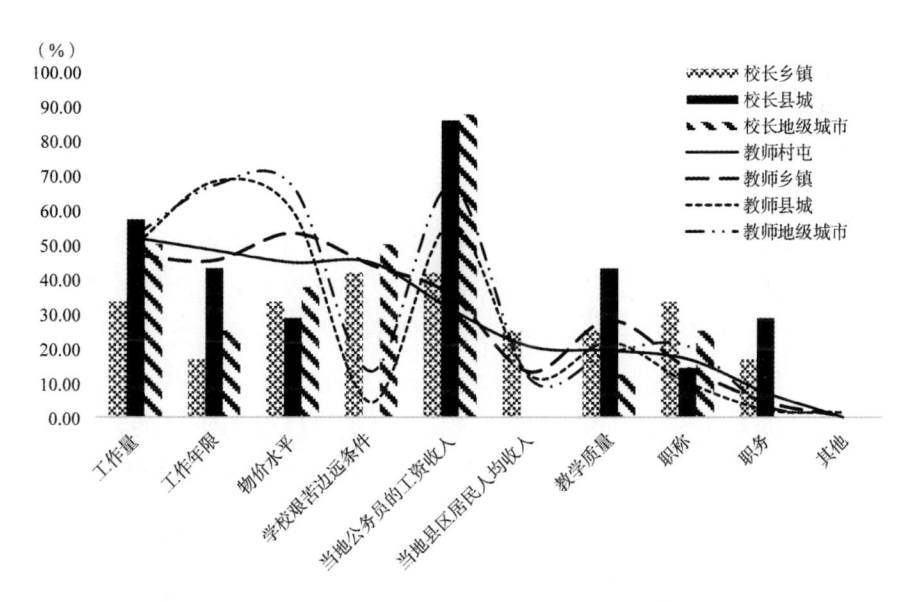

图9-2 城乡教师和校长认为调整教师工资水平最主要参考依据分布

基于上述对城乡教师和校长认为调整教师工资水平最主要参考依据的分析可知，教师认为的依据主要是"工作量""工作年限""物价水平""学校艰苦边远条件"和"当地公务员的工资收入"，其中乡村教师偏重于"工作量""工作年限""物价水平"，而城市教师则偏重于"工作年限""物价水平"和"当地公务员的工资收入"；校长认为的依据主要是"当地公务员的工资收入""工作量""物价水平"和"学校艰苦边远条件"，其中乡村校长偏重于"学校艰苦边远条件"和"当地公务员的工资收入"，城市校长则偏重于"当地公务员的工资收入"和"工作量"。从中可以判断，乡村教师侧重于通过工作本身的复杂程度和工作付出、忠诚于职业岗位年限和所处市场环境的物价水平来调整工资，而乡村校长侧重于依据制度性规定的薪酬线"当地公务员的工资收入"和"工作所处艰苦边远条件"来调整工资。

因此，乡村教师薪酬改进的总体性原则是"在整个薪酬结构中，应该有一部分是基础工资，份额不宜过大，但相对稳定，每年有一定提高，以便给大家安全、稳定的心态，而其余部分，则根据聘任职级的高低和工作量的大小确定"[1]。另外，在基础性绩效工资、奖励性绩效工资和津补贴四块需要持续优化。首先是央地两级政府保障相应资金发放的前提下，结合乡村教师的工作量、工作年限、当地物价水平和工作所处艰苦边远条件，提高绩效性工资和津补贴的总量与比重；其次是县、市教育部门可以根据本县、市教师总数核算奖励性绩效工资总额后自己掌握，然后根据各学校业绩考核表现和工作条件艰苦程度，决定各学校奖励性绩效工资额度，最后再将各学校获得的奖励性绩效工资总额拨付到学校账户由学校自行分配"[2]。再次是以多劳多得、优绩优酬为导向，聚焦于教师工作岗位，实现奖励性绩效工资的差异化分配，"一般来说，与依据一些评价结果而提供不同的报酬相比，教师们更倾向于赞同为完成高难度任务的教师支付差额工资和支持"[3]，县区教育局和学校可以组织教师

---

[1] 李希贵：《学校如何运转》，教育科学出版社2019年版，第146页。
[2] 薛海平、王蓉：《义务教育教师绩效奖金、教师激励与学生成绩》，《教育研究》2016年第5期。
[3] ［美］Phillip C. Schlechty：《创建卓越学校：教育变革的6大关键系统》，杜芳芳译，华东师范大学出版社2012年版，第94页。

以"工作量""工作年限""物价水平""学校艰苦边远条件"和"当地公务员的工资收入"等为参考,确定好各参考依据的分配权重和分配等级,研拟出本区域和学校的奖励性绩效工资的差异化分配方案,例如有"学校改革工资体制,实现双向聘任制度,八级职级岗位对应不同的条件和工资待遇,这是对教师最大的评价,也是最大的激励,因为岗位是对自己工作最大的认可"[1]。最后是"在评价教育绩效时还应考虑到教育劳动的一个特点,即劳动进行方式的个体性与劳动成果的集体性的特点,评价必须同时进行个体评价和集体评价"[2],让教师个体的工作价值与学校、教研组、班级和学生的发展紧密联系在一起。

有教师也提道:

在制度上给老师奖励,但是奖励的差距不是特别大,是让大家体现到你干了就有奖,大家这两年的工作积极性还是在调动起来的,但是哪个学校都有矛盾,矛盾还得作为校长找制度管理和人性管理的一个契合点,让大家认为能看到在付出和有奖励。(2021525XZXXJ2)

第四节 乡村教师激励管理机制的优化

虽然薪酬待遇是本就工资微薄的乡村教师的关注重点,也是激发乡村教师工作热情的核心政策,但是该项政策目标的具体实现,还应寻求在薪酬待遇改进之外优化乡村教师激励管理机制。要实现县域教育管理的和谐高效,管理者必须把教师放在最重要的位置,坚持以师为本,创新管理方式,改进教育生态,充分挖掘教师的潜能和活力,引领教师积极工作、幸福生活。[3] 尤其是在考核评价、职称晋升、专业引领、岗位调动和退出机制等方面给予调整优化,架构起"中央—地方—乡校"乡村教师激励管理的多级联动和系统合力。

---

[1] 李希贵等:《学校转型:北京十一学校创新育人模式的探索》,教育科学出版社 2014 年版,第 196 页。
[2] 李金初:《一个校长的教育创新思考》,教育科学出版社 2012 年版,第 272 页。
[3] 朱永新:《中国著名教育局长管理思想录》,华东师范大学出版社 2016 年版,第 153 页。

一　乡村教师考核评价的优化

从政策制定者角度来看，期以通过对考核评价，一方面是监测和追踪乡村教师工作进展，考察其工作任务完成和教学质量达成情况，另一方面是发现乡村教师潜在的工作能力，敦促和激发其积极向上地工作。而从当事人乡村教师来看，其最为关心的是考核评价过程的公开透明和公正民主，考核内容和标准能够结合其工作特点、岗位性质和工作条件来设定科学合理的考评内容、技术、方法和目标，以及考核结果能够客观准确地反映其工作付出和努力，并给予一定的物质和精神反馈。

鉴于此，对教师开展考核评价是一个非常专业的活动，既需要运用适合的理论来支撑和统领，也需要谨慎使用教师考评。综合调研情况，目前亟待优化乡村教师考核评价。首先是在主体参与方面，县市教育主管部门提供乡村教师考核评价方案的指导理念、运行方式、模块内容和具体方法，以此统领和规范县域内的乡村教师考核评价，以此为基础，乡村学校综合教师意见，进而精细化本校的教师考核评价方案。其次是在理念和内容上，应以促进师生成长和体现肯定教师工作付出为指向，以教师专业发展和学生学业进步为核心，并充分肯定教师的工作量，既注重教师在提高学生学业表现的作用和努力，也注重教师在非教学性工作上付出。再次是在考核评价对象上，尽量做到分级分类，即以岗位类型为依据，运用不同的标准和方法对一线教师教学岗位、学校管理岗位和教学辅助人员岗位开展不同的考核评价，倾斜性支持新入职教师和青年教师的专业发展，而对班主任、学校领导中层和骨干教师给予特别的考核评价。最后是在考核评价方法上，要综合运用定性和定量的评价方法，针对的不同对象和内容选用适切的评价方法，并根据学校校情，尽量淡化评价，多用欣赏和鼓励方式尊重和激励乡村教师的实际工作。为避免只是成为一名学校情况的检查者，校长应该制定评价方案以此来鼓励每个人都不断学习并发展自己的能力……一位在专业能力上不断进步的教师较之那些没有获得进步的教师能够更有效地引导学生不断地自我实现。①

> 老师的评价考核就是教研，语文教研会有听课的活动，就是教研组听课。其他没有课的老师也可以来听课，学校抽的是在教学方面比较突出的那些老师作为评委。还有教案的评比。就是一个上课，一个教案和导学案，根据这些来评价老师。我觉得还挺合理的呀，学校没有单独根据学生的成绩来评。我感觉挺好的，就是不会针对学生的学习去给老师评比或怎么样，因为每个班的学生是有差异的，如果针对学生去评老师，应该看学生初始成绩和老师教出来的成绩的差距。因为我是青年教师，资历也比较浅吧，我觉得就是个人要改进。(2021526XZXXJ3)

二 乡村教师职称晋升机制的改革

职称与专业认可和薪酬待遇密切相关，而职称晋升机制改革也是乡村教师队伍建设中的老问题。而在职称评聘向乡村教师倾斜的政策背景下，乡村教师均期待能较快和较好地评上高一级的职称，获得制度上的专业认可和职业荣誉，但目前乡村教师职称的评聘和晋升面临着旧问题未解决而新问题难解的双重挑战。其中的关键是中高级职称的名额有限与乡村教师待评人数较多之间的供需矛盾，目前中高级职称名额是由县区安排划配，具体到乡村学校的指标数量有限，而近些年乡村学校教龄较高和之前未评聘上中高级职称的教师累积较多，这就造成有些乡村学校已达到评聘中高级职称资格的教师的人数集中和扎堆的情况。此种情况，一方面让已有资格但未评上的乡村教师工作积极性受挫，另一方面影响了待评职称的年轻教师的工作积极性。

> 老师们在农村压力比较大的，老师们最关心的问题，就是工资。说到底是什么？是职称，国家如果以后职称不与工资挂钩，或者职称与工资挂钩的幅度小，你看他会是什么样的？职称问题第一是名

---

① [美] 塞尔伯特·L. 德雷克、威廉·H. 罗：《校长学》（第六版），刘润刚等译，江苏教育出版社2008年版，第256页。

额,第二是他要的那些东西,荣誉是人评,医生是考试的,医生是考的,机器说了算,但是老师是人评的,你知道所有的东西人评,你就有问题了,而且这里面的渠道就比较的多,所以就比较困难,所以这个职称问题应该说是农村的老师,不光农村的老师,城里老师的压力都很大。虽然名额多,但城里老师人也多,名额多,城里老师的关系更为复杂。(2021414XZJNYGZJ10)

因为有指标限制,这样的话就等于说后面的人再评的话就可能有还比较难,他有时候就会认为干不干都一个样。我们有老师中级已经干了16年,然后一级为什么又这么多了?因为高级就占着。就形成不了一个新陈代谢,良性的新陈代谢。老师可能在教学的积极性方面就会受影响。你说职业倦怠哪个职业都会有倦怠的,哪个职业都会有倦怠,但是想办法就在倦怠的过程中给他们一种什么激励。我觉得老师需要唤醒和激励的,他怎么激励起来,可能咱们就要什么相关的对策。(2021414XZJNYGZX2)

职称方面也有一定压力。咱们这个指标少,高级职称教师现在延退以后,一批年富力强,然后专业能力也比较强的中级老师往上升的通道减少,机会也减少,这是我们的现状。我想可能各学校都如此,咱们有没有相应的对策,因为有些老师他职称上不去,他年纪也比较年轻,感觉是教学方面是可能会有所会不会有所懈怠。第二毕竟指标有限的情况下,那么在这种情况下,老教师或者是资历更老,能力更强往前排,那么大家也是一个也是自发的认为是很正常的现象。当然我们觉得来说,如果国家在人事部门有更多的指标的倾斜来说,更好,对老师的工作积极性来说也是很大的触动。(2021414XZJNYGZX3)

因此,综合考虑到乡村教师中高级职称评聘的供需矛盾及其所引发的乡村教师激励问题,乡村教师的职称晋升机制应适时改革,"要让员工的职级变化,与他们的努力程度和技能水平形成合理的因果关系"[1]。首先是中高级职称名额分配持续向乡村教师倾斜,加快解决乡村学校中待

---

[1] 李希贵:《学校如何运转》,教育科学出版社2019年版,第143页。

聘教师扎堆问题，尽快疏通乡村教师队伍职称评聘管道，让教龄较大和青年教师在乡村安心从教；其次是职称评审程序上确保形式规范和公正透明，让远离县区的乡村教师及时且充分了解职称评审的政策要求及其变化；最后是职称评审标准上，需要考虑到乡村教师工作条件和岗位性质，给予一定的倾斜和支持。

> 你想老师干好干坏，怎样才能你干得好，有啥好处呢？应该在在职称方面能优先考虑，这样的话大家才有积极性。因为你看除了教的成绩好坏以外，领导知道，家长知道，但是对于我们老师来说，毕竟咱干这份工作是为了养家糊口呢，除了工作认真，没啥额外的东西，对吧？职称评定方面，这方面也没有啥额外奖励的话，你直接光说的话说多了，只能职称晋升了。（2021414XZJNYGZX5）

此外，结合调研中乡村教师的意见和教师职称的性质，乡村教师职称晋升机制改革的可能路径是分类分批开展职称评聘，就是中级及其以下职称通过考察其师德师风、专业水平、教学质量和工作量等而评聘获得，而高级职称作为专业性荣誉，规定在乡村从教到一定年限自动获得，即为那些为乡村教育付出最大努力和贡献的乡村教师提供量身定做的制度性肯定。

> 如果在农村满10年，你可以进中级，20年、30年就可以进高级，我觉得这样的话，对农村老师坚守就更加的坚定，也能安安心心地来。我坚守20年，我待遇方面最起码要提升，就更愿意在那，也更能留住人。（2021412XZXXJ4）
> 你比如说现在晋升职称，在农村工作25年的就可以破格晋升职称，我觉得对农村教师来说就是一个就让他至少在退休的时候有个比较好的一个工作状态，毕竟职称影响他退休工资，所以我觉得这一方面对农村造成一个很好的状况，不然看农村人在这干了多少年，辛辛苦苦多少年，越往老越往后你越没啥拼了，可能有些老师都彻底就死心了，有这东西，老师就会想我工作要功成身退，是不是？不然结果肯定不太好。（2021414XZJNYGZX5）

三 乡村教师专业发展引领体系的改进

推动乡村教师的专业发展既是乡村教师激励政策的目标，也是实现政策目标的重要途径。进入 21 世纪以来，随着乡村教师培养层级和入职门槛的提升，以及针对乡村教师专业发展的研修培训活动的增加，乡村教师的专业发展环境得到根本性改观，相应的专业素养也得到了极大地提高。然而，诸多事例表明，当前乡村教师专业发展和相应的研修培训面临的挑战重重。一是城乡教师专业素养仍然存在较大差距，虽然乡村教师的入职学历门槛得到提升，但是其职前所受的教师教育培养质量参差不齐；二是乡村教师研修培训的针对性不足，尽管在政策推动下的研修培训机会和活动较多，但是具体内容的针对性不足，加之有些研修培训的名额有限、时间在周末和地点在县市，让本就教学工作难以分身和远离县市的乡村教师参与的积极性不足，对应的研修培训效果也有折扣；三是缺乏名师和团队的引领，缺乏专业发展方向，目前乡村教师以新老教师为主，具有很强的年龄群体分界的特征，均需要理念、教研和教法等方面的引领和提升。

> 现在很多培训对教师工作的价值不大，有一些教师技能培训，像计算机这些，我觉得这些可以，老年教师都可以考虑考虑，包括像美术、绘画和音乐。我原来在初中，后来是初中小学一合并以后，在小学就感觉到吃力，搞个活动，画画画不了，唱歌唱不了。就感觉实际上给老师搞这方面的一些培训，让老师的技能多一些。起码学生交流的时候什么都知道，让学生知道这老师还确实厉害，啥都还可以。再包括像心理培训，我觉得这个挺好的。起码初中生的心理和小学生的心理，小学低段和高段的又不一样。尤其从初中下来的老师教小学生，对这些并不清楚。包括一些新来的老师，他是按照年轻人的思路来考虑，很多时候他并不知道孩子的心理在哪里。这方面的培训又比较少。（2021414XZJNYGZJ3）

> 一部分是新来的老师，一部分是"60 后""70 后"。（学校）这两帮人都需要，其实需要一个是要引领，要带动，他才能就工作起来，这种积极性才能发展起来。例如，青年教师在本校有一个管教

学的师傅，有一个管班务的师傅。然后在名校那边还有一个管教学的师傅，所以师傅给他定的就是你每周要来听多少节课，然后他也听你的课。有名校派了两个英语老师到我们这边，一个英语老师的任务就是专门听青年老师的课，他不上课，他每周就来听两节，这个时间还不固定，因为如果光固定他老听这一个年级的也不行，他不固定，他跟老师商量好，比如说这一周我听的是你三年级的课程，下周我可能来听五年级的课程，但是他的任务就是来听这个老师的课，把他的课好好听一听。然后还有一个老师专门来上课，他来上课的时候，这两个英语老师就可以去听他的课，同时他们4个人就我们学校本校有2个英语老师，名校来2个英语老师等于4个老师，他们之间就可以随时进行这种教研活动。英语组如果大教研的话，他们在过去这样的话加起来就是六七个英语老师，这样的话教研氛围就浓了，要不然以前就太少。(2021525XCJNYGZJ2)

最大的阻碍第一个还是要有师傅引领，得把你往这个路上引，他得告诉你手把手去教这个事，这个课应该怎么上，它的目标是什么。我觉得去更大的学校能好去接受更先进的这个教学理念嘛，是不是？(2021412CTXXJ3)

只有透过个人学习，组织才能学习，虽然个人学习并不保证整个组织也在学习，但是没有个人学习，组织学习无从开始。① 基于实际问题，需要有步骤地、从简从精、线上线下相结合的改进乡村教师专业发展引领体系。首先是提升乡村教师研修培训活动的质量，包括增强内容的针对性，调整好研修培训时间，让乡村教师就近参加，从而提高研修培训活动的有效性。教师们认为，参加更多优质的、目标明确的专业发展活动是自我提升的重要途径，TALIS调查数据显示，教师通过参加专业发展活动能够掌握更多的课堂教学方法，但是还不能确定专业发展活动能在

---

① [美]彼得·圣吉：《第五项修炼：学习型组织的艺术与实务》，郭进隆译，上海三联书店1998年版，第167页。

多大程度上促进新技术的使用。① 其次是县区教育主管部门在避免干扰乡村学校教学的情况下，精细化组织区域内乡村教师的赛课赛教活动，实现以赛促教，同时有计划地为乡村学校培养教学骨干和学科带头人，并规定其在乡村教育的服务期限，提升乡村教师发展的内生动力，实现以培促教。最后是加强对乡村学校和乡村教师的专业发展引领，一方面是推进县域内优质学校与乡村学校结对发展，实质性促成优质校带动乡村学校在学校文化凝练、青年教师成长、学科教研团队建设和教学效能改进等方面的发展，另一方面建立县区教研员、学科教学名师和教学质量突出的"银龄"教师到乡村学校走动和定点听课和教研指导的制度，为乡村教师专业发展提供引领者。

> 我觉得还是需要一些比我们层次更高一些的，就是讲课讲得好一些、更有高度的一些老师，就是水平更高的适合于我们和农村的孩子。符合现在农村的孩子特殊性，就是比较接地气的那种培训，我们不希望就是花里胡哨的那种课堂，我们不需要表演的课堂，需要实际性的那种。（2021414XZJNYGZJ8）

> 咱们农村的老师从教学方式各个方面来说，肯定没有人家城里的先进一点、好一点，肯定欠缺一点。所以说，每次参加比赛的时候感觉到自己也是很努力了，但是好像成绩不是很显著这样。主要还是学校没有一个带头人，没指导咱们的。你像现在不是有扶贫扶智的一个平台。我们学校几个领导和我们上一周去培训了，说在扶智平台上，就有空中课堂，我们这些农村老师可以通过空中课堂去观摩人家名师的课，像校长也可以去观摩人家校长的课，这其实就是对我们能力的一个提高。（2021415XZXXJ8）

> 我感觉到现在老师还是职业上太累，特别是老教师有职业倦怠，当然学校想尽办法从包括工资待遇的提高，但是专业的提升我们非常需要，一个理想状态是有教研驻扎在学校。派到把一个教学特别好的名师，可以把他这一年或者这一学期把他的课停下来，他专门去听课

---

① ［德］安德烈亚斯·施莱歇：《培养卓越校长和教师——来自PISA的建议》，胡惠平等译，教育科学出版社2016年版，第126页。

去针对性的指导，毕竟从校长到主任去指导是有限的。比如说，对语文数学团队进行一个整体指导和整体提升，老中青老师大家都有，所以需要这些市级省级的骨干教师给他们一个下校的政策，让驻扎在学校，可能对学校和教师的提升会更快。(2021414XZJNYGZJ2)

我们现在主要就没有团队，我们组尤其没有团队，比如说你讲课磨课什么的都没有，磨不起来。我们组就两人，所以说感觉谁也帮不上谁。就是你自己瞎琢磨，自顾不暇，我都自顾不暇，真的顾不上，目前只能先顾自己了。反正年轻人待在这就是挺急的，心急。(2021415XZXXJ8)

当然，应辩证地看待农村教师，不要一味地以"弱者"的视角来看待农村教师，要帮助农村教师挖掘自我潜在优势，因势利导，引导和激励农村教师立足农村教育实际，自我发展，这才是一种长远发展理路。[①]其中的路径是，乡村学校以学校文化建设和课程教学改革为抓手，挖掘当地乡土资源和学校文化，借助当前的政策支持和优质的网络教育资源，带动全校师生开展自我变革，以此推进学校教师专业素养提升的主动性和自觉性。

我觉得我们现在最缺的是什么？一个是专家引领的课程建设，现在我们还是缺乏学校核心的这种核心建设，因为现在应该是学校的质量的提升，从课程建设来说是一个总的抓手。其实课程建设和校园文化建设也是合二为一的，但是课程建设就是说作为我们学校目前的现阶段来讲说从学校内部学校老师也罢，还有管理人员的层次，这个能能力来说还是有欠缺。(2021414XZJNYGZX3)

四 乡村教师岗位调动和退出机制的设计

组织调动职员积极性和实现组织激励的重要路径之一是以工作表现为依据让职员在组织内部和组织之间流动起来，并实施比较严苛的进出机制，以此增强组织内部的竞争性，激发职员的潜在能力和提高工作质

---

① 邬志辉等：《中国农村教育：政策与发展》，社会科学文献出版社2018年版，第258页。

量。而如何提升职业群体庞大的乡村教师队伍的有序流动、良性竞争、工作积极性和整体质量，是乡村教师治理中长期以来力求克服的难题。目前，可行和已实行的政策是不断提高乡村教师入职资格和门槛，以及推动队伍内部的职位职称晋升，而在乡村教师岗位退出方面的政策难有突破。其中原因，一是乡村教师的岗位性质，编制维护了岗位进出的程序正义，以及岗位的长期性稳定性，二是乡村教师的工作劳动特点，育人育德工作的复杂性和难以量化评判，以及工作付出和成效之间延后性，均导致较难制定和具体实施岗位的退出标准，三是乡村教师的职业发展特点，由于教育理念和教学方式滞后于时代，加之师生之间代际差的增加会在较大程度上影响到教学效果，教龄较大的乡村教师很可能成为岗位退出政策的受害者。

> 其实我觉得末位淘汰制中，最受伤害的还是比较年龄大的老师，因为他各方面的精力有可能跟不上，这是对极少数人来说。但是对大多数人来说，我觉得还是可以的。再加上我觉得我们老师的工作好像比别人都辛苦一点，其实精力上我们是有限的。我觉得绩效（管理）它肯定是为了奖励鼓励大家去献身教育，但是实际上把有些地方还是有点扭曲了，实施的不够到位，正儿八经没有起到作用了。我觉得还是以成绩来说，因为成绩它是最公平的。学生的成绩，谁都不会去操作，让学生单独考试，背靠背的改卷子，背靠背的监考，这个是真实的。你说其他的都是一个软的尺寸。（2021525XCJNYGZJ1）

有鉴于此，为了盘活乡村教师队伍建设，结合乡村教师的实际需求和队伍建设实际，设计乡村教师岗位调动和退出机制的可能路径是"调岗不退编"与"提前退休"相结合。"调岗和不退编"主要分两类，一类是县域范围内在校际开展，县区教育主管部门统筹乡村教师岗位工作，并依据乡村学校发展实际和教师自主自愿的基础上，确保城乡教师队伍有序均衡发展的前提下，统一谋划和调动乡村教师的工作学校及其岗位；另一类是在学校内部开展，随着所承担功能由教学向教学与养育兼重的转换，乡村学校的工作内容和工作量增加，进而可以在校内设置多元化的非教学性岗位，例如管理寄宿制学生和负责少年宫事物等，学校可以征求教师的意愿和在县级教育部门备案的情况下，适当地调配教师的岗位。而"提前退休"，就是乡村教师根据自己工作实际主动申请提前退休。

> 有一定的调动政策的话，这样老师辛辛苦苦在山上或在乡村，好好干几年，自己成绩也出了，名气也出去了，然后能影响到自己进城或者能走到更好的一些工作岗位上来说，这对老师也是一个激励。你辛辛苦苦在山上干多少年，你是啥都没得到，时间长了可能就一点，是吧？你想能到县里、市里，可能可以教好的学生，对个人的发展，对家庭的照顾都有一定影响。（2021414XZJNYGZX5）
>
> 我们都说聘用的老师好管。为什么？因为干不好就可能被炒掉，但是我们公办学校没有退出机制，聘进来了没有大问题，一般情况下你不能把它退出，不能把它解聘，除非他出了大问题，严重的失德问题，严重的安全问题或者严重的其他方面的问题，一般情况下是不能退出的。这种铁饭碗的思想还是阻碍他自己发展和成长。激励老师努力干加油干的，竞争机制，他可能已经不是钱的问题，一定要有竞争机制。（2021525XZCZX1）

在此过程中，为了更好和稳健地开展"调岗不退编"与"提前退休"，也需要规范县级教育主管部门和学校的人事权责关系，以避免让乡村教师岗位变动陷入事物纠纷的人事泥潭之中。一方面是制定乡村教师岗位调动的规章制度，明确参与主体、调动标准和程序内容等事宜。另一方面是厘清县级教育部门和学校之间的人事权责范畴和边界，在教师聘用和岗位管理上向乡村学校放权，提高乡村学校的人事管理自主权。

> 我觉得有些事情可以放手让学校去做，哪怕是去实验，就是说结果可能和目的不一定达到可能背道而驰，可能就是说我预计的是80，可能是实现了30，但是要对这种积极性要鼓励，我觉得因为学校不一样，学校的发展的路子不一样，经历也不一样，包括学校里头学生老师各个整个人员的结构都不一样，学校应该办的也是也不一样，是一个学校应该有一个学校的特点，是我觉得上级主管部门

在了解了学校的实际情况以后，他们给学校首先就是说把人员配备好，因为咱干部领导干部这个团队是由上级主管部门说了算，人员配备好了以后，可以放手让大家去干，然后给予一个是专业上的指导，然后是资金上的支持，然后放让大家去看。同时，我觉得人事权上应该再给学校的一些权力，因为如果这个权力学校没有的话，有些问题还是挺难的，招不到你想要的。我找不到我想问的老师，最主要的是有些确实不好好干的人，我没有办法把它提出来。是你会对其他老师还是有影响的。当然绝大多数老师都是好的，但是这种个别的负面影响怎么消除？还是挺难的。（2021414XZJNYGZX6）

第五节　制定以关怀为核心的乡村教师激励政策

通过调研可知，乡村教师在满意度、成就感、荣誉感、归属感、活力感和工作积极性等方面的指标数值在总体上好于城市教师。但就长期来看，乡村教师队伍建设还需要以关怀为核心的激励政策持续加持，消解其因所处社会环境和工作条件带来的不利处境，避免其成为专业发展和政策获得的弱势群体，为乡村教师营造"安心从教"和"积极从教"政策环境。

然而，当前的乡村教师激励政策偏向于积极回应乡村教师的职业需求，而弱于提升乡村教师对职业岗位的价值理解。理论上，乡村教师对职业岗位的价值理解会生发出对应的职业需求，并且二者均能激发乡村教师的工作热情和积极性。相对而言，乡村教师职业需求的问题明显，具有因个人处境和工作条件变化而产生变动的特点，也易被辨识和转化为政策，而价值理解则来自于乡村教师对乡村教育与教师职业的认知、动机和情怀，具有相对稳定性和长期性的特点，较难被感知。因此，需要深刻认识职业需求和价值理解的内涵与功能，以此来调和二者的关系，使二者共同作用于激励乡村教师，从而形成以关怀为核心的"两轴四驱动"乡村教师激励政策体系。

首先是乡村教师激励政策应兼顾乡村教师的职业需要和价值理解，在基于对乡村教师价值理解的基础上，来制定解决乡村教师职业需要问题的具体政策。换言之，乡村教师激励政策应立足于提升乡村教师的身份归属感、职业荣誉感、工作满意度、工作积极性、教学成就感和教学责任感等，而非仅停留在满足于职业需要问题的解决上，从而避免制定应激性激励政策。

其次是乡村教师激励政策应给予乡村教师以制度和道德关怀，充分体悟到乡村教师队伍建设所面临的困境。一是乡村教师发展生态相对脆弱，诸如新老教师交替存在结构性问题、薪酬待遇的社会竞争力较低、在劳动力市场中职业吸引力偏弱、所在乡村学校对其专业发展支持的资源极其有限和生源情况不容乐观等，均构成乡村教师专业成长的困境和挑战。二是乡村教师从教于乡村，在物理空间上远离先进教育概念、理念和技术传播与创新的前沿阵地，在教研上不可避免地滞后于城市。三是乡村教师在专业素养和整体水平存在比较性劣势，包括入职资格、入职门槛和职后发展方面。四是乡村教师处于教育资源和教师政策配置的末端位置，以及在相关制度设计和政策制定过程中的参与程度和话语权较弱。鉴于此，在乡村教师激励政策制定过程中，应多倾听一线乡村教师的声音，积极回应其所关切的职业需求。

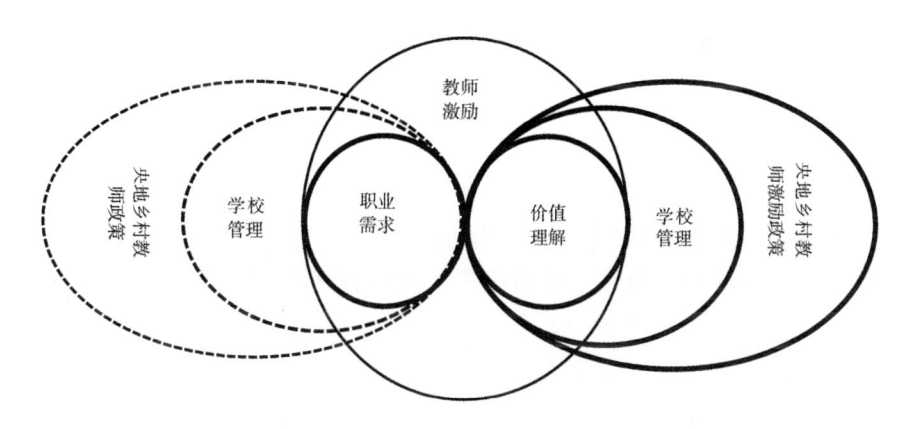

图 9-3　以关怀为核心的"两轴四驱动"乡村教师激励政策体系

再次是乡村教师激励政策内容应体现出对乡村教师的关怀。一是激励政策内容应从教师的工作特点和岗位性质出发。教师是"道德的代言人"，其意在于，教师在改变学生生活的机遇方面负有责任，同时也在寻找改变的有效方法上负有责任。① 日本教师对自己的教学负有高度的责任，但不是因为要对上级主管部门负责，而是由于他们感到对同事们有一种亲密和真实的责任感，由于不想给整个学校丢脸、拖后腿，老师们努力完善教学设计和教学实施。② 教育质量和教育公平的提高，很大程度上取决于教师个体的教学动机和课堂表现。③ 鉴于此，在加强师德师风建设的同时，在具体实践中应充分给予乡村教师以道德、文化和政策上的尊重，从而提升乡村教师政策获得感、职业荣誉感、工作幸福感和教学责任感，保护乡村教师的教育初心和职业情怀，维护其职业尊严。二是激励政策在地落实过程中，县级教育管理部门和学校应向乡村教师做好政策解读，同时考核评价应基于乡村教师的工作条件而做出诊断分析，避免落入量化考核评价的俗套。三是引导乡村学校为乡村教师营造安心和积极工作的微环境，包括学校硬件设施、学校教师管理制度、学校教师考核评价方式和学校同事人际关系等方面的改善和提升，其中关键之一是提升乡村校长的领导力和教师管理水平。已有研究证明，校长的能力水平决定着学校的发展水平。卓越校长是出人意料的谦虚，有持续卓越的能力，将功劳归于别人，而将失误归咎于自己。④

> 就是说我们激励人有很多种方式，但是我觉得最有效的，或者说最能激发人，还是要从心理上，我们经常说，做教育、老师要有情怀，那么教育我想就应该有温度，那么这个温度就是来源于校长我在这里对老师的关心，对老师的鼓励，就是这样老师觉得在学校工作喜欢，他是内心他是快乐的。（2021526CTXXX2）

老师要有一种情怀，但是这种情怀一定要建立在一种良心上。我觉得一个单位一定要有他的激励政策，我说让真正干事的人不吃

---

① ［加拿大］迈克尔·富兰:《教育变革新意义》，赵中建等译，教育科学出版2005年版，第265页。
② ［美］马克·塔克:《超越上海：美国应该如何建设世界顶尖的教育系统》，柯政主译，华东师范大学出版社2013年版，第94页。
③ 经济合作与发展组织:《为了更好地学习：教育评价的国际新视野》，窦卫霖等译，上海教育出版社2019年版，第257页。
④ ［美］苏珊·潘妮·格蕾·威廉·A.史瑞西:《从优秀学校到卓越学校：他们的校长在哪些方面做得更好》，芦艳玲译，中国青年出版社2015年版，第85—95页。

亏，让干出成绩的人要有一种优越感，首先制度建章立制这一块一定要公平公正。开学典礼上，领奖的有三个领导，而且都不是质量的一个奖，是什么先进模范。会后，我把所有领导叫到我这个房间，我说今天领奖啥都好，但是我看到你们三个人站在讲台上，我觉得不合适。我说我顺便宣布一下，当领导，你既然当了领导，你就有使命，荣誉这一块，一定要让一线的老师来享受。当然他们也代课，咱领导也代课，我说领导代课是应该的，但是一线老师更辛苦，我觉得如果把荣誉全部让咱一线老师享受，他们就有了一种判断。为什么我说这里的人对评职称他没有感觉，因为现在评职称不是要荣誉嘛，没有荣誉怎么评职称？所以这是我在制度上面变了一下。第二个我觉得是在政策允许的范围内，需要激励老师的，我们一定要激励。是因为激励，我觉得经济刺激，你没有经济刺激，你话说得再好，不一定能起很大的作用。（2021412CTCZX2）

首先你管理的态度，制度管理，当然制度面前还是人评的，但是不外乎一些特殊情况，所以我个人的管理就是制度管理和人文管理的相结合，特事特办特殊情况还要与关爱联系起来。（2021414XZJNYGZX5）

比如说冬至的时候，校长会给大家都发些饺子，今天冬至了，一人一斤，有时候两斤饺子馅，老师就觉得非常的暖心。所以这样长期做下来，虽然说每一次发的东西它也不是说就特别值钱，但是他细微的东西做下来，就把一些老师慢慢地就给感化了，比如说老师非常重视的评职称，因为这个指标确实非常的难。以前老师评指标可能老师自己的托关系什么的，但是所有老师的指标都是我们校长亲自到教育局争取解决，所以老师就觉得这个校长是给大家办实事的，慢慢他说话大家是认的。另外，你像有些老师一般比较爱旅游，学校就尽量协调保证让你暑假寒假不让你值班，不让你加班。这样，老师比较自愿的，也非常愿意去干，而且是发自内心的。不管人家校长虽然可能就好像觉得不经意的，但是他非常的暖人心。（2021412XZXXX2）

最后是对乡村教师的特殊群体和关切的需求给予政策关怀。一是对学校所处社会环境或者在校工作条件处于艰苦边远的乡村教师给予政策补偿，包括提高津补贴额度、提供子女上学便利和提高专业进修机会等。二是对乡村年轻教师和年老教师给予政策关注，新老教师是当前乡村教师的两大主体。新进员工的需要完全不同于老员工的需要，无疑，各个层面的中心点应是学校的成就目标，目标达成的方式是通过帮助员工个人，使得他们自己达成最高的事业和成就。① 相对而言，年轻教师在岗位编制、专业发展、工作环境、婚姻成家和家校距离等方面，而年老教师在理念更新、教学效能、职称解决和退休待遇等方面存在不同程度的困境，应给予相应的政策关照。三是对乡村教师所关切的需求给予政策照顾，包括薪酬待遇、绩效工资、班主任津贴、职称晋升、非教学性工作和重大疾病救助等方面的问题亟待改善。如果我们注意清除那些最妨碍教师对教学工作产生满意感的障碍，改革的前景就更乐观了，举例子来说，让教师在暑假期间有几周时间专注于改进学校的工作，同时适当调整教师的工资，这样就更能鞭策教师。②

    人都是要生存和生活的，现在你说哪个老百姓没点生活压力，也不可能，对吧？养老的、医疗的、子女问题的各种各样的因素。所以这种物质上的刺激也是必要的，也是必要的。通过这种奖励的发放评价的机制，然后促进老师要好好干，要努力干。然后还有一点我觉得人事制度改革，也影响着老师，比如说职称总解决不了，他干一干到一定的年龄，他解决不了，他可能就会有一些情绪，或者会有一些觉得没有盼头，刺激不到他。(2021525XZCZX1)

  我特别担心几年之后这些青年教师没有激情了，那才可怕。所以，我们现在给青年教师工作的担子有一些，第一拜师帮扶，第二个经常开一些青年教师的座谈会，第三个是每学年肯定有他们的公开课展示。另外，生活上也多关心一下，他们都是招来，其实走到

---

① ［美］威廉·G. 坎宁安、保拉·A. 科尔代罗：《教育管理：基于问题的方法》，赵中建主译，江苏教育出版社2002年版，第275页。

② ［美］约翰·I. 古得莱得：《一个称作学校的地方》，苏智欣等译，华东师范大学出版社2007年版，第197页。

教师这个行业是不容易的，也是过五关斩六将，最害怕的是他们在几年之内泯于众人，就跟又是那种感觉了，所以还得要激发他们。客观地说，我们年轻人还是很想形成一个学习共同体，这样有一些难度，他们都是班主任，也有两个年级的课，但是我们努力还在做。（2021414XZJNYGZX2）

附　　录

附录一：

教师调查问卷

尊敬的老师：

您好！感谢您抽出宝贵的时间参加本次调查。调查目的是了解当前教师激励的现状，为相关政策制定提供数据支持。本次为匿名作答，请您根据实际情况填写。请您在相应的选项上打"√"，感谢您的合作！

1. 贵校位于：
   A. 东部地区　　　　　　　B. 中部地区
   C. 西部地区

2. 贵校所在地：
   A. 村/屯　　　　　　　　B. 乡镇
   C. 县城　　　　　　　　　D. 地级城市
   E. 省会城市

3. 学校学段是：
   A. 小学　　　　　　　　　B. 初中
   C. 九年一贯制

4. 学校类型是：
   A. 寄宿制学校　　　　　　B. 非寄宿制学校

5. 在校学生数：_____人；您所教班级的平均学生数：_____人。

6. 您的性别：

A. 男　　　　　　　　　B. 女

7. 您的婚姻状况：

A. 已婚　　　　　　　　B. 未婚

8. 您的年龄是：

A. 24 岁及以下　　　　　B. 25—29 岁

C. 30—34 岁　　　　　　D. 35—39 岁

E. 40—44 岁　　　　　　F. 45—49 岁

G. 50—54 岁　　　　　　H. 55—59 岁

I. 60 岁及以上

9. 您目前的学历是：

A. 研究生　　　　　　　B. 本科

C. 大专　　　　　　　　D. 中师/中专/高中

E. 初中及以下

10. 您目前的职称是：

A. 正高级　　　　　　　B. 中学高级

C. 中学一级　　　　　　D. 中学二级

E. 中学三级　　　　　　F. 小学高级

G. 小学一级　　　　　　H. 小学二级

I. 小学三级　　　　　　J. 未评职称

11. 您目前的教师身份是：

A. 本校在编教师　　　　B. 特岗教师

C. 临聘教师　　　　　　D. 支教教师

E. 轮岗交流教师　　　　F. 退休返聘教师

G. 其他_____

12. ［可多选］您目前担任的职务是：

A. 校长　　　　　　　　B. 科室主任

C. 年级/教研组长　　　　D. 班主任

E. 生活教师　　　　　　F. 普通教师

G. 其他_____

13. 您的最高荣誉称号：

A. 没有　　　　　　　　　　B. 校级

C. 县区级　　　　　　　　　D. 市级

E. 省级　　　　　　　　　　F. 国家级

14. 您父母家庭所在地是：

A. 村/屯　　　　　　　　　B. 乡镇

C. 县城　　　　　　　　　　D. 地级城市

E. 省会城市

15. 您的家庭所在地是：

A. 村/屯　　　　　　　　　B. 乡镇

C. 县城　　　　　　　　　　D. 地级城市

E. 省会城市

16. 您目前年均工资收入是（　　）单位：元

A. 2万及以下　　　　　　　B. 2.1万—4万

C. 4.1万—6万　　　　　　D. 6.1万—8万

E. 8.1万—10万　　　　　　F. 10万以上

17. 基于您的工作付出，您认为合理的工资收入是_____元/月；

（班主任填写）您的班主任津贴是_____元/月，您期望的班主任津贴是_____元/月；

（乡村教师填写）您获得的生活补助_____元/月，您期望的生活补助是_____元/月。

18. ［可多选］您目前担任哪些年级的教学工作：

A. 七年级　　　　　　　　　B. 八年级

C. 九年级　　　　　　　　　D. 一年级

E. 二年级　　　　　　　　　F. 三年级

G. 四年级　　　　　　　　　H. 五年级

I. 六年级

19. ［可多选］您所任教学科是：

A. 语文　　　　　　　　　　B. 数学

C. 外语　　　　　　　　　　D. 科学

E. 音乐　　　　　　　　　　F. 美术

G. 体育　　　　　　　　　　H. 信息技术

I. 物理　　　　　　　　J. 化学

K. 历史　　　　　　　　L. 地理

M. 生物　　　　　　　　N. 心理健康教育

O. 品德与社会/品德与生活　P. 其他

20. ［可多选］您选择在当前学校任教的主要原因是：

A. 薪酬待遇　　　　　　B. 职称晋升

C. 工作压力　　　　　　D. 照顾家庭

E. 教育局招聘分配　　　F. 学校所处环境

G. 专业发展　　　　　　H. 子女教育

I. 生源质量　　　　　　J. 学校发展前景

K. 绩效考核方式　　　　L. 其他_____

21. 如果有机会调动工作，您会选择：

A. 继续留在本校工作　　B. 选择教育质量更好的学校

C. 选择离家更近的学校　D. 选择离开教师职业

E. 选择社会环境更好的学校　E. 其他_____

22. 您认为自己目前的工作状态：

A. 非常积极　　　　　　B. 比较积极

C. 一般　　　　　　　　D. 比较消极

E. 非常消极

23. （1）您认为教师的社会地位处于（请把选项写在横线上）_____；

（2）您目前的收入水平处于（请把选项写在横线上）_____。

A. 上等　　　　　　　　B. 中上等

C. 中等　　　　　　　　D. 中下等

E. 下等

24. （1）您每天在校工作的平均时间是_____小时，每天放学后继续处理学校相关工作的平均时间是_____小时；每周周末用于处理学校相关工作的平均时间是_____小时。（2）您暑假用于处理学校相关工作的平均天数是_____天，您寒假用于处理学校相关工作的平均天数是_____天。

25. 您平均每个工作周，在下列各项工作上分别花费多少小时？

工作类型	备课	课堂教学	批改作业	学生安全管理	检查与考核事项	上级部门分派的行政工作	填写报表	与同事交流合作	与家长沟通
时间									

26. 您对下列各项描述的具体情况是？请根据您的实际情况在相应框里打"√"

	非常不符合	不符合	一般	符合	非常符合
1. 我愿意在教学中运用新教学理念和方法	1	2	3	4	5
2. 我总是想办法激发学生的学习动力	1	2	3	4	5
3. 我总是主动提高专业水平和保持教学热情	1	2	3	4	5
4. 学生尊重学校教职工	1	2	3	4	5
5. 在工作中我感到自己充满活力、精力旺盛	1	2	3	4	5
6. 学校教师工作氛围积极	1	2	3	4	5
7. 教师职业给我带来荣誉感	1	2	3	4	5
8. 我在应对教学、教研等事务时充满了动力	1	2	3	4	5
9. 我对学校的付出与贡献得到了认可	1	2	3	4	5
10. 我对目前的教学工作有成就感	1	2	3	4	5
11. 我感觉工作缺乏动力	1	2	3	4	5
12. 社会有重视教育的氛围	1	2	3	4	5
13. 社会有尊敬教师的氛围	1	2	3	4	5
14. 在一天工作后，我感觉身心疲惫	1	2	3	4	5

27. ［限选三项］您认为调整教师工资水平的最主要参考依据是：

A. 物价水平　　　　　　　　B. 职称

C. 教学质量　　　　　　　　D. 学校艰苦边远条件

E. 当地县/区居民人均收入　　F. 工作年限

G. 职务　　　　　　　　　　H. 工作量

I. 当地公务员的工资收入　　J. 其他_____

28. ［限选三项］影响您课堂教学状态最主要的因素是：

A. 生源质量　　　　　　　　B. 学生数量

C. 教学内容　　　　　　　　D. 课前准备

E. 教学方式　　　　　　　　F. 教学设备

G. 考核评价　　　　　　　H. 个人状态

I. 师生关系　　　　　　　J. 其他_____

29. 请按照您的满意程度在相应表格打上"√"

	非常不满意	比较不满意	一般	比较满意	非常满意
1. 对从事的教师职业	1	2	3	4	5
2. 对目前的工作岗位	1	2	3	4	5
3. 工资水平	1	2	3	4	5
4. 绩效工资	1	2	3	4	5
5. 生活补助/艰苦边远津贴	1	2	3	4	5
6. 班主任津贴	1	2	3	4	5
7. 周转房	1	2	3	4	5
8. 职称晋升	1	2	3	4	5
9. 进修培训	1	2	3	4	5
10. 生源质量	1	2	3	4	5
11. 家长的配合程度	1	2	3	4	5
12. 教学工作量	1	2	3	4	5
13. 非教学工作量	1	2	3	4	5
14. 工作稳定性	1	2	3	4	5
15. 学校办公条件	1	2	3	4	5
16. 学校人际关系	1	2	3	4	5
17. 学校教研氛围	1	2	3	4	5
18. 学校发展前景	1	2	3	4	5
19. 学校的考核与评价	1	2	3	4	5
20. 目前的社会地位	1	2	3	4	5
21. 参与学校管理程度	1	2	3	4	5
22. 工作被社会认可程度	1	2	3	4	5
23. 工作被学校领导认可程度	1	2	3	4	5
24. 工作被家长认可程度	1	2	3	4	5
25. 工作被学生认可程度	1	2	3	4	5
26. 学校的交通便捷程度	1	2	3	4	5
27. 学校周边的经济发展	1	2	3	4	5

30. ［限选三项］影响您教学水平提升的最主要因素是：

A. 薪酬待遇　　　　　　B. 教研氛围
C. 工作压力　　　　　　D. 教研效果
E. 名师引领　　　　　　F. 进修培训机会
G. 绩效考核　　　　　　H. 个人追求
I. 职称晋升　　　　　　J. 生源质量
K. 学校领导的鼓励　　　L. 其他_____

31. 已实施的政策或做法对您工作是否有激励作用？请根据实际情况在相应框里打"√"

	没有作用	作用较小	中等	作用较大	作用很大
1. 工资水平的总体提高	1	2	3	4	5
2. 生活补助/艰苦边远津贴政策	1	2	3	4	5
3. 班主任津贴政策	1	2	3	4	5
4. 绩效工资政策	1	2	3	4	5
5. 教师周转房政策	1	2	3	4	5
6. 进修培训政策	1	2	3	4	5
7. 职称晋升政策	1	2	3	4	5
8. 教师荣誉政策	1	2	3	4	5
9. 教师减负政策	1	2	3	4	5
10. 教师编制政策	1	2	3	4	5
11. 师德师风建设政策	1	2	3	4	5
12. 教师交流/轮岗政策	1	2	3	4	5
13. 重大疾病救助政策	1	2	3	4	5
14. 学校考核评价的做法	1	2	3	4	5
15. 学校硬件设施的改善	1	2	3	4	5

32. ［限选五项］目前影响您工作积极性的最主要因素是：

A. 薪酬待遇　　　　　　B. 职称晋升
C. 学校管理方式　　　　D. 教学工作量
E. 工作年限　　　　　　F. 学校领导认可程度
G. 进修培训　　　　　　H. 照顾家庭
I. 学校发展前景　　　　J. 非教学性工作量
K. 生源质量　　　　　　L. 社会与家长认可程度

M. 子女教育　　　　　　　N. 人际关系

O. 绩效考核方式　　　　　P. 学校所处环境

Q. 家校距离　　　　　　　R. 其他_____

33. 您目前的工作负担情况是怎样的？请根据您的实际情况在相应框里打"√"

	非常重	比较重	适量	比较轻	非常轻
1. 备课	1	2	3	4	5
2. 教学	1	2	3	4	5
3. 批改作业	1	2	3	4	5
4. 学生安全管理	1	2	3	4	5
5. 检查与考核事项	1	2	3	4	5
6. 上级部门分派的行政工作	1	2	3	4	5
7. 报表填写	1	2	3	4	5
8. 与同事交流合作	1	2	3	4	5
9. 与家长沟通	1	2	3	4	5
10. 进修培训	1	2	3	4	5
11. 职称评定	1	2	3	4	5
12. 评奖评优	1	2	3	4	5
13. 周末工作	1	2	3	4	5
14. 寒暑假工作	1	2	3	4	5

34. 您认为在激励教师方面，还存在哪些问题和需要制定哪些政策？

_____

_____

_____

附录二：

教师访谈提纲

姓名：_____ 学校：_____ 职责范围：_____
年龄：_____ 职称：_____ 任教学科：_____
访谈时间：_____

1. 您在当前学校工作多少年，有没有离开当前学校的计划？
2. 在选择教师职业和工作单位过程中，您最在意的是什么，比如工资、生源、学校位置等？
3. 您目前的工作状态怎么样？什么因素或条件会影响您的工作状态？
4. 目前的工资提升政策，以及津补贴政策（针对乡村教师的生活补助政策、乡村教师支持计划政策）、教师荣誉政策等实施后，有没有激发您的工作积极性？绩效工资实施，有没有激发您的工作积极性？学校考核评价对您激励的作用大不大？具体原因是什么？您认为哪个政策的激励效果最好？
5. 您认为教师的工作积极性主要受到什么因素影响？怎样才能提高教师的工作积极性？您期望得到哪方面的政策支持？
6. 学校采取了什么措施来激发教师的工作积极性？效果怎么样？
7. 您认为应该制定或者调整哪些政策（例如在工资水平、绩效工资、生活补助、职称晋升、考核评价、进修培训），才能更好地调动教师的工作积极性？让教师"留得下"和"教得好"？从您的工作付出与教育贡献出发，您认为每个月的工资收入达到多少，是相对合理的？绩效工资应该怎么改革，才能发挥其激励的作用。

附录三：

教师访谈样本及其编码

学校	学校类型	访谈时间	访谈形式	样本描述	编码
LJW 小学	村屯小学	5.25	座谈	1. 秦老师，男，42岁，教龄21年，教导主任； 2. 李老师，男，36岁，教龄17年，任教数学； 3. 宋老师，女，教龄17年，任教语文	2021525CTXXJ1
NW 小学	村屯小学	5.26	一对一	马老师，女，教龄1年，音乐专业毕业，任教数学和音乐，特岗教师	2021526CTXXJ2
ZC 小学	村屯小学	4.12	一对一	刘老师，女，教龄2年，汉语言文学专业毕业，特岗教师	2021412CTXXJ3
		4.12	一对一	高老师，女，22岁，刚工作，汉语国际教育专业毕业，任教语文、道德与法治，班主任	2021412CTXXJ4
XZ 中学	村屯初中	4.12	座谈	1. 杨老师，男，教龄23年，任教数学； 2. 乔老师，女，教龄20年； 3. 李老师，男，教龄20年，任教道德与法治，兼任学校会计	2021412CTZXJ1
FZ 中心小学	乡镇中心校	5.24	座谈	1. 王老师，男，50岁左右，任教数学； 2. 冯老师，女，45岁左右，教龄20年； 3. 白老师，25岁左右，教龄2年	2021524XZXXJ1
ZB 中心小学	乡镇中心校	5.25	一对一	罗老师，女，30岁左右，任教英语	2021525XZXXJ2

续表

学校	学校类型	访谈时间	访谈形式	样本描述	编码
HCZ 中心小学	乡镇中心校	5.26	座谈	1. 李老师，女，27 岁左右，教龄 3 年； 2. 强老师，女，23 岁左右，教龄半年； 3. 姚老师，女，29 岁左右，教龄 4 年； 4. 雷老师，男，40 多岁，教龄 12 年，任教数学； 5. 王老师，女，教龄 2 年	2021526XZXXJ3
XQZ 中心小学	乡镇中心校	4.12	一对一 一对一	周老师，男，35 岁左右，教导主任，任教英语 朱老师，女，30 多岁，在本校工作 10 年，教龄 13 年	2021412XZXXJ4 2021412XZXXJ5
YQ 中心小学	乡镇中心校	4.15	一对一 一对一	赵老师，女，26 岁，任教美术，道德与法治 刘老师，男，37 岁，教导主任	2021415XZXXJ6 2021415XZXXJ7
MW 中心小学	乡镇中心校	4.15	座谈	1. 赵老师，女，41 岁，教龄 20 年，任教语文，道德与法治，班主任； 2. 邓老师，女，24 岁，任教英语，特岗教师	2021415XZXXJ8
FZ 中学	乡镇初中	5.24	一对一	雒老师，男，50 岁左右	2021524XZCZJ1
HCZ 九年制学校	乡镇九年一贯制学校	5.26	座谈	1. 辛老师，女，教龄 27 年； 2. 车老师，男，教龄 27 年，任教物理； 3. 许老师，女，23 岁，西北农林科技大学支教团教师； 4. 马老师，女，教龄 6 年	2021526XZJNYGZJ1

续表

学校	学校类型	访谈时间	访谈形式	样本描述	编码
GY中小学	乡镇九年一贯制学校	4.14	座谈	1. 苏老师，女，40岁，教研组长，办公室干事，负责学校少年宫；	
				2. 李老师，女，26岁，任教音乐；	2021414XZJNYGZJ2
				3. 陈老师，男，32岁，任教语文	2021414XZJNYGZJ3
GLH中小学	乡镇九年一贯制学校	4.14	一对一	陆老师，男，50多岁，教龄32年，语文教师	2021414XZJNYGZJ4
		4.14	一对一	高老师，女，30多岁，任教美术，由特岗教师转为正式教师，在校工作10年，负责学校少年宫，省级教学能手	
AZ中小学	乡镇九年一贯制学校	4.14	一对一	李老师，女，40多岁，任教数学	2021414XZJNYGZJ5
			一对一	赵老师，女，26岁，通过"乡村振兴计划"来学校工作	2021414XZJNYGZJ6
			一对一	刘老师，女，27岁，教龄3年，任教科学和体育，特岗教师	2021414XZJNYGZJ7
			一对一	高老师，女，39岁	2021414XZJNYGZJ8
HT中小学	乡镇九年一贯制学校	4.14	一对一	宗老师，女，25岁，任教英语，班主任，特岗教师	2021414XZJNYGZJ9
			一对一	刘老师，35岁，女，曾在民办小学工作4年，2015年转入本学校工作，班主任	2021414XZJNYGZJ10
SG中学	县城初中	4.13	座谈	1. 李老师，女，30多岁，任教美术；	2021413XCCZJ1
				2. 张老师，女，30多岁，任教英语，特岗教师；	
				3. 刘老师，女，40多岁，任教语文	

续表

学校	学校类型	访谈时间	访谈形式	样本描述	编码
SY 中学	县城初中	4.13	座谈	1. 徐老师，女，30 岁左右，任教生物； 2. 韩老师，女，25 岁，任教语文； 3. 李老师，男，31 岁，任教体育	2021413XCCZJ2
CG 中小学	县城九年一贯制学校	5.25	一对一	曹老师，女，30 多岁，教龄 8 年，任乡镇学校工作 1 年半后调入本学校	2021525XCJNYGZJ1
			一对一	王老师，男，50 多岁，任教语文	2021525XCJNYGZJ2
			一对一	刘老师，女，46 岁，教龄 8 年，任教英语、科学以及道德与法治，在本校工作 17 年	2021413XCJNYGZJ3
SZZ 中小学	县城九年一贯制学校	4.13	座谈	1. 郭老师，女，33 岁，教龄 30 多年，在本校工作 8 年，由特岗教师转为正式教师； 2. 李老师，男，55 岁，任教语文； 3. 高老师，女，28 岁，任教语文，班主任	2021413XCJNYGZJ4
BJ 小学	地级城市小学	4.13	一对一	殷老师，女，40 多岁，学校教导主任	2021413DJCSXXJ1
			一对一	李老师，女，50 多岁，教龄 30 多年，中师毕业，任教英语、语文，班主任	2021413DJCSXXJ2
TB 小学	地级城市小学	4.13	一对一	梁老师，女，50 岁左右，教龄 20 年，任教数学	2021413DJCSXXJ3
			一对一	冯老师，男，32 岁，教龄 5 年，任教数学	2021413DJCSXXJ4
			一对一	曹老师，女，30 多岁，任教音乐，办公室主任	2021413DJCSXXJ5

续表

学校	学校类型	访谈时间	访谈形式	样本描述	编码
YTCG 小学	地级城市小学	4.14	座谈	1. 张老师，女，26岁，教龄3年，任教美术； 2. 栗老师，女，40多岁，教龄20年，任教语文	2021414DJCSXXJ6
QNL 小学	地级城市小学	4.15	座谈	1. 王老师，女，28岁，任教音乐，在乡镇工作3年后调到本校； 2. 邓老师，女，39岁，教龄18年，任教数学，一直在本校工作； 3. 秦老师，男，46岁，任教语文和美术	2021415DJCSXXJ7
LGQ 中学	地级城市初中	4.13	座谈	1. 冯老师，男，50多岁，教龄30多年，任教数学，班主任，年级组长； 2. 白老师，女，40多岁，教龄20年，任教音乐； 3. 刘老师，女，30多岁，教龄10年，任教生物	2021413DJCSCZJ1
DS 中学	地级城市初中	4.15	座谈	1. 李老师，女，30多岁，任教数学； 2. 洪老师，男，40多岁，任教物理； 3. 韩老师，女，40多岁，任教音乐； 4. 王老师，女，30多岁，任教语文	2021415DJCSCZJ2
TYDE 中小学	地级城市九年一贯制学校	4.15	一对一	关老师，男，35岁，任教语文，班主任	2021415DJCSJNYGZJ1
			一对一	李老师，男，50多岁，教龄30年，任教音乐	2021415DJCSJNYGZJ2
			一对一	陈老师，女，25岁，刚工作，任教数学	2021415DJCSJNYGZJ3
HBYF 中小学	地级城市九年一贯制学校	4.15	一对一	郝老师，男，50岁左右，教龄20多年，后勤处主任	2021415DJCSJNYGZJ4
			一对一	张老师，女，30岁左右，教龄5年，任教音乐	2021415DJCSJNYGZJ5
			一对一	刘老师，女，37岁，德育主任	2021415DJCSJNYGZJ6

附录四：

校长访谈样本信息及其编码

学校	学校类型	访谈时间	访谈形式	样本描述	编码
LJW 小学	村屯小学	5.25	一对一	冯校长，男，46岁	2021525CTXXX1
NW 小学	村屯小学	5.26	一对一	朱校长，男，41岁，担任校长10多年	2021526CTXXX2
ZC 小学	村屯小学	4.12	一对一	李校长，男，40多岁	2021412CTXXX3
ZC 小学	村屯小学	4.12	一对一	邱校长，男，33岁，刚担任本校副校长，主管教学工作	2021412CTXXX4
XZ 中学	村屯初中	4.12	一对一	刘校长，男，51岁，副校长	2021412CTCZX1
XZ 中学	村屯初中	4.12	一对一	李校长，男，46岁，当地人，担任本校校长1年多	2021412CTCZX2
XQZ 中心小学	乡镇中心校	4.12	一对一	周校长，男，42岁，副校长，主管教学和德育	2021412XZXXX1
XQZ 中心小学	乡镇中心校	4.12	一对一	李校长，男，41岁，担任本校校长3年	2021412XZXXX2
YQ 中心小学	乡镇中心校	4.15	一对一	游校长，男，45岁，在本校工作15年，副校长	2021415XZXXX3
YQ 中心小学	乡镇中心校	4.15	一对一	张校长，男，37岁，副校长	2021415XZXXX4
MW 中心小学	乡镇中心校	4.15	一对一	刘校长，女，46岁	2021415XZXXX5
ZB 中学	乡镇初中	5.25	一对一	黄校长，男，52岁	2021525XZCZX1
MW 初级中学	乡镇初中	4.15	一对一	李校长，男，49岁，副校长	2021415XZCZX2
YQZ 中学	乡镇初中	4.15	一对一	陈校长，女，30多岁，副校长，主管德育	2021415XZCZX3

续表

学校	学校类型	访谈时间	访谈形式	样本描述	编码
GY中小学	乡镇九年一贯制学校	4.14	一对一	韩校长，男，46岁，教导主任	2021414XZJNYGZX1
GLH中小学	乡镇九年一贯制学校	4.14	一对一	刘校长，男，52岁，学校校长	2021414XZJNYGZX2
	乡镇九年一贯制学校	4.14	一对一	邱校长，女，47岁	2021414XZJNYGZX3
AZ小学	乡镇九年一贯制学校	4.14	一对一	高校长，53岁，副校长	2021414XZJNYGZX4
HT中小学	乡镇九年一贯制学校	4.14	一对一	邓校长，男，37岁，副校长，主管教学工作	2021414XZJNYGZX5
	乡镇九年一贯制学校	4.14	一对一	金校长，男，40多岁	2021414XZJNYGZX6
CGP小学	县城小学	5.26	一对一	黄校长，男，50多岁	2021526XCXXX1
	县城小学	5.26	一对一	胡校长，女，50多岁，担任本校副校长4年，主管教学	2021526XCXXX2
SG中学	县城初中	4.13	一对一	王校长，男，40多岁	2021413XCCZX1
SZ中学	县城初中	4.13	座谈	1. 敦校长，男，50岁左右，担任本校校长5年 2. 冯老师，男，40多岁，学校办公室主任	2021413XCCZX2
SY中学	县城初中	4.13	一对一	李校长，女，38岁，副校长，主管教学	2021413XCCZX3
	县城初中	4.13	一对一	雏校长，男，40多岁	2021413XCCZX4
CG中小学	县城九年一贯制学校	5.25	一对一	周校长，男，45岁，半年前调入学校，校长兼任书记	2021525XCJNYGZX1
LJZ中小学	县城九年一贯制学校	5.26	一对一	刘校长，男，40多岁，担任本校校长一年半	2021526XCJNYGZX2
SZZ中小学	县城九年一贯制学校	4.13	一对一	李校长，男，53岁	2021413XCJNYGZX3

续表

学校	学校类型	访谈时间	访谈形式	样本描述	编码
BJ 小学	地级城市小学	4.13	一对一	高校长，女，50多岁，副校长，主管全校教学工作	2021413DJCSXXX1
TB 小学	地级城市小学	4.13	一对一	廖校长，女，52岁，担任本校校长4年	2021413DJCSXXX2
YTCG 小学	地级城市小学	4.14	一对一	刘校长，女，40多岁，副校长	2021413DJCSXXX3
YTCG 小学	地级城市小学	4.14	一对一	李校长，男，45岁左右，在本校工作10多年	2021414DJCSXXX4
QNL 小学	地级城市小学	4.15	一对一	高校长，男，38岁，副校长，主管德育	2021415DJCSXXX5
QNL 小学	地级城市小学	4.15	一对一	葛校长，女，45岁，副校长	2021415DJCSXXX6
QNL 小学	地级城市小学	4.15	一对一	王校长，女，55岁，担任本校校长刚满1年	2021415DJCSXXX7
LGQ 中学	地级城市初中	4.13	一对一	王校长，男，50多岁	2021413DJCSCZX1
DS 中学	地级城市初中	4.15	一对一	周校长，男，48岁	2021415DJCSXZX2
TYDE 中小学	地级城市九年一贯制学校	4.15	一对一	陈老师，女，50岁左右，教导主任	2021415DJCSJNYGZX1
TYDE 中小学	地级城市九年一贯制学校	4.15	一对一	魏校长，女，41岁，学校党委书记	2021415DJCSJNYGZX2
HBYF 中小学	地级城市九年一贯制学校	4.15	一对一	侯校长，女，30多岁，学校副校长	2021415DJCSJNYGZX3
HBYF 中小学	地级城市九年一贯制学校	4.15	一对一	黄校长，女，53岁，学校校长	2021415DJCSJNYGZX4

参考文献

一 中文著作

［冰岛］思拉恩·埃格特森：《经济行为与制度》，吴经邦等译，商务印书馆2004年版。

［德］安德烈亚斯·施莱歇：《培养卓越校长和教师——来自PISA的建议》，胡惠平等译，教育科学出版社2016年版。

［德］安德烈亚斯·施莱歇尔：《超越PISA：如何建构21世纪学校体系》，徐瑾劼译，上海教育出版社2018年版。

［法］玛丽·杜里-柏拉，阿涅斯·冯·让丹：《学校社会学（第2版）》，汪凌译，华东师范大学出版社2001年版。

［法］让-雅克·拉丰、大卫·马赫蒂摩：《激励理论（第一卷）：委托—代理模型》，陈志俊等译，中国人民大学出版社2002年版。

［芬兰］帕思·萨尔伯格：《芬兰道路：世界可以从芬兰教育改革中学到什么》，林晓钦译，江苏凤凰科学技术出版社2015年版。

［荷］格特·比斯塔：《测量时代的好教育：伦理、政治和民主的维度》，张立平、韩亚菲译，北京师范大学出版社2019年版。

［加拿大］迈克尔·富兰：《变革的力量：深度变革》，中央教育科学研究所、加拿大多伦国际学院译，教育科学出版2004年版。

［加拿大］迈克尔·富兰：《教育变革新意义》，赵中建等译，教育科学出版2005年版。

［美］Phillip C. Schlechty：《创建卓越学校：教育变革的6大关键系统》，杜芳芳译，华东师范大学出版社2012年版。

［美］贝丝·赫斯特，金尼·雷丁：《教师的专业素养》（第三版），赵家

荣译，上海教育出版社 2019 年版。

［美］彼得·德鲁克：《巨变时代的管理》，朱雁斌译，机械工业出版社 2006 年版。

［美］彼得·圣吉：《第五项修炼：学习型组织的艺术与实务》，郭进隆译，上海三联书店 1998 年版。

［美］布洛克、格雷蒂：《重燃火焰——校长如何帮助教师摆脱职业倦怠》，刘晓明等译，中国轻工业出版社 2008 年版。

［美］戴维·波谱诺：《社会学》（第 11 版），李强等译，中国人民大学出版社 2007 年版。

［美］德博拉·斯通：《政策悖论：政治决策中的艺术》（修订版），顾建光译，中国人民大学出版社 2006 年版。

［美］迪安·R. 斯皮策：《完美激励：组织生机勃勃之道》，张心琴译，东方出版社 2008 年版。

［美］杜安·P. 舒尔茨、悉尼·埃伦·舒尔茨：《工业与组织心理学》（第 10 版），孟慧等译，上海人民出版社 2014 年版。

［美］弗朗西斯·C. 福勒：《教育政策学导论》（第二版），许庆豫译，江苏教育出版社 2007 年版。

［美］加里·德斯勒：《人力资源管理》，刘昕译，中国人民大学出版社 2019 年版。

［美］加里·尤克尔：《组织领导学》，丰竣功译，中国人民大学出版社 2015 年版。

［美］兰杰·古拉蒂、安东尼·J. 梅奥，尼汀·诺里亚：《管理学》，杨斌等译，机械工业出版社 2014 年版。

［美］劳伦斯·马奇、布伦达·麦克伊沃：《怎样做文献综述》，陈静、肖思汉译，上海教育出版社 2011 年版。

［美］罗伯特·迪尔茨：《归属感》，庞洋译，北方妇女儿童出版社 2015 年版。

［美］罗伯特·所罗门：《大问题：简明哲学导论》，张卜天译，广西师范大学出版社 2011 年版。

［美］罗纳德·G. 伊兰伯格、罗伯特·S. 史密斯：《现代劳动经济学：理论与公共政策》，刘昕译，中国人民大学出版社 2017 年版。

［美］马克·塔克：《超越上海：美国应该如何建设世界顶尖的教育系统》，柯政主译，华东师范大学出版社 2013 年版。

［美］诺艾尔·C. 奈尔森：《欣赏的力量》，马欣译，中华工商联合出版社 2013 年版。

［美］乔治·米尔科维奇、杰里·纽曼、巴里·格哈特：《薪酬管理》（第 11 版），成得礼译，中国人民大学出版社 2014 年版。

［美］切斯特·巴纳德：《组织与管理》，詹正茂译，机械工业出版社 2016 年版。

［美］塞尔伯特·L. 德雷克、威廉·H. 罗：《校长学》（第六版），刘润刚等译，江苏教育出版社 2008 年版。

［美］斯蒂芬·罗宾斯、蒂莫西·贾奇：《组织行为学》，孙健敏等译，中国人民大学出版社 2020 年版。

［美］苏珊·潘妮·格蕾、威廉·A. 史瑞西：《从优秀学校到卓越学校：他们的校长在哪些方面做得更好》，芦艳玲译，中国青年出版社 2015 年版。

［美］托德·威特克尔、贝斯·威特克尔、戴勒·兰帕：《如何调动和激励教师》，吴洋等译，中国青年出版社 2012 年版。

［美］托马斯·J. 萨乔万尼：《道德领导：抵及学校改善的核心》，冯大鸣译，上海教育出版社 2003 年版。

［美］托马斯·R. 戴伊：《理解公共政策》（第 12 版），谢明译，中国人民大学出版社 2010 年版。

［美］托马斯·戈登：《T. E. T. 教师效能训练：一个已被证明能让所有年龄学生做到好的培训项目》，李明霞译，中国青年出版社 2017 年版。

［美］威廉·G. 坎宁安、保拉·A. 科尔代罗：《教育管理：基于问题的方法》，赵中建主译，江苏教育出版社 2002 年版。

［美］韦恩·C. 布斯、格雷戈里·G. 卡洛姆、约瑟夫·M. 威廉姆斯：《研究是一门艺术》，陈美霞、徐毕卿、许甘霖译，新华出版社 2009 年版。

［美］约翰·I. 古得莱得：《一个称作学校的地方》，苏智欣等译，华东师范大学出版社 2007 年版。

［美］詹姆斯·L. 吉布森、约翰·M. 伊凡塞维奇、小詹姆斯·H. 唐纳

利：《组织学——行为结构和过程》，王常生译，电子工业出版社2002年版。

[美]珍妮·格兰特·兰金：《教师的急救箱：迅速消除你的职业倦怠》，杨博雅译，中国人民大学出版社2020年版。

[瑞典]T. 胡森、[德]T. N. 波斯尔斯韦特：《教育管理》，高洪源等译审，西南师范大学出版社2011年版。

[英]哈特利·迪安：《社会政策学十讲》，岳经纶等译，上海人民出版社2015年版。

[英]克里夫·R. 贝尔菲尔德：《教育经济学：理论与实证》，曹淑江主译，中国人民大学出版社2007年版。

[英]马丁·登斯库姆：《怎样做好一项研究：小规模社会研究指南》（第三版），陶保平等译，上海教育出版社2011年版。

安雪慧：《中小学教师工资政策研究》，人民教育出版社2020年版。

北京师范大学中国基础教育质量监测协同创新中心，"中国好老师"公益行动计划办公室：《让教师获得教育的美好》，北京师范大学出版社2019年版。

陈春花：《管理的常识》，机械工业出版社2017年版。

陈春花：《激活组织：从个体价值到集合智慧》，机械工业出版社2017年版。

程江：《激励的本质与主体性的转化》，南开大学出版社2014年版。

池瑾、[美]魏爱德：《投资与有效方案》，北京师范大学出版社2019年版。

高慧斌：《乡村教师激励制度研究》，知识产权出版社2020年版。

葛新斌等：《中小学教师激励与管理》，山东教育出版社2013年版。

胡乐乐：《美国人心中最好的老师》，中国人民大学出版社2015年版。

经济合作与发展组织：《为了更好地学习：教育评价的国际新视野》，窦卫霖等译，上海教育出版社2019年版。

李金初：《一个校长的教育创新思考》，教育科学出版社2012年版。

李旷、吴秀娟、朱方、潘源深：《教师的工作积极性》，山东教育出版社1987年版。

李希贵：《学校如何运转》，教育科学出版社2019年版。

李希贵等：《学校转型：北京十一学校创新育人模式的探索》，教育科学出版社 2018 年版。

刘胡权：《教师专业发展的情感基础研究》，北京师范大学出版社 2019 年版。

芦咏莉、申继亮：《教师评价》，北京师范大学出版社 2012 年版。

马戎、[加拿大] 龙山：《中国农村教育问题研究》，福建教育出版社 2000 年版。

裴娣娜：《教育研究方法导论》，安徽教育出版社 2009 年版，第 125 页。

田凯等：《组织理论：公共的视角》，北京大学出版社 2020 年版。

汪瑞林：《教师自我突围的秘诀》，华东师范大学出版社 2019 年版。

邬志辉：《中国农村教育评论：教师政策与教育公正》，北京师范大学出版社 2013 年版。

邬志辉等：《学校教育现代化指标研究》，东北师范大学出版社 2008 年版。

邬志辉等：《中国农村教育：政策与发展》，社会科学文献出版社 2018 年版。

吴康宁：《重新发现教师》，南京师范大学出版社 2017 年版。

萧宗六：《学校管理学》（第五版），人民教育出版社 2019 年版。

叶菊艳：《教师身份构建的历史社会学考察》，北京师范大学出版社 2017 年版。

俞文钊、李成彦：《现代激励理论与应用》（第三版），东北财经大学出版社 2020 年版。

张乐天：《教育政策法规的理论与实践》（第三版），华东师范大学出版社 2015 年版。

郑其绪：《人才发展定力与活力》，中国社会科学出版社 2020 年版。

中国社会科学院语言研究所词典编辑室：《现代汉语词典》（第 7 版），商务印书馆 2016 年版。

周国明：《教师绩效工资制度设计与实施调研》，教育科学出版社 2016 年版。

周雪光：《中国国家治理的制度逻辑》，生活・读书・新知三联书店 2017 年版。

周雪光：《组织社会学十讲》，社会科学文献出版社 2003 年版。

朱旭东、宋萑等：《新时代中国教师队伍建设的顶层设计》，北京师范大学出版社 2018 年版。

朱永新：《中国著名教育局长管理思想录》，华东师范大学出版社 2016 年版。

二 中文期刊

"全国教育满意度测评研究"课题组：《基础教育满意度实证研究》，《教育研究》2016 年第 6 期。

安晓敏、曹学敏：《谁更愿意留在农村学校任教》，《湖南师范大学教育科学学报》2017 年第 4 期。

安晓敏、佟艳杰：《工作压力对乡村教师工作满意度的影响研究》，《教育科学研究》2020 年第 1 期。

安雪慧：《完善中小学教师退出机制的政策路径》，《华中师范大学学报》（人文社会科学版）2011 年第 6 期。

安雪慧：《中小学教师职业生涯发展与教学工作激励》，《北京师范大学学报》（社会科学版）2008 年第 3 期。

安雪慧、刘明兴、李小土：《农村教师评价体制变革中的教师激励机制》，《中国教育学刊》2009 年第 10 期。

白亮、郭二梅：《农村教师单向流动的原因及应对策略》，《教师发展研究》2018 年第 1 期。

毕妍、雷军、王国明：《论美国贫困学校教师激励策略：论争、改进与省思》，《外国教育研究》2017 年第 7 期。

蔡其勇、郑鸿颖、李学容：《新时代乡村教师队伍建设策略》，《中国教育学刊》2018 年第 12 期。

蔡志文：《国内高校教师激励管理机制研究综述》，《山西师大学报研究生论文专刊》（社会科学版）2011 年第 9 期。

常芳、党伊玮、史耀疆、刘承芳：《"优绩优酬"：关于西北农村教师绩效工资的实验研究》，《华东师范大学学报》（教育科学版）2018 年第 4 期。

车丽娜、闫巧：《乡村教师职业倦怠的现状分析与建议》，《沈阳师范大学学报》（社会科学版）2017年第5期。

陈纯槿：《中学教师工作满意度影响因素的实证研究》，《教师教育研究》2017年第2期。

陈卫旗：《中学教师工作满意感的结构及其与离职倾向、工作积极性的关系》，《心理发展与教育》1998年第1期。

陈玉义、万明钢：《公共视域下乡村教师荣誉制度的实践困境与对策》，《中国教育学刊》2019年第4期。

成刚、于文珊、邓蜜：《教师激励对组织承诺的影响》，《教师教育研究》2019第3期。

程良宏、陈伟：《迁徙与守望："候鸟型"乡村教师现象审思》，《教育发展研究》2020年第15—16期。

楚红丽：《外在的对立与内在的对抗：破解教师工作积极性问题》，《教育学术月刊》2017年第6期。

邓睿：《教师职业成就感：内涵、来源及影响因素》，《教师教育研究》2016年第5期。

邓睿：《我国不同类型中学教师职业成就感现状及比较分析》，《教师教育研究》2013年第5期。

邓睿、王健：《提升教师职业成就感——催生教育家的现实途径》，《教师教育研究》2011年第2期。

丁浩、王美田：《高校教师激励的困境分析及治理路径选择》，《高校教育管理》2012年第1期。

丁亚东、刘盎：《乡村教师职业倦怠与学生成绩》，《教师教育研究》2020年第4期。

杜屏、刘斌：《乡村教师多劳多得吗?》，《教师教育研究》2020年第3期。

杜屏、谢瑶：《农村中小学教师工资与流失意愿关系探究》，《华东师范大学学报》（教育科学版）2019年第1期。

杜屏、谢瑶：《中小学教师薪酬满意度影响因素实证研究》，《华中师范大学学报》（人文社会科学版）2018年第2期。

冯伯麟：《教师工作满意及其影响因素的研究》，《教育研究》1996年第2期。

付卫东、范先佐：《〈乡村教师支持计划〉实施的成效、问题及对策》，《华中师范大学学报》（人文社会科学版）2018 年第 1 期。

郭凯：《新制度经济学视野下的教师管理变革》，《教育发展研究》2009 年第 2 期。

何沐蓉、黎莉：《高校教师激励机制探讨》，《中国高等教育》2010 年第 22 期。

贺春兰：《教师激励应从直接走向间接》，《中小学管理》1997 年第 1 期。

侯浩翔：《校长领导方式可以影响教师教学创新吗？》，《教育科学》2018 年第 1 期。

胡永新：《教师激励的偏失与匡正》，《全球教育展望》2009 年第 10 期。

黄敏：《边境农村初中教师工作积极性的调查与思考》，《国家教师科研基金十一五阶段性成果集（广西卷）》，2010 年。

黄文龙：《学校应使教师团体始终充满活力》，《教学与管理》2013 年第 20 期。

黄昭委：《试析中小学教师激励中的伦理问题》，《教学与管理》2009 年第 7 期。

姜超：《工作生活两地化：城镇化背景下乡村教师职业新样态》，《中国教育学刊》2018 年第 7 期。

姜金秋、杜育红：《西部农村学校教师的供求与激励》，《教师教育研究》2012 年第 1 期。

姜金秋、田明泽：《乡村教师生活补助政策对教师留任意愿的影响》，《教育科学研究》2019 年第 4 期。

解光穆、谢波：《乡村教师队伍支持政策精准落地讨论三题》，《教育发展研究》2017 年第 10 期。

康宁：《优化教师激励机制与约束机制的制度分析》，《教育研究》2001 年第 9 期。

李宝斌、许晓东：《基于需求因子分析的高校教师激励措施探究》，《高等工程教育研究》2013 年第 3 期。

李恺、万芳坤：《乡村振兴背景下乡村教师工作满意度研究》，《华中农业大学学报》（社会科学版）2019 年第 4 期。

李梅：《中小学新教师工作满意度影响因素的实证研究》，《教师教育研究》2013 年第 5 期。

李森、崔友兴：《新型城镇化进程中乡村教师专业发展现状调查研究》，《教育研究》2015 年第 7 期。

李维、秦玉友、白颖颖、郑美娟：《归属感对农村教师离职意向的影响研究》，《教师教育研究》2018 年第 6 期。

李维、许佳宾、丁学森：《义务教育教师工作满意度的实证研究》，《现代教育管理》2017 年第 1 期。

李小土、刘明兴、安雪慧：《"以县为主"背景下的西部农村教育人事体制和教师激励机制》，《教师教育研究》2010 年第 3 期。

李晓明、鲁武霞：《构建教师激励机制的制度途径》，《教育理论与实践》2010 年第 2 期。

李鑫岩、赵晶：《心理账户：农村小学教师薪酬激励的新工具》，《教学与管理》2017 年第 12 期。

李兴洲、唐文秀：《乡村教师政策靶向瞄准优化策略研究》，《国家教育行政学院学报》2020 年第 6 期。

李志辉、王纬虹：《乡村教师离职意向影响因素实证研究》，《教师教育研究》2018 年第 6 期。

梁红梅、高梦解：《中小学教师职业荣誉感的现实困境与涵育路径》，《华南师范大学学报》（社会科学版）2020 年第 6 期。

梁芸芳、刘丽：《农村中学教师职业倦怠现状研究》，《教育理论与实践》2007 年专刊期。

廖香武：《农村初中教师积极性状况的研究》，《中小学管理》1993 年第 6 期。

廖友国：《教师职业成就感的现状与趋势》，《教师教育学报》2015 年第 4 期。

刘海燕：《影响经济不发达地区中小学教师工作积极性诸因素分析》，《心理发展与教育》1995 年第 1 期。

刘钧燕：《国外教师质量和教师激励的研究综述》，《外国教育研究》2007 年第 10 期。

刘润秋、宋海峰、卢洋：《农村特岗教师工作满意度探究》，《探索》2013 年第 4 期。

刘善槐：《新时代乡村教师队伍建设的多维目标与改革方向》，《教育发展研究》2018年第20期。

刘善槐、李梦琢、朱秀红：《乡村教师综合待遇的劳动定价、差异补偿与微观激励研究》，《东北师大学报》（哲学社会科学版）2018年第4期。

刘善槐、朱秀红、王爽：《乡村教师队伍稳定机制研究》，《东北师大学报》（哲学社会科学版）2019年第4期。

刘胜男、赵新亮：《新生代乡村教师缘何离职》，《教育发展研究》2017年第15—16期。

刘小强：《教师资源空间分割下的农村教师地缘结构特征及影响机制研究》，《教育与经济》2019年第3期。

刘晶：《乡村教师日常生活中的尊严及其结构性困局》，《清华大学教育研究》2020年第2期。

刘毅玮、张云晶、封文波：《乡村教师队伍建设中的困境与突破》，《中国教育学刊》2020年第6期。

吕挥：《论新时期的高校教师激励机制》，《教育科学》2012年第6期。

马多秀：《农村中小学教师"职业成就感"缺失现象分析》，《现代教育论丛》2015年。

马红梅、孙丹：《农村教师劳动力市场的本地人效应：基于甘肃基础教育调查的证据》，《教师教育研究》2019年第3期。

孟繁华、张爽、王天晓：《我国教育政策的范式转换》，《教育研究》2019年第3期。

苗宁礼：《欠发达地区教师激励机制建构的路径选择和制度保障》，《当代教育科学》2007年第15期。

默里·托马斯：《教师供给系统——学校系统如何提供良好的教师》，《外国教育资料》1993年第3期。

庞丽娟、韩小雨：《我国农村义务教育教师队伍建设：问题及其破解》，《教育研究》2006年第9期。

庞丽娟、金志峰、杨小敏：《新时期乡村教师队伍建设政策研究》，《中国行政管理》2017年第5期。

庞丽娟、杨小敏、金志峰：《乡村教师职称评聘的困境、影响与政策应对》，《教师教育研究》2019年第1期。

彭波：《城乡义务教育阶段学生学业差距研究》，《湖南师范大学教育科学学报》2014 年第 5 期。

秦玉友：《不让农村教育成为中国未来发展的短板》，《教育与经济》2018 年第 1 期。

容中逵：《教师绩效工资实施问题及其臻善》，《中国教育学刊》2012 年第 1 期。

容中逵：《农村教师薪酬问题研究》，《教育研究》2014 年第 3 期。

石连海、田晓苗：《我国乡村教师队伍建设政策的发展与创新》，《教育研究》2018 年第 9 期。

苏发祥、徐芳：《甘南州牧区基础教育现状、困境及建议》，《民族教育研究》2009 年第 1 期。

苏红：《生理疲乏：影响农村中小学教师职业发展》，《中小学管理》2013 年第 1 期。

孙绵涛：《教师积极性激励的基本原则》，《华中师范大学学报》（哲社版）1987 年第 5 期。

唐一鹏、王恒：《何以留住乡村教师》，《教育研究》2019 年第 4 期。

滕堃、虞华君、蒋玉石、苗苗：《高校教师激励结构模型及激励效果群体差异研究》，《西南交通大学学报》（社会科学版）2018 年第 5 期。

王炳明：《乡村教师队伍建设的政策分析》，《中国教育学刊》2017 年第 2 期。

王红：《政策精准性视角下乡村青年教师激励的双重约束及改进》，《教师教育研究》2019 年第 4 期。

王红、邬志辉：《乡村教师职称改革的政策创新与实践检视》，《中国教育学刊》2019 年第 2 期。

王鉴、苏杭：《略论乡村教师队伍建设中的"标本兼治"政策》，《教师教育研究》2017 年第 1 期。

王爽、刘善槐：《乡村教师生活补助政策评估与优化》，《华中师范大学学报》（人文社会科学版）2019 年第 4 期。

王晓生、邬志辉：《乡村教师队伍稳定机制的审视与改进》，《教育科学》2019 年第 6 期。

王晓生、邬志辉：《乡村教师职称评聘的结构矛盾与改革方略》，《中国教育学刊》2019 年第 9 期。

王艳玲、李慧勤：《乡村教师流动及流失意愿的实证分析》，《华东师范大学学报》（教育科学版）2017 年第 3 期。

王照萱、张雅晴等：《乡村教师感知的学校氛围对其工作满意度的影响：教师领导力和自我效能感的中介作用》，《教师教育研究》2020 年第 6 期。

伍新春、齐亚静、臧伟伟：《中国中小学教师职业倦怠的总体特点与差异表现》，《华南师范大学学报》（社会科学版）2019 年第 1 期。

武向荣：《义务教育教师工作满意度影响因素的实证研究》，《教育研究》2019 年第 1 期。

向祖强：《我国教师激励机制的缺失及设计》，《教师教育研究》2008 年第 4 期。

肖庆业：《农村教师职业流动意愿及其影响因素》，《基础教育》2018 年第 5 期。

谢爱磊、刘群群：《声望危机隐忧下的乡村教师荣誉制度建设研究》，《中国教育学刊》2019 年第 1 期。

辛涛、邱炳武、申继亮：《中小学教师工作积极性及影响因素的研究》，《教育科学研究》1994 年第 3 期。

薛二勇、李廷洲、朱月华：《新形势下我国义务教育教师队伍建设的政策分析》，《北京师范大学学报》（社会科学版）2016 年第 3 期。

薛海平、唐一鹏：《理想与现实：我国中小学教师工资水平和结构研究》，《北京大学教育评论》2017 年第 2 期。

薛海平、王蓉：《义务教育教师绩效奖金、教师激励与学生成绩》，《教育研究》2016 年第 5 期。

闫巧、车丽娜：《城镇化进程中乡村教师的社会认同研究》，《教育研究与实验》2017 年第 4 期。

严凌燕：《乡村教师绩效工资政策的激励作用和完善路径》，《基础教育》2018 年第 5 期。

杨建春、李黛：《基于勒温场论的高校教师激励机制探析》，《东北大学学报》（社会科学版）2012 年第 6 期。

杨向东、朱虹：《教育指标系统构建的理论问题》，《清华大学教育研究》

2013 年第 3 期。

杨跃、夏雪：《20 世纪 80 年代以来国内教师激励研究的回顾与展望》，《现代教育管理》2015 年第 8 期。

姚计海、管海娟：《中小学教师情绪智力与职业倦怠的关系研究》，《教育学报》2013 年第 3 期。

殷建华：《教师质量：教育改革的重心》，《上海教育科研》2009 年第 4 期。

殷进功、汪应洛：《高校教师激励因素及其相互关系研究》，《科学学研究》2004 年第 2 期。

袁玲俊、毛亚庆：《西南农村寄宿制学校教师满意度现状及其原因分析》，《教师教育研究》2014 年第 3 期。

曾素林、李娇娇、侯伟浩、彭冬萍：《乡村振兴背景下乡村教师激励的现实困境及其突破》，《教育理论与实践》2020 年第 10 期。

曾拓：《教师的工作积极性、教学效能感与其教学问题诊断能力关系的研究》，《教育研究与实验》2008 年第 4 期。

曾新、高臻一：《赋权与赋能：乡村振兴背景下农村小规模学校教师队伍建设之路》，《华中师范大学学报》（人文社会科学版）2018 年第 1 期。

张长东：《社会科学中的因果机制：微观基础和过程追踪》，《公共管理评论》2018 年第 1 期。

张峰、韩延伦：《山东省乡村中学教师职业倦怠现状分析与建议》，《当代教育科学》2016 年第 10 期。

张乐天：《新时代我国教育发展与教育指标的新建构》，《南京师大学报》（社会科学版）2019 年第 4 期。

张莉莉、林玲：《城市化进程中乡村教师的境遇：倦怠与坚守》，《河北师范大学学报》（教育科学版）2014 年第 1 期。

赵丹：《教育均衡视角下农村教师资源配置的现实困境及改革对策》，《华中师范大学学报》（人文社会科学版）2016 年第 5 期。

赵德成：《绩效工资如何设计才能有效激励教师》，《中国教育学刊》2010 年第 6 期。

赵恒平、汤梅：《高校教师激励效能最大化及其权变分析》，《学术交流》2006 年第 5 期。

赵明仁：《如何解决农村教师"留不住"的问题》，《湖南师范大学教育科学学报》2019年第6期。

赵新亮：《提高工资收入能否留住乡村教师》，《教育研究》2019年第10期。

赵新亮、刘胜男：《工作环境对乡村教师专业学习的影响机制研究》，《教师教育研究》2018年第4期。

赵鑫：《民族地区乡村教师职业吸引力提升的理念与路径》，《教育研究》2019年第1期；

钟景迅、刘任芳：《乡村教师生活补助政策实施困境分析》，《教育发展研究》2018第2期。

周彬、吴志宏、谢旭红：《教师需要与教师激励的现状及相关研究》，《教育理论与实践》2000年第9期。

周华：《谁来调动教师的积极性》，《人民教育》2017年第2期。

周钧：《OECD关于发达国家的教师政策分析》，《外国教育研究》2010年第9期。

周兆海：《乡村教师非教学性工作负担问题及其对策》，《教育科学研究》2021年第7期。

周兆海：《薪酬激励与制度吸纳：农村教师职业吸引力的提升路径》，《当代教育科学》2016年第6期。

周兆海、邬志辉：《教师激励的理念转向与策略优化》，《教育科学》2019年第1期。

周宗奎：《农村中小学教师职业生存状态研究》，《华中师范大学学报》（人文社会科学版）2011年第3期。

朱秀红、刘善槐：《我国乡村教师工作负担的问题表征、不利影响与调适策略》，《中国教育学刊》2020年第1期。

朱秀红、刘善槐：《乡村青年教师的流动意愿与稳定政策研究》，《教育发展研究》2019年第20期。

三　中文报纸

储朝晖：《乡村教师需更系统实在的激励》，《中国教育报》2016年3月1日第2版。

冯晓敏、周兆海：《从制度层面规范中小学教师岗位职责》，《中国社会科学报》2019年9月5日第6版。

雷望红：《乡村教师队伍建设关键在重振人心》，《环球时报》2018年9月11日第14版。

王红：《乡村青年教师激励的政策支点在哪里》，《中国青年报》2019年10月21日第6版。

邬志辉：《如何提高乡村教师职业吸引力》，《光明日报》2014年9月2日第11版。

吴志峰：《乡村青年教师激励思路需要四个转变》，《中国青年报》2020年1月13日第8版。

袁桂林：《没有待遇的提高就谈不上尊重》，《中国教师报》2015年4月8日第3版。

张昕：《教师职业倦怠不容忽视》，《文汇报》2007年8月27日第12版。

四　中文学位论文

陈菲：《农村寄宿制学校教师归属感研究》，硕士学位论文，上海师范大学，2020年。

陈思：《义务教育经费投入与农村中学教师激励机制研究》，硕士学位论文，华中师范大学，2018年。

代森：《小学教师职业成就感调查研究》，硕士学位论文，西南大学，2013年。

封玮：《豫东农村"特岗教师"激励策略研究：以双因素理论为视角》，硕士学位论文，黑龙江大学，2017。

高天宇：《贫困地区乡村小学教师职业倦怠与社工介入研究》，硕士学位论文，首都经济贸易大学，2018年。

顾引仙：《昆山市农村初级中学教师激励机制研究》，硕士学位论文，苏州大学，2011年。

黄茵：《晋江市乡镇小学青年教师激励机制研究》，硕士学位论文，华侨大学，2018年。

吉同权：《农村中小学教师激励策略研究》，硕士学位论文，西南大学，2008年。

赖柄范：《桃源县农村中小学教师激励机制研究》，硕士学位论文，中南林业科技大学，2018年。

雷蕾：《农村初中教师激励机制建设的问题研究》，硕士学位论文，西北师范大学，2013年。

李敏：《中学教师工作投入感研究》，博士学位论文，华东师范大学，2015年。

李婷：《中小学教师工作投入状况调查研究》，硕士学位论文，江西师范大学，2018年。

刘金：《农村初中教师从业动力研究》，硕士学位论文，湖南师范大学，2011年。

潘文光：《论中学教师的激励伦理》，硕士学位论文，上海交通大学，2008年。

任香兰：《安徽省寿县农村青年教师流失问题研究》，硕士学位论文，华中师范大学，2020年。

汪媛：《衢州市Q区农村小学教师激励问题研究》，硕士学位论文，山东师范大学，2020年。

王彦杰：《农村小学青年教师激励管理的问题与策略研究》，硕士学位论文，西南大学，2011年。

伍小兵：《绩效工资政策之激励初衷与现实困境研究》，博士学位论文，西南大学，2016年。

肖诚：《XN石油大学科研人员工作活力感的影响因素研究》，硕士学位论文，电子科技大学，2018年。

徐朝阳：《农村中小学校组织气氛、教师人格特质和教师职业倦怠的现状及关系研究》，硕士学位论文，云南师范大学，2018年。

杨国芹：《基于工作满意度与积极性的农村高中教师激励机制研》，硕士学位论文，上海师范大学，2010年。

杨丽芳：《小学教师组织公平感、学校归属感、工作绩效及其关系研究》，硕士学位论文，广西师范大学，2016年。

杨秋兰：《中小学青年教师激励机制研究》，硕士学位论文，山东大学，2020年。

杨洋：《欠发达地区农村小学教师激励策略研究》，硕士学位论文，牡丹江师范学院，2020 年。

杨珍：《农村初中教师职业成就感研究》，硕士学位论文，天津师范大学，2019 年。

曾文婧：《相对剥夺感对农村教师工作积极性的影响研究》，硕士学位论文，东北师范大学，2016 年。

翟晓雪：《教学工作时间对农村教师工作积极性的影响研究》，硕士学位论文，东北师范大学，2017 年。

张满莹：《农村中学青年教师归属感研究》，硕士学位论文，东北师范大学，2019 年。

张志兴：《激发农村小学教师工作积极性对策研究》，硕士学位论文，河北师范大学，2014 年。

赵学兵：《官员晋升与税收分成：当代中国地方政府激励机制研究》，博士学位论文，吉林大学，2019 年。

郑鹏娟：《乡村小学班主任工作满意度提升机制研究》，硕士学位论文，东北师范大学，2019 年。

周艳敏：《小学教师激励管理的研究》，硕士学位论文，华中师范大学，2020 年。

朱德友：《高校教师激励机制研究》，博士学位论文，武汉大学，2010 年。

五　外文文献

Axel Engellandt, Regina T. Riphahn. *Incentive Effects of Bonus Payments: Evidence from a Multinational Company.* Basel, Switzerland: University of Basel. Zenger, Schwab, Olson, 2004.

Asch, Beth. *The Economic Complexities of Incentive Reforms.* Robert Klitgaard and Paul C. Light, eds., High-Performance Government: Structure, Leadership, Incentives, Santa Monica, CA: RAND Corporation, MG-256-PRGS, 2005.

Costrell, R., M. Podgursky. *Peaks, Cliffs, and Valleys: The Peculiar Incentives of Teacher Pensions and Their Consequences for School Staffing* [EB/OL]. http://media.hoover.org/documents/ednext_20081_Costrell-Podgursky_unabridged.pdf, 2008.

Daniel Münich, Steven Rivkin. *Analysis of incentives to raise the quality of instruction.* EENEE Analytical Report, 2015.

Emily Ayscue Hassel, Bryan C. Hassel, Matthew D. Arkin, Julie M. Kowal, Lucy M. Steiner. *Improving Teaching Through Pay for Contribution.* The National Governors Association Center for Best Practices, 2007.

Freidberg, Leora, Anthony Webb. *Retirement and the Evolution of Pension Structure.* Journal of Human Resources, 2005, 40 (2).

Hanushek, Eric A. *Assessing the Effects of School Resources on Student Performance: An Update.* Educational Evaluation and Policy Analysis, 1997, 9, (2).

Incentives N. *Teacher Attitudes about Performance Incentives in Texas: Early Reactions to the TEEG Program. Research Brief.* National Center on Performance Incentives, 2008.

Incentives N. *The Impact of Performance Pay on Teacher Turnover: Findings from Year Two of the TEEG Program. Research Brief.* National Center on Performance Incentives, 2009.

Joy Resmovits. *Arne Duncan Boosts Merit Pay At Teaching Conference.* Senior Education Reporter, The Huffington Post, 2020.

James E. Ryan. *A Legal Perspective on Performance-Based Pay for Teachers.* National Center on Performance incentives vanderbilt University Peabody College, 2008 (10).

Jan Bouwens, Laurence van Lent. *Effort and Selection Effects of Incentive Contracts.* Tilburg, the Netherlands: Tilburg University, 2003.

Linda Darling-Hammond, Doin Burns, Carol Campbell, etc. *Empowered Educators: How High-Performing Systems Shape Teaching Quality Around the World.* Jossey Bass, 2017.

Lavy, Victor. Evaluating the Effect of Teachers' Group Performance Incentives on Pupil Achievement. *Journal of Political Economy*, 2002 (110).

Lazear, Edward P. "Why Is There Mandatory Retirement?" *Journal of Political Economy*, 1979 (87).

Matthew Springer. *Can teacher bonuses help close the achievement gap-UNC*

School of Education. UNC School of Education, 2019.

Matthew G. Springer, et al. *District Awards for Teacher Excellence Program-Final Evaluation Report*. Policy Evaluation Report, 2010.

Michael Griffith, *State Teacher Salary Schedules*. http://www.ecs.org/eccontent/uploads/State-Teacher-Salary-Schedules-1.pdf, 2016.

Mac Taylor. *The 2016 – 17 Budget: Proposition 98 Education Analysis*. http://www.lao.ca.gov/Reports/2016/3355/prop-98-analysis-021816.pdf, 2016.

Matthew G. Springer, Lori L. Taylor. "Designing Incentives for Public School Teachers: Evidence from a Texas Incentive Pay Program". *Journal of Education Finance*, 2016 (3).

Muralidharan K, Sundararaman V. "Teacher incentives in developing countries: Experimental evidence from India". *National Center on Performance Incentives*, 2008 (100).

Michael Podgursky. *Market-Based Pay Reforms for Teachers*. National Center on Performance Incentives, Working Paper, 2008 (7). National Council on Teacher Quality, State of the States: Evaluating Teaching, Leading and Learning, 2015.

Podgursky, M. and M. Ehlert. *Teacher Pensions and Retirement Behavior: How Teacher.*

Pension Rules Affect Behavior, Mobility and Retirement. http://www.caldercenter.org/PDF/1001071_Teacher_Pensions.pdf, 2007.

Report U, Program U. *A Big Apple for Educators: New York City's Experiment with School-wide Performance Bonuses. Final Evaluation Report. Monograph.* Rand Corporation, 2011.

Ronak Jain. Incentives for teachers-A theoretical framework and a structural model [EB/OL]. https://www.isid.ac.in/~epu/acegd2018/papers/RonakJain.pdf.

Richard M. Ingersoll, David A. Perda. *The Status of Teaching as a Profession*. School and Society: A Sociological Approach to Education, eds, Jeanne Ballantine and Joan Spade. Los Angeles: Pine Forge Press, 2008.

Scott A. Imberman. *How effective are financial incentives for teachers*. IZA World of Labor, 2015.

Scott A. Imberman. *Incentive Strength and Teacher Productivity-Evidence from a Group-Based Teacher Incentive Pay System*. Michael F. Lovenheim Cornell University and NBER, 2013.

Santibanez, et al. *Analysis of the Assessment System and Impact of Mexico's Teacher Incentive Program_Carrera Magisterial*. Santa Monica, CA: RAND Corporation, 2007.

Stephanie Aragon. *Mitigating-Teacher-Shortages-Financial-incentives*. Education Commission of the States, 2016.

Springer M G, Jansen D W, Podgursky M J, et al. Texas Educator Excellence Grant (TEEG) Program: Year Three Evaluation Report, https://my.vanderbilt.edu/performanceincentives/research/texas-studies/texas-educator-excellence-grant-teeg-program-year-three-evaluation-report/.

TNTP, Shortchanged: The Hidden Costs of Lockstep Teacher Pay. http://tntp.org/assets/documents/TNTP_Shortchanged_2014.pdf.

T. Smith and R. Ingersoll. What Are the Effects of Induction and Mentoring on Beginning Teacher Turnover? *American Educational Research Journal*, 2004 (3).

后　　记

　　虽然社会赋予了教师以"人类灵魂的工程师""辛勤的园丁""蜡烛"等道德性标签，但是我们仍然希望教师能在工作上投入更多，更认真负责地对待学生。尽管当前的教师工作负重不轻，我们依旧希望教师能充满活力地开展工作。明知教师的薪酬待遇在劳动力市场中缺乏竞争力，我们还是希望教师能承担更多的工作内容和做出更大的教育贡献。诚然，社会各界充分认识到教师之于学生健康成长和教育质量提升的关键作用，也颁布实施系列政策激励教师，寄望于借助政策干预去提升教师的工作状态和教学成效。但从教师的角度来看，没有教师会认为自己工作不认真、不努力和不负责。可见，教师激励问题处于多重主体的认知关系网络之中：立足点不同，对问题的理解也不同。事实上，教师激励问题是一个较为复杂且存有争论的研究问题。一是教师激励的概念内涵和问题形态，在不同学科视角和理论基础下存在较大差异；二是教师激励的评判依据和判定标准是什么，以及应由谁来评判教师激励的实现情况；三是教师激励指向的多样性和矛盾性，是激励教师个体还是教师群体，是强调教师自我激励还是学校组织激励，是侧重物质激励还是精神激励，是导向竞争排斥还是共生共荣，是服务于教师薪酬待遇的改善还是加强教师与教学工作的情感联系；四是在教师激励问题研究和对策设计的过程中，是把教师假定为"合乎理性的人"，还是"合乎道德的职业人"；五是现有的教师激励政策是否提供了不小于教师贡献的诱因条件。

　　受制于薪酬待遇、工作条件、生源质量和工作地点等方面的影响，乡村教师的激励问题更加突出。在前期调研中，我们了解到，一方面针对乡村教师的政策供给在不断加强，乡村教师的薪酬待遇得到了较大提升，以及在城乡教育均衡发展、改善薄弱学校办学条件和标准化学校建设等政策推动下，乡村学校的办学条件和工作环境得到了显著改观；另一方面乡村学校教师、校长和行政管理部门对乡村教师身份认同、单位归属感和工作积极性等的看法不一，且总体认识不太乐观。显然，在乡村教育政策的加持之下，乡村教师队伍建设中的"引进来"和"留得住"问题得到了缓解，而"教得好"的问题仍旧严重。鉴于此，笔者梳理了相关文献，结合调研反思，逐步凝练出研究主题"乡村教师激励机制优化与政策供给"，此后便以"西部乡村教师激励机制优化与政策供给的实证研究"为题申请了2017年度的全国教育科学规划课题。本书即是此课题研究的结题成果。

课题立项之后，笔者进一步查找了组织学、管理学和经济学的相关文献，依据文献内容提炼了"教师激励"的概念，厘清了乡村教师激励的重点内容，建构了乡村教师激励指标体系，并以此为基础，在借鉴已有研究成果的情况下，研制了调研工具。通过实证研究发现，在教师视角下的乡村教师工作满意度、成就感、荣誉感、归属感、工作活力感和工作积极性等方面的指标数值并不低，反而在城乡教师的比较中显得更为正向。但在校长视角下的乡村教师激励问题的相关指标数值偏低。此种落差，一方面反映了不同主体对乡村教师激励问题看法和评判存在差异；另一方面让人不得不思考，既有的乡村教师政策供给是否激发了乡村教师的工作积极性，以及什么政策对乡村教师有激励作用。

课题研究能够顺利推进并最终成书出版，感谢全国教育科学规划课题的经费支持和陕西师范大学优秀著作出版基金的资助出版；感谢调研学校的教师、校长，以及当地教育行政部门的主管领导，感谢你们对课题调研组的热情接待和对问卷、访谈的认真参与，虽然知晓大家的名字，但考虑到研究伦理要求，而无法一一列出致谢；感谢我的导师东北师范大学邬志辉教授对课题研究全过程的关心和支持，感谢陕西师范大学陈鹏教授、常亚慧教授、郭祥超副教授在课题开题时给予的学术指导，感谢东北师范大学刘善槐教授、陕西师范大学赵丹教授、西北师范大学白亮教授对课题研究的有序推进提出了宝贵建议；感谢陕西学前师范学院王桐博士、赣南师范大学洪松松博士、东北师范大学黄少澜博士、南京师范大学周桂博士、华东师范大学硕士研究生王浩南,以及陕西师范大学硕士研究生韩双双、曹纯惠、刘诗琦和位巍组织参加了课题调研,感谢陕西师范大学硕士研究生刘诗琦、房淑蕊和王明笑对本书初稿的校对;感谢责任编辑张林老师为本书出版的辛勤付出!

  诚祈学界前辈和同人批评指正。

周兆海

2023 年 5 月 16 日